영어

문법

워크북 **2**단계

김앤북
KIM&BOOK

PREFACE

당신이 탑을 높이 쌓고 있다고 상상해 보시길 바랍니다. 무턱대고 탑을 쌓다보면 탑은 얼마 안 되어 금방 무너져 버릴 것입니다. "무엇이 잘못되었을까요?" 탑을 받치는 아랫부분이 넓고 튼튼했어야 했는데, 그러지 못해서 탑을 위로 높이 쌓아 올릴 수 없었던 것입니다.

지금 이 책을 보는 편입 수험생의 경우도 마찬가지입니다. 목표는 저 위에 있어서 실력을 쌓으려고 하는데, 자신의 실력이 어느 정도인지, 내가 무엇을 잘하고 무엇을 못하는지 알지 못한 채 무턱대고 책상에 앉아 공부만 한다면, 우리가 상상해봤던 탑처럼, 금방 무너져 버려 중도하차해 버리고 싶은 마음이 들 수도 있습니다.

그래서 공부는 탑을 쌓는 마음으로 해야 합니다. 탑을 쌓을 때처럼 기초 실력이 탄탄하다면, 그 실력을 바탕으로 더 높이 목표에 도달할 수 있을 것입니다.

바로 이것이 "워크북 2단계"가 나오게 된 이유입니다. "기출 2단계"에서 어려운 기출문제를 풀면서 고급 문제를 내 것으로 소화했다면, "워크북 2단계"에서는 이미 학습한 기출문제의 출제 포인트를 기출문제를 토대로 출제한 예상문제로 다시 한 번 숙지하고 반복학습을 해서 실력을 한층 더 강화하는 데 목표를 두었습니다.

"김영편입 워크북 시리즈"는 "김영편입 기출 시리즈"와 동일한 구성으로 단계별 학습이 가능하도록 만든 책입니다. 따라서 "기출 2단계"를 풀고 나서 "기출문제 해설집"으로 바로 넘어가도 좋지만, "기출문제 해설집"으로 가기에는 실력이 아직 부족하다면, "기출 2단계"와 동일한 난이도의 "워크북 2단계"로 실력을 보강한 다음 "기출문제 해설집"을 학습하시기 바랍니다.

"워크북 2단계"는 편입시험의 대표 유형인 문법, 논리, 독해의 3종으로 구성되어 있습니다. 문법과 논리의 경우, 기출 1단계와 워크북 1단계에서 핵심 이론을 학습하고 이론을 문제에 적용하는 연습을 했다면, 워크북 2단계에서는 기출 2단계와 마찬가지로 다양한 유형의 문제를 학습하여 응용력을 심화시킬 수 있도록 했습니다. 그리고 독해의 경우, 기출 1단계와 워크북 1단계에서 유형별 학습을 하는 데 초점을 맞췄다면, 워크북 2단계에서는 기출 2단계와 마찬가지로 분야별 학습을 하는 데 중점을 두어 다양한 주제의 지문으로 실전 문제풀이 능력을 향상시킬 수 있도록 구성했습니다.

문제는 많이 풀수록 나의 실력이 됩니다. '스스로 학습할 수 있도록 제작된 책'이라는 워크북(workbook)의 사전적 의미처럼, "워크북 2단계"를 통해 어떤 어려운 문제라도 자신 있게 풀어낼 수 있는 능력을 만들 수 있기를 기원합니다.

김영편입 컨텐츠평가연구소

HOW TO STUDY

출제자의 관점으로 문제를 바라보자!

한번쯤은 출제자의 입장이 되어 볼 필요가 있습니다. '이 문제에서는 무엇을 물어볼까?', '여기쯤에 함정을 파놓으면 어떨까?' 이렇게 출제자의 관점에서 문제를 바라보면, 모든 문제가 완전히 새롭게 보일 수 있습니다.

문제의 난이도를 몸으로 익혀보자!

강물의 깊이를 알면 더 빠르고 안전하게 건널 수 있듯이, 문제의 난이도가 어느 정도인지 파악하게 되면, 문제를 더 노련하게 접근해 풀 수 있습니다. 그리고 난이도를 몸으로 익힐 수 있는 지름길은 없습니다. 다양한 난이도의 문제를 가능한 많이 풀어보는 것이 유일한 방법입니다.

제한시간을 설정하자!

실전에 대비할 수 있는 가장 좋은 방법은 실전과 똑같은 환경에서 훈련하는 것입니다. 문제를 풀 때는 반드시 제한시간을 설정하여 학습하시길 바랍니다. 실전에서와 같은 압박감과 긴장감을 조성하기에 가장 좋은 방법입니다.

오답에서 배우자!

편입시험은 정답만 기억하면 되는 OX 퀴즈가 아닙니다. 문제를 풀고 난 후엔 맞힌 문제보다 틀린 문제에 주목해야 합니다. 어째서 정답을 맞히지 못했는지 일련의 사고 과정을 면밀히 되짚어봐야만 틀린 문제를 다시 틀리지 않을 수 있습니다.

문법, 논리, 독해는 원래 한 몸이다!

본 시리즈는 문법, 논리, 독해라는 세 가지 영역을 나눠서 각각을 한 권의 책으로 구성했지만, 영역 구분에 지나치게 신경 쓰며 학습하는 것은 좋지 않습니다. 오히려 독해문제에서 중요 어휘와 문법구문을 정리하는 방식처럼 서로 영역을 통합해 학습하게 되면 더 큰 시너지를 일으킬 수 있습니다.

실전 문제 TEST

○ 최신 기출문제를 토대로 출제된 중·고급 난이도의 예상문제를 총 50회분, 1,000문제를 수록하여 실전 감각을 익힐 수 있도록 했습니다.

○ 지문의 구조가 복잡하고 어휘가 어려운 최신 기출문제의 출제경향을 반영하여 유사한 유형의 문제를 수록하여 이에 대비할 수 있도록 했습니다.

정답과 해설 ANSWERS & TRANSLATION

○ 각 문제에 대한 출제 포인트와 정답이 되는 이유를 명쾌하게 제시하여 혼자서도 학습이 가능하도록 했습니다.

○ 특별한 주의가 필요한 오답 선택지에 대해서는 상세히 오답 해설을 실어 왜 정답이 안 되는지 확실히 파악할 수 있도록 했습니다.

CONTENTS

교재의 내용에 오류가 있나요?
www.**kimyoung**.co.kr ➡ 온라인 서점 ➡ 정오표 게시판
정오표에 반영되지 않은 새로운 오류가 있을 때에는 교재 오류신고
게시판에 글을 남겨주세요. 정성껏 답변해 드리겠습니다.

해설편

22만 6천 편입합격생의 선택

**김영편입 영어
문법**

워크북 **2** 단계

TEST

01-50

T E S T

01

▶▶▶ ANSWERS P.218

[01-09] Choose the one that could best complete each of the following sentences.

01 In a small study, _____ stem cells into the brains of stroke victims as long as three years after the initial stroke allowed about 39 percent to recover meaningful function.

① injecting
② they injected
③ where they injected
④ while injecting

02 An illustration of how deep cultural differences in behavior _____ given by Edward Hall in his studies on the use of time and space.

① can be
② can have been
③ can be have been
④ can be has been

03 When she was in her garden one morning she noticed a few tiny frogs in her orchid pot. It piqued her interest, but little did she know that _____ a locally exotic species.

① she had stumbled
② had she stumbled upon
③ she had stumbled upon
④ had she stumbled

04 The doctor finally decided that he had no choice but _____ that the child _____ in foster care.

① request — was put
② to request — was put
③ request — be put
④ to request — be put

05 While _____, it's advisable for parents to provide encouragement to all who do.

① not all children has artistic ability
② all children doesn't have artistic ability
③ every child has no artistic ability
④ not every child has artistic ability

06 _____ to focus binoculars correctly is surprising.

① Many people do not know

② That many people do not know

③ Many people do not know how

④ That many people do not know how

07 The government must regulate the business since we can't expect _____ best serve our nation.

① that it would behave in ways how

② it behaving in ways which

③ it would behave in ways in which

④ it to behave in ways that

08 Both _Hard Times_ and _Bleak House_ open with passages that are justly famous: frequently anthologized as examples of fine writing, _____ to teach critical analysis. Each opening is a Dickensian tour de force.

① though they use in the classroom

② having used in the classroom

③ though they have used in the classroom

④ and much used in the classroom

⑤ much using in the classroom

09 New feelings arise in us; old values go down and new values arise. _____ we realize we don't care about.

① As there are things we thought we wanted intensively

② Things we thought we wanted most intensively

③ Although there are things we thought we wanted intensively

④ For the things we thought we wanted most intensively

[10-17] Choose the one which is grammatically <u>incorrect</u> among the underlined parts.

10 He is using the STOP paddle in his right hand ①<u>to pull taxis over</u> at random, ②<u>checking</u> if ③<u>its</u> meters ④<u>are rigged</u>.

11 Every boy and ①<u>every girl</u> in the class ②<u>were</u> waiting ③<u>impatiently</u> ④<u>for</u> the appearance of the new teacher.

12 When the boss failed ①<u>to deal with</u> the matter, he was looked ②<u>down upon</u> his subordinates, who began ③<u>to look through</u> him, as they had nothing ④<u>to look forward to</u>.

13 Getting a home loan is complicated and ①<u>time-consuming</u>, and it ②<u>is paid</u> to make ③<u>sure you</u> get the best advice so you can avoid ④<u>falling into</u> one of the financial potholes.

14 ①<u>Paradoxically</u> though this may ②<u>seem to</u> Washington's armchair strategists, the defeat of the Al Qaeda-Sunni insurgency in Iraq ③<u>would actually heighten</u>, ④<u>not lessen</u>, the danger of a terrorist attack on the US.

15 ①<u>Very rarely</u> did the composer hear his works performed, at least ②<u>until his later years, when</u> he stopped composing, that he ③<u>might as well have been</u> Beethoven, ④<u>deaf and sensible of</u> the sound of his notes only in his own mind.

16 It is perhaps ①<u>because of the characteristics</u> of television, which determine ②<u>what it can best communicate</u>, are so different from those of printing, ③<u>that</u> professional educationists were ④<u>reluctant for so long to interest</u> themselves in the newer method.

17 ①On a week-long shuttle mission, the danger is minimal. But biofilms could pose a huge problem for passengers, someday, on a voyage to Mars. "②More than 60 percent of the infection people get in hospitals," says Collins, "are caused by biofilms." If it's impossible to keep bacteria out of a hospital environment ③that's supposed to be spotless, it's ④equally hard to keep them out of space. "You can't very well sterilize an astronaut," says Dordick.

[18-20] Choose the one that is NOT grammatically correct.

18 ① The more he immersed himself in her show, the more he became a convert.
② Life can be bittersweet; sometimes sweeter than bitter, and sometimes bitterer than sweet.
③ There were not less than 30 people who were fined for spitting and smoking.
④ The last two generations prior to mine did not disclose anything to us.

19 ① Had it not been for globalization, we might have survived the slowdown.
② If she should fail to win parliamentary backing, she would have to call early elections.
③ It is important that she gets help because she may be at risk.
④ I would rather we won games in a different fashion.

20 ① We complain of the shortness of time, but have more than thought.
② No bread eaten by man is so sweet as earned by his own labour.
③ It is as important to be thrifty in the use of time as in spending money.
④ Criminals don't learn from their own mistakes, still less other people's.

[01-09] Choose the one that could best complete each of the following sentences.

01 William Goldman was not _____ novelist as Donald Westlake because he was busy writing screenplays.

① a good
② as good a
③ so a good
④ as a good

02 It was _____ the effective measures taken by the government became perceptible.

① July which
② in July which
③ July that
④ in July that

03 Two-thirds of the cattle _____ to the market and sold at low prices.

① was trucked
② is trucked
③ were trucked
④ has been trucked

04 Our biology teacher told _____ off oxygen during the day and carbon dioxide during the night.

① that plants give
② us that plants gave
③ us that plants give
④ that plants gave

05 You _____ the dishes by hand. We have a dishwasher.

① should have washed
② could wash
③ needn't have washed
④ must wash

06 She will be greatly missed by so many people, _____ been touched by her grace.

① all of whom having

② all of them have

③ all of them had

④ all of whom have

07 The telephone was not available for use between 10:00 P.M. and 5:30 A.M. as the lady of the house _____ being used between those hours.

① objected the phone's

② objected the phone

③ objected to the phone's

④ objected to the phone

08 No matter how _____, we were expected to be polite.

① a rude customer was

② was a rude customer

③ rude a customer was

④ was rude a customer

09 As many as 500 people were arrested in Saudi Arabia _____ a clampdown on corruption.

① whose government said there to be

② in what the government said was

③ where the government said was there

④ in which the government was said to be

[10-17] Choose the one which is grammatically incorrect among the underlined parts.

10 It is ①my firm belief that ②unless the great nations ③of the earth stop ④to pollute the oceans, we shall perish one day.

11 Sometimes, after my brothers had finished ①reading the newspaper, I ②was let to ③take it to my room. I would spend hours ④gazing at the photographs of it.

12 It ①comes as a surprise to most American tourists to find that many a college in Oxford University ②were founded ③long before America ④was discovered.

13 If you remain conscious of God, he will endow ①you with a standard to discern ②the true from the false, and will ③efface your bad deeds, and will forgive ④your sins to you.

14 We found the natives who accompanied ①us bright. Two of them, Luka and Huki, were especially useful to us. ②The latter was the ③most intelligent of the two, and was well informed regarding everything ④pertaining to the island.

15 ①Trying hard as you may, you cannot have a healthy Europe with a diseased Russia. You cannot have security ②anywhere on the Continent ③so long as a nation of 140,000,000 people ④is gripped in the convulsions of anarchy.

16 Simon continues to show ①a great deal of insight throughout the novel, seeing things that the other boys ②do not. He represents the moral centre of the novel as he is the only one of the boys who ③do not ④give in to the dark side of human nature.

17 The beginning of the twenty-first century ①has been called the end of the supermodel era by fashion magazines, trend watchers, and news organizations around the world. The models ②are being replaced with actors. Check the covers of fashion magazines, and you will find that many on any given month feature an actor, rather than a model. But, as with most trends, this is ③new nothing. From its beginnings ④in the 1920s, the modeling industry has provided beautiful people to help sell everything from magazines to computers to vacation destinations. However, for many models simply being "great-looking" was ⑤where their resumés began and ended.

[18-20] Choose the one that is grammatically correct.

18   ① Neither snow nor rain kept the postman from delivering our letters to which we much look forward to receiving.
② The dropout rate in American schools is 10 times that of European nations.
③ That is Jacob's uncle whose talent he is very proud.
④ The children didn't, as a rule, do hardly anything beyond what they were told to do.

19   ① The share of Americans who identify themselves as multiracial has shrunk this decade.
② The room was such loud that I couldn't concentrate on reading a book.
③ Although I have filled the scones by raspberry jam, you can use any flavored jam.
④ He is both an African American or the biracial son of a black Kenyan father and a white American mother.

20   ① The movement of young men from the country to the cities leaves the farms want of man power.
② According to a spokesman for the congressman, the charge of corruption is a contemptuous lie inspired by political motives.
③ Although the question was difficult, few boys were able to answer it.
④ He proved to his own satisfaction that he was as shrewd as, if not shrewder than, she.

[01-09] Choose the one that could best complete each of the following sentences.

01   There are manifold problems the solution _____ is helpless.

① to which   ② of that

③ of what   ④ of them

02   The effects of stress are not as lethal as some people think, or else the Japanese, who are famous for working long hours, _____ the highest life expectancy in the world.

① didn't have   ② have not had

③ would have   ④ would not have

03   Probably no country in the world, not even Russia, has experienced the extent of tumult and swings from misery to triumph, economically and socially, _____ since its revolution of 1949.

① which China did   ② which it had

③ when it has   ④ which China has

04   Windsor, Ontario, and Michigan are in different countries, but cooperate on numerous matters _____.

① that are mutual interest   ② of mutual interest

③ to be mutually interested   ④ of mutually interest

05 The main facts in human life are five; birth, food, sleep, love and death. One could increase the number — add breathing for instance — but these five are the most obvious. Let us briefly ask ourselves _____ our lives.

① what they play part
② they play in what part
③ in what part they play
④ what part they play in

06 For those _____ in an office everyday, staying at home to work requires both mental and physical adjustment.

① are used to work
② used to work
③ are used to working
④ used to working

07 _____ that teaches us the difference between right and wrong and directs us to the goods that befit our nature.

① It is philosophy, not science,
② What philosophy is, not science,
③ Not science, philosophy is
④ Philosophy, not science is

08 Although all Bell business units are now using the RT, this was accomplished only after a number of significant challenges were overcome, _____ extracting all the customer data from the databases of each Bell operating unit and integrating it into a single RT repository.

① not the least of them was
② not the least of which was
③ the least of them was
④ the least of which was

09 _____; he is so demanding.

① We find difficult to work for the new boss
② We find it difficult to work the new boss for
③ The new boss is difficult for us to work
④ The new boss is difficult to work for

[10-17] Choose the one which is grammatically <u>incorrect</u> among the underlined parts.

10 ①<u>Reading</u> the novel, ②<u>it moved him</u> and he decided ③<u>to make</u> a movie ④<u>from</u> the novel.

11 Mrs. Han is ①<u>always complaining</u> that she ②<u>has difficulty in</u> making ③<u>both ends meet</u> because her husband's salary is ④<u>very cheap</u>.

12 I have looked at an image ①<u>before realizing</u> it makes me ②<u>uncomfortable</u> and then I almost have a compulsion ③<u>to look at it</u> again even though I don't ④<u>really want</u>.

13 Along with the foot traffic you ①<u>will generate</u>, you can sell virtual brands ②<u>to whomever</u> you think is your ③<u>target customer</u>, from college students ④<u>to busy working</u> parents.

14 On the beach ①<u>was drawn up</u> the white and blue canoes ②<u>that came</u> from Nayarit, canoes preserved ③<u>for generations</u> by a hard shell-like waterproof plaster ④<u>whose making was</u> a secret of the fishing people.

15 The internal organs of the human body do not arrive ①<u>at maturity</u> ②<u>so soon as</u> those of ③<u>most other</u> animals, and the duration of man's existence is longer than ④<u>most of the</u> inferior orders of the animal kingdom.

16 Many scientists ①<u>previously</u> estimated that the Grand Canyon in Arizona ②<u>was</u> ten million years old; but now, ③<u>by using</u> a more modern dating method, they agree that the age is closer to ④<u>six million years old</u>.

17 The ocean's legendary mists have long swirled with tales of exotic beasts — sea serpents, giant squid and a variety of monsters. But the stories, whether based on fact or fantasy, ①tell of no creature with ②as much age-old charm as the mermaid. The idea of near humans — both male and female — inhabiting the sea and inland waters ③have captured imaginations since people first ventured seaward, and for a very long time mermaids seemed every bit ④as real as flying fish.

[18-20] Choose the one that is NOT grammatically correct.

18 ① Ozone levels considered safe under current standards can have a negative effect on lung function in healthy people.
② What matters is fulfilling social responsibilities while executing development.
③ Investors were watching the meeting for clues as to how the countries would manage their foreign reserves.
④ Average temperatures in the Arctic region are rising twice faster than elsewhere in the world.

19 ① Britney Spears was diagnosed by the illness upon her return from an Australian tour.
② The second prescription is to relax. Resting does not always mean you are relaxing.
③ The opening date for Britney Spears' tour has been pushed back five days in line with her doctor's suggestion that she rest for a week after coming down with the flu.
④ Therefore, her shows for the following week will be postponed by four days each.

20 ① None of the information contained in these reports provided to the subscribers constitute personalized financial advice.
② It is a tough time for pizza makers, who are strapped by rising cheese and flour costs.
③ The surging oil price is leading to demand destruction in the largest consumer of oil — the United States.
④ I pray heaven to bestow the best of blessings on this house and all that shall hereafter inhabit it.

T E S T

04

▶ ▶ ▶ **ANSWERS** P.227

[01-09] Choose the one that could best complete each of the following sentences.

01 It is about time that we _____ to provide interesting jobs for handicapped adults.

① start   ② have started

③ started   ④ will start

02 Alice, who _____ the best artist in town, is applying for art scholarships.

① says is   ② they say is

③ is say   ④ they say are

03 Federal antidiscrimination laws are as relevant to digital marketing _____ traditional forms of advertising.

① as they were to   ② they did

③ as they did to   ④ they were

04 I introduced _____ and told him she was a big fan.

① him to my friend   ② my friend him

③ him for my friend   ④ him my friend

05 Serious questions _____ the Food and Drug Administration's proposed changes to generic drug labeling.

① are remained regarding   ② remain regarding

③ are remained to regard   ④ remaining regarding

22 **김영편입 영어** 문법 워크북 2단계

06   Cillian Murphy has clinched some major roles in highly successful movies, but the role
that _____ that of Tommy Shelby, in the hit Netflix series, *The Peaky Blinders*.

① is best known for

② he is best known for

③ is best known for is

④ he is best known for is

07   In our own galaxy, the Milky Way, there are perhaps 200 billion stars, _____ probably
have planets on which life is feasible.

① a small fraction in which

② a small fraction which

③ a small fraction of which

④ which a fraction of

08   While governments _____ mechanization in agriculture, power from humans and
animals still produces a significant portion of the world's food.

① point to increase with pride

② point to increasing with pride

③ point with pride to increase

④ point with pride to increasing

09   One recent study found that the typical user would need to be paid $17,530 to _____
a search engine for a year, compared with $322 for social-media sites, such as Facebook.

① be accessed to agree to forfeit

② agree to forfeit access to

③ agree to be forfeited access to

④ be forfeited to agree to access

[10-17] Choose the one which is grammatically <u>incorrect</u> among the underlined parts.

10 ①<u>Much</u> to our surprise, the newly ②<u>appointing</u> chairman of the board ③<u>resigned</u> suddenly ④<u>for</u> personal reasons.

11 ①<u>Because</u> palm trees produce seeds capable ②<u>to withstand</u> prolonged immersion in salt water, palms ③<u>are found</u> on ④<u>many continents</u>.

12 The last man ①<u>to tell a lie</u>, ②<u>named</u> Dennis, was very ③<u>lively</u> and assured ④<u>to me</u> that none of the group members would ever hurt me.

13 When Prussia ①<u>moved in on</u> France in 1870, ②<u>resulting in</u> the outbreak of the Franco-Prussian war, he as well as his colleagues ③<u>were</u> forced ④<u>to fight for</u> the country.

14 I do not suppose that ①<u>anyone</u> today reads the novels of Mrs. Humphry Ward, but ②<u>dull though</u> they may be, my recollection ③<u>is that</u> some of them give a very good picture ④<u>of which</u> the life of the ruling class was then.

15 If you ①<u>suffer from</u> headache, then you're well acquainted with throbbing or pulsing pain that can leave you ②<u>reaching for</u> painkillers. ③<u>Though</u> more than 300 types of headache ④<u>exist</u>, the most common ⑤<u>is</u> tension, migraine and cluster headaches.

16 Due to economic growth and advancement in technology, people are getting ①<u>used to</u> a certain lifestyle that is ②<u>so</u> different from ③<u>what</u> we had before. So telling them to build a house in the village is akin to ④<u>asking</u> them to abandon a lifestyle they are ⑤<u>accustomed</u>.

17 Without the Christmas tree and wooden archway ①covered in Bible quotations, the entrance to the Church of Love in Seoul's Gangnam area could be mistaken for ②a fancy shopping mall. A sky-bridge connects the megachurch's two buildings, ③which occupy an enormous block. Inside, corridors are lined with polished stone and walls are decorated with abstract art and ④heart-shaped neon signs. A ⑤cavernous underground prayer hall can seat 9,000. On Sundays it is packed.

[18-20] Choose the one that is grammatically correct.

18 ① Good medicine always tastes bitterly.
② Be kind to strangers when speaking to by them on the street.
③ I'm a lot quicker than I was last year.
④ One year is so short a time to master a foreign language.

19 ① I have seen Tom a week ago.
② One hour's delay will not bother me.
③ I ask only that I am treated with respect.
④ I bought this blue dress of my sister at the department store.

20 ① We had difficulty to find the path through the forest.
② A man's suit is consisted of a pair of trousers and a jacket.
③ It is appeared that she lost an interest in her new English teacher.
④ This symphony is a real masterpiece. I think it's worth listening to over and over again.

▶ ▶ ▶ **ANSWERS** P.230

[01-09] Choose the one that could best complete each of the following sentences.

01   Send the invitation card _____ you think is likely to come to the party.

① whoever   ② to whoever

③ whomever   ④ to whomever

02   No one in his office could understand Susan's response, nor _____ in her office.

① nobody could   ② could nobody

③ anyone could   ④ could anyone

03   The geocentric idea was abandoned in the seventeenth century, partly as a result of the writings of Copernicus _____ observations made by other astronomers.

① and also were   ② not only because of

③ also because were   ④ and also because of

04   Several of these washers are out of order and _____.

① need to repair   ② need repairing

③ need to be repairing   ④ repairing of which is needed

05   _____ a person's individual characteristics are located on chromosomes within the cells of his body.

① That the genes help determine   ② The genes that help determine

③ The genes determine that help   ④ The genes help determine that

06   Contentment grows out of an inward superiority to our surroundings. We fall into the mistake _____ to look forward must mean to look anxiously forward.

① of the supposition of

② of supposing what it is that

③ of the supposition in that

④ of supposing that

07   Polls are useful tools for the politicians, but they must never control policy; to lead is to direct public opinion, _____.

① not simply reacting to it

② more than simply reacting to it

③ rather than reacting to it simply

④ not simply to react to it

08   _____ that you can expand opportunities while minimizing risk.

① If you manage potential customers

② By managing potential customers

③ To manage potential customers

④ It is by managing potential customers

09   Oman is one of the most beautiful countries in the Arabian peninsula, and yet it seems to have escaped the notice _____, until recently. Striking natural landscapes, magnificent forts and palaces, and the rolling dunes of the Wahiba Sands make Oman an enticing destination, while visitors are welcomed with traditional hospitality.

① but the intrepid of the most travellers

② the most intrepid of all travellers but

③ of all but the most intrepid travellers

④ but all of the most travellers intrepid

[10-17] Choose the one which is grammatically <u>incorrect</u> among the underlined parts.

10   I admire a leader ①<u>like President</u> Obama, who stands up ②<u>for which</u> he believes, ③<u>regardless of</u> the effect ④<u>it has on</u> his popular support.

11   ①<u>Although that</u> software company always ②<u>arrives late</u> in the game market, it ③<u>usually wins its</u> competitors to become ④<u>the leading player</u> in the market.

12   The other truth, ①<u>sometimes obscured</u> in the past but ②<u>now revealed anew</u>, is that many of the world's problems ③<u>have an independent existence</u> ④<u>of its own</u>.

13   Some ①<u>chemotherapy</u> drugs are more likely than others ②<u>causing</u> hair loss, and different doses can cause ③<u>anything</u> from a mere thinning to ④<u>complete</u> baldness.

14   ①<u>Almost all</u> of the 500 international education professionals ②<u>surveyed</u> said international exchanges were considered ③<u>more important</u> or as important as they ④<u>had been</u> before the 9/11 terrorist attack.

15   Rumsfeld's relative indifference ①<u>to the shooting war</u> since the fall of Baghdad, combined with the President's garishly bellicose ②<u>rhetoric</u> and refusal to ask wartime sacrifices ③<u>of</u> the public, ④<u>have led to</u> a national embarrassment.

16   There is a great temptation to ①<u>give vent to</u> an artistic urge in writing capital letters, and many people will return ②<u>to the capitals</u> after they have completed a sheet of writing and ③<u>go them over</u> and add ornamental ④<u>flourishes</u>.

17 Throughout China's long civilization, virtue, both personal and social, ①<u>has guided</u> people in their day to day living, ②<u>relying on</u> one's inner conscience to normalize social behaviour. In contrast, Western civilization regulates social behaviour by external powers based on scientific reasoning, hence the rule of law. The dichotomy between Western and Chinese civilizations is ③<u>much like</u> the two hemispheres of the human brain: the logical left side and the emotional right side. Only when these two hemispheres are mobilized simultaneously can their full potential ④<u>realize</u>. Thus, logic and affection should be combined together ⑤<u>to give</u> a full-scale representation of new humanism.

[18-20] Choose the one that is NOT grammatically correct.

18 ① High taxes robbed people of their earnings.
② People compare themselves with one another.
③ I wish now that during the year that followed my first success as a dramatist I kept a diary.
④ Fast climbers in cycling are often referred to as "mountain goats."

19 ① The animal, sporting aviator glasses, made his debut.
② They used the technology, billed as environmentally friendly.
③ With the summit a week away, he prepared for the summit.
④ Caught in the scandal, his mistake was admitted by the justice.

20 ① He is difficult to get along with and even more difficult to please him.
② My comprehension of the English language is in excess of yours in proficiency.
③ Museums have to resort to using celebrities to attract patrons.
④ I was so embarrassed that I couldn't look at anyone.

T E S T

06

▶ ▶ ▶ ANSWERS P.233

[01-09] Choose the one that could best complete each of the following sentences.

01 His tough physical play _____ him the nickname "Mr. Elbow."

① earned   ② provided

③ confused   ④ accomplished

02 He is a gifted young man _____ I think can do great things for our country.

① whom   ② who

③ what   ④ which

03 The unsealed documents offer further examples _____ Depp and his team relied on crude misogyny to attack her.

① of the extent of which   ② of the extent to which

③ to the extent of which   ④ to the extent to which

04 Some students, _____, were not in the top 1% of the students because they had to feed their family.

① believed it or not   ② it believing or not

③ believe it or not   ④ it believes or not

05 This introduction drew out some of the key ideas from the essays _____ relevance to the community.

① where we think have   ② where we think to have

③ which we think have   ④ which we think having

06   Rent keeps going up so much that our income is _____ to support our families.

① below what way we need

② what we need way below

③ way what we need below

④ way below what we need

07   As office workers change, so _____. From the traditional desk-and-chair, square cubicles, we now transition to co-working spaces.

① doing their workplace

② does its workplace

③ does their workplace

④ doing its workplace

08   When we got back, we realized that we _____ the milk that we bought before we left, finding out the milk spoiled.

① have forgotten to refrigerate

② had forgotten refrigerating

③ have forgotten refrigerating

④ had forgotten to refrigerate

09   Man-made satellites in space carry instruments _____.

① that records where flooding is worst

② that can record where flooding is worst

③ where is the worst flooding that can be recorded

④ where can they record the worst flooding

[10-17] Choose the one which is grammatically <u>incorrect</u> among the underlined parts.

10 The argument over ①<u>who was the first to</u> discover a game, it turns out, ②<u>less important</u> than the ③<u>sheer</u> enjoyment of ④<u>it</u>.

11 What her thoughts were ①<u>did I not know</u>, ②<u>for as yet</u> I had learned ③<u>but little of</u> the Martian tongue; ④<u>enough only</u> to suffice for my daily needs.

12 You ①<u>need only do</u> light or moderate exercise for 20 minutes ②<u>the day</u> to reduce the risk ③<u>of death from</u> heart disease ④<u>by approximately</u> 30 percent.

13 Doctors ①<u>sued</u> most often were complained about by patients ②<u>twice more than</u> those who ③<u>were not</u>, and poor communication was ④<u>the most common</u> complaint.

14 Houses with central heating usually follow the rule ①<u>that it</u> has to be below 10℃(50°F) for three days in a row ②<u>to turn it on</u>, but yours in the picture ③<u>seem like</u> gas heating to me, so I believe you ④<u>should be able to turn</u> on the switch by yourself.

15 If there's one thing I can't stand ①<u>they're</u> people who ②<u>keep talking</u> about themselves and their families. ③<u>As</u> a typical example I cite the Harpers. They're a well-meaning couple, but, ④<u>to hear them</u>, you'd think the world ⑤<u>revolves</u> around them.

16 The IMF should reduce the punitive surcharges ①<u>it demands of</u> vulnerable debtors, ②<u>who add</u> an enormous burden to their already crushing debt loads. The United States, ③<u>which has</u> tremendous influence over the IMF, should help push for this — especially since it could be decisions made in Washington ④<u>that make</u> such reforms urgent right now.

17   Many people are involved in an abundant number of relationships through technology, but sometimes the quantity of these associations ①leaves people feeling qualitatively empty. Obviously, technology has had a profound impact ②on what it means to be social. Society is likely on the cusp of a social revolution, ③during which it will be important to redefine socially appropriate and acceptable behaviors with regard to digital or virtual interaction. We are at a point in history ④which very few people have given critical thought to new social realities created by technology and ⑤what those realities mean for the individual and society.

[18-20] Choose the one that is grammatically correct.

18   ① He was robbed in his money.
② Had it not rained last night, the road would not be so muddy now.
③ He worked hard for fear that his children should not suffer from poverty.
④ Three years are too long a time to be away from home.

19   ① Comparing with August sales, sales in October grew 9 percent.
② The man, whose chairs the committee, will attend this event.
③ There are academic areas our readers deem it just as important.
④ All things being equal, he'll be the iconic figure of the game.

20   ① The library of Congress, with a large number of books in its stacks, attracts students from most every state in the U.S.
② She ran away hurriedly lest she should not be seen.
③ I haven't ever met the poet, nor I have ever had any desire to do so.
④ Miranda is the more attractive and good-humored of the twins.

▶ ▶ ▶ **ANSWERS** P.236

[01-09] Choose the one that could best complete each of the following sentences.

01 _____ that the idea of human rights should play a crucial role in bringing down communism.

① We are told
② They say us
③ We are said
④ They explain us

02 The research shows that after fires have been put out, acetylene may be _____ as previously thought.

① big risk
② as big a risk
③ as bigger risk
④ as a big risk

03 Every man's work, _____ it literature, or music, or pictures, or architecture, or anything else, is always a portrait of himself, and the more he tries to conceal himself, the _____ his character will appear in spite of himself.

① be — clearer
② is — clearer
③ be — more clearly
④ is — more clearly

04 Health professionals enter health care knowing that a single mistake could cost _____.

① them for their license
② their license to them
③ them their license
④ their license for them

05 Kites come in all shapes and sizes, some _____ a person.

① large enough to carry
② enough large to carry
③ are large enough carrying
④ enough large are carrying

06   Laws are to the one _____, and each separate system has its analogue in a language.

     ① what words are to another

     ② that words are to others

     ③ are that words to another

     ④ what words are to the other

07   Since it was an unusually warm day, _____ all afternoon without barking at passersby — something he usually does.

     ① the dog lay under the tree

     ② the dogs laid under the tree

     ③ dogs have lain under the tree

     ④ the dog has laid under the tree

08   The Viking Ship Museum _____ ever recovered.

     ① are the finest three funeral ships

     ② houses the finest three funeral ships

     ③ houses the three finest funeral ships

     ④ are the three finest funeral ships

09   One month later, the dot-com bubble burst. More than half of all digital start-ups went out of business over the next few years — including lots of Amazon's then-rivals in e-commerce. _____ one of the most successful companies ever might have fallen victim to that recession.

     ① If the bubble burst just a few weeks earlier,

     ② Should the bubble burst just a few weeks earlier,

     ③ Had the bubble burst just a few weeks earlier,

     ④ If the bubble has been burst just a few weeks earlier,

     ⑤ Had burst the bubble just a few weeks earlier,

[10-17] Choose the one which is grammatically <u>incorrect</u> among the underlined parts.

10 Newtonian mechanics ①<u>had stood unchallenged</u> for three hundred years ②<u>until</u> quantum mechanics replaced ③<u>them</u> early ④<u>in the twentieth century</u>.

11 The previous owner of the property ①<u>where</u> the water heater ②<u>located</u> was ③<u>held</u> responsible for negligently installing the water heater ④<u>when it comes to</u> the city code.

12 Individuals with dyslexia ①<u>read</u> at ②<u>significant</u> lower levels than their peers, ③<u>which</u> has created an erroneous belief ④<u>that</u> dyslexic people have lower ⑤<u>intelligence</u>.

13 When you ①<u>invest in</u> this album, first of all, you ②<u>are helping</u> ③<u>make sure</u> the kind of music we need ④<u>more of</u> right now ⑤<u>get into</u> people's hands, voices and hearts.

14 It is ①<u>the light</u> of these real political alternatives open to the world bourgeoisie ②<u>that</u> we should assess the history of both the world socialist movement and those states ③<u>where</u> socialist parties have ④<u>come to power</u> in one form or another.

15 The probability ①<u>that</u> the fundamental building blocks of life, formaldehyde(CH_2O) and hydrogen cyanide(HCN), ②<u>even though</u> they were probably available, ③<u>would have</u> been concentrated sufficiently ④<u>to allow</u> further reactions to occur ⑤<u>were</u> likely small.

16 Abraham H. Maslow's hierarchy of needs ①<u>is</u> a systematic arrangement of needs according to priority, ②<u>that</u> assumes that basic needs must be met before less basic needs are ③<u>aroused</u>. Thus, like stage theories, we must meet one need before we move ④<u>on to</u> the next.

17 Biographers of criminals usually professed that their only object in writing about such dreadful persons was to deter others ①from falling into similarly evil ways. They simply wanted to prove that crime did not ②pay. This was an even more difficult task then than it is today, for in fact crime paid well. Piracy especially was highly profitable and not very hazardous. In the three peak periods, ③each of which lasted several years, dishonesty was ④very the best policy for the ordinary man.

[18-20] Choose the one that is NOT grammatically correct.

18 ① I owe you a great debt of gratitude for your help.
② The item is so important and we ought to not lose sight of it.
③ All the evidence suggested that she was the criminal.
④ Who that has common sense would do such a thing?

19 ① Since he can read such tiny lettering, he is far from near-sighted.
② I think we have no choice but to hire additional workers.
③ When do you know the store closes on Fridays?
④ It was on purpose that he avoided seeing her.

20 ① He was relieved to see they did not have to go farther into the woods.
② The danger of the television screen lies not so much in the behavior it produces but in the behavior it prevents.
③ The new planet is about eight times the size of the earth.
④ She knows better than to judge by appearances.

T E S T

08

▶▶▶ ANSWERS P.239

[01-09] Choose the one that could best complete each of the following sentences.

01 Team sports present an ideal setting _____ to develop a variety of social skills.

① which
② in which
③ where
④ how

02 The athlete attending the upcoming championships is to undergo a blood test in what the governing body _____ a doping test.

① says it
② to say it
③ saying
④ says is

03 People can usually shut their eyes against a glare of light _____ their ears against a blast of sound.

① though
② but not
③ in spite of
④ because of

04 This book of his also includes the heartwarming stories of real people who encouraged him with _____ into practice these vital principles.

① which he puts
② how they put
③ which he put
④ what he puts

05 She may feel a little guilty about _____ you sooner, after saying she would.

① not to call
② not to have called
③ having not called
④ not having called

06   Mary _____ that she could not attend classes next week.

① said her professors

② is talking her professors

③ will speaking her professors

④ told her professors

07   Regardless of where the encounter took place, it appears _____ the sensation that the ghost was applying pressure to the person's body.

① a common experience was

② to be a common experience

③ an experience was common

④ common to be experienced

⑤ that a common experience of

08   Currently, there is also _____ whether the BCG vaccine can be used to treat fibromyalgia.

① a clinical trial into underway

② a trial underway into clinical

③ a clinical underway trial into

④ a trial into clinical underway

⑤ a clinical trial underway into

09   Inaugurated a second time on March 4, 1901, _____ focused on domestic rather than foreign polices.

① William McKinley's new term looked forward to and

② the new term looked forward to William McKinley and

③ William McKinley has looked forward to a new term

④ William McKinley looked forward to a new term

[10-17] Choose the one which is grammatically <u>incorrect</u> among the underlined parts.

10   We imagined ①<u>no one's</u> ②<u>searching</u> for a reason to ③<u>exist</u> but there were two men ④<u>finding</u> the reason.

11   Onions ①<u>picked</u> in the fall when they are fully mature ②<u>are</u> stronger than ③<u>harvested</u> in the spring when onions are picked ④<u>early</u>.

12   Dioniso Mendoza, ①<u>who once</u> touted as the city's oldest man ②<u>alive</u>, ③<u>died</u> in his home 20 days before his 101st birthday ④<u>on</u> December 6.

13   Many social scientists believe that there are ①<u>just too</u> many uncontrollable variables in ②<u>most any</u> situation ③<u>to prove</u> that particular ads actually ④<u>work</u>.

14   Long after readers ①<u>forget</u> the surprising statistics, compelling details or key points of a story, they remember ②<u>the colorful anecdotes</u> that showed ③<u>rather than told</u> the significance of the key points. ④<u>No error</u>.

15   The actors ①<u>came up with</u> a number of ideas to improve the musical, ②<u>including cutting</u> some unnecessary ③<u>exposition from the opening scene and inserting</u> an additional song, but the director ④<u>refused to consider it</u>.

16   They sought to bring ①<u>to light</u> the mechanisms through which the political system of the Third Reich could have ②<u>perpetrated through</u> genocide, and ③<u>hence</u> to ④<u>lay bare</u> the context and mode of production of such a crime against humanity.

17 All regions of the country have come together in pursuit of this objective, ①<u>furthering its adoption</u> by the relevant bodies in the departments and municipalities. ②<u>This is the case</u> with the Social Policy Councils (CPS) and the Committee for the Eradication of Child Labour (CETI), ③<u>which are playing</u> an important role in this process. 96.8% of the departments have a body responsible for leading the related local campaigns — 71% of these bodies ④<u>being created</u> less than five years ago.

[18-20] Choose the one that is grammatically correct.

18 ① The philosopher's influence over men's minds became far greater after his death than his life.
② The minister is believed to have killed by the rebel army.
③ He's really handy when it comes to fixing cars.
④ I had hoped to have seen the famous movie last night.

19 ① She begged her mother to buying her a pretty dress.
② It had been nearly four years since the war broke out.
③ These ridiculous rules should have been done away with years ago.
④ It would be like drinking whisky simply to get drunk, which is likely in the long run diminishing your pleasure in the stuff.

20 ① Now that I have seen it, I only hope that they will restore it in its full glory.
② The main concern of your future in-laws is not so much your love than your wealth, job, family and physical beauty.
③ In addition to providing energy, fats have some other functions in the body. In the diet, fats cause food to have remained longer in the stomach.
④ Many people often miss critical opportunities in their lives. And that has been happening to me when I visited London last year.

▶ ▶ ▶ **ANSWERS** P.242

[01-09] Choose the one that could best complete each of the following sentences.

01　One of my English grammar students does nothing but _____ in my class.

　　① to yawn　　　　　　　② yawn

　　③ yawning　　　　　　　④ yawned

02　Thomas Edison invented the filament of carbonized bamboo that _____ safe and durable artificial lighting.

　　① made possible　　　　② possible made

　　③ it possibly made　　　④ made it possible

03　Just as the human body needs food to provide energy for the various activities of living, _____ living organisms need sources of energy.

　　① all other do so　　　　② other do so all

　　③ so all other do　　　　④ so do all other

04　The ongoing oil spill is an environmental calamity _____ we've ever faced.

　　① like none　　　　　　② more disastrous

　　③ different from　　　　④ no smaller

05　The periodic table contains all the elements, _____ has a particular atomic weight and number.

　　① each of them　　　　　② which each element

　　③ whose element　　　　④ each of which

06   I usually do self-medication when symptoms are not _____.

    ① difficult to be treated

    ② such difficult to treat

    ③ too difficult to be treated

    ④ that difficult to treat

07   To believe that the laws of the Philippines are necessarily the same _____, such as the United States, is illogical.

    ① like that the other country

    ② as that in another country

    ③ as those in another country

    ④ that those in the other country

08   All air movements which we call winds would be in two directions _____.

    ① if the earth has been standing still

    ② were the earth standing still

    ③ as soon as the earth were standing still

    ④ if the earth had been standing still

09   When Italy appealed to other countries for medical equipment, not one country volunteered this assistance, _____.

    ① each government keenly hoarded its supplies for its own citizens

    ② each government keen to hoard its supplies for its own citizens

    ③ each government was keen to hoarding its supplies for its own citizens

    ④ each government which was keen to hoard its supplies for its own citizens

[10-17] Choose the one which is grammatically <u>incorrect</u> among the underlined parts.

10 One's ability ①<u>to do something</u> is the quality or skill ②<u>that he has</u> which ③<u>make</u> it possible ④<u>for him to do it</u>.

11 I felt that it did not matter ①<u>whether</u> I gave a good speech or ②<u>a bad one</u>; the universe would remain ③<u>much the same</u> in ④<u>both</u> case.

12 Those who ①<u>care for people</u> with chronic illnesses can't fight off common ailments ②<u>such as</u> colds and flu as ③<u>effective</u> as they ④<u>once did</u>.

13 ①<u>The nobility do</u> not like the company, ②<u>nor do they</u> let him join their groups, lest he ③<u>should not</u> cause them to lose their quietness, peace and union ④<u>they acquired</u>.

14 Pragmatism became ①<u>the most vigorous school</u> of thought in American philosophy ②<u>during</u> this time, and it continued the empiricist tradition of ③<u>ground knowledge</u> on experience and ④<u>stressing</u> the inductive procedures of experimental science.

15 Nippon Ham Fighters' center fielder Tsyoshi Shinjo ①<u>moved to tears</u> ②<u>after defeating</u> Chunichi Dragons 4-1 in Game 5 to win ③<u>the Japan Series baseball</u>. It was the final game for Shinjo, former New York Mets player, ④<u>who had previously announced</u> his retirement.

16 The Saudis and ①<u>the other countries leaning on Qatar</u> claim that the whole Islamist spectrum is ②<u>beyond the pale</u>. Others — including Western governments that ③<u>have resisted calls to brand</u> the Brotherhood a terrorist organisation — think ④<u>there are worth making distinctions</u>.

17   An Englishman spent almost three years and almost $37,000 ①<u>fighting</u> a traffic ticket — a fine that initially ②<u>would cost</u> him around $120. Richard Keedwell, 71, says he ③<u>was wrongly clocked</u> driving 35 mph in a 30 mph zone while taking a trip to the city of Worcester in 2016. He hired experts ④<u>to defend him</u> in court about the possibility of a faulty speed camera, but he eventually ⑤<u>lost the case</u>.

[18-20] Choose the one that is NOT grammatically correct.

18   ① In order to be a good scientist, one must understand mathematics.
      ② I found him reading the Bible.
      ③ Until completely awake, work was impossible.
      ④ The lawyer could not see the prisoner until allowed to do so.

19   ① When darkness came, I was too tired to put up the tent.
      ② I laid down in the middle of a field and stared up at the stars.
      ③ The fumes of the night finally put me to sleep.
      ④ It was my first night without a roof or bed.

20   ① The reason for their delay was that it rained.
      ② Woman as I am, I will help you in time of need.
      ③ Compared with his brother, he is not so intelligent.
      ④ Generally, we took it for granted our ability to speak and write.

[01-09] Choose the one that could best complete each of the following sentences.

01   _____ it not been for the mix up in scheduling that caused a six-hour delay at Vancouver airport, John would never have had the chance to meet his old elementary school friend.

① Should   ② Had
③ May   ④ If

02   At no time _____ any explanation as to why I was being held and interrogated in this manner.

① I was given   ② I was given to
③ was I given   ④ was I given to

03   It has caused alarm among business people, many of whom now claim to pursue a higher social purpose, _____ they be seen to subscribe to a model of capitalism that everyone knows has failed.

① lest   ② should
③ lest should   ④ least

04   Archaeologists believe that the calendar _____ by the Aztecs centuries before it appeared in Europe or the Middle East.

① were inventing   ② have been invented
③ had been invented   ④ being invented

05 The ground swell of public opinion made it inevitable _____ the President's energy proposals.

① the Senate's approval of   ② the Senate approving

③ for the Senate to approve   ④ that the Senate would approve

06 None of my success in the field of psychology _____ but for Dr. McQuiston.

① will happen   ② would have happened

③ will be happened   ④ would have been happened

07 Last summer, I collected a number of family histories which, _____, indicate to my mind that the disease is becoming hereditary and is rapidly spreading as a hereditary disease among the blacks.

① they are imperfect though   ② imperfect if they are

③ so imperfect they are   ④ imperfect as they are

08 She has something special about her appearance that makes her look _____, but you can't put a finger on what that magic component is.

① smart than pretty

② more smart than pretty

③ smarter than prettier

④ more smarter than prettier

09 _____ enough fuel to reach an alternate landing field.

① It was fortunate for the plane to have

② It was fortunate of the plane to have

③ The plane was fortunate that it had

④ It was fortunate that the plane had

[10-17] Choose the one which is grammatically <u>incorrect</u> among the underlined parts.

10 Generally speaking, ①<u>tax returns must</u> be filed ②<u>annually</u>, but in ③<u>a few cases</u> they must be submitted ④<u>every six month</u>.

11 The story made me ①<u>think</u> that we would still be friends today ②<u>have</u> I made efforts ③<u>to keep</u> in touch with him ④<u>for long</u>.

12 The supervisor ①<u>was advised</u> to give the assignment to ②<u>whomever</u> ③<u>he believed</u> had a strong sense of responsibility and the courage ④<u>of</u> his conviction.

13 Her family ①<u>was</u> unable to accept the young man as their new family member ②<u>in that</u> he seemed ③<u>to have</u> neither ambition ④<u>nor</u> direction for his future.

14 Inheriting as ①<u>we are</u> the administrative and legal ②<u>orderliness</u> of the Romans, we also, ③<u>although more indirectly</u>, inherit the Greek ④<u>admiration for</u> abstract ideas and their distrust of material success.

15 ①<u>What I believe</u> we mean by "modernization" is something that has been going on ②<u>for quite a long</u> time in the West and, therefore, does not appear ③<u>so clearly</u> as a huge phenomenon as ④<u>it is</u> in the oriental countries.

16 ①<u>Known for</u> being fond of scotch, a good cigar and intelligent conversation, Churchill ②<u>had spent that year</u> in New York ③<u>being feted by</u> wealthy party givers. But those relaxed, after-meal discourses ④<u>molding his thoughts on</u> the rise of Hitler.

17　Today these bookstores ①are gone, along with nearly all of Hong Kong's independent publishers. The courageous men and women who struggled to keep them alive ②have been effectively silenced. This crackdown, along with the many other issues that have brought 2 million protesters into the streets of Hong Kong, ③reflects the Chinese Communist Party's aggressive ④efforts to bring the former British colony into line with President Xi Jinping's 2017 decree ⑤what all forms of media would be consolidated and placed under the direct control of the Central Propaganda Department.

[18-20] Choose the one that is grammatically correct.

18　① The Army had been in control of the city since last night.
② People only look alike to you until you look at them closely.
③ It is better to see them in the context which they were made.
④ We have no choice but beginning to implement the actions.

19　① You can invite whomever wants to come to the party.
② Having lain on the beach all afternoon, he suffered a severe sunburn.
③ It was this room that the incident took place.
④ Most of mammals maintain a relatively constant body temperature regardless of the air temperature.

20　① If you are happily, ask yourself how many of your friends are so.
② Animals are happy so long as they are healthy and have enough to eat.
③ While I was drowned, I remember, a strange creature came to my rescue.
④ Though the kinds are different, you shall find that unhappiness meets you at everywhere.

[01-09] Choose the one that could best complete each of the following sentences.

01   It's strange that he _____ you.

① resented   ② should resent

③ resents   ④ is resenting

02   _____ returned to London when an anonymous well-wisher called to say he was about to be raided by Customs & Excise.

① Hardly he   ② Hardly he had

③ He hardly have   ④ Hardly had he

03   We should keep in mind the contributions of popular magazines such as Ebony, which revealed many Black events that otherwise _____ unknown.

① would remain   ② remain

③ would have remained   ④ remained

04   He drove his car as fast as he _____ to the house where he could record his experience for later remembrance.

① was getting   ② was to get

③ could get   ④ could to get

05   Understanding the basics about how your car works will save _____.

① you a lot of trouble   ② a lot of trouble for you

③ a lot of trouble from you   ④ a lot of trouble to you

06 Several airlines canceled flights due to snow and ice in the northeast, with JetBlue _____ the next airline.

① canceling twice more than

② canceled twice as much as

③ canceled twice as many as

④ canceling twice as many as

07 Since the stairs are slippery this morning, watch your step. It _____ last night.

① must snow and freeze

② must have snowed and frozen

③ must be snowing and freezing

④ must have been snowed and frozen

08 The price of gasoline, about 1.50$ a gallon not too long ago, _____.

① is too much costly for so many drivers

② cannot be bought by owners of cars easily

③ now is too expensive for many car owners

④ makes it hard for a driver to use in his car

09 Since he left the presidency in 1981, _____.

① Emory University in Atlanta taught Jimmy Carter public policy courses

② public policy courses at Emory University in Atlanta has been taught by Jimmy Carter

③ Jimmy Carter taught on public policy courses at Emory University in Atlanta

④ Jimmy Carter has taught public policy courses at Emory University in Atlanta

[10-17] Choose the one which is grammatically <u>incorrect</u> among the underlined parts.

10 Penicillium ①<u>is</u> one of the many molds that ②<u>produces</u> the antibiotics ③<u>used</u> ④<u>to control</u> diseases.

11 Home schooling means that ①<u>whether</u> father or mother ②<u>stays</u> at home to teach children while ③<u>the other</u> goes out to bring ④<u>the bacon in</u>.

12 Science ①<u>has brought</u> within the reach of ②<u>multitudes</u> benefits and advantages that only a short time ago ③<u>was</u> the privilege of ④<u>the few</u>.

13 From the 1880's ①<u>on</u>, artist Mary Cassatt ②<u>increasingly</u> devoted herself to ③<u>the theme of</u> mother and child in oils, pastels, etchings, and ④<u>engraved</u>.

14 ①<u>For an outsider</u>, I ②<u>have always been</u> willing to talk about dark truths that have been concealed, truths about people we know, but ③<u>such talks</u> call for more courage than ④<u>are imaginable</u>.

15 61% of Slovenes ①<u>believe</u> their voice ②<u>does not count</u> in the EU. 83% of them do not find ③<u>them</u> involved in European affairs. The reason for this may be the apathy towards politics in Slovenia which is ④<u>much</u> stronger than in other member states.

16 Not long ago ①<u>I saw</u> a coloured minister preparing his Sunday sermon ②<u>just as</u> the New England minister prepares his sermon. But this coloured minister was in a ③<u>broken-down</u>, leaky, rented log cabin, with weeds in the yard, ④<u>surrounding</u> evidence of poverty.

17   "①However rebellious children may be, they have their parents' genes; American radicals are Americans," wrote the late radical writer Andrew Kopkind in the New York Times ②in 1968. "They cannot easily cross class lines to organize groups above or below their own station. They ③are caught in the same status traps as everyone else, even if they react ④self-consciously." What is true for class also goes for race, gender, age and a range of other affiliations: the American left are the products of the very society they are trying to change. As Trump has targeted women, black people, Latinos, Muslims and immigrants, so those groups have rallied and are asserting themselves while others, within the progressive coalition, ⑤has become more sensitized to their condition.

[18-20] Choose the one that is NOT grammatically correct.

18   ① My morning routine is going for a two-mile run before work.
② We were told to keep moved to stay warm on a windy cold day.
③ She stood at the front gate smiling at the guesthouse visitors.
④ The students had their belongings carried to their dormitory rooms.

19   ① The coming of peace effected a change in her way of life.
② Spain is as weak, if not weaker than, she was in 1900.
③ Whatever reason you may give, I won't believe it.
④ She knew the stranger to be him whom she had given up as lost.

20   ① Adverse weather on the Korean peninsula appears partly to blame.
② They agreed to restart negotiations on the tough issue of dividing Jerusalem.
③ If you have further questions, or if you are ready to have your project approved, we'll be happy to help you.
④ All of us have seen that the longer a couple stays together, the more they are resembling each other.

[01-09] choose the one that could best complete each of the following sentences.

01 Marilyn doesn't have _____ gas in her car.

① no
② little
③ any
④ some

02 Coming up to my car, the officer said, "Sir, I'd like _____ an alcohol test."

① you to take
② your taking
③ that you will take
④ you would take

03 _____, it is believed, was regular theatrical production established in New York.

① Until 1732 there was not
② Until 1732
③ It was not until 1732
④ Not until 1732

04 The sweater that she ordered _____ that they sent.

① differs in the one
② differs from the one
③ is different than one
④ be different from the one

05 I am glad that we are connected to our past through these phrases, even if they are not used as _____.

① intended original
② original intention
③ intending originally
④ originally intended

06 Last night two independent presses won _____ Book Awards, rising to the top of a short list.

① 2021 Translated Best

② the 2021 Best Translated

③ the Best 2021 Translated

④ the Best Translated 2021

07 A recent poll has indicated that Johnson is considered _____ in the senior class at the Long Beach High School.

① brighter than all students

② as brighter as any student

③ brighter than any other student

④ the brighter than other students

08 One reason that the voting rates for by-elections _____ people do not get the day off to vote.

① usually are extra low are because

② are usually extra low is that

③ is usually extra low are because

④ usually is extra low is that

09 Yes, we know it takes plenty of time and energy to be a good person in the here and now. But due to _____, we need to consider our impact on future generations, too.

① the major threat faces our society and planet

② the major threats faced our society and planet

③ for the major threats to face our society and planet

④ the major threats face our society and planet

⑤ the major threats facing our society and planet

[10-17] Choose the one which is grammatically <u>incorrect</u> among the underlined parts.

10   ①<u>Home movie</u> rentals ②<u>have caused</u> a boom in the movie business, so ③<u>many films</u> were released last year than in ④<u>the previous ten years</u>.

11   We cannot but ①<u>be impressed</u> by the manner ②<u>in which</u> all kinds of experiences that ③<u>in themselves</u> seem disastrous ④<u>is made use of</u> by great men.

12   Such novices are often ①<u>afraid that</u>, no matter how ②<u>they try hard</u>, they will never understand how ③<u>their PC works</u>, ④<u>let alone how to</u> use your software.

13   The person ①<u>who</u> met with us clearly did not understand the software industry ②<u>and nor</u> did he understand ③<u>what</u> a system integrator was ④<u>until</u> we informed him.

14   The refusal ①<u>to lift</u> his parliamentary immunity could not be ②<u>considered arbitrary</u> ③<u>because of</u> similar requests, both from members of the parliamentary majority and from opposition members, had ④<u>also been refused</u>.

15   Fibromyalgia's all-too-real symptoms can be ①<u>debilitating</u>. Too often, ②<u>so is</u> the medical community's response to patients suffering from its symptoms, which are challenging ③<u>to identify</u> because they coincide ④<u>with other disorders</u>.

16   ①<u>It says that</u> when one cultural community owns a musical style, ②<u>its appropriation</u> by another group constitutes ③<u>a serious wrong</u>. According to this argument, white blues players participate in a racist appropriation ④<u>that deprives</u> African-Americans ⑤<u>what</u> is rightfully theirs.

17　"Digitisation will have the impact on ①supply chains that steam and electricity had on manufacturing," declares Joe Terino of Bain. His claim seems hyperbolic, but it may yet prove prescient. Nearly 30 years after the internet first emerged as a tool for business, the management of supply chains at most multinational corporations, which do not operate in the rarefied air of Amazon and Alibaba, ②remains a surprisingly backward-looking, sluggish affair. The good news is that companies in many industries ③are experimenting with a variety of new technologies and methods that promise to improve ④how they plan, source, make and deliver. These innovations are making supply chains smarter by increasing their predictability, ⑤transparent and speed of delivery.

[18-20] Choose the one that is grammatically correct.

18　① One kind of fun which is wrong is that which gives pain to others.
　　② Most of the work that most people have to do are not in itself interesting.
　　③ Among rich and poor alike is to be found the discontented.
　　④ He is a kind of a musician.

19　① Mothers who gave birth in facilities run by the agency was healthy.
　　② We need to convey to the community what is on the negotiating table.
　　③ Here a new teacher who majors in business administration comes.
　　④ The city allocated a substantial sum for the restoration of the train station but which was soon dissipated in research and planning.

20　① If the Earth were to stop spinning suddenly, everything might have flown to one side.
　　② Have she had a baby, she would have desired to make her baby a model.
　　③ The court ordered that the soldier's personal information be disclosed for 10 years.
　　④ I accepted it with my hands at the place, otherwise I was hit squarely on the head.

[01-09] choose the one that could best complete each of the following sentences.

01 _____ health and medical updates, tales of daring rescues or inspirational stories, we trust this magazine to keep us informed and entertained.

① Be it   ② If it is

③ It is   ④ Despite being

02 _____ Hopkins Industry was not able to meet their production quota in the second quarter is not surprising, given the high number of layoffs they have had to make in recent times.

① What   ② Although

③ That   ④ So

03 When you are not sure of the meaning of a word, you had better _____ in a dictionary.

① look it up   ② looked it up

③ to look it up   ④ look up it

04 His devoted love for her changed her from the reckless and spoiled woman _____.

① what she used be   ② whom she used to be

③ what she was   ④ she used to be

05   Generally, the greater _____ from the equator, the shorter the growing season becomes.

① that is the distance   ② it is the distance

③ the distance   ④ which is the distance

06   During the early period of ocean navigation, _____ any need for sophisticated instruments and techniques.

① so that hardly it was   ② when there was hardly

③ so hardly it was not   ④ there was hardly

07   No serious claim has yet been made _____ by cloud-seeding unless favorable natural clouds were already present.

① for has produced rain   ② rain has been produced

③ that rain produces   ④ that rain has been produced

08   A number of people who say that they cannot read novels are apt to suppose that it is because, their minds being busy with important matters, they cannot trouble _____ imaginary events.

① to occupy them with   ② to occupy themselves with

③ occupying themselves by   ④ occupying them with

09   If he went to either of those teams he would never win a superbowl so I _____ to win or not.

① guessed it all counted on if he wanted

② guessed it all counted on whether he wanted

③ guess it all counts on whether he wants

④ guess it all counts on if he wants

[10-17] Choose the one which is grammatically <u>incorrect</u> among the underlined parts.

10   That's ①<u>why</u> the company, ②<u>with its</u> deep pockets, ③<u>is</u> hoping the investment in OLED technology ④<u>will pay it</u>.

11   ①<u>Regardless of</u> ②<u>whom</u> he thinks is guilty, I ③<u>shall</u> never for a moment consider that it could be ④<u>she</u>.

12   About fifty yards from this place ①<u>where</u> I am writing ②<u>stand</u> one of the finest elms ③<u>that</u> perhaps nature has ever produced ④<u>in any region</u>.

13   We're all confident ①<u>that</u> we can retain the elements we've come up ②<u>with it</u> in the past, and also ③<u>develop and progress</u> — ④<u>which</u> is important to us.

14   It is difficult to believe ①<u>what</u> financial turmoil in a country ②<u>as small as</u> Ireland, ③<u>whose</u> economic output roughly matches the state of Maryland's, ④<u>can have</u> worldwide repercussions.

15   Investigators ①<u>prepared</u> to release a sketch of the man ②<u>as well as</u> the video that ③<u>showed him getting</u> out of his car and ④<u>approaching to</u> the house within minutes of the victim's arrival.

16   ①<u>What</u> neither this resolution nor any other currently ②<u>being considered</u> even acknowledges the obscene barrage of Palestinian-launched rockets and missiles ③<u>raining</u> down on Israel's civilian population ④<u>reflects</u> just how ⑤<u>distorted</u> and one-sided these resolutions are.

17 Self-government, independence, and possession of the right and responsibility to make decisions about one's own life, ①<u>not only but especially</u> in moral matters, ②<u>is</u> what makes one an autonomous agent. Immanuel Kant ③<u>looked upon</u> autonomy as the distinctive mark of ④<u>an age</u> of Enlightenment. In his essay 'What is Enlightenment?' he wrote, "Enlightenment is man's emergence from his self-imposed immaturity."

[18-20] Choose the one that is NOT grammatically correct.

18 ① As the airplane was taken off, he pressed his face against the window.
② I wanted to laugh, but my emotions were so mixed up that I cried instead.
③ Looking back, I think our strong relationship is the result of the travel.
④ Having raised five children, I know how to treat such a troublesome child.

19 ① My flight to New York will be delayed another two hours.
② He knows there is yet another way to look at the world.
③ Some people think they are one thing when in fact they are another.
④ A book is one of a man's clapping hands and the reader is another.

20 ① John was eager to read something about the war.
② I would dislike saying anything like that, too.
③ I've spoken to hardly someone who disagrees with me.
④ I doubt that anyone came here, and so does John.
⑤ I believe she can speak some other languages.

[01-09] Choose the one that could best complete each of the following sentences.

01   I find the great thing in this world is not so much where we stand _____ what direction we are moving.

① as   ② but in

③ as with   ④ as in

02   If my past had been more favorable then, I _____ happier now.

① am   ② could be

③ were   ④ could have been

03   Would you please give him this note the moment he _____?

① arrives   ② is going to arrive

③ will arrive   ④ would arrive

04   9.8 percent of men and 13.8 percent of women — more than a billion adults — _____ obese, measured by the Body Mass Index.

① was found to be   ② found

③ being found to be   ④ were found

05 It was magnesium from the sea that _____ the wartime growth of the aviation industry, for every airplane made in the United States contains about half a ton of magnesium metal.

① made possible   ② possibly made

③ it possibly made   ④ made it possible

06 _____, Lois Weber either wrote or adapted almost seven of hundreds of films that she produced.

① A prolific writer that   ② A prolific writer

③ A writer as prolific as   ④ She was a prolific writer

07 I have somewhere _____ we should make the same use of a book that the bee does of a flower.

① seen it observed that   ② observed it seen that

③ seen him observed that   ④ observed him to see that

08 The more immediate challenge for banks is to increase earnings in an environment where their cost of funds is increasing and so _____.

① the competition for customers does

② is the competition for customers

③ the competition for customers is

④ does the competition for customers

09 It will be a long time _____ solved.

① until the conflict between their opinions will be

② until the conflict between their opinions is

③ before the conflict between their opinions will be

④ before the conflict between their opinions is

[10-17] Choose the one which is grammatically incorrect among the underlined parts.

10 ①Early in his career, Elvis ②confessed his friend that he ③felt chosen by God but didn't know ④why.

11 ①As a child, ②a friend of mine ③was used to think how different his parents ④were from married people in stories.

12 ①Stunning visuals brought the film's ②fantasy alive and the images that swept across our screens ③were almost too surreal ④to believe them.

13 ①As proof, many cite the ②race-baiting campaign Ed Gillespie, ③formerly a plain-vanilla Reaganite, ④running in the Virginia gubernatorial contest.

14 Still, she couldn't abandon ①him completely. While he remained difficult ②to get close, small actions showed he cared: he went out of his way ③to help out with tasks such as renovating her office. She wanted their relationship ④to improve.

15 ①Given that throughout the world private non-governmental organizations, ②such as Oxfam, are ③the more efficient and successful in the field than the UN, many people are beginning to question the role of their governments ④in international affairs.

16 I am ①both humbled and elevated by the honor and privilege that you, the people of South Africa, ②have been bestowed on me, ③as the first President of a united, democratic, non-racial South Africa, ④to lead our country out of the valley of darkness.

17   A healthy eating plan that involves piling whole grains, fruit, vegetables, fish, nuts and olive oil onto your plate and ①<u>to cut</u> back on red meat may help keep your brain in shape. A 2017 study of nearly 6000 people in the *Journal of the American Geriatrics Society* suggested that people who ate this way ②<u>had</u> a 35 per cent lower risk of cognitive impairment than people who ③<u>didn't</u>. This combination of food may seem ④<u>like</u> a familiar recommendation: scientists are discovering that your brain and your heart have similar needs.

[18-20] Choose the one that is grammatically correct.

18   ① This is too heavy a box for me to carry it down.
② The problem was so difficult that I could not solve.
③ I was so careless as to leave my camera in the bus.
④ Felix was such nice a fellow that all his friends liked him.

19   ① It will not be long before we will meet again.
② The oranges, when ripe, are picked and sorted mechanically.
③ I don't know that you can recognize her from here.
④ It was such a beautiful weather that we went for a walk.

20   ① A woman was hung for murder in 1873 and two women were executed in 1899.
② Watching the takeoff, the small boy waved his arms as if he were a plane himself.
③ The idea was good once, but it has outlived beyond its usefulness.
④ Limiting the number of full-time employees whom we have to pay benefits for them should reduce expenses considerably and increase profits.

[01-09] Choose the one that could best complete each of the following sentences.

01 Our society's mistrust of the media makes it more important than ever _____ photographers portray is as accurate as they can make it.

① that   ② so that
③ that what   ④ before what

02 There are over 200 diseases that cannot even get established, _____ thrive, in an alkaline pH.

① very little   ② much less
③ very much   ④ much more

03 _____ careless with the truth in small matters cannot be trusted with important matters.

① Whomever is   ② Whoever is
③ Whoever that is   ④ Whomever it is

04 Tuition fees at public colleges in Massachusetts increased by a greater percentage last year than _____ state.

① any other   ② in any other
③ other   ④ in other

05 Spain's health minister said a registry _____ people who refused to get vaccinated.

① will keep from   ② would keep of
③ will be kept from   ④ would be kept of

06 Another animal, _____ is remarkable for its mass of hairy covering, is the great ant-eater.

① the tail of which

② whose the tail

③ of which tail

④ tail of which

07 When he saw the three astronauts boarding the crew transfer van, von Braun had one deep regret: he _____ going with them.

① wishes he were

② wishes he had been

③ wished he were

④ wished he had been

08 Accordingly, a realistic, almost journalistic style of writing dominates the narrative, _____ the development of an overt, more literary system of symbols. However, there are a few noteworthy symbols in the novel.

① leaving little room for

② leaving a little room for

③ left little room of

④ left a little room for

⑤ and the narrative left a little room of

09 _____ in some form so that the solvency of the institutions is not threatened.

① Whatever will be reimbursed debt is forgiven

② Whatever is forgiven debt will be reimbursed

③ Whatever debt is forgiven will be reimbursed

④ Debt is forgiven whatever will be reimbursed

⑤ Debt will be reimbursed whatever is forgiven

[10-17] Choose the one which is grammatically <u>incorrect</u> among the underlined parts.

10 Writer Bina explains why, ①<u>and</u> she tells us ②<u>how</u> we can start acting in ways ③<u>that</u> benefit ④<u>those coming</u>.

11 In the United States, there are ①<u>the number of</u> slang terms for the ②<u>various bills</u>, ③<u>the most common one</u> ④<u>being</u> buck.

12 Take the pledge ①<u>with</u> me: "Under no circumstances ②<u>will I</u> cast a vote ③<u>for</u> Rudy Giuliani as President, no matter ④<u>how</u> he is running against."

13 Beethoven's vision of music as a force ①<u>capable of</u> reconciling us to each other and to the world may today seem remote, ②<u>but that</u> renders ③<u>it</u> an ever more crucial ④<u>ideal which</u> to strive.

14 ①<u>Most</u> of us accumulate things because we think they'll make us happier. ②<u>While</u> they might, ③<u>it is</u> a short-term buzz. What will definitely make you feel better is ④<u>let go of</u> stuff ⑤<u>you don't use</u>.

15 The boss says to one of his ①<u>staff</u>. "We've got a vacancy. Your twin brother ②<u>could fill it</u>." "My twin brother?" replies the worker. "Yes, ③<u>one</u> I saw at the football match yesterday while you ④<u>were</u> at your uncle's funeral."

16 When European kings in the eighth century took up the practice ①<u>of having</u> themselves ②<u>anointed by</u> the Church, they were ③<u>thought</u> as God's own appointed rulers. ④<u>To oppose such a king</u> was then thought to be not only treason but also a sin.

17 Some ①<u>youths engage</u> in a variety of delinquent activities — especially theft and drug dealing — as a means of surviving in a very deprived environment. The typical delinquent, however, engages in behavior that more often ②<u>than not reflects</u> consumerist behavior in a capitalist society, where ③<u>wants are</u> artificially created and obtaining material things (e.g., clothes, cosmetics, cars, etc.) ④<u>are linked to</u> status.

[18-20] Choose the one that is NOT grammatically correct.

18 ① Privileges accorded to women in the Islamic world around the year 1,000 A.D. varied greatly.
② Although she was known as a Shakespearean actress, but the Bard was not her only focus.
③ The AIDS virus attacks the human immune system, leaving the body vulnerable to a variety of life-threatening illnesses.
④ The snow that had been falling all night covered the ground.

19 ① An editorial is a brief newspaper article that gives personal comments on current events.
② One evening, his father came home full of news which kept his tongue busy all through his dinner.
③ A few weeks earlier, this council forbade women appearing on television wear heavy makeup.
④ Work and play are both necessary: this gives us rest and that gives us energy.

20 ① People who have an easy life because their parents are rich are not valued as much as them who make their own money.
② The symptoms of the disease almost always include fever and cough.
③ Maids want nothing but husbands and when they have them they want everything.
④ I hardly expected anyone to read my blog, let alone respond to it.

[01-09] Choose the one that could best complete each of the following sentences.

01 One of the three shops the building contained was for rent; _____ was an all-night restaurant; the third was a garage.

① other
② other thing
③ the other
④ another

02 _____ of the seven continents placed in the Pacific Ocean, there would still be room left for another continent the size of Asia.

① Each
② If each
③ Were each
④ Since each

03 With the exception of aluminum, shiny metals such as tin or copper turn into black powders when _____.

① ground fine
② they grind fine
③ grinding fine
④ grounded fine

04 The company _____ another crushing blow with the failure to win the contract.

① has dealt
② has been dealing
③ has been dealt
④ has been dealt with

05 Most Korean students learn English _____ as Japanese students.

① for like reasons
② for much the same reasons
③ as likely reasons
④ as those very reasons

06 The time is coming when people will say, "_____ that have no children to care for."

① Happy is the women

② Happy are the woman

③ Happy is the woman

④ Happy are the women

07 The velocity of a projectile is determined by measuring the time _____ a known length of its path.

① required for it to travel

② requiring for it to be traveled

③ requiring for it to travel

④ required for it to be traveled

08 _____ for adopting a child with Down syndrome?

① Who is suitable you think

② Do you think who is suitable

③ Who do you think is suitable

④ Do you think who suitable is

09 Too much sex and violence on television can be _____ the programs.

① very damaged to children watching

② much damaged to children watching

③ very damaging to children who watch

④ very doing damage to children who watch

[10-17] Choose the one which is grammatically <u>incorrect</u> among the underlined parts.

10 Between ①<u>you and me</u>, I am ②<u>convinced</u> that this painting ③<u>by Dali</u> shows greater artistry than ④<u>Picasso</u>.

11 ①<u>The more we are</u> ②<u>making advancements</u> in science, ③<u>the more</u> we seem ④<u>fear and deny</u> the reality of death.

12 Their artworks bring out their inner selves ①<u>in the sense</u> that through them, ②<u>the one</u> can see ③<u>what</u> they are struggling with and what means ④<u>a lot to</u> them.

13 If you pay attention ①<u>to what</u> Pope Benedict XVI has been saying all these years, it's clear that he ②<u>does</u> see Catholicism ③<u>as</u> superior ④<u>than</u> other religions.

14 There is no ①<u>well-defined</u> difference between the Pakistani military and anti- American insurgents. ②<u>That's why</u> a US air attack killed at least 25 Pakistani troops ③<u>to whom</u> the American forces mistook ④<u>for</u> Taliban militants.

15 The whole irony of the recent film *The Human Stain* is that so-called politically correct people falsely ①<u>accusing</u> a man of something that in a sense ②<u>they themselves</u> are actually guilty of, ③<u>ruining him</u> with ④<u>their groundless moral superiority and bigotry</u>.

16 The nineteenth century is the last time ①<u>when it was possible</u> for an educated person ②<u>to admit to believe</u> in miracles like the virgin birth without embarrassment. ③<u>When pressed</u>, many educated Christians are ④<u>too loyal to deny</u> the virgin birth and the resurrection.

17   Golf is a ①much easier game than you think. Perhaps you disagree. If you're like many players, you've spent a lot of time diligently working to improve your game. ②Trying as you may, you never feel truly satisfied. You never become the player you think you could be. The reason for your lack of success is not that golf is difficult. The ③reason is that you are ④going about it the wrong way.

[18-20] Choose the one that is grammatically correct.

18   ① Yellow sand, also known as Asian dust, is a seasonal health hazard.
② The dust is originated in the arid regions of northern China and Mongolia.
③ The easiest way to avoid from yellow sand is wear a mask.
④ The specialty masks can effective capture minute particles and bacteria.

19   ① Young people today more often than not see the world more clearly than does their elders.
② The elephant relies more on its sense of smell than for any other sense.
③ I like him all the better on account of his frankness.
④ Polices are little likely than ever to produce satisfactory solutions.

20   ① If I knew the fact last weekend, I would not have gone there.
② Unless you don't finish it on time, the boss will surely fire you.
③ When I returned home last night, I found the door opening.
④ I'm not used to driving a car, so I think I would rather fly.

[01-09] Choose the one that could best complete each of the following sentences.

01 The speaker _____ his script on the table, when he began to make a fluent speech.

① laid
② was lying
③ lay in
④ has lain

02 Where socialism still prevails, such as in the People's Republic of China, serious attempts _____ the whole economic system in a capitalist direction so that it will operate in a more efficient manner.

① made to turn
② are made to turn
③ made turning
④ are made turning

03 The scientists found _____ that planets orbiting white dwarfs would ever be truly habitable.

① unlike it
② unlikely it
③ it unlike
④ it unlikely

04 Thanksgiving this year bore no resemblance to any of Lexie's previous Thanksgivings, the main reason _____ she wouldn't see her mom.

① being that
② was because
③ being because
④ was that

05 When _____, a cockroach is second to none.

① it comes to survive
② it come to survive
③ they come to surviving
④ it comes to surviving

06 After the government launched four simultaneous attacks, an unknown number of terrorists _____.

① was killed or wounded
② were killed or wounded
③ was killed or wound
④ were killed or wound

07 Montaigne tells us, in "A Consideration upon Cicero," that he would have written letters rather than essays if he _____ whom to correspond.

① had had a friend with
② had had a friend
③ had a friend with
④ had a friend

08 When they offered their redundant text books for sale, so _____ they decided to enter the second-hand book trade instead.

① greatly was the demand
② they demanded greatly that
③ their demand was great
④ great was the demand that

09 Yesterday, North Korea demanded _____ a "despicable political crackdown" of a pro-North Korean organization in Tokyo, which is under police investigation for alleged fraud.

① Japan immediately stopped and made apology for
② Japan to stop and make an apology for immediately
③ that Japan immediately should stop and apologize
④ that Japan immediately stop and apologize for

[10-17] Choose the one which is grammatically <u>incorrect</u> among the underlined parts.

10   ①<u>There is</u> an unsolved controversy as ②<u>to whom</u> is the real author of the Elizabethan plays ③<u>commonly</u> credited ④<u>to</u> William Shakespeare.

11   Have you ①<u>participated in</u> a dangerous sport or ②<u>do you think</u> boxing, Luge and ③<u>many others</u> are just too dangerous to play ④<u>them</u>?

12   ①<u>In no field of history</u> ②<u>the search for logical explanation has</u> been ③<u>so diligent as in</u> the study of ④<u>the decline and fall of</u> the Roman Empire.

13   The researchers ①<u>found that</u> learning the language of the country of residence ②<u>as earliest as</u> possible is ③<u>of vital importance to</u> immigrant ④<u>children's success</u> in school.

14   That's because music which always says the same thing to you ①<u>will necessarily soon become</u> dull music, but music ②<u>whose</u> meaning is slightly different ③<u>from each hearing</u> has a greater chance of remaining ④<u>alive</u>.

15   Much of the research linking caffeine consumption ①<u>to reduced</u> bone mass ②<u>were</u> conducted on elderly people ③<u>whose diets</u> were low on milk and other sources of calcium, ④<u>largely because</u> they drank so much ⑤<u>caffeine-laden</u> coffee and soda instead.

16   Amid ①<u>the dwindling production</u>, private consumption, however, grew 7.1 percent in the second quarter. This is more than ②<u>the double facility</u> investment growth and ③<u>also exceeds</u> the GDP growth in the same period, ④<u>indicating</u> rampant spending beyond ⑤<u>the capacity to pay</u>.

17 ①<u>Now that</u> the dust has settled after the World Future Energy Summit in Abu Dhabi, it is probably a good time ②<u>to reflect on</u> some of the dynamics affecting the renewable energy market in the region. Although the Middle East's culture is ancient and its technical achievements have ③<u>outshone than those</u> of other regions for long periods, ④<u>in respect to renewables</u>, the region is still in its infancy.

[18-20] Choose the one that is NOT grammatically correct.

18 ① We are used to not having a car.
② We must stop people from committing suicide.
③ There were lots of teenagers dancing to rock music.
④ I managed to finishing the book before the library closed.

19 ① There are a lot of online games, most of them have organized fights.
② It was such a hard work to finish that they gave up.
③ Highly introverted persons are reserved and have few friends.
④ Three students are reported to have been wounded.

20 ① Children denied education may need to be taken away from their parents.
② He was ashamed of not being able to be as energetic as he wanted to be.
③ At last, the station was reached and it was found to have been abandoned.
④ As he rode a monobike, she was marveled at the skill with which he did it.

[01-09] Choose the one that could best complete each of the following sentences.

01   The patient has, since her school days, always felt nervous _____ she receive some troublesome information.

① unless   ② lest

③ because   ④ though

02   I wish I _____ how to use relaxation techniques when I was younger.

① had known   ② have known

③ will have known   ④ would know

03   The human body has four jugular veins, _____ each side of the neck.

① there are two on   ② it has two on

③ two are on   ④ two on

04   The doctor insists he never compromises the safety of his patients no matter how _____.

① many there are   ② there are many

③ much there is   ④ there are much

05   Television is the main source _____ for their daily information about the world.

① on which people rely   ② which people rely

③ people relying on   ④ people rely on it

06 The gentleman paid for _____ gasoline with his credit card.

① ten dollar worthy

② ten dollars' worthy

③ ten dollar worth of

④ ten dollars' worth of

07 Bacon might have become a Newton in mathematics. But it is very doubtful whether Shakespeare could ever have become a Newton in mathematics, or _____ in poetry.

① Newton Shakespeare

② a Newton a Shakespeare

③ Newton a Shakespeare

④ a Newton Shakespeare

08 I'm not sure if I would have reacted _____ when she realized that the train had run over her legs.

① as calm as she did

② as calmly as she was

③ with the same calm as she did

④ with the calmness as she was

⑤ to the calmness to which she did

09 Time _____ on the radio is largely unchanged from 1996.

① is spent watching TV news or getting news

② spending watching TV news or getting news

③ spent watching TV news or getting news

④ spent to watch TV news or get news

[10-17] Choose the one which is grammatically <u>incorrect</u> among the underlined parts.

10   The general said neither ①<u>he nor</u> the U.S. trade representative ②<u>were</u> ③<u>entirely</u> satisfied ④<u>with</u> an agreement.

11   Young children whose parents read ①<u>aloud</u> to them ②<u>having</u> better language and ③<u>literacy</u> skills when they go ④<u>to school</u>.

12   My dad always told ①<u>me that</u> the early bird ②<u>caught</u> the worm and I always ③<u>kept</u> this in my mind. But it's a bit paradoxal because I ④<u>love</u> to stay in bed.

13   War may be ①<u>a terrible thing</u>, but in the face of an aggressor one cannot ②<u>but fighting</u>. Killing ③<u>another person</u> may be immoral, but in time of war one cannot help ④<u>killing</u>.

14   Wooly rhinos ①<u>are seen</u> in many paintings and murals from the Stone Age, and the evidence ②<u>has been found</u> that they thrived in the grasslands ③<u>nearly</u> the tundra regions. By the last ice age, they got ④<u>extinct</u> due to varied reasons.

15   Each had a horse ①<u>of which</u> he was proud and each claimed that his own horse was ②<u>the best</u> of the two. So to settle the question the two cousins, ③<u>both of whom were</u> then old men, decided to have a test on the ice on the Wallkill ④<u>at once</u>.

16   Regulated entities should ①<u>make provision</u> in their arrangements with service providers for prompt access by regulators ②<u>and ensure that</u> their regulators are able, upon request, ③<u>obtaining</u> any data and information ④<u>relating to</u> or generated by the outsourced task promptly.

17   In the mid-nineteenth century, a scholar ①named Francis William Newman attempted a literal translation of the works of Homer. His purpose was to publish a translation that would ②contrast with the elegance of Alexander Pope's eighteenth-century translation. Newman's book ③would have been forgotten today had it not been reviewed by Matthew Arnold, one of the nineteenth century's most famous ④essayists and poets.

[18-20] Choose the one that is grammatically correct.

18   ① Josh said that he wouldn't mind waiting for us.
        ② Ms. Baker had us to write compositions every Friday.
        ③ Suri will not be enough old to vote in this year's election.
        ④ Eric's already made his reservation, isn't he?

19   ① Alfred's latest book introduces the public some new ideas.
        ② Do you think he'll propose you marriage tonight?
        ③ Your illness is so mysterious that I need to take you to a specialist.
        ④ Many Christians regularly confess a priest their guilty actions and thoughts.

20   ① Brian's pants were torn while climbing up the tree.
        ② The new model costs twice as much as last year's model.
        ③ Colin never goes out on dates because he has very few money.
        ④ Paul felt badly because he had drunk too much the night before.

[01-09] choose the one that could best complete each of the following sentences.

01 What matters most is focusing on what we have rather than _____ of what we can't have.

① to dream   ② dreaming

③ dreams   ④ dreamed

02 Due to the financial implications, many _____ was not able to continue with the career path in the New Year.

① students   ② a student

③ student   ④ a students

03 As you progress throughout your day, through this week, you will face several occasions in which rejoicing will feel difficult _____ impossible.

① if not downright   ② to downright not

③ if not it is downright   ④ to downright it is not

04 Several countries have articulated policies centered on sustainability, using it as a framework _____ integrated strategies covering the environment, the economy and quality of life.

① which they base   ② which they are based

③ on which they are based ④ on which to base

05 Sometimes people carry _____ the mask they have assumed that in due course they actually become the person they seem.

① by so perfection
② such perfection
③ to the very perfection
④ to such perfection

06 Her blouse was buttoned up wrongly — she _____ the first button.

① could not miss
② should have missed
③ would not miss
④ must have missed

07 The air-waves are flooded with commercials these days, the majority of which _____.

① is not worth to watch
② is not worthy of watching
③ are not worth watching
④ are not worth of watching

08 The aversion of many women to money tasks is still surprisingly common _____.

① so the risk they assume
② so does the risk they assume
③ and the risk they assume so
④ and so is the risk they assume

09 Hearing the testimony about the last minutes of her son's life, _____.

① it made the conclusion drawn by the plaintiff
② the plaintiff was let to draw the conclusion
③ it made the plaintiff draw the conclusion
④ the plaintiff let the conclusion be drawn

[10-17] Choose the one which is grammatically <u>incorrect</u> among the underlined parts.

10   There ①<u>is not a line</u> in her ②<u>countenance</u> ③<u>that</u> speaks of an entire ④<u>contentment</u> <u>with her life</u>.

11   SUV trucks ①<u>are found</u> in plenty in the market, and are difficult ②<u>to be chosen</u> because all of ③<u>them</u> are ④<u>of great quality</u>.

12   ①<u>What's more</u>, his work has qualities of tenderness and humility, with ②<u>his prose is</u> so beautiful ③<u>as to make</u> the reader ④<u>blossom</u>.

13   The terrible, complicated, demanding world, ①<u>fear of which</u> made me ②<u>flush</u> and ③<u>tremble with</u> feverish nausea, was ④<u>keeping at bay</u>.

14   The scientists of the research station were, ①<u>as might be expected</u>, actively pro-dolphin. Dr. Keith ②<u>summed up</u> their views when he remarked, "Even if killer whales ③<u>do turn out</u> to be ④<u>the most</u> intelligent of the two, I'll back the dolphins."

15   On an appointed day the prince met every ①<u>unmarried girl</u> in the clan. And he ②<u>settled</u> <u>on a maiden</u> named Yasodhara. He'd picked her because she was the only one of the ③<u>girls who were</u> able to look ④<u>him in the eye</u> without embarrassment.

16   ①<u>When born</u>, the children ②<u>all look alike</u> with blond hair and strange eyes. The townspeople have become ③<u>distrustful</u> the children. The children move to a house on the edge of town, where Gordon can continue teaching them, ④<u>as he has</u> for several years.

17   In answer to the first question, ①<u>let</u> me simply say that it was inconceivable during the agricultural era ②<u>that</u> so many people could find employment in factories and in cities. Yet automation and ③<u>far lower</u> cost of production led to huge increases in demand for previously unavailable products and services. It is up to us once again ④<u>put</u> people to work in fulfilling ways, creating new kinds of prosperity.

[18-20] Choose the one that is NOT grammatically correct.

18   ① Neither the cow nor the calves have been watered.
② The grandfather as well as his grandsons are smart.
③ Not only the teacher but also her students were upset.
④ Either you or I am wrong about the immigration policy.

19   ① If it should rain, Santa will greet children in an airport hangar.
② There would be no natural disasters if it were not for humans.
③ She acts as if she never had a sick day in her whole life.
④ There were always friends; otherwise I would be lonely.

20   ① After having completed his pilgrimage, he came back home safe and sound.
② It is strange that he should get back into the habit of smoking.
③ A gentleman was standing alone with his back leaning against the wall.
④ How will a farmer know when his fence needs being fixed?

T E S T
20

▶ ▶ ▶ **ANSWERS** P.275

[01-09] choose the one that could best complete each of the following sentences.

01 Seaweed, or kelp, is a good source of nitrogen, potassium, boron, and other trace elements, but it may contain more _____ good for your health.

① sodiums that are   ② sodium that is

③ sodiums than are   ④ sodium than is

02 Additionally, some states forbid _____ a contract with a non-profit organization.

① to enter   ② to enter into

③ entering   ④ entering into

03 Malt absorbs moisture more readily by being ground and exposed for some time to the air _____ when whole.

① as it does   ② as it is

③ than it does   ④ than it is

04 _____ received a text message from the road traffic department.

① A friend of our   ② An our friend

③ A friend of ours   ④ Our a friend

05 Staying in a villa in Palm Beach costs _____ renting a room in a condominium for a week.

① twice more than   ② as much as twice

③ twice as much as   ④ more twice than

06   I _____ what I'm looking for.

① haven't still found

② still haven't found

③ haven't already found

④ yet haven't found

07   _____, he hastily unfastened his safety belt.

① Hardly finding breathing

② Found hard to breathe

③ Hardly found it breathing

④ Finding it hard to breathe

08   _____ followed by warming trends in which the glaciers retreated toward higher altitudes.

① Throughout periods of glaciation

② Periods of glaciation has been

③ There have been periods of glaciation

④ Periods of glaciation

09   _____ is a general category that includes all mental states and activities.

① Psychologists call it cognition

② What psychologists call cognition

③ What do psychologists call cognition

④ Cognition, as it is called by psychologists, which

[10-17] Choose the one which is grammatically <u>incorrect</u> among the underlined parts.

10   ①<u>Strangely</u> as it seems, butterflies ②<u>taste</u> with ③<u>their feet</u> and dogs ④<u>see only</u> in black and white.

11   I ①<u>had</u> forgotten ②<u>opening</u> the window. ③<u>Feeling</u> in need of some fresh air, I ④<u>arose</u> again and opened the window, moderately.

12   Do you know ①<u>who it was</u> ②<u>that said that</u> if Cleopatra's nose ③<u>has been</u> ④<u>a little shorter</u>, the history of whole world would have been different?

13   Those ①<u>we call</u> poets are ②<u>at once</u> more sensitive, with a wider range of feelings, and ③<u>better ability</u> to express what they feel and move others ④<u>to share</u> their feelings.

14   A large scientific study ①<u>into</u> the biological basis of sexual behavior ②<u>has confirmed</u> there ③<u>is</u> no single "gay gene" but that a complex mix of genetics and environment ④<u>affect</u> ⑤<u>whether</u> a person has same-sex sexual partners.

15   His realization that the natural world ①<u>spins on</u> regardless of the manner ②<u>in which</u> men live and die ③<u>is</u> perhaps the most difficult lesson that he learns as a soldier. It disabuses him ④<u>from</u> his naïve, inexperienced beliefs ⑤<u>regarding</u> courage and manhood.

16   The first women's march in Pittsburgh, ①<u>short after</u> Trump's inauguration, was ②<u>deeply</u> divided ③<u>over</u> the involvement of women of color, ④<u>culminating</u> in a separate march and a black organizer asking ⑤<u>whether</u> the official march was a "whites-only feminist event"

17 In June Dutch police ①<u>cracked open</u> a shipping container on a farm and found it had been converted into a torture chamber, ②<u>with walls covered</u> in sound insulation and a dentist's chair equipped with arm and leg restraints, as well as handcuffs, hacksaws and pliers. ③<u>They were tipped off</u> by an informant inside Caloh Wagoh, a Dutch motorcycle gang whose leader, "Keylow", had been arrested and ④<u>charged by</u> running a murder-for-hire scheme.

[18-20] Choose the one that is grammatically correct.

18　① This is the place where the treasure was buried.
　② I used to getting up early, but I don't any more.
　③ You are enough old to help your mother at home.
　④ We cannot put off to answer that letter any longer.

19　① He tried in vain to make himself understood in English.
　② On the night when their city fell, the Trojans held celebrations, wrongly believing that the Greeks have given up their siege and departed.
　③ He ordered the room to sweep.
　④ I don't know if it rains, but if it will do, I shall stay at home.

20　① I hope that he did not see her.
　② I hope him not to see her.
　③ I hope that he were alive now.
　④ I hope your answer to this question.
　⑤ I hope hearing from you soon.

[01-09] choose the one that could best complete each of the following sentences.

01   Just creating a hype is one thing and making a product which is good enough to justify that hype is quite _____.

① the other   ② others

③ another   ④ the others

02   Not until monkey is several years old _____ to exhibit signs of independence from its mother.

① it begins   ② and begin

③ beginning   ④ does it begin

03   Children and adults with Asperger's syndrome are often targeted by bullies and do not know _____.

① what to handle with it   ② what to handle them

③ how to handle them   ④ how to handle it

04   In seven years, the tree will grow to _____.

① as double as your height   ② double a height as you

③ twice your height   ④ twice taller than you

05   When Henry arrived home after a hard day at work, _____.

① his wife was sleeping   ② his wife slept

③ his wife has slept   ④ his wife has been sleeping

06 Although many people do not consider it harmful, alcohol is the _____ in the United States.

① drug commonly abused most

② most commonly abused drug

③ most abused commonly drug

④ commonly most abused drug

07 Now _____, she was going to find him, and she was going to find out why he had left.

① she knew who was her father

② that she knew who was her father

③ she knew who her father was

④ that she knew who her father was

08 For CEOs, it's the smallest things _____.

① that they do have huge ripple effects

② that they do what have huge ripple effects

③ that they do that have huge ripple effects

④ they do have huge ripple effects

09 William Spoelhof graduated with a BA degree from Calvin College in 1931. Except for several years during World War II, he was an educator for his entire professional life. In 1946 he was appointed Associate Professor History at Calvin College, and in 1954 he was made Professor, although his duties as President of the college, a post _____ in 1951, meant that his active teaching was over, to his regret.

① which he appointed as

② to which he appointed as

③ which he was appointed

④ to which he was appointed

[10-17] Choose the one which is grammatically <u>incorrect</u> among the underlined parts.

10 If she ①<u>had laid</u> quietly ②<u>under the tree</u> as she had been instructed ③<u>to do</u>, we ④<u>would have found</u> her.

11 James Wood's new book, "How Fiction Works," is ①<u>as knowing as</u> you'd ②<u>expect from</u> one of the best critics ③<u>live</u> but ④<u>that may not always please</u> writers.

12 Thomas Piketty, a French economist, ①<u>has taken</u> the world ②<u>by storm</u>. His book has been the bestselling book. ③<u>Writing in</u> French, the book ④<u>was translated into</u> English.

13 All we have to do is ①<u>set to work</u> to ②<u>see to that</u> vice does always ③<u>get punished</u>, right here and now, instead of waiting for an omnipotent God to ④<u>attend to</u> it in some hypothetical heaven.

14 The ascent of the conglomerate, ①<u>founded in</u> 1969 as a contract maker of black-and-white televisions for Japanese companies, ②<u>driven by</u> a game plan ③<u>familiar in</u> Japan: Copy what you ④<u>can</u>.

15 Victor Frankenstein, scientist, had ①<u>wished to</u> "pour a torrent of light into our dark world," but had ended ②<u>by forsaking</u> all moral responsibility for his creation, which he abandons in the hope ③<u>that</u> he will forget about ④<u>which</u> he has wrought.

16 As ①<u>the world's cities</u> get ever more populated, many are looking ②<u>to exploit</u> their often under-used waterways in ingenious ways. ③<u>Nowhere is this</u> truer than in Paris, ④<u>where</u> a new form of eco-friendly transport is due to ⑤<u>being tested</u> on the River Seine this year.

17 For legal and practical reasons, companies need to be able to show that they ①<u>have given</u> employees accurate information about ways to prevent the spread of infection — and ②<u>that</u> they have provided people ③<u>with</u> the means to act on that information. Thus, organizations should educate employees, in advance of any workplace infection, about modes of transmission and symptoms by sharing specific public health guidelines and, more broadly, ④<u>direct</u> staff to the official sources of information ⑤<u>on which</u> the organization will rely.

[18-20] Choose the one that is NOT grammatically correct.

18 ① He was the first pilot to fly across the Atlantic Ocean.
② The child was not accustomed to sleeping alone.
③ The President was to arrive in Tulsa for a campaign rally.
④ The train is about to departing from the platform.

19 ① Infrequently he was awakened from sleep.
② Rarely he likes to help his friends.
③ Foolishly, he ignored her advice.
④ Unfortunately, he cannot find anyone to help him.
⑤ Otherwise, we will have to cancel the picnic.

20 ① Not every man is born with a silver spoon in his mouth.
② He was said to be an American but was heard to speak German.
③ It is thought that a trip to the moon will be made possible.
④ He was let to speak briefly to his wife and three children.

[01-09] Choose the one that could best complete each of the following sentences.

01　It is the most spiritual graveyard in the world, _____ a great number of his companions and family members.

① which lie

② which lies

③ in which lie

④ in which lies

02　He enjoyed all aspects of the cultural environment in the city, ranging from making regular visits to various art galleries _____ the spectacle of the performing arts.

① to partake

② partaking

③ partaking in

④ to partaking in

03　_____ famous queens in the history of England: Elizabeth I and Victoria.

① Between the two

② For two

③ There are two

④ Because there are two

04　Even today's sophisticated telescopes do not enable us to tell exactly how far _____.

① is a distant object

② a distant object is

③ an object is distant

④ distant is an object

05　She had grandparents, whom _____ her parents because her real parents passed on ten years ago.

① she considered being

② she considered

③ considered as

④ she was considered

06 In 1961, the entertainer Chubby Checker introduced a _____ to New York's rock'n roll fans.

① new dance, the twist

② new dance is the twist

③ twist, was the new dance

④ twist, the new dance that

07 I launched experiments using electrodes to measure brain activity in _____ we manipulated in the lab.

① whose emotional state

② whose emotional state that

③ people whose emotional state

④ people whose emotional state that

08 Collecting local tax more efficiently means having more resources _____ better services to the residents of the city.

① which to be delivered with

② which they can deliver

③ with which to deliver

④ with which they can be delivered

09 When someone volunteers to serve, they do so believing their family will be _____ in the future.

① taken care if the worst happens

② taken care of if the worst happens

③ taken care if the worst will happen

④ taken care of if the worst will happen

[10-17] Choose the one which is grammatically <u>incorrect</u> among the underlined parts.

10 20 students attended the Christmas party. Throughout ①<u>the</u> party, ②<u>they</u> played ③<u>games</u>, ate ④<u>a dinner</u>, and received a gift from Santa Claus.

11 An individual may feel ①<u>uneasy around</u> cats because of ②<u>biting or scratching</u> when an infant. ③<u>Such an uneasiness</u> can ④<u>develop into</u> an unreasonable fear of cats.

12 The ideal candidate for this position will be someone looking ①<u>to further</u> the career and ②<u>move into</u> a supervisory role with a view ③<u>to be</u> promoted ④<u>following</u> probation.

13 As a generational leadership succession ①<u>looms</u>, the company is under pressure to reinvent ②<u>itself</u> — to be more innovative, but ③<u>not lose</u> the rigor and focus that made ④<u>itself</u> a global powerhouse.

14 "The obsession really got people ①<u>to push the envelope</u>," he says ②<u>before</u> the audience, ③<u>pointing out</u> that the financial health, even in the current market, ④<u>showing</u> the industry's ability to ride out the ups and downs of the financial crisis.

15 With its stylish ①<u>shared</u> workspaces and chic occupants, ②<u>lubricated</u> by fruit-infused water and nitro coffee on tap, WeWork, a firm ③<u>what</u> rents out temporary offices, had seemed ④<u>to be riding</u> the wave of a new trend ⑤<u>in managing</u> desk-jockey life.

16 First of all, you must know what you want and this ①<u>is not easy task</u>. When you can train your objective mind ②<u>to decide definitely upon</u> the things or conditions you desire, you ③<u>will have taken</u> your first big step in ④<u>accomplishing</u> what you know you want.

17 At an art gallery, a man notices ①two similar still-life paintings. Both show a table covered by ②a red-and-white checked cloth topped by a bottle of wine, a loaf of bread and a wheel of cheese. One painting ③is priced at $1000, but the other is $1500. Confused, the man ④says to a gallery owner, "Those paintings look exactly alike. Why is one more expensive than the other?" The gallery owner points ⑤to the pricier painting and says, "That one has imported cheese."

[18-20] Choose the one that is grammatically correct.

18 ① Peter asked Mark where was the hammer.
② During the movie Alfred sat besides Grace.
③ Everyone brought their lunch to the picnic.
④ Reaching the top of the mountain, we had hardly any energy left for the descent.

19 ① She heard a story what made her sad.
② I didn't turn on the light lest I should not wake the baby.
③ Car prices in Britain are very higher than those in other countries.
④ This book gives useful information on how to repair cars.

20 ① The interest in sports grew rapid after the Civil War.
② Bad habits, once formed, are very hard to get rid of.
③ It was very wise for him not to participate in the meeting.
④ Astonishment deprived them from their power of speech.

[01-09] Choose the one that could best complete each of the following sentences.

01 The fact _____ we have inflation makes it hard for many families to buy the food they need.

① as
② since
③ that
④ about

02 A mature frog _____ eight inches long and live seven years.

① grows
② grow
③ may grow
④ may be grown

03 All would have been well, if his mother _____ in to say something to him.

① does not come
② did not come
③ had not come
④ should not come

04 We hope _____ the interest group meeting of your choice.

① you to attend
② you will attend
③ you to attend in
④ you will attend in

05 Green tree frogs must judge the distance to their prey with absolute precision _____ retract.

① because of their eyes
② with their eyes
③ due to their eyes
④ because their eyes

06   Laughter cannot be bought with money, _____ bought with money.

① neither humor can be

② nor humor can be

③ nor humor cannot be

④ nor can humor be

07   I am having a hard time finding _____ compatible with my video card, but cheap as well.

① the drive that is not

② the drive is not only

③ what is not

④ the drive that is not only

08   Nelson Mandela said no one can rest as long as poverty, injustice and gross inequality exist, _____.

① words that apply today

② words are applied today

③ which today words apply

④ being today words applied

09   Agricultural methods in industrialized countries can set a good _____ agriculture that the rest of the world can follow.

① example, so to speak, sustainable

② so to speak, sustainable of example

③ example, so to speak, of sustainable

④ so to speak, of sustainable example

[10-17] Choose the one which is grammatically <u>incorrect</u> among the underlined parts.

10   This study is ①<u>with importance</u> to ②<u>healthcare professionals</u> and patients, because we want to ③<u>be aware of</u> the good and ④<u>the bad</u> of the study.

11   Mistakes are a part of life. ①<u>It</u> is the response to error that ②<u>counts</u>. ③<u>That</u> is done cannot be undone, but at least one can keep ④<u>it from</u> happening again.

12   He has apologized ①<u>not to involve</u> the parties ②<u>in the earlier discussions</u> and has pledged ③<u>to bring</u> them to the table to work out the plan ④<u>for both parts</u> of the city.

13   ①<u>Because</u> most of our galaxy, not to mention other galaxies, is ②<u>so far away</u> for us to be able to image alien artifacts directly or ③<u>to obtain</u> other direct evidence of intelligent activity, the best method would be ④<u>to look for</u> radio signals.

14   ①<u>Locked in</u> the cells from 4:30pm to 7:00am, prisoners must have some escape from grim monotony. Lights are turned out at 9:15, but ②<u>into far</u> sleepless ③<u>nights</u> they contrive to read a book by the trickle of ④<u>light</u> from the corridors.

15   The strike ①<u>on</u> the heartland of Saudi Arabia's oil industry, ②<u>which</u> included damage to the world's biggest ③<u>petroleum-processed</u> facility, ④<u>was expected</u> to send oil prices up $5 to $10 per barrel on Monday and ⑤<u>inflame</u> tensions across the Middle East.

16   I say college education, since the war, has become ①<u>such</u> a matter of course, and ②<u>such</u> a fashionable necessity, for those either of, ③<u>and</u> aspiring to, the new vast middle class, ④<u>that</u> we espouse it as a matter of right, and have ceased to ask, 'what is it good for?'

17 ①A bite from an Australian funnel-web spider could kill you in 15 minutes ②if left untreated, but scientists discovered that a peptide found in the venom of one species of funnel web may protect brain cells ③from destroying in the wake of a stroke, even eight hours after the event. If the treatment ④fares well in human trials, it may become the first drug that can protect against ⑤stroke-induced brain damage.

[18-20] Choose the one that is NOT grammatically correct.

18 ① He gave me three pieces of advice.
② He was robbed of his money.
③ He got up lately this morning.
④ Never put off till tomorrow what you can do today.

19 ① This is the same umbrella as I lost.
② This is the student who I thought was honest.
③ She went out with the guy, which made her boyfriend get angry.
④ Is there any student of which name hasn't been called?

20 ① He decides to go back home to live with his family.
② He avoids talking with his wife about her problems.
③ He expects to finish paying off his student loans.
④ He plans taking a break before returning to his studies.

TEST
24

▶▶▶ **ANSWERS** P.287

[01-09] Choose the one that could best complete each of the following sentences.

01 Were mining companies _____ more intentionally to systematically adopt the good practices already being seen across the sector, they would go a long way towards meeting society's expectations.

① acting   ② to act
③ acted   ④ act

02 If I remember _____ some crayons when I go to the store later, I'll draw it out for you.

① to get   ② to be get
③ getting   ④ that I getting

03 A mummified hawk from ancient Egypt, brought to an English museum in the early 20th century, _____ advanced scanning and turned out to be the tightly wrapped remains of a stillborn human fetus.

① undergoes   ② underwent
③ undergoing   ④ undergone

04 In their early days, perfumes were _____ considered to be "masculine" or "feminine" than foods were.

① none the less   ② all the more
③ no more   ④ more or less

05   The thief _____ the room by anyone.

     ① didn't notice to enter   ② wasn't noticed to enter

     ③ didn't notice enter   ④ wasn't noticed enter

06   The females will lay over 400 eggs, _____, and afterwards gather nectar from the flowers.

     ① on each the leaves   ② on the each leaves

     ③ each on the leaves   ④ each is on the leaves

07   Don't judge each day by the harvest you reap but _____.

     ① you plant the seeds   ② that you plant the seeds

     ③ the seeds are planted by you   ④ by the seeds that you plant

08   In other words, however _____, he will come to no good without industry.

     ① a talented painter he may be   ② painter a talented he may be

     ③ a painter may be talented   ④ talented a painter may be

09   The newest statistics released by the Labor Department indicate that jobless claims are down almost 1 percent, while real _____ steady.

     ① wages, which had been expected to rise, have remained

     ② wages, that had been expected to rise, remained

     ③ wages that were expected to rise, instead are remaining

     ④ wages, which did not rise expectedly, remained

[10-17] Choose the one which is grammatically <u>incorrect</u> among the underlined parts.

10 ①<u>English language</u> takes its vocabulary and phrases from so many ②<u>fascinating</u> origins ③<u>that</u> it is not surprising that it is a difficult language ④<u>to learn</u>.

11 The trade minister only succeeded in making us ①<u>scratch</u> our heads and ②<u>wonder whether</u> he knows that he is exposing ③<u>him</u> to ④<u>ridicule</u> and mockery.

12 Physical attractiveness can give people a "halo" effect ①<u>whereby</u> others are ②<u>more likely to trust them</u> and think of them ③<u>as</u> smarter and ④<u>more talents</u>.

13 ①<u>A novice</u> as she was, she has found good solutions and strategies ②<u>for her teaching</u> and ③<u>would like to</u> share her experiences and results ④<u>through</u> publication.

14 Researchers believe that ①<u>adequate sleep</u> is important ②<u>to regulate</u> stress hormones and keeping your nervous system ③<u>in good health</u>, ④<u>both factors</u> in maintaining healthy blood pressure.

15 Artists ①<u>painted over</u> the work of previous artists, and archaeologists have used carbon dating ②<u>to establish</u> seven distinct periods of composition. ③<u>Although</u> this wealth of information, however, the ④<u>societies responsible</u> for the paintings remain ⑤<u>mysterious</u>.

16 From a scientific, psychological or theological viewpoint, some of the following statements may be interpreted as incorrect, ①<u>but nevertheless</u>, the plan has brought ②<u>the results desired</u> to ③<u>them who</u> have followed the simple instructions, and it is my sincere belief that I am now presenting ④<u>it in a way which</u> will bring happiness and possessions ⑤<u>to many more</u>.

17   You walk into a casino and ①try to figure out whether or not it is rigged. You notice that
      1% of the people ②are winning 20% of all the money. Does this mean that the casino
      is rigged? It might seem ③a little suspicious but, then again, talent is not distributed
      equally, and some people are always luckier than others, so it is ④not unnecessarily
      surprising that a small fraction of the people get ⑤most of the winnings.

[18-20] Choose the one that is grammatically correct.

18   ① Wooden legs have come a long way since they were first used as artificial prostheses.
      ② Altering the past requires that the past is viewed in a different light.
      ③ Don't put flammable materials such as newspapers and tissues nearly the stove.
      ④ Two-thirds of shopping cart handles was contaminated with fecal bacteria.

19   ① Prices for bikes at that store can run as highly as three thousand dollars.
      ② They were too late for getting to the theater that they missed most of the act first.
      ③ A series of debates between the major candidates were scheduled for the Labor Day
         weekend.
      ④ I appreciate your helping me with the work.

20   ① The district attorney acknowledged to have received the bribe.
      ② Many leaders promised playing a positive role in the summit.
      ③ They were all astonished at the rapidity with which she had learned to speak Korean.
      ④ They planned to finish the loading process until Friday.

[01-09] Choose the one that could best complete each of the following sentences.

01 The European subsidiary has already submitted its sales totals, but we have not finished calculating _____ yet.

① entire   ② ours

③ however   ④ ourselves

02 The cost of medical insurance _____ steadily over the current decade.

① has risen   ② raised

③ rose   ④ has raised

03 The new software design employed by the company did not allow the consumer _____ the Internet browser provided with the software or to easily install a different browser.

① neither to disable   ② either to disable

③ to neither disable   ④ to either disable

04 Professor Brown, with three of his graduate students, is attending a conference at Silicon Valley in San Francisco organized to compare current business practices in the United States with _____.

① those other nations   ② other of those nations

③ those of other nations   ④ nations of those other

05 _____ have at least four hours of hazardous materials response training is mandated by federal law.

① All police officers

② All police officers must

③ That all police officers

④ From all police officers

06 _____ be able to breathe without the respirator?

① When you think will she

② Do you think when will she

③ When do you think she will

④ Do you think when she will

07 I wanted to explain each step of my journey in such a way _____ what I did.

① that anyone who wanted to could do

② how anyone who wanted to do

③ that whoever could want to

④ how whoever wanted to

08 When housework and _____, wives average 71 hours of work per week, compared to 56 hours for husbands.

① combine outside employment

② combining outside employment

③ outside employment are combined

④ outside employment is to be combined

09 In addition to having more protein than wheat does, _____ wheat, with more of the amino acids essential to the human diet.

① the protein in rice is higher quality than that in

② rice has a protein higher in quality than

③ the protein in rice is higher in quality than it is in

④ rice has protein of higher quality than that in

[10-17] Choose the one which is grammatically incorrect among the underlined parts.

10 While studies of vitamin E ①are mixed, it is a powerful antioxidant and ②should take in ③its natural rather than synthetic form, ④if possible.

11 ①Some people think that if you can't say ②anything nice about a person, then you ③shouldn't have said anything ④at all.

12 There ①wouldn't have been any pictures of bad behavior ②for anyone ③to leak now, if she had ④behaved herself at that party.

13 Not until ①did they see how the high ground at the Peach Orchard ②commanded the terrain ③did they comprehend why General Dan Sickles ④moved his corps there on July 2.

14 ①Cruelly as this may seem to Westerners, the myth of caste does ②give Indian society a stability it might otherwise lack and does make life ③bearable to the ④impoverished low castes.

15 The WHO, notoriously ①slow off the mark when it came to Ebola, is widely ②regarded as too ponderous and bureaucratic ③reacting with the speed needed to nip an emerging epidemic ④in the bud.

16 If volunteers from Bangkok's Street Cats and Dogs animal charity ①didn't spot them, the seven pups, ②later named after the seven dwarfs in the children's tale, might have joined Bangkok's ③estimated 300,000 ④disease-ridden and malnourished street dogs.

17   Since Saint Laurent, ①many a designer has ②dabbled in the world of high art. One such notable collection is Versace Spring 1991, ③for which Gianni Versace emblazoned gowns and bodysuits with the Pop Art images of Andy Warhol, a man who the designer ④claimed a soulmate for his collective obsession with material culture.

[18-20] Choose the one that is NOT grammatically correct.

18   ① Be it hubris or not, they could beat the enemy easily.
　　　② Learning to distinguish separate species sharpen your observational skills.
　　　③ We live in a world devoid of obvious economic role models.
　　　④ When I assigned her a task, I could rest assured that it would be completed correctly.

19   ① The man had been drinking and fell asleep on the sofa.
　　　② The bride was elder than the groom in this group.
　　　③ Few businesses have the cushion to absorb a costly mistake.
　　　④ The woman doesn't mind being seated next to me.

20   ① Helen says she's never felt happier than she does with her new husband.
　　　② It is cheaper to act against climate change than to adapt to the consequences.
　　　③ Rather than returns to traditional values, Paul examines untraditional politics.
　　　④ I cannot remember the books I've read any more than the meals I've eaten.

[01-09] Choose the one that could best complete each of the following sentences.

01   Most couples informally discuss plans regarding their future together, _____ Richard and Estelle Parson of Ontario, Canada.

① so do   ② and so
③ otherwise   ④ but not

02   By the time the hearing ended, they _____ their agreement.

① fine-tuned   ② have fine-tuned
③ were fine-tuning   ④ had fine-tuned

03   Scientists _____ increased carbon dioxide could cause a global temperature increase.

① convince that   ② are convincing of
③ are convinced that   ④ convinced themselves of

04   Around the corner _____ dating back to the 12th century.

① stands a church   ② does a church stand
③ stand a church   ④ did a church stand

05   During a fire, _____ may help prevent injury due to smoke inhalation.

① to keep low ground   ② keeping low to the ground
③ low to the ground keeping ④ keeping low to the ground, that

06 He was _____ the trick of spinning the thermometer in his mouth to raise the temperature a notch or two above 98.6 degrees.

① clever enough to know

② enough clever to know

③ clever enough knowing

④ enough clever knowing

07 If you're prone to allergies, he recommends _____ your shoes when you get home but also throw them into the washing machine.

① not only taking off

② to take off not only

③ that you not only take off

④ that you take off not only

08 In the modern world, it is believed that all men are created _____ a right to do what he likes.

① equal and everyone's having

② equally and that everyone have

③ equal and that everyone has

④ equally and for everyone to have

09 Developed by the research engineers of Dupont, _____ a sure deterrent to war.

① we consider that the new explosive is

② the new explosive is considered to be

③ the new explosive considers the government

④ the government considers the new explosive

[10-17] Choose the one which is grammatically <u>incorrect</u> among the underlined parts.

10 A ①<u>wise and experienced</u> administrator ②<u>will assign</u> a job to ③<u>whomever</u> is best ④<u>qualified</u>.

11 He wrote ①<u>the</u> letter and ②<u>even put it</u> in an envelope, ③<u>but</u> forgot ④<u>mailing</u> it for five days.

12 Transit officials ①<u>are investigating</u> the death of a man ②<u>who</u> ③<u>laid down</u> on the tracks in front of ④<u>an oncoming</u> train.

13 When they burst out ①<u>laughing</u>, the woman ②<u>slipped away</u> quickly, ③<u>her hands covering</u> her face lest someone ④<u>should not</u> see it.

14 Rural India, ①<u>which constitutes</u> 72 percent of India's population, represents the fastest-growing market ②<u>at present</u>, with 56 million households ③<u>earn</u> ④<u>a little less than</u> US$2,000 per year.

15 Macron's many loyal supporters ①<u>are trying to paint</u> the picture of a "comeback" in his fortunes. But ②<u>rising labor disputes</u> and ③<u>challenges to</u> his environmental record show that the French president is ④<u>nothing but popular</u>.

16 The Qing emperors ①<u>outshone than those of</u> their counterparts in the Ming in presenting ②<u>themselves as exemplars</u> of Confucian ③<u>kingship</u>. They transformed Confucian teaching into a political ideology, ④<u>indeed</u> a mechanism of control.

17 Dating apps have become a basic rite-of-passage for millennials ①looking for love. While this new digital approach to love saves ②a lot of time to us, it's also completely changing ③the way we think about the dating process. Sitting down on the sofa and scrolling through 100 new faces every hour may sound like the height of ease and simplicity, but that's not the best way to feel when you're trying to meet ④someone new.

[18-20] Choose the one that is grammatically correct.

18 ① He neither speaks English nor French.
② Someone has robbed all his money.
③ Statistics show that the population of the country is 35 million.
④ Please call on me when you are convenient.

19 ① He did not know how to do with so much money.
② I'd just heard about what was eventually named AIDS, a disease I would come to know a lot about and that I would nearly die.
③ He is so careful, and that is why he makes little mistake.
④ I knew it to be him by the style of his clothes.

20 ① He came to life at the violent shock, and looking around, a white villa stood before him.
② There were many passengers in the plane, the half of whom was injured in the accident.
③ Would that he was here to see with his own eyes what beautiful girl she was.
④ They helped the man put the toys back into the truck.

TEST 27

[01-09] Choose the one that could best complete each of the following sentences.

01   While the term "harmony" suggests a pleasant or agreeable sound, it is applied to any combination of notes, _____ consonant or dissonant.

① which   ② such

③ neither   ④ whether

02   His new plan was _____ Susan.

① laughed   ② laughed by

③ laughed at   ④ laughed at by

03   This plant is _____ you really should move it outside.

① such big that   ② too big for

③ so big that   ④ so much more big that

04   He didn't meet many people on the stairs; otherwise they _____ that he looked different.

① would have noticed   ② had noticed

③ would notice   ④ noticed

05   _____ who know how to put themselves in someone else's shoes.

① Happy is those   ② Happy are them

③ Happy are those   ④ Happy is them

114 김영편입 영어 문법 워크북 2단계

06   Kathy laid her hat on the table, and _____ beside her sister.

① seated down in the chair

② seated herself on the chair

③ seat herself the chair

④ was seated the chair

07   This office _____ in the building.

① is bigger of almost all one

② is biggest of other any one

③ is bigger than any other one

④ is biggest than any other one

08   Charlotte Gilman's best known book _____ she urges women to become financially independent.

① is *Women and Economics*, which

② *Women and Economics*, in which

③ is *Women and Economics*, in which

④ *Women and Economics*, in that

09   It was not clear whether the US citizen, _____ already been freed.

① detaining for missionary work, having

② detained for missionary work, having

③ detaining for missionary work, have

④ detained for missionary work, had

[10-17] Choose the one which is grammatically <u>incorrect</u> among the underlined parts.

10   Mr. Kim has served ①<u>as</u> a ②<u>principal</u> of the elementary school in the ③<u>deserted</u> island ④<u>since</u> twenty years.

11   When Gloria ①<u>had an operation</u>, she needed to spend two months at home ②<u>recovering</u>, during ③<u>that</u> time I had agreed ④<u>to do</u> all the housework.

12   The river ①<u>flowing underneath</u> the bridge ②<u>is called as</u> the Thames. The Thames is ③<u>the longest</u> river of England. It's 346 km ④<u>long</u> and ends up in the North Sea.

13   When Lincoln and ①<u>some his friends</u> were talking about hydrophobia, someone asked Lincoln ②<u>what would be</u> the first thing he ③<u>would do</u> if he found out that he ④<u>had</u> the disease.

14   She claimed the company mislabeled its almond beverages as 'almond milk' when they should ①<u>be labeled</u> 'imitation milk' because they ②<u>substitute for</u> and ③<u>are resembled</u> dairy milk but are nutritionally ④<u>inferior to it</u>.

15   Scarcely ①<u>had he uttered</u> these words, when ②<u>attracted by</u> the rustling of the leaves, he ③<u>had turned round</u>, and beheld in a sequestered spot his brother, ④<u>apparently employed in</u> carving some name on the bark of a tree.

16   Although it has been known for at least 2500 years ①<u>that</u> certain species of birds possess a strongly developed homing instinct, there is still much to learn ②<u>as to</u> both the mechanism by which this remarkable ability operates ③<u>as well as</u> the degree ④<u>to which</u> it is exhibited in different species.

17 Sri Lanka's government gave public-sector workers ①on Fridays off for the next three months, so that they can turn ②to farming to ease a food shortage. The four-day week will also reduce commuting, ③easing pressure on limited fuel supplies. The UN warned that Sri Lanka ④is facing a humanitarian catastrophe, as it ⑤deals with its biggest economic shock since independence in 1948.

[18-20] Choose the one that is NOT grammatically correct.

18 ① I wanted to give her a present as nice as can be.
② Where on earth have you been all day long?
③ Much of what he wrote was not worth publishing.
④ She convinced that he stole the money from the safe.

19 ① A good many men are permanently injured by Alpine climbing.
② Speech is of major importance because it is the way which culture is shared and passed on.
③ What we need is affordable social housing and parks to rejuvenate the area.
④ When lightning occurs, nitric oxide gas gets released into the atmosphere.

20 ① The qualifying examination consists of three two-hour periods.
② Neither my shirts nor my jacket go with this pair of pants.
③ The student gave his teacher several reasons, only a few of which were valid.
④ I will play badminton with my wife tomorrow providing it doesn't rain.

▶ ▶ ▶ **ANSWERS** P.299

[01-09] Choose the one that could best complete each of the following sentences.

01 _____ description occurs in ballads is brief and conventional.

① Whatever   ② Every

③ How much   ④ That

02 This is definitely something to _____ is helping you with your finance now.

① discuss whoever   ② discuss with whoever

③ discuss whomever   ④ discuss with whomever

03 Yellow is an important color to the Vietnamese, who use it at weddings and also on their flag, _____ courage, victory, and sacrifice.

① which represent   ② which it represents

③ where it represents   ④ where represent

04 _____ his father's influential presence in the company, he would have been fired.

① If it had not been   ② If it had not been for

③ If it were not   ④ If it were not for

05 _____, a hurricane comes into contact with a much larger area, but it is less damaging to regions far from the center.

① Comparing to a tornado   ② A tornado with comparison to

③ Compared to a tornado   ④ A tornado to be compared with

06   His income as a fund manager is much higher _____.

① than a director

② to compare a director

③ than that of a director

④ in comparison with that of a director

07   Accidents here and there might have frustrated me as so many with talents _____ have been frustrated.

① equal or greater than mine

② equal or greater than I

③ equal to or greater than mine

④ equal to or greater than I

08   Not until we have lost our health _____.

① we realize that it is valuable

② do we realize its value

③ we do not realize its value

④ realize we how valuable it is

09   The Wasatch Range, _____ extends from southeastern Idaho into northern Utah.

① which is a part of the Rocky Mountains,

② a part of the Rocky Mountains that

③ is a part of the Rocky Mountains

④ a part of the Rocky Mountains, it

[10-17] Choose the one which is grammatically <u>incorrect</u> among the underlined parts.

10   ①<u>Given</u> a variety of occupations ②<u>to choose from</u>, most people will look for occupations that ③<u>provide with</u> a good match ④<u>for</u> their personalities.

11   The Republican Party is one of the ①<u>main two</u> parties in U.S. politics, ②<u>created</u> in 1854 ③<u>out of</u> the anti-slavery movement ④<u>that preceded</u> the Civil War.

12   Many people live on daily incomes ①<u>of less</u> than US $1 a day, and children ②<u>are relied</u> to help ③<u>increase</u> the family income ④<u>by working</u> as porters.

13   ①<u>In what</u> is a relatively ②<u>becalmed</u> property market, three years ③<u>are</u> relatively little time to deliver a meaningful capital gain, once the costs involved are ④<u>taken into account</u>.

14   When an easy-to-apply testosterone gel ①<u>hits the market</u>, and when more people experience the power of ②<u>this chemical</u> in their own bodies, ③<u>their</u> social importance may ④<u>get even harder to ignore</u>.

15   ①<u>On questioning himself with regard to</u> the origin of this mechanical habit, ②<u>Freud came to the following conclusions</u>: "This is ③<u>what my reflection discovered, for none of it</u> ④<u>has until then been present</u> in my mind."

16   His latest assault came on July 29th when parliament adopted a law ①<u>designed to force</u> social-media giants ②<u>to comply Turkish requests</u> to remove content. Henceforth, companies such as Twitter and Facebook ③<u>will have to appoint</u> local representatives ④<u>to process such requests</u> within 48 hours.

17 When in 2014 there was a widely discussed plan to carve out the whole of the Russian-speaking south and east of Ukraine Mr Putin ①<u>turned it down</u>. Control of Crimea and a destabilizing insurgency in Donbas seemed like ②<u>a good result enough</u>. The Minsk agreements, which ③<u>were aimed at bringing</u> about a cease-fire, required a new federal role for the country's regions. But the Minsk agreements are moribund and Ukraine has remained a unitary state. Although it has not moved towards formal NATO membership during the ④<u>subsequent eight</u> years, it has benefited a lot from Western assistance, military ⑤<u>and otherwise</u>.

[18-20] Choose the one that is grammatically correct.

18 ① People with the degree earned twice more than those without it.
② A chimpanzee is not a human any more than a gorilla is.
③ Experience is a revelation in the light of which we renounce our errors of youth for that of age.
④ Ludwig van Beethoven is as a great pianist as ever lived.

19 ① Rural development can be the key to success in that it can offer jobs.
② It's the responsibility of politicians to explain the citizens the situation.
③ Michael, for reasons he can barely explain, was not let to drive.
④ I have been puzzling over the problem for over an hour without any result, when all at once the solution flashed across my mind.

20 ① The demonstration turned violent as the protestors resorted to throw stones.
② The two countries were compelled to cooperating to prevent a war.
③ He has devoted himself to provide people with more access to literature.
④ He is also credited with helping businesses by keeping the Emirates safe.

▶ ▶ ▶ **ANSWERS** P.302

[01-09] Choose the one that could best complete each of the following sentences.

01　Philadelphia, the original capital, _____ the City of Brotherly Love.

① names it　　　　　　　② is named

③ it names　　　　　　　④ naming is

02　The wonderful nature trails and historic signs led me to believe that they had the same experience _____ I did.

① as　　　　　　　　　　② what

③ since　　　　　　　　　④ in which

03　It releases a sweet aroma that attracts insects, _____ when they land on its sticky surface.

① which trap it　　　　　　② which get trapped

③ by which it is trapped　　④ by which they get trapped

04　_____ healthy adult tends to feel hungry two or three times a day is a question of physiology and of culture.

① That　　　　　　　　　② Although there is a

③ If a　　　　　　　　　　④ Whether a

05　In my study of the Hindu tradition, I asked _____. But I was not the only one with questions.

① them to questions　　　　② questions of them

③ them of questions　　　　④ questions to them

06   You will find the latest news on the Internet, sometimes weeks before _____ in print.

① the news appear

② the news appears

③ the news appearing

④ the news will appear

07   The pre-election atmosphere, however, _____ that one might as well wonder whether people are aware of the far-too-important political event.

① is worryingly subdued so

② was subdued worryingly

③ was so subdued worryingly

④ is so worryingly subdued

08   _____ to do was to inform people that the big transition was happening.

① The government fails

② Which the government fails

③ What the government failed

④ Because the government failed

09   They just blundered through life like animals because they were not accustomed to cleanliness or _____.

① conduct them with decent

② conduct themselves with decency

③ conducting them with decent

④ conducting themselves with decency

[10-17] Choose the one which is grammatically <u>incorrect</u> among the underlined parts.

10   Why is it ①<u>that</u>, even with ②<u>laws to</u> a certain extent restricting the years ③<u>at which</u> they should be employed, ④<u>is there</u> a constant tendency to evade those laws?

11   During her lifetime Mother Teresa became ①<u>famous as</u> the Catholic nun who dedicated her life ②<u>to caring</u> for ③<u>destitute</u> and dying in the slums of Calcutta — ④<u>now known as</u> Kolkata.

12   The structures were exceptional ①<u>even in</u> their own time, the most common building materials in the Ancient World and in the developing countries ②<u>until recently</u> ③<u>were</u> timber and ④<u>sun-dried</u> bricks.

13   The man of sensibility would be moved ①<u>to tears</u> by the sight of a destitute peasant family, but would be ②<u>cold to</u> well-thought-out schemes ③<u>to ameliorating</u> the lot of peasants ④<u>as a class</u>.

14   ①<u>Close to</u> the most sought-after amenities ②<u>offered by</u> the exciting city of Memphis, this ten-story building offers 10,000 ③<u>square feet of</u> available space on each floor ④<u>has</u> stunning urban views from its windows.

15   Dyslexia is a learning disorder ①<u>that</u> affects your ability to read, spell, write, and speak. Kids who have ②<u>it is</u> often smart and hardworking, but they have trouble ③<u>connecting</u> the letters they see ④<u>to</u> the sounds ⑤<u>those</u> letters make.

16   I am now standing on the ruins of ①what was formerly London Bridge, thus realizing the dream of ②an ancient and eminent English historian, who, more than two thousand years ago, ③speculating on the probability of a future inhabitant of my native country ④ruminating on this spot.

17   A growing part of ①the West's strategy has been an effort to build accountable democracies. Corruption and ②bad government, after all, have spread disaffection across the region, ③fuelling the insurgencies. France, ④which in the past was only too happy to prop up friendly autocrats, now emphasizes the "return of the state", and is planning to reduce the number of troops it ⑤has fought in Africa.

[18-20] Choose the one that is NOT grammatically correct.

18   ① An Edison cannot be made from books and class lessons.
② He taught French and other subjects as a supply teacher.
③ No one wants to spend more money that is necessary.
④ We cannot but laugh at his sheer brainless behavior.

19   ① Pets and their owners are just like members of a family and get more like over time.
② Fifteen 60-meter-tall turbines catch wind blowing in from the South China Sea and convert it into energy.
③ Wind-generated power, a clean and reliable energy source, is still scarce in Southeast Asia.
④ People who have dogs believe they are cheerful, while cat lovers consider themselves sensitive.

20　① No one was injured, but the accident could have been avoided if smaller boats had tugged the ship in.

② Shareholders will get stock in every of the three companies, which will take 12 months to complete.

③ U.S. consumers spent roughly half as much on their appearance as their Korean counterparts.

④ MSCI will decide whether to upgrade South Korea's market status from "emerging" to "developed."

[01-09] Choose the one that could best complete each of the following sentences.

01   Just as iron rusts from disuse, _____ inaction spoil the intellect.

① does   ② so does

③ the   ④ likewise

02   I regret _____ you that your application for a scholarship has been denied.

① inform   ② informing

③ to inform   ④ not inform

03   I know _____ to lie awake at night and worry about not having any health insurance.

① what is like it   ② what it is like

③ what it likes   ④ what likes

04   He wanted to make his son a man _____ in the world.

① importance   ② of importance

③ with importance   ④ of important

05   My professor suggested _____.

① me to start the project

② to start the project to me

③ to me that I would start the project

④ to me that I start the project

06 It _____ almost a year and a half since they _____ guilty of bribery and other charges in a government corruption case.

① had been — founded

② had been — found

③ has been — were founded

④ has been — were found

07 _____, I'd prefer a female teacher to a male teacher.

① With the same conditions

② Other things being equal

③ Every things being same

④ Being equal

08 The bill requires certain employers _____ so that they can care for sick or newborn children.

① provide workers with unpaying leave

② to provide workers for unpaying leave

③ provide workers for unpaid leave

④ to provide workers with unpaid leave

09 When people are surrounded by others _____, they are slower to express their views than if they feel surrounded by like-minded people.

① whom they believe disagree with them

② whom they believe disagree with themselves

③ who they believe disagree with them

④ who they believe disagree with themselves

[10-17] Choose the one which is grammatically <u>incorrect</u> among the underlined parts.

10   He found an answer ①<u>in weight loss</u>, and for years, ②<u>has given</u> the information to ③<u>others, who</u> have used ④<u>it successfully</u>.

11   Ligers, the offspring of a lion father and tiger mother, are the world's largest cats, ①<u>weighing up to</u> half a ton ②<u>each</u> — ③<u>the double</u> heft of ④<u>either</u> parent.

12   When ①<u>searching for</u> natural mouthwash products that contain the essential oils ②<u>needed for</u> oral care, you cannot be ③<u>so diligent</u> in ④<u>checking for</u> safety.

13   A message from a friend, ①<u>whom</u> I shared a vegan banana ice cream recipe, ②<u>induced</u> much laughter: "How do I get the skin ③<u>off these bananas</u>? My hands are ④<u>freezing</u> and the skins are stuck!"

14   Norman Bethune recognized that she was far more ①<u>politically literate</u> than her husband and was ②<u>struck by the extent</u> of her reading of Marx, ③<u>whom</u> she was more enthusiastic than ④<u>was her husband</u>.

15   We do not calculate ①<u>what degree</u> this has meant ②<u>that</u> humanity has reduced or increased the total inputs of energy ③<u>that</u> individuals separately, or all people within the capitalist world-economy collectively, ④<u>have been called</u> upon to invest, ⑤<u>whether</u> per unit of time or per lifetime.

16   The keyboard technique of Johann Sebastian Bach was different from ①<u>those of</u> the musician. Ultimately, his technique was ②<u>well-suited to</u> the music he composed, ③<u>a repertoire</u> abundant in rich counterpoint. Perhaps the largest factor in shaping Bach's technique ④<u>lay in</u> the instruments he was playing.

17   If you leave Argentina for ten days, ①the joke goes, everything changes. ②Come back in 20 years, however, and everything seems the same. Two decades ago an IMF program failed to stop an economic crisis in Argentina. Between 1998 and 2002 GDP ③was tumbled by nearly 20%, and the government defaulted on its debt for the ④seventh time in its history. Today Argentina's future once again ⑤hinges on negotiations with the IMF. So far talks are not going well.

[18-20] Choose the one that is grammatically correct.

18   ① No words can express how your many kindnesses have meant much to me.
② He read everything he could lay hands.
③ You must contact the telephone company when you need to have a phone install.
④ Much to my chagrin, my friend pointed out my mistake publicly.

19   ① The prince informed the princess his engagement to Natasha Moore.
② The rainy weather has not deterred the passionate people to come.
③ No one envied her her difficult childhood.
④ They've had to dispense a lot of luxuries since Mike lost his job.

20   ① I think of myself as very fortunate in that I have found men so interesting whom I am almost incapable of being bored by them.
② Ethics is the study of moral duties, principles, and values.
③ They ate it but because they wanted to, not because they had to.
④ During the female oriole is absent from the nest, the male oriole stands guard.

[01-09] Choose the one that could best complete each of the following sentences.

01   Happiness is perfume you cannot pour on others _____ getting a few drops on yourself.

    ① for   ② without

    ③ by   ④ with

02   The contract will include _____ all materials must exceed the strictest international standards.

    ① the stipulation that   ② to stipulate

    ③ stipulated   ④ stipulates that

03   Our party's aims which were set decades ago and _____ we have consistently fought are becoming realities today.

    ① whose fulfillment   ② for whose fulfillment

    ③ which were fulfilled   ④ for which the fulfillment

04   Paris Botanical Gardens, _____ in the 19th century, continues to boast the same appeal that it had years ago.

    ① it originally established   ② originally established

    ③ originally establishing   ④ they established originally

05   It is known that slightly more shade or sun _____ the quality and character of wine.

    ① can profound affect on   ② can profoundly affect

    ③ profoundly can affect on   ④ have profound affect

06 _____ the company relocated to Singapore.

① It is since fifteen years

② Since fifteen years

③ It is fifteen years

④ It has been fifteen years since

07 Google Inc. says its Internet services in China are _____ properly again after it reported that access to its search engine and other products were _____.

① functioned — being blocking

② functioned — blocked

③ functioning — being blocked

④ functioning — blocking

08 Although many of the large trees survived, the fire destroyed much of the overhead canopy, _____ to the sky and sunlight.

① opened the forest floor

② and opening the forest floor

③ opening the forest floor

④ and has been opened the forest floor

09 _____, London Bridge was then rebuilt as a part of the tourist attractions.

① It was sold to an Arizona entrepreneur

② Sold to an Arizona entrepreneur

③ To an Arizona entrepreneur

④ Selling to an Arizona entrepreneur

[10-17] Choose the one which is grammatically underline{incorrect} among the underlined parts.

10   Approximately fifty ①percent of the ②package ③utilized in the United States are for foods and ④beverages.

11   Light penalties will ①make it difficult to keep ②such information ③confidential, ④while heavy one will impede public participation.

12   The reason ①why the vaccines ②were brought to market quickly is ③because the government backed their development and enabled companies ④to take multiple steps at the same time.

13   In sum, ①whether someone can ②be held responsible for taking ③on board the recommendations crucially depends on ④if they are able to do so without risking their life, livelihood, or well-being.

14   The ①most disturbing survey finding is the fired workers' ②rather grim prospects for finding a new position. Of ③those laid off in the past three years, nearly a quarter ④is still unemployed and looking for a new job.

15   Only when we have studied ①empirically formulated questions in this way and found an answer to them ②we can say something ③basic about what teachers should do to create an interest ④in their subject.

16   There ①are few, if any, spots where Nature has been more generous in her gifts than the island of Sri Lanka. ②With very little labour the poorest can keep ③themselves sufficiently supplying. The sea abounds in fish, and the land yields ④so abundantly that curry and rice can not run short.

17 Technology has made bullying a more complicated phenomenon than ever, ①and while many parents ②are rightly worried about schoolyard bullying, text messaging through smart-phones may actually be ③of greater concern. Bullying via text messaging is on the rise: according to one recent study, the incidence of harassment via texting was ④up 10% from the previous year, ⑤outright physical bullying at schools was up only 2%.

[18-20] Choose the one that is NOT grammatically correct.

18 ① Can you ask him will he come next week?
② The day being fine, we thought we might walk home instead of taking the bus.
③ I wanted to ask several questions of him, but I had no chance.
④ She had the misfortune to fall to the ground.

19 ① China prides itself on its ancient legacy, and its contributions to culture and history.
② The best ideas can fail if there's no budget or human resources to carry out them.
③ Britain is a rich country, but a sizable minority of its children live in squalor.
④ Teens require at least nine hours of sleep a day in order for them to do their best in school.

20 ① If I were you, I wouldn't return the call.
② However good a letter may express the thoughts of a writer, it cannot carry the full warmth of his personality.
③ She and her family have been here since 1993.
④ You'd better get your visa extended before it expires.

[01-09] Choose the one that could best complete each of the following sentences.

01   If I had invested in Apple years ago, I _____ awfully rich now.

    ① am   ② would be

    ③ was   ④ would have been

02   He did not know that this woman was a witch, and had come to ruin him because she envied _____.

    ① him his bliss   ② his bliss to him

    ③ his bliss for him   ④ his bliss him

03   The United States is composed of fifty states, _____ separated from the others by land or water.

    ① two of them are   ② two of those are

    ③ two of which are   ④ two of what are

04   Titan has a thick atmosphere and the surface temperature is _____ for people to live on.

    ① very much cold   ② too much cold

    ③ so cold   ④ much too cold

05   Fake medicine, such as a pill filled with sugar, can sometimes make the people _____.

    ① take it feel better   ② feel better taking it

    ③ taking it feel better   ④ took it feel better

06 I spoke with an FBI recruiter about becoming an agent and I was accepted to a college in DC under the wing of the FBI, but I ended up turning _____ stupid reason.

① down it for what

② it down for whatever

③ down it for whatever

④ it down for what

07 The surplus of food resulting from agriculture allowed groups to grow in size and led to _____ a specialized division of labor.

① what social scientists call

② call what social scientists

③ why social scientists call

④ call social scientists

08 A dulcimer can be played by either striking its strings with a hammer or _____.

① to pluck them with the fingers

② fingers are used to pluck them

③ they are plucked with the fingers

④ plucking them with the fingers

09 Skimming along the surface of the ocean or rising from its depths like balloons, _____ to their aquatic habitat.

① the perfect adaptation of jellyfish

② jellyfish are perfectly adapted

③ jellyfish are adapted to perfectly

④ and the adaptation is perfect for jellyfish

[10-17] Choose the one which is grammatically <u>incorrect</u> among the underlined parts.

10 No sooner ①<u>had</u> the famous actress begun ②<u>to speak</u> ③<u>when</u> an ominous muttering ④<u>arose from</u> the audience.

11 I was reporting ①<u>the news live</u> when one of the brokers ②<u>next to me</u> got on the phone and yelled, "③<u>Hold up it</u>! I've got ④<u>a million more</u> shares for sale!"

12 Mothers who ①<u>are expecting</u> a subsequent baby ②<u>following</u> the sudden death of a baby may also be ③<u>considered</u> the use of a monitor to detect the possibility of cessation of ④<u>breathing</u>.

13 Ghetto folk are now demanding that ①<u>the outward flow</u> of dollars ②<u>are reversed</u> and that economic control of their communities ③<u>be turned</u> over ④<u>to those who share</u> their woes and dreams.

14 Beyond the issue ①<u>of if</u> a discussion is worthwhile, science ②<u>rests on</u> the assumption that two people are less likely than one ③<u>to fall into</u> the same trap, ④<u>whether</u> based on flawed perception or faulty reasoning.

15 Resistance in particular from the vested interests may well ①<u>be felt overwhelmed</u> and pervasive ②<u>enough to frustrate us</u>. For that reason, ③<u>the government's crackdown measures</u> alone can not assure the success of our anti-corruption drive ④<u>unless it succeeds</u> in enlisting the full participation of the general public.

16 ①Humiliated and confused, the red man was pushed further west until there was ②enough scarcely room for him in a land that ③was rightfully his. Some of ④the greatest and most far-sighted of the Indian chiefs saw that the only chance for the Indians was ⑤in uniting the tribes against their common enemy.

17 When Chaim Weizmann, Israel's first president, passed away in 1952, Albert Einstein ①was offered the role by Ambassador Abba Eban. Einstein ②would have to relocate to Israel and accept Israel as his nationality, but he ③would be free to pursue his scientific endeavors. He replied that due to his ④inexperience working with people, he ⑤wasn't qualified to fulfil a role in a high office.

[18-20] Choose the one that is grammatically correct.

18 ① His pictures were hanged in a famous gallery.
② In the 19th century, many women writers used pseudonyms because they were afraid of being labeled "unladylike."
③ I am sorry to have kept you waited so long.
④ If it would have not been for your advice, I had failed.

19 ① One third to nearly half of the people in the majority of countries surveyed admitted they wanted their spouse losing weight.
② Textbooks more than a decade old will tell you that you die with the same brain you were born of.
③ He is not so an indifferent man as you think.
④ All my efforts to reform the boy have been to no avail; he is simply incorrigible.

20 ① The inference, researchers found out, being predominant.
② The goal was to construct the tallest building possible.
③ This type of the game is what we get excited about.
④ Develop each of these points in convincing detail using any of the methods to mention earlier in this chapter.

▶ ▶ ▶ **ANSWERS** P.314

[01-09] Choose the one that could best complete each of the following sentences.

01   _____ the Americans accepted autonomy within the British Empire in 1778, history might have been quite different.

① Had had   ② Having

③ Had   ④ Having had

02   The lawyer will probably not take the case due to such a low amount _____ his time.

① no worthy   ② not worthy

③ no worth   ④ not worth

03   Almost all economists agree _____ by trading with one another.

① to that nations gain   ② nations they gain

③ to gaining nations   ④ that nations gain

04   _____ problems in sailing in tropical seas is the coral reefs.

① Of the biggest   ② The biggest

③ One of the biggest   ④ There are the biggest

05   Our holiday was ruined by the weather; _____ have stayed at home.

① we might just as well   ② it may be as well to

③ it was just as well we   ④ we might do as well as we

06   They were, on the whole, adverse to the idea _____.

① I suggested them

② I suggested to them

③ which I suggested them

④ to which I suggested to them

07   _____ going to the New Year's Eve party ought to speak up right now.

① Whoever objects to my

② Whomever objects to my

③ Whoever objects to me

④ Whoever has an objection to me

08   Although she had been hired by the magazine to write book reviews, _____ about current fiction.

① she knew scarcely nothing

② she knew scarcely anything

③ she didn't scarcely know everything

④ she scarcely know something

09   _____ killed in the World Trade Center attack hovers around 2,780, three years after the attack.

① A number of people believed to have been

② The number of people believed to have been

③ A number of people believed of having

④ The number of people believed to have

[10-17] Choose the one which is grammatically <u>incorrect</u> among the underlined parts.

10   She ①<u>approached me timidly</u> from the ②<u>farther</u> end of the room, and ③<u>trembling</u> slightly, sat down ④<u>besides me</u>.

11   He talks ①<u>as if</u> the wisdom and goodness of God ②<u>would be brought</u> in question, should those who needed it ③<u>is</u> destitute ④<u>of it</u>.

12   I shall try ①<u>to present</u> his argument against liberalism here, ②<u>though</u> it is not possible ③<u>to do his justice</u> without ④<u>reproducing</u> his detailed account.

13   Yesterday, the government held ①<u>a two-day workshop</u> on World Cultural Heritage sites ②<u>with a view to promoting</u> Korea's historical treasures and ③<u>developing</u> ④<u>it</u> as tourist attractions.

14   Australian wheat, ①<u>labelled a miracle hybrid</u>, was derived by agricultural scientists ②<u>from American</u>, Russian, and North African plants and is able to ③<u>survive</u> ④<u>where few rain falls</u>.

15   Suppose the legislature then ①<u>passed</u> a law requiring that all cigarette packages ②<u>offered</u> for sale in the state ③<u>featured</u> a cover containing nothing but the warning, ④<u>plus</u> a skull symbol.

16   In a nation ①<u>that</u> has known racial division, Makoma and Liz have demonstrated ②<u>that</u> South Africa can achieve when its citizens come together for the greater good. These two amazing women have been driven by a deep love of their country ③<u>that</u> still groans under a heavy yoke of racial bias and an unshakeable belief ④<u>that</u> it can have a better future.

17 Tragedy is a precious word. We use it to confer dignity and value ①on violence, catastrophe, agony, and ②bereavement. 'Tragedy' claims that this death is ③exceptional. Yet these supposedly special fatalities are in our ears and eyes every day, on the roads, in the skies, out there in foreign lands and right here at home. Is the word now bandied around ④too freely that it ⑤has lost all meaning?

[18-20] Choose the one that is NOT grammatically correct.

18　① The President let the congressman resign.
② Believing you have the ability to reach your goals is important.
③ I was used to driving 10 miles to work.
④ The droplet will boil away as soon as it will hit the surface.

19　① All of a sudden she picked out a few books and started reading them.
② Nakata made vast profits from writing when in Japan.
③ The political freedom we have today came out of struggle.
④ Since the street is wet this morning, it must have been rained last night.

20　① If he had not been killed in the war, he would be forty now.
② He often talks about himself as if he were someone else.
③ It is high time that he started taking care of his poor mother.
④ It is imperative that he delivers these supplies immediately.

[01-09] Choose the one that could best complete each of the following sentences.

01 The Code of Hammurabi has been seen as an example of even a king not being able to change fundamental laws and it was the primitive form of _____ is now a constitution.

① that
② what
③ where
④ which

02 Her achievement is immense: She invented one genre, the modern talk show, and midwived the birth of _____, reality TV.

① the other
② another
③ the one
④ other

03 In the past, when one side boomed, it _____ over into the other in a certain span of time.

① was used to spill
② used to spill
③ has been spilling
④ was used to spilling

04 Pharmacogenomics makes trials cheaper and more likely to succeed, ensuring that the drug, once _____ only to those who will benefit from it.

① approving, giving
② approved, is giving
③ approving, given
④ approved, is given

05   After recording the message, Ms. Nelson had the client _____ a numerical password and then left a message in his box so he could practice _____ it.

    ① to pick — retrieve   ② pick — retrieving

    ③ picked — to retrieve   ④ pick — to retrieve

06   The central bank estimates that Korea needs about $90 billion in foreign exchange reserves to protect the country from a financial crisis like _____ Asia in 1997.

    ① the one swept   ② the one has swept

    ③ what the one swept   ④ the one that swept

07   The poet just wants to sit and meditate, _____ against a post.

    ① while his back leaning

    ② with his back is leaning

    ③ while his back to lean

    ④ with his back leaning

08   Historically, the differences between men and women in this country _____.

    ① was thought to be distinct

    ② thought to be distinct

    ③ were thought that they are distinct

    ④ were thought to be distinct

09   Most of us can only imagine the sense of grief and desolation that a homeowner must feel _____ destroyed by natural disaster.

    ① to find his house and all its contents

    ② in finding their house, with all its contents

    ③ finding their house and all it contains

    ④ when he finds that his house and all its contents is

[10-17] Choose the one which is grammatically <u>incorrect</u> among the underlined parts.

10 There ①<u>are</u> still a couple of ②<u>questions</u> I'm not ③<u>clear about</u>. One is the potential market and ④<u>another</u> is cost.

11 If the Earth's atmosphere warms ①<u>as expected</u>, ocean waters would also ②<u>warm</u> and expand, taking up more space and ③<u>to cause</u> sea level ④<u>to rise</u>.

12 As I've ①<u>grown older</u>, I've become more philosophical, which is partly due to the fact that I'm now reading twice ②<u>more books than</u> I ③<u>did</u> when I was ④<u>in my thirties</u>.

13 Travelers ①<u>without overseas insurance</u> are automatically ②<u>taken care through</u> our special guest insurance package — as soon as you ③<u>enter our home</u> or vehicle you are ④<u>automatically insured</u>.

14 Spatial ability means an ability to sort out the different components in an environment, ①<u>separating</u> an element ②<u>from its context</u>, and to locate oneself ③<u>accurately</u> in relation ④<u>to environmental features</u>.

15 The court has handled 586 reviews of laws ①<u>as to their</u> constitutionality. That is a truly remarkable activity, ②<u>given that</u>, prior to its creation, only five laws were ③<u>found unconstitutionally</u> in ④<u>a 40-year period</u>.

16 Years ago, dog owners ①<u>were told to put</u> their dog's meal in a bowl and put it on the floor for the dog ②<u>to eat it</u>, and they were ③<u>never ever to feed</u> their dog food by hand because it ④<u>would spoil them</u>.

17   ①Dubbing the boomerang generation, North American young adults who left home to go to college are increasingly moving back ②in with their parents. This generational change in living arrangements ③has been attributed to the decade-long upheaval in the global economy and the ④ensuing lack of jobs available to young adults trying ⑤to enter the workforce.

[18-20] Choose the one that is grammatically correct.

18   ① My dog was moving slowly since last night.
② He said that he would bring the issue up in further detail.
③ The officials hoped to be promoted, but they can't.
④ As soon as the dog barked, they are running away.

19   ① I was sure the old woman was saying lies.
② She would like that you ring her back after five o'clock.
③ He says he is happy and he looks like happy.
④ I'd prefer to rent a small flat rather than live with a host family.

20   ① She was heard sing a song beautifully.
② She showed me another her dress.
③ I would sooner starve to death than to steal.
④ We should let this problem be settled at the management level.

[01-09] Choose the one that could best complete each of the following sentences.

01 _____ in 2011, the volunteer organization consolidated several smaller volunteer efforts under one umbrella.

① Finding   ② Found

③ Founded   ④ Founding

02 The sole requirement for the charities was that they _____ non-political and non-religious.

① were   ② are

③ be   ④ to be

03 _____ his shoes, I would change the entire way this company is managed.

① Were I in   ② In my being

③ If I am in   ④ If I had been in

04 I don't think society as a whole _____ handle abundance.

① doesn't know to   ② don't know how to

③ don't know to   ④ doesn't know how to

05 US forces were hunting for one of its soldiers believed _____ by the Taliban in Afghanistan.

① to kidnap   ② to be kidnapped

③ to have been kidnapped   ④ to have kidnap

06   As a smart businessman, he always finds a breakthrough however _____.

① difficult a situation might be

② a situation might be difficult

③ a difficult situation might be

④ might be a situation difficult

07   You will find the compact disc _____.

① laying on the manager desk

② lying on the manager desk

③ laying on the manager's desk

④ lying on the manager's desk

08   Beyond the woods _____ still tipped with snow.

① stood two hills, their edges

② did two hills stand, their edges

③ stood two hills, their edges were

④ did two hills stand, their edges were

09   The English version of *Waiting for Godot*, _____, was seen in a new production at the Performing Arts Center last year.

① the translator of which was Beckett

② the translator Beckett

③ that had been translated by Beckett

④ which Beckett was the translator

[10-17] Choose the one which is grammatically <u>incorrect</u> among the underlined parts.

10　　The trip cost ①<u>thousands of dollars to me</u>, but when you ②<u>go on a chartered bus</u> the cost will be ③<u>cut</u> by ④<u>about half</u>.

11　　I have what ①<u>I believe to be</u> a feasible proposal ②<u>of minimizing</u> the impact of the baseball strike and ③<u>ensure that</u> next season will begin ④<u>as scheduled</u>.

12　　①<u>So thorny</u> is the problem that multinationals, ②<u>including</u> 3M, Procter & Gamble and Xerox, ③<u>having formed</u> a consortium to devise ways ④<u>to deal with</u> the problem.

13　　①<u>Hardly had I taken</u> a few steps before I ②<u>had stopped</u>. Perceiving the profound darkness ③<u>which reigned</u> in this place, I was seized by a terror which made my hair ④<u>stand on end</u>.

14　　He may have made Martin Luther King's dream of American citizens ①<u>being</u> judged by the content of their character ②<u>come true</u>, but it's time he ③<u>makes</u> his own visions ④<u>come alive</u>.

15　　We find Macbeth deciding ①<u>on his own</u> to do the murder, ②<u>so surely</u> we feel ③<u>he is to blame</u> and Macbeth has a peculiar psychic bond with the witches as if ④<u>they are a part of</u> his own psyche.

16　　The speed ①<u>which</u> East European countries ②<u>have adapted</u> to the free market ③<u>has astonished</u> many economists but long term prosperity, ④<u>they claim</u>, is dependent on rapid modernization of old industries.

17 In 1963, at age 65, my grandfather decided ①to tackle a crazy project: he wanted to build a new house. He wasn't quite sure what to do with the old house. It seemed a waste ②to demolish it, but something had ③to be done, since it sat where the new house ④will be. In a moment of inspired frugality, he hired a bulldozer to push the old house ⑤far out into a grove of trees. That old house sits there to this very day.

[18-20] Choose the one that is NOT grammatically correct.

18 ① It will take her between three and four days to learn how to ski.
② We do not doubt whether they will arrive in time.
③ It depends on whether you finish your homework early enough for the movie.
④ This beer drinks flat.

19 ① Salmon are the source of income for thousands of people.
② Lewis had already told me that her family were all teachers.
③ The students denied that mathematics were a male domain.
④ The 2000-meter-high mountain was like an enormous castle.

20 ① I was also fed up with being poor and being broke.
② Good care was taken of his little brothers by him.
③ We were told that schools would be closed for one week.
④ The committee is consisted of a small group of volunteers.

[01-09] Choose the one that could best complete each of the following sentences.

01 _____ the government intends to construct a "dam" to block the flood of inappropriate content from the Internet has encountered a flood of complaints and criticism.

① As   ② What

③ Which   ④ That

02 _____ events had so much importance as the 28th Congress in the history of the Russian rebuilding policy.

① Few   ② Little

③ A few   ④ A little

03 In a person's lifetime, the brain can store 100 trillion pieces _____.

① in information   ② of informations

③ information   ④ of information

04 At least 50 people were killed when a suicide bomber blew himself up at a mosque in Nigeria in an attack _____ Boko Haram jihadists.

① to blame for   ② to blame on

③ blamed for   ④ blamed on

05 In England as early as the twelfth century, young boys enjoyed _____.

① to play the football ② playing the football

③ to play football   ④ playing football

06   Most foreign students don't like American coffee, _____.

① and I don't, too

② and neither do I

③ and either don't I

④ and neither don't I

07   _____ the concepts of magnitude and direction which make up the concept of dimension.

① To the theory are basic

② Basic to the theory is

③ To the theory is basic

④ Basic to the theory are

08   What time _____?

① do you think he will be back

② do you think will he be back

③ do you know he will be back

④ do you know will he be back

09   He keeps his financial affairs so well hidden that few can guess _____.

① how large a fortune he has

② how large a fortune does he have

③ how a large fortune he has

④ how a large fortune does he have

[10-17] Choose the one which is grammatically <u>incorrect</u> among the underlined parts.

10 ①<u>Since</u> 1859 Catherine Waite established the Hyde Park Seminary, a ②<u>girls'</u> school ③<u>that</u> she ④<u>directed</u> for 12 years.

11 Please ①<u>remind that</u> your visa is valid for a ②<u>three-year</u> period and ③<u>can be renewed</u> for four years, ④<u>giving</u> you a total of seven years.

12 If you plan ①<u>to have</u> a normal life in the country, you ②<u>had not better</u> say ③<u>anything controversial</u> about the Communist Party and especially ④<u>not about</u> its leader.

13 It occurred ①<u>to me</u>, as I sat ②<u>to write</u> this letter, ③<u>that</u> the one issue that ignites the loudest cries of ④<u>protest</u> in so many of our readers, and indeed myself, ⑤<u>are</u> senseless cruelty to animals.

14 You may be recommended to drive with ①<u>up the windows</u>, turn your car's air conditioner to the 'do not recirculate' setting, and ②<u>park</u> in a garage ③<u>or where</u> the car will be ④<u>somewhat</u> covered and less likely to have ⑤<u>pollen land on it</u>.

15 Several people, including health workers ①<u>combating</u> the Ebola virus, ②<u>were killed</u> in protests in the Democratic Republic of Congo amid ③<u>rising</u> public anger ④<u>directing</u> at the UN's peacemaking mission ⑤<u>over its inability</u> to protect civilians from Islamist rebels.

16 The ①<u>retaliatory</u> offensive on critical Saudi oil installations in Abqaiq and Khurais ②<u>echoed</u> warnings by Iranian President Hassan Rouhani ③<u>that</u> if the US's "maximum pressure" campaign succeeds ④<u>in bringing</u> Iran's crude exports down to zero, "then no oil ⑤<u>will export</u> from the Persian Gulf".

17 ①Just round the corner is South Korea's supreme court, ②which says the church has no legal right ③to much of this space. It ruled last month that the government of Seocho district, where the church is located, ④has abused its power by leasing land to allow the church ⑤to extend its below-ground footprint.

[18-20] Choose the one that is grammatically correct.

18 ① Mr. Chairman, I move that the money should be used for library books.
② I was very excited by the news, that's why I dropped the groceries.
③ I have always had a sincere interest and admiration for the important work of the teacher.
④ I do my prayer before I go to bed.

19 ① He is more clever than honest.
② This book is more interesting of the two.
③ I'll take some sandwiches in case we won't be able to find any decent place to eat in.
④ Poverty is preferable than ill health.

20 ① With fats and proteins, carbohydrates form one of the three main class of food.
② Most electric toasters not only grill bread slices, but they also pop it up when ready.
③ Crab grass spreads by rootstocks, but it is an annual, surviving from a year to year by seeding.
④ The larger the area of a lens, the more light it gathers and focuses upon a point.

[01-09] Choose the one that could best complete each of the following sentences.

01 Workers will not be denied benefits if their unemployment results from a labor dispute
_____ they have no interest.

① which
② to which
③ what
④ in which

02 We _____ attempt to reverse the rotation of the earth as attempt to reverse the
industrial progress.

① had better
② might better
③ might as well
④ would rather

03 _____ during these trying times that Korea needs its best and brightest young
people.

① There is precisely
② It is precisely
③ Precisely because
④ Precisely despite

04 It is _____ that I'd like to go on a picnic.

① so lovely day
② as a lovely day
③ such a lovely day
④ too a lovely day

05 It is quite natural that she _____ his request; and also it is important that he learn
_____ his temper.

① refuses — to control
② refuse — to controlling
③ have refused — to controlling
④ should have refused — to control

06   The emergence of political parties, usually referred to as "fractions," _____ the first generation of statesmen.

① in general not approved by

② generally disapproved of

③ was generally disapproved of by

④ was generally disapproved of

07   _____ to count all of the diverse families as equal and beyond price.

① Now may the pioneer begin

② May begin the pioneer now

③ Now may begin the pioneer

④ May the pioneer begin now

08   The teacher was so excited that she forgot _____ that the camera was working properly.

① ordering the student to check

② ordering the student checking

③ to order the student to check

④ to order the student checking

09   Developed in 1949 to improve reception in areas in which aerials were unsatisfactory, _____ in the 1970's.

① the USA first widely adopted cable TV

② the first cable TV was occurred in the USA

③ when the first cable TV was adopted in the USA

④ cable TV was first widely adopted in the USA

[10-17] Choose the one which is grammatically <u>incorrect</u> among the underlined parts.

10   The more ①<u>internationally</u> the world becomes and the more globalization ②<u>extends</u>, the more ③<u>likely</u> the nationalist reaction ④<u>is to be</u> strong.

11   I appreciate ①<u>your teaching</u> me, not just through words ②<u>but</u> through actions, ③<u>what</u> it feels like to listen and ④<u>to be listened</u> in a ⑤<u>focused</u> way.

12   We should ①<u>beware in</u> particular ②<u>of which</u> the American Heart Association ③<u>has called</u> the "salty six" common foods ④<u>where</u> high amounts of sodium may ⑤<u>be lurking</u>.

13   The administration ①<u>remains committed to</u> changes the President ②<u>started</u> when he took office, ③<u>many of those</u> were delayed by the economic crisis and ④<u>have been blocked</u> since then.

14   The framework allocates emission targets in such a sophisticated ①<u>way that</u> every country ②<u>given</u> reason ③<u>to feel that it</u> is only doing its fair share, ④<u>comparable to</u> what other countries have done.

15   This article reminds me ①<u>of a story</u> last year ②<u>from the US</u>. A couple decided ③<u>to marry</u> and went through the required paperwork and blood tests. It was ④<u>then they</u> discovered that they were ⑤<u>a brother and a sister</u>.

16   While there's some skepticism about the ability of government ①<u>to manage</u> programs properly, the executives ②<u>I spoke</u> were generally enthused about the stimulus package and ③<u>welcomed</u> the government into their markets ④<u>with open arms</u>.

17 Bashir Ahmed Hashi bounds out of his jeep towards the gates of Jigjiga prison. ①Entering the courtyard, the commissioner is greeted by a loud cheer. Excitable inmates jostle ②to shake his hand and pat him ③on his back. "For 24 hours a day we are happy now," says one. Bashir, who was appointed ④prison chief for eastern Ethiopia's Somali Regional State less than a year ago, looks ⑤a little bashful. "I'm popular here," he explains.

[18-20] Choose the one that is NOT grammatically correct.

18 ① Hidden as it was by reeds and draped moss, a stranger would find it hard to locate.
② The state's insurer will stop issuing policies for buildings standing in or built over water.
③ Robin Hood is regarded as one of the most notable epitomes of man's never-ending battle for freedom.
④ I wish he will focus on attacking the weaknesses of the defense.

19 ① I would ask you to reconsider your decision.
② He would not tell us where the money was hidden.
③ Would that I could speak English as fluently as you.
④ A tall building would stand here when I was a child.
⑤ I would go camping with friends in my school days.

20 ① Edward is young, enthusiastic and he has intelligence.
② He is a child and must be treated as such.
③ A plane crashed at the end of a runway and split in two while trying to take off at the airport.
④ Directed by Laurent Cantet, the film follows a year in the life of a French schoolteacher.

[01-09] Choose the one that could best complete each of the following sentences.

01   A higher rate of cesarean delivery does not necessarily correspond _____ better perinatal outcomes. This result is consistent _____ the conclusions of some studies.

① with — with   ② to — by

③ by — with   ④ to — to

02   _____ do not completely depend on an electric motor, hybrid vehicles produce extremely low emissions.

① They   ② That they

③ It is they which   ④ Even though they

03   The Chameleon's capacity to change color and camouflage itself is being studied by scientists _____ to the creation of a new uniform.

① in order   ② with a view

③ trying to make   ④ in the hope

04   By the time they realized that they could not be playing baseball professionally, they _____ careers as baseball players.

① have been planning   ② had been planning

③ are planning   ④ will have been planning

05 Reading about how these animals saved their owners' lives _____ the unconditional love between owners and pets.

① makes us think of   ② make us think

③ makes us thinking   ④ make us thinking of

06 Not until 1895 _____ to offer a degree in ornithology.

① Cornell University began

② did Cornell University begin

③ was Cornell University begun

④ Cornell University was begun

07 The cook was _____ was he pleased with the help that had been provided.

① pleased with nothing, neither

② not pleased with anything, neither

③ not pleased with anything, nor

④ pleased with nothing, nor

08 When we explain _____ in the classroom, we see their eyes light up.

① the parents what we try to do

② to the parents what we try to do

③ the parents that we try to do

④ to the parents that we try to do

09 _____, the recommendation will be submitted to the Administration.

① When found worthy of being accepted

② Finding worthy of being accepted

③ When finding worthy to be accepted

④ Found worthy to accepting

[10-17] Choose the one which is grammatically <u>incorrect</u> among the underlined parts.

10   ①<u>Upon looking at</u> the poor orphan in the face, I ②<u>turned pale</u>. I gave him ③<u>a sixpence</u>, a piece of English coin ④<u>worth</u> a shilling of our money.

11   ①<u>Now that</u> food wastage in Hong Kong's restaurants ②<u>have doubled</u>, some of them begin ③<u>to warn</u> diners who pile their plates too high that they ④<u>will be fined</u>.

12   ①<u>In promoting</u> lotteries, the state ②<u>which runs</u> them ③<u>collects</u> money from gambling with one hand and pays out ④<u>double that amount</u> in social service with ⑤<u>another</u>.

13   I shall be telling this ①<u>with a sigh</u> somewhere ②<u>ages and ages hence</u>: Two roads ③<u>diverged in a wood</u>, and I took ④<u>the one least</u> traveled by, and that has made all the difference.

14   I am not sure ①<u>whom to believe</u>, because I don't want to waste 130 bucks ②<u>on</u> an antenna that isn't going to do me ③<u>any goods</u> but getting all this conflicting information ④<u>does</u> not help.

15   Participants are invited to join the network ①<u>which brings</u> together over 3,000 senior decision-makers across the world ②<u>who</u> share ③<u>an interest</u> and commitment ④<u>to creating</u> a sustainable future.

16   What sets this app ①<u>apart from</u> other phone apps ②<u>is that</u> it uses your internet connection ③<u>instead of</u> your mobile phone data, which ④<u>makes itself</u> a more affordable way ⑤<u>to make</u> international calls.

17 Venezuela's ①embattled authoritarian government lashed out at the U.S. for "unacceptable and unjustifiable" ②interference on Sept. 9, after the New York Times reported that Trump Administration officials ③had met with Venezuelan military officers to discuss ④overthrowing President Nicolas Maduro. Although the report said nothing ⑤was agreed at the meetings, the Maduro regime could nevertheless be bolstered by rumors of U.S. meddling.

[18-20] Choose the one that is grammatically correct.

18 ① It was embarrassing when my high school classmate treated me as if he never sees me.
② The United States has until now not done enough to prevent Iran from obtaining nuclear weapons.
③ Neither of us shall be liable for no failure to perform due to causes beyond our reasonable control.
④ These are the cases where every problems mentioned at the beginning does happen.

19 ① Of eight fatalities, the latest two still await for the final confirmation by family members.
② The misperception that torturing drug addicts is acceptable must be corrected.
③ For poor air quality, a major culprit is coal, which China relies for about two-thirds of its energy needs.
④ Only once I saw Michael Jackson perform live.

20 ① Che Guevara, an Argentinean doctor, who became one of the leaders of the Cuban revolution and encouraged revolution throughout Latin America.
② Insulin is a substance which is produced in the pancreatic gland of human beings and much of the world's mammals.
③ The first usable telephone depended upon electro-magnetism was invented by Alexander Bell in 1876.
④ Marie Curie, the discoverer of radium, came to Paris in 1891 because her revolutionary views made it impossible for her to stay in her native Poland.

[01-09] Choose the one that could best complete each of the following sentences.

01   The reason why poverty is prevalent _____, in the end, issues of poverty always take second place to issues of wealth.

① because   ② that
③ is because   ④ is that

02   There are over 600 skeletal muscles in the human body, _____ has the same basic structure at several levels of organization.

① which   ② each of them
③ each of which   ④ that each

03   After _____ to forage, honeybees return to their hives and perform an elaborate dance.

① suitable places found   ② they found suitable places
③ finding suitable places   ④ suitable places are found

04   _____ they have begun gobbling up Western companies, it turns out they have not learned much from others' mistakes.

① Now that   ② Which is
③ That is which   ④ It is that

05   You'll be amazed at the variety and selection of cheeses from around the world to explore, _____ sugar-free and loaded with calcium.

① all of them   ② all of them are
③ which all of them   ④ and all of them

06   Over the last three years, Salesperson A has earned _____ Salesperson B.

① twice more than

② as twice much as

③ more twice than

④ twice as much as

07   Scattered from the Balkans to the Bronx, Albanians hold fast to _____ — an impoverished Eastern European homeland and deep ethnic pride.

① where they have left

② that they have left something

③ whichever has been leaved

④ what have been left

08   You may need to take an antibiotic medicine to keep _____.

① the wound from being infected

② from the wound being infected

③ the wound to be infected

④ to be infected from the wound

09   According to a recent study by the Mayor's Task Force, _____ tripled in the last ten years.

① an amount of homeless people in the city has

② the number of homeless people in the city has

③ the amount of homeless people in the city have

④ a number of homeless people in the city have

[10-17] Choose the one which is grammatically <u>incorrect</u> among the underlined parts.

10 A new breed ①<u>of a scholar</u> who ②<u>has arrived on</u> the scene recognizes obviously the hardship ③<u>of trying</u> to understand the future, but insists that it ④<u>can be and must be</u> done.

11 The more he learned about Russia, ①<u>the hungrier</u> he grew ②<u>to confide</u> his dream to someone, and thus, one day he ③<u>approached</u> his primary-school teacher and told of all his hopes ④<u>restoring</u> the palace.

12 I lost my mother and my grandmother ①<u>to</u> ovarian cancer, ②<u>so</u> the discovery by Australian researchers ③<u>a substance</u> in the blood of 90 percent of women with ovarian cancer ④<u>is a future</u> I look forward to.

13 Fortunately, ①<u>most of the times</u> hair loss from chemotherapy is temporary, and you can expect ②<u>to regrow your hair</u> three to six months after your treatment ends, ③<u>though</u> your hair ④<u>may temporarily be</u> a different shade or texture.

14 Atrocity implies an extraordinary seriousness, ①<u>whether of scale</u>, ②<u>however difficult</u> that may be to quantify, or unusualness that is out of the ordinary ③<u>for</u> it is this bizarreness which draws the attention of the observer to the event that transforms routine cruelty into atrocity. ④<u>No error</u>.

15 Some scholars in America ①<u>have become so baffled</u> by the vastness and vagueness of ②<u>the whole concept</u> of modernization that they have made ③<u>the typical retreat</u> from the big and difficult ④<u>to the small and unmanageable</u>. In short, they have retreated into ⑤<u>their various little specialties</u>.

16 Parenting, too, became more ①stressed. American parents spend more money and time on their children than any previous generation, and many feel immense pressure to be constantly teaching their children, ②enrolling them in enrichment classes and giving them their ③undivided attention. This is ④known as intensive parenting, and while it ⑤used to be an upper-middle-class phenomenon, it is now rising fast across all social classes.

17 With regard to the advance of democracy, there are two different positions ①which it is possible for a rational person to take up, according as he thinks the masses prepared, or unprepared, ②exercising the control which they are acquiring over their destiny, in a manner which would be an improvement ③upon what now exists. If he thinks them prepared, he will aid the democratic movement; or if he deems ④it to be proceeding fast enough without him, he will at all events refrain from resisting it. If, on the contrary, he thinks the masses unprepared, he will exert his utmost efforts ⑤in contributing to prepare them.

[18-20] Choose the one that is NOT grammatically correct.

18 ① No one can predict just how bad this flu season will be.
② How long do you think it will take to finish the job?
③ John F. Kennedy Jr. was a young man endowed with both a name and an inheritance.
④ On its benefit, there's little dispute that red wine can help keeping a heart healthy.

19 ① Have you ever wondered why Starbucks coffee tastes bitter?
② I don't know whether to like her as a person or not.
③ Many a student has done his best to prolong the experience.
④ He deliberately absented from the trial.

20

① Reputation is that the world believes us to be for the time being.

② Those expected did not appear.

③ A little care might have prevented the fire.

④ During my absence, try to be on your best behavior.

[01-09] Choose the one that could best complete each of the following sentences.

01   My brother was arguing with the counselor. The one was cool and _____ was nervous.

① the other   ② another

③ the former   ④ others

02   The Endangered Species Act of 1973 set forth the basic rules that apply in the US today, but _____ curbs on travel companies selling big game hunting tours.

① no   ② include

③ included no   ④ are including

03   He is determined to make this year _____ by achieving his goals without fail.

① one remembers   ② one to remember

③ remembered one   ④ one's remembering

04   This time next month we _____ our examination results.

① were receiving   ② have received

③ had received   ④ will have received

05   It is sad to find out how the book foretold the future _____ not in ballistic attacks but in terrorism.

① in what danger lays ② in which danger lays

③ in what danger lies ④ in which danger lies

06   _____, seemingly irrational tendencies can lead even the brightest minds to make costly mistakes.

① Leaving unchecked

② Leaving unchecking

③ Left unchecked

④ Left unchecking

07   _____ to be the secret behind successful telecommuting, an overwhelming 52 percent said that it is a combination of clear guidelines between the employer and employee.

① Asked what they perceive

② Asked what they are perceived

③ Asking what they perceive

④ Asking that they perceive

08   _____ the police an accurate account of what happened on the night of the accident made it easier for them to get a confession.

① A witness had given

② There was a witness who gave

③ A witness's having given

④ It was a witness that gave

09   _____ Christmas in some way, very few actually understand and appreciate its true purpose.

① The billions of people celebrating

② Of the billions of people who celebrate

③ Billions of people who celebrate

④ People are in the billions celebrating

[10-17] Choose the one which is grammatically <u>incorrect</u> among the underlined parts.

10 They are physically fit men who, critics ①<u>allege</u>, ②<u>lurking</u> in the gray area of the law, using intimidation ③<u>to assert</u> the will of ④<u>all the clients</u>.

11 It drew ①<u>mixed</u> responses from people ②<u>with</u> some supporting Koreans' dog-eating tradition and ③<u>other criticizing</u> the government ④<u>for not outlawing</u> such 'barbarian' conduct.

12 As South Korea mourns a ferry sinking on April 16 ①<u>that likely killed</u> more than 300 people, most of ②<u>them high</u> school students, anything ③<u>deeming frivolous</u> ④<u>is frowned upon</u>.

13 My firm belief is ①<u>that</u> many international development organizations, ②<u>wanting to</u> please Western donors, ③<u>are</u> too driven by expansion and spend ④<u>too few time</u> listening to recipients.

14 Each SMSA would contain at least one central city with 50,000 inhabitants ①<u>or more or</u> two cities having shared boundaries and ②<u>constituting</u>, for general economic and social purposes, a single community with ③<u>a combined population</u> of at least 50,000, ④<u>the smaller of them</u> must have a population of at least 15,000.

15 "Gee, I wish that ①<u>were mine</u>," is the outburst of Jimmy, as a new red roadster goes by; Florence expresses the same thought regarding a ring in ②<u>the jeweler's</u> window; ③<u>and likewise</u>, poor old Jones, during the Sunday stroll, replies to his wife, "Yes, dear, it ④<u>would have been nice</u> to have a home like that, but it is out of the question. We will have to continue to rent."

16 There can be ①few composers who have ridden such a reputational roller-coaster as Ralph Vaughan Williams. ②Lionizing as a revered national figure, and across the English-speaking world in the ③latter part of his life, within a decade of his death in 1958 he seemed in danger of ④being consigned to little more than a historical footnote: ⑤a Spohr or Telemann, perhaps.

17 ①When in the course of human events, it becomes necessary for one people to dissolve the political bands ②which have connected them with another, and to assume, among the powers of the earth, the separate and equal station ③to which the laws of nature and nature's God entitle them, a decent respect to the opinions of mankind requires that they should declare the causes which impel them to the separation. We hold these truths to be self-evident .... that whenever any form of government becomes destructive of these ends, it is the right of the people to alter or to abolish it, and to institute new government, ④laying its foundation on such principles, and organizing its powers in such form ⑤as to them it shall seem most likely to effect their safety and happiness.

[18-20] Choose the one that is grammatically correct.

18 ① He often fails to sell the eggs, which make his master angry.
　② I had my hat blown off by the wind.
　③ Children should not say they like things which they do not like merely because certain other people say they like it.
　④ We are pleasant to see students devote to their studies.

19

① He gave orders that the prisoners were well looked after.

② The advertisement is printed in such a way that two very different pictures can see depending on how you look at it.

③ Whatever course history may take, the question of what is desirable is not affected.

④ The officials were not only aware but actually encouraged the misreporting of scores.

20

① When anything pleasant occurs, one should enjoy it to the full, without thinking that it is not so pleasant as something else happens to someone else.

② There is no knowing what the future may bring forth.

③ The professors of philosophy in our academic institutions tends to be specialists, teaching some branches of philosophy but seldom teaching all of them.

④ We do not wish people or things we find amusing being other than they are; we do not desire to change them.

41

▶ ▶ ▶ **ANSWERS** P.338

[01-09] Choose the one that could best complete each of the following sentences.

01   A: How do we decide who wins the prize?

B: Give the prize to _____ gets the most points.

① anyone   ② who

③ whoever   ④ whom

02   It was _____ the plan that was adopted.

① me developing   ② I am developing

③ me who developed   ④ I who developed

03   At last, the maid proposed letting _____ into the secret.

① her a friend's   ② a friend of hers

③ her a friend   ④ a her friend's

04   It came to me as a great surprise to hear my secret and cherished feelings about my own mother _____ to me by a friend who had never known a mother, she _____ during his infancy.

① express — died   ② expressing — dying

③ expressed — had died   ④ expressed — having died

05   On the table _____ containing the remains of fried eggs, a half-eaten piece of bread, and a bottle of vodka with a few dregs left in the bottom.

① did a frying-pan stand   ② a frying-pan stood

③ did stand a frying-pan   ④ stood a frying-pan

06 When I initially thought of being a social worker, having grown up in foster care was something that _____ me an edge over other social workers.

① I thought would give

② I thought giving

③ I thought would be given

④ I thought being given

07 Idaho's natural resources include fertile soil, rich mineral deposits, thick forests, and _____.

① abundant water supplies

② water supplies are abundant

③ supplies of water are abundant

④ supplies abundant water

08 In general, one's memories of any period must necessarily weaken _____. One is constantly learning new facts, and old ones have to drop out to make way for them.

① as they move away from it

② as it moves away from them

③ as one moves away from it

④ as one moves away from them

09 During her middle school years, the girl was _____, but when I was nearly sixteen, we began to hang out as equals.

① so hard to get along with

② so hard that she could not get along with

③ too hard to get along with

④ very hard that she could not get along with

[10-17] Choose the one which is grammatically <u>incorrect</u> among the underlined parts.

10   If people go to the trouble and expense of traveling, it is not so ①<u>much</u> from curiosity, ②<u>for fun</u>, or because they like to see things beautiful and strange, ③<u>but out of</u> ④<u>a kind of snobbery</u>.

11   While these drastic conditions ①<u>will help produce</u> the motivation for social change, no individual or organization ②<u>has</u> laid out ③<u>what</u> changes are necessary and how to ④<u>bring about them</u>.

12   The New York City Marathon has spotters, ①<u>whose</u> sole purpose is to catch unofficial runners and ②<u>banish</u> them from the course, lest they should ③<u>not cross</u> the finish line and make an already daunting race scoring process ④<u>even more tedious</u>.

13   Ordinary education in Scotland was ①<u>taken care of by</u> the church. ②<u>However people were poor</u>, they managed ③<u>to have their children taught</u>. The Scottish parliament had ordered every parish to see that it had a school for its children, and the responsibility ④<u>for doing so</u> was given to the lords and richer landowners.

14   Leonardo was an insatiable learner. He studied ①<u>everything he</u> could see: the flow of water, ②<u>the way smoke</u> rises through the air, how a woodpecker uses its tongue. And he had ③<u>insights were</u> ahead of his time. He developed a theory about the working of a certain heart valve ④<u>that researchers</u> only verified a few decades ago.

15 Travelers ①<u>considering</u> travel to storm-prone regions during hurricane season should carefully think about the risks of their trip before finalizing their planes. ②<u>Those who</u> choose to travel should prepare emergency plans ③<u>in case</u> a major storm. Even inland areas, ④<u>well away from</u> the coastline, can experience destructive winds, tornadoes, and ⑤<u>floods from</u> tropical storms and hurricanes.

16 The concept of public opinion ①<u>was central to theories</u> of democratic government. The vulnerability of popular government to despotic takeovers and infringements by private interests required a sphere outside ②<u>the orbit of the state which</u> public goals could be formulated, ③<u>issues discussed</u>, and the exercise of power criticized. Democracy needed channels for the formation and ④<u>expression of a public will</u>, as well as mechanisms for translating ⑤<u>that will into effective checks</u> on leaders.

17 Last year ①<u>I worked for a spell</u> at *the Economist* in London. The attitude there was a revelation. ②<u>They take pride in their work</u>, and ③<u>can be as self-important</u> about it as any group of American journalists. But they also take five weeks of vacation every year, ④<u>plus nearly a week</u> at Easter and nearly two weeks at Christmas when the office is shut, plus the usual holidays. And it would take more than a mere war somewhere to get an Economist editor ⑤<u>cancel his or her summer</u> "hol."

[18-20] Choose the one that is NOT grammatically correct.

18
① I'm not sure if I meet the requirements of the job.
② I don't care if you choose to work from home.
③ I wonder whether his decision is wise or not.
④ Do you know whether the two parties have agreed?
⑤ I don't doubt whether John will cooperate with us.

19
① A bank is to a country what the heart is to the body.
② Happiness depends partly on external circumstances and partly upon oneself.
③ We are in the era of the computers that will be changed forever the way people work, play, travel and even think.
④ The main requirement for this position is not specialized knowledge but the ability to handle people tactfully.

20
① The police began to use high-tech devices after two recent incidents in which prisoners escaped using false identities.
② Global warming and the melting of icebergs are between the effects of climate change we face today.
③ His success has landed him a huge fan base and products bearing his name are most sought after.
④ It is believed that breathing has a profound effect on man's physical functioning.

[01-09] Choose the one that could best complete each of the following sentences.

01 This book divides methods of theatre production into six different categories, _____ its own goals and standards.

① each
② with each
③ which each has
④ of which each has

02 Her short stay in Kentucky was very important to author Mary Holmes, _____ provided the background to several of her novels.

① it was
② for it
③ much of
④ by now

03 A sprain, _____ a torn ligament, is the stretching or tearing of ligaments within a joint, caused by an injury abruptly forcing the joint beyond its functional range of motion.

① knowing also
② also known as
③ knowing also as
④ also being known

04 Some were accompanied by our headmaster and _____.

① teachers others
② the others teachers
③ others by teachers
④ teachers the others

05 The slums swarmed with children, _____ orphans, and many with no home but the streets. No one knew for sure how many children lived in the slums.

① many of them were   ② many of whom

③ many of whom being   ④ many of them

06 The staff and I were sitting around at the lunch table when Mark asked _____.

① a question to Raymond   ② of Raymond a question

③ a question of Raymond   ④ Raymond to a question

07 Graying hair, weight gain, and _____ from physical exertion may be physiological indices of a person's advancing age.

① to recuperate is more difficult

② it is more difficult to recuperate

③ there is great difficulty in recuperating

④ greater difficulty in recuperating

08 As the number of plastic surgeries has risen, _____.

① the risk for accidents so does

② so too does the risk for accidents

③ the risk for accidents so have

④ so too has the risk for accidents

09 The official, _____ of accepting a diamond worth about 30 million won.

① resigned last week from the board, is accused

② who resigned last week from the board, accuses

③ resigning last week from the board, being accused

④ who resigned last week from the board, is accused

[10-17] Choose the one which is grammatically <u>incorrect</u> among the underlined parts.

10   John Quincy Adams is ①<u>considering</u> ②<u>the greatest</u> of the United States ③<u>Secretaries</u> of State by ④<u>most students</u> of diplomacy.

11   She foresees that ①<u>her all children</u> will go and give ②<u>what they have</u>, and that instead of ③<u>possessing things</u>, they will be able to ④<u>share them</u>.

12   This book concentrates on style ①<u>in writing</u> because it is style rather than organization or ②<u>content</u> that writers find ③<u>the hardest</u> ④<u>to deal with</u>.

13   The ①<u>work which</u> the poet Emma Lazarus is ②<u>best</u> known is "The New Colossus," ③<u>which is inscribed</u> ④<u>on the pedestal of</u> the Statue of Liberty.

14   Without ①<u>realizing it</u>, most of ②<u>us humans</u> are very interdependent: we worry whether our partner or friend ③<u>is having</u> a good time, and always ④<u>balancing</u> their needs in our decision-making.

15   In order to ①<u>convince them that</u> orbital changes were the cause, a mathematician made elaborate calculations ②<u>elucidating</u> the time sequence of seasonal changes ③<u>in the number of</u> sunlight ④<u>reaching</u> northern latitudes.

16   The University of Nevada's email service ①<u>will be down</u> from 6 am to 6 pm ②<u>on June 10</u> while the staff ③<u>updates</u> the system's software. Senders will receive a reply to advise that they ④<u>will resend</u> their message after 6 pm ⑤<u>on Sunday</u>.

17 It was ①in the late 1800s that Halloween began to evolve into ②what we see today. Community leaders began to encourage people to make Halloween more of a community event, and to remove the grotesque and scarier parts of Halloween in order to make it more friendly towards children. It is because of these efforts ③what Halloween lost most of its superstitious beliefs bringing it to ④where it is today.

[18-20] Choose the one that is grammatically correct.

18 ① Only if the red light comes on is there any danger to employees.
② Many people have a romantic idea of which writing is all about.
③ Asthma is a chronic disease which chief symptom is difficulty in breathing.
④ Even on the most careful prepared trip, problems will sometimes develop.

19 ① Researchers at the university are investigating a series of indicators that could help themselves predict earthquakes.
② He has a photograph of the house where he grew up.
③ Computer science is no more about computers than astronomy is not about telescopes.
④ There are few visitors to this seaside even in summer, much more in winter.

20 ① There came more people than the auditorium could seat.
② What is it that makes you complain the food all the time?
③ 37 percent of plant species on Socotra are found nowhere on Earth.
④ His business scheme has postponed indefinitely due to high interest rates.

[01-09] Choose the one that could best complete each of the following sentences.

01   He worked hard; _____ he would have failed in the examination.

① otherwise   ② unless

③ but for   ④ if

02   A: Did you call and tell him that the meeting had been canceled?

B: I _____, but I just forgot.

① can't have   ② must

③ will have   ④ should have

03   The social system of bumblebees is not as complex _____.

① than honeybees   ② as honeybees

③ that honeybees are   ④ as that of honeybees

04   A must for any visitor to Washington is a tour of the White House, _____ of the Head of State since 1800.

① the residence   ② is the residence

③ to be the residence   ④ which the residence

05   _____ of trees usually stimulates flower and fruit production, whereas winter pruning of trees increases the production of leaves and branches.

① Although summer pruning   ② If summer pruning

③ While summer pruning   ④ Summer pruning

06   At that university, neither the mathematics department nor the biology department
_____ write a thesis in order to graduate with a master's degree.

① wants that the students

② suggests the students to

③ demands the students to

④ requires that the students

07   It is the blood type and group _____ — not your race or ethnicity.

① that is with importance

② is of importance

③ that is of importance

④ is with importance

08   For his role in founding the International Red Cross and _____, Henry Dunant
received the first-ever Nobel Peace Prize in 1901.

① the Geneva Convention initiating

② the Geneva Convention was initiated

③ initiating the Geneva Convention

④ the initiation the Geneva Convention

09   It is estimated that _____ the United States.

① the population of the country is less than half

② the country has less than half populous people of

③ the country has less than half as many population as

④ the country has less than half as large a population as

[10-17] Choose the one which is grammatically <u>incorrect</u> among the underlined parts.

10   No matter how ①<u>a safe driver</u> you are, avoiding traffic incidents ②<u>is</u> out of your control. And if other drivers hold ③<u>you responsible</u> for an accident, you ④<u>can get in</u> trouble.

11   Difficult, frustrating and confronting ①<u>as it is</u> to see parents ②<u>lose</u> themselves to dementia, ③<u>but</u> we must remember that it is an honor to care for ④<u>loved ones</u> and it is part of life.

12   Type 2 diabetes ①<u>were</u> once ②<u>referred to as</u> a "geneticist's nightmare" due to difficulties ③<u>stemming from</u> the nature of the disease and the strategies ④<u>available for</u> genetic analysis.

13   It was once commonly believed ①<u>whether or not</u> people ②<u>allergic to</u> eggs couldn't receive vaccines ③<u>grown</u> in chick embryos, such as the measles vaccine, but multiple studies ④<u>suggest it is a wrong belief</u>.

14   Recent Hispanic and Asian immigrants in the United States might consider ①<u>themselves</u> more ②<u>identifiable</u> by their physical characteristics than ③<u>Europeans are</u>, and they are ④<u>less likely to</u> change their surnames.

15   How can we help our children ①<u>to cope</u> with the death of their mother? As a rule, our attitude towards ②<u>them</u> should be compassionate and, above all, ③<u>tailored</u> to their age. If we are dealing with younger children, it will be extremely important to ④<u>explain them</u> what happened to their mom in simple yet truthful terms ⑤<u>that</u> they can understand.

16 My great grandfather ①having fought in the Civil War as a teenager realized the need to record his story. His manuscript was written on tablets in his farmhouse during the late 1920's. Following his death in 1935 ②it was his daughter who in 1957 gave the document to Byron Abernathy who edited and published great grandfather's writings. ③His this book has since become an important historical document of the ④exploits of a young Civil War soldier.

17 ①One cannot but wonder at the constantly recurring phrase "getting something for nothing," as if it were the peculiar and perverse ambition of disturbers of society. Except for our animal outfit, practically all we have ②is handed to us gratis. Can the most complacent reactionary ③flatter that he invented the art of writing or printing press, or discovered his religious, economic, and moral convictions, or ④any of the devices which supply him with meat and raiment or ⑤any of the sources of such pleasure as he may derive from literature or the fine arts?

[18-20] Choose the one that is NOT grammatically correct.

18 ① She is the only one of the students who are present today.
② Physics is both an experimental and theoretical science.
③ What I need is a person who can actually solve problems.
④ A set of books was donated to the high school library.

19 ① It was the book that the teacher gave me.
② It was me that the teacher gave the book.
③ It was with care that she carried the box.
④ It was my uncle who threw an egg at the man.
⑤ It was his death which sparked the protests.

20 ① My Father dissuaded me to take a job in another city.

② The total number of houses under water amounts to 1,500.

③ Measles is a fairly common disease which usually affects children.

④ He gave whoever came to the door a winning smile.

[01-09] Choose the one that could best complete each of the following sentences.

01 Closed plane figures like the square or the equilateral triangle can be grouped into a class _____ polygons.

① called   ② to call

③ is called   ④ call as

02 _____ of the play, *Mourning becomes Electra*, introduces the cast of characters and hints at the plot.

① The act first   ② Act one

③ Act first   ④ First act

03 The tree would have grown all right but she _____ it in the wrong place.

① would plant   ② had planted

③ planted   ④ plants

04 Train robberies _____ in America than anywhere else in the world during the latter half of the nineteenth century.

① were more frequent   ② which were more frequent

③ more frequent than   ④ they were more frequent than

05 Only by prohibiting nuclear weapons altogether _____ race.

① we can stop the arms   ② can we stop the arm

③ we can stop the arm   ④ can we stop the arms

06   Dogs are more faithful animals than cats; these attach themselves to places, _____.

① them to persons

② and those to persons

③ those are persons

④ and persons are those

07   Today, most people do not know how to use a dictionary and few people ask _____ the writers of dictionaries or grammars say what they say.

① authority which

② by what authority

③ authority by which

④ by authority which

08   An investigation into the cause of the fire is ongoing, but firefighters say they acted in time to prevent the _____.

① nearly gas station from affecting

② nearby gas station from affecting

③ nearly gas station from being affected

④ nearby gas station from being affected

09   Never again in Israel _____ the Lord knew face to face.

① there arose a prophet like Moses, whom

② did there arise a prophet like Moses, whom

③ a prophet like Moses arose there, where

④ was a prophet like Moses, who

[10-17] Choose the one which is grammatically incorrect among the underlined parts.

10   They take it ①for granted ②that ③once the colonies are built, the administration ④dares not demolish them.

11   I often wish ①that my college ②is as large as her university ③because our facilities are more limited ④than hers.

12   When, after emergency surgery that came close to ①cost me my life, I ②returned to my senses, I ③woke feeling as if I ④had hit rock bottom.

13   To make the work easier, a number of adaptations ①have been included such as ②automatic code reading and sorting machines but the postal service ③remains usually a ④labor-intensive industry.

14   If your child seems ①depressed or anxious about school, ②faked illness to stay home, ③repeatedly winds up in the nurse's or principal's office, or refuses ④to talk about large chunks of the school day, you should ⑤be concerned.

15   Lee Sedol, ①a Go champion, who in 2016 lost a ②celebrated match against AlphaGo, an artificial-intelligence program, ③announced his retirement. Mr Lee reflected: "Even if I become ④number one, there is an entity that cannot ⑤defeat.

16   As a result, ①there occur problems such as loose teeth, tooth loss, and periodontal disease, ②which women are more susceptible after menopause. In addition, many postmenopausal women ③note dry mouth, pain or burning in the gum tissue as well as ④altered taste for salty, peppery or sour foods.

17   He ①<u>was pinned in</u> the darkness by the weight of fallen beams and walls. His heart sped with a sudden terror. What happened? Where am I? ②<u>Lying on his stomach</u>, he surveyed what he could do: his left leg had been ③<u>twisted and thrust</u> forwards, so that his foot rested near his cheek. He could move his left arm, but his right arm and leg were crushed beneath ④<u>enormous something</u>. He tried to recall the moments before everything went dark.

[18-20] Choose the one that is grammatically correct.

18   ① He didn't like blue shirts, so I showed him yellow ones.
   ② His mother is taking the responsibility on behalf of them because he refused to take.
   ③ California is the only state to date that has enacted a law to make human cloning illegally.
   ④ Climatic shifts are so gradual that they are unable to be distinguished at first from ordinary fluctuations in the weather.

19   ① One of every two new business fail within two years.
   ② Each one of us looked over his own part, but we haven't rehearsed together yet.
   ③ Doctors are not always as insensitive to his patients' needs as many people think.
   ④ The experiment proved to Jordan and I that serious attention to details produced good results.

20   ① Some people view gambling as a harmless form of fun. The other regard it as an evil enterprise that takes money from the poor.
   ② There are many things you can do to keep your business to go well.
   ③ I want you enjoying your Thanksgiving vacation with your families.
   ④ It is important to lock one's door at night and not to let anyone enter your house unless he identifies himself.

TEST
45

▶ ▶ ▶ **ANSWERS** P.350

[01-09] Choose the one that could best complete each of the following sentences.

01 One of the best indicators of past living standards that present-day investigators can point to _____.

① is height   ② was being height
③ being height   ④ are height

02 For advertisers, one of the greatest appeals of radio is _____ an audience all day long.

① to have it   ② that to have
③ that it has   ④ for having it

03 Although he was a hero of the 1812 war, Andrew Jackson was a peace-loving man and only rarely _____ a gun after he became president.

① he carried   ② did he carry
③ when he carried   ④ that he carried

04 John Stuart Mill, the man _____ the greatest liberal thinker of modern history, answered the question very explicitly.

① was widely considering   ② had widely considered
③ was widely considered   ④ widely considered

TEST 45 191

05 When he looked closer, he realized that not only _____ off-color but they were abnormally large.

① the bee's eyes were ② the eyes of bee were

③ were the bee's eyes ④ were the eyes of bee

06 A theory is an abstract, symbolic representation of _____ reality.

① what it is conceived ② that it is conceived to be

③ that is being conceived of ④ what is conceived to be

07 The resignation of the president was a shock to government aides and party supporters _____ by the vice president who knew of the illness.

① and also had been expected

② which is expected

③ expected

④ but had been expected

08 _____ as National Socialism did not expurgate all traces of modernism.

① She miscalculated became clear

② That she miscalculated became clearly

③ She miscalculated became clearly

④ That she miscalculated became clear

09 When a quarterback for the Miami Dolphins, _____.

① his records lasted ten years

② he set the records that lasted ten years

③ the records that he set lasted ten years

④ he set the records and lasted ten years

[10-17] Choose the one which is grammatically <u>incorrect</u> among the underlined parts.

10 I heard a quick ①<u>run</u> on the stairs, the door was ②<u>lugged open</u>, and, ③<u>to my utter astonishment</u>, Dick caught me ④<u>by my hand</u>.

11 I went to Japan, ①<u>where</u> city people actually go to temples to ②<u>listen to</u> crickets; ③<u>so rarely</u> are they to hear and so beautiful ④<u>the sound considered</u>.

12 Grisman Peak Ski Resort played host ①<u>to</u> nearly ②<u>two dozens</u> ③<u>handicapped</u> ④<u>ten-year-old</u> children Saturday as part of the resort's "Reach Out" charity campaign.

13 A century ago, iguanas, ①<u>cactus-eating</u> lizards, swarmed ②<u>across much of</u> the Galapagos Islands' harsh terrain, but ③<u>they survive</u> only as ④<u>isolating</u> populations these days.

14 ①<u>Despite</u> some side effects, we should admit that the economy ②<u>will not</u> be where it is today ③<u>had it not been for</u> the drastic measures ④<u>taken by</u> the government to boost economy.

15 It was ①<u>curiosity</u> that I attended the Press Screening at the Cameo and sat with my cup of coffee ②<u>as</u> the lights dimmed and the film began, ③<u>and for some time</u> I just wasn't sure ④<u>if</u> I was enjoying it.

16 No employer ①<u>shall discriminate</u> between employees on the basis of sex by paying wages to employees at a rate less than the rate ②<u>at which</u> he pays wages to employees of the opposite sex ③<u>for equal work</u> on jobs the performance ④<u>which requires</u> equal skill, effort, and responsibility.

17 The economic hardships in the ①<u>nine first</u> months of the pandemic fell ②<u>hardest</u> on lower- and middle-income families. While the well-off shopped online and ③<u>dreamed of</u> delayed vacations, whole swaths of America were falling into an even more desperate state. The pandemic wasn't an inconvenience ④<u>but instead</u> a life-altering experience, a complete reordering of things, a gateway to more suffering not just from illness but also from ⑤<u>society's ills</u>.

[18-20] Choose the one that is NOT grammatically correct.

18 ① My company moved ahead of its rivals in second-quarter earnings.
② It is strange that she should have married such a fellow.
③ There is little, if ever, difference between the two items.
④ Nasdaq's powerful rally suggests that economy is poised to recover soon.

19 ① It's safe to say that a total of twelve books is great for one month.
② Knowing your enemy doesn't guarantee that you can catch it.
③ Beyond the lake and the woods are a place of medieval mystery.
④ None of the books has been placed on the shelves of the library.

20 ① I'd like to see him in my office the moment he arrives.
② I want you to be content with nothing less than the whole truth about the subject that interests to you.
③ Some trainers recommend letting the puppy cry out.
④ I never see her without thinking of my dead sister.

▶ ▶ ▶ **ANSWERS** P.353

[01-09] Choose the one that could best complete each of the following sentences.

01 _____ I known what he was really like, I would never have married him.

① Had ② Have

③ If ④ Would have

02 In bacteria and in other organisms, _____ is the nucleic acid DNA that provides the genetic information.

① both ② it is certain

③ it ④ and

03 Either party may terminate the contract by reason of serious default by the other party at any time _____ otherwise agreed.

① unless ② nor

③ whereas ④ however

04 With the best treatment and formula feeding, the chance of HIV _____ the baby is less than two percent.

① transmitting to ② to transmit

③ transmitted ④ being transmitted to

05 Providing coffee and a well-stocked breakroom are easy steps that companies can _____ the happiness and productivity of their employees.

① taking by ensuring ② take being ensured

③ be taken ensure ④ take to ensure

06 He had some undeniable facts _____ the plight of minority groups in general.

① to mention   ② to mention about

③ to be mentioned   ④ to be mentioned about

07 Only in the past decade _____ to understand that the air and the oceans act as a single fluid when they exchange heat and gases.

① meteorologists began

② did meteorologists begin

③ meteorologists were begun

④ have meteorologists begun

08 Having been elected to represent the Association of American Engineers at the International Convention, _____.

① the members applauded him

② the committee congratulated him

③ a speech had to be given by him

④ he gave a short acceptance speech

09 Even at low levels, _____.

① the nervous system has produced detrimental effects by lead

② lead's detrimental effects are producing the nervous system

③ lead produces detrimental effects on the nervous system

④ the detrimental effects produced by lead on the nervous system

[10-17] Choose the one which is grammatically <u>incorrect</u> among the underlined parts.

10   I have ①<u>no information</u> one way or the other, but I ②<u>would rather</u> do it ③<u>than</u> ④<u>not doing</u> it.

11   Dodge city, ①<u>laid out</u> in 1872, owed both ②<u>its</u> prosperity and its ③<u>fame of</u> the buffalo in ④<u>its early years</u>.

12   The Arab Spring, ①<u>which saw</u> a number of American-backed regimes ②<u>toppled</u>, putting into ③<u>relief the gap</u> between the U.S.'s actual interests and ④<u>its purported</u> values.

13   The process ①<u>by which</u> a fresh and original poem or drama comes into ②<u>being are</u> doubtless ③<u>analogous to that which</u> originates and elaborates ④<u>so-called</u> scientific discoveries.

14   The novel, ①<u>in which</u> a woman tries to untie her family's tangled past as she ②<u>brings her brother's body home</u> to be buried in Ireland, ③<u>have won</u> glowing praise, ④<u>as</u> the author's books generally do.

15   ①<u>Even as</u> Aung San Suu Kyi has blazed her own political trail, she ②<u>represents</u> to many of the voters who ③<u>sent her to</u> parliament last year a link with her father, ④<u>to a</u> legendary independence hero.

16   I was recommended by Renzo and Julia ①<u>joining their team</u>; they ②<u>approached me</u> as I was a manufacturing engineer. Soon we ③<u>formed a bond of</u> trust and friendship that allowed us to have worthy and fair teamwork ④<u>which would prove</u> to be very valuable throughout the course.

17 While it ①would be unreasonable to say Israel is fully responsible for the conflict of the past weeks, "Israel had no choice ②but to retaliate" is a statement I feel ③very uncomfortable. The murder of three Israeli teens was a heinous crime, but Israel ④should not have responded the way it did. The invasion cannot be justified and will only stir up more hatred.

[18-20] Choose the one that is grammatically correct.

18 ① Ken could be a very attractive man but he pays no attention to his clothes.
② The researchers agreed, at principle, to exchange their findings.
③ Your method seems as odd to us as ours do to you.
④ She was a glad girl and liked to hang out with her classmates.

19 ① She didn't know what to write a news article with a critical eye.
② There are rich pickings to be had by investing in this sort of company.
③ He believes if or not that is still valid is worth considering.
④ I am looking at the girl and her horse which are coming this way.

20 ① When you have Internet problems, you may not as well download the game.
② Tevez convinced that he was right.
③ For optimum health, it is imperative that your diet should be moderated.
④ I want that we change a few things in this contract.

[01-09] Choose the one that could best complete each of the following sentences.

01   Nowadays, electric lighting is universal in urban areas. Good home lighting is largely taken for _____ today. About the only time people notice its usefulness is when it is lacking.

① granted   ② granting

③ grant   ④ grants

02   No matter how minor the case is, bullying needs _____ from the beginning.

① being tackled   ② tackling

③ that is tackled   ④ that it is tackled

03   She has been suffering from insomnia since her son died. If _____, he would be twenty now.

① he has not been dead   ② he is not dead

③ he has not died   ④ he had not died

04   Ludwig van Beethoven, _____ began to deteriorate midway into his career, nevertheless wrote many of his greatest works with this handicap.

① hearing of which   ② whose the hearing

③ whose hearing   ④ of which hearing

05   No sooner had they eaten dinner than _____ onto the dining table.

① the ceiling crashed   ② had crashed the ceiling

③ the ceiling had crashed   ④ did the ceiling crash

06 From the quality and intensity of the debate after her lecture, one can see that the impact of her ideas over the _____ vast.

① attending public was

② attending public were

③ attended public was

④ attended public were

07 Despite ambitious goals in the field of climate mitigation policies, we hesitate _____ a clear priority of urban politics in Munich.

① calling climate change

② to call climate change as

③ calling climate change as

④ to call climate change

08 As an astronomer, Hubble showed originality, breadth of knowledge, and _____.

① admirably mathematically precise

② admirable mathematical precision

③ mathematical precision was admirable

④ that precision was admirably mathematic

09 Each of the candidates _____.

① shake the hand whoever they meet

② shakes the hand of whoever he meets

③ shakes the hand of whomever he meets

④ shake the hand of whomever they meet

[10-17] Choose the one which is grammatically incorrect among the underlined parts.

10   The weeks of summer training ①are often ②as ③tense for sports writers as ④it is for foot-ball players and coaches.

11   We ①can't scarcely agree with him ②as to the soundness of this method, unless the material ③so obtained ④is carefully and repeatedly checked.

12   ①According to the Pythagorean theorem, ②the sum of the squares of the two sides of a right triangle is ③equal as the square ④of the hypotenuse.

13   One may say that ①the most important change ②brings about by the result of modern physics consists ③in the dissolution of ④this rigid frame of concepts of the nineteenth century.

14   If someone has a will ①to draft, and then a year later decides ②to leave her ceramic frog collection to her inadvertently ③overlooked cousin, she doesn't have to have a whole new will written: she has her lawyer write and add a codicil ④detailing the addition.

15   If you go to McDonald's ①at all, no one could really blame you ②on getting the French fries instead of the apple slices. But the real issue is ③not that people are choosing the wrong fast-food menu items; ④it's that they're going to fast-food restaurants in the first place.

16   California, with 40m inhabitants, and Texas, with 29m, are the states with the largest populations, with more than ①one-fifth of Americans ②claimed them as home. They also have the biggest economies. If they were countries, they ③would be the fifth- and tenth-largest in the world, with around $3trn and $1.8trn in GDP, ④respectively.

17 ①What ②had been considered to be the arena of clear and determinate process ③was found to be, at its subatomic levels, cloudy and fitful in its behaviour. ④Compared with this revolutionary change, the great discoveries of special and general relativity seem not much more than interesting variations on classical themes. It is no exaggeration to regard quantum theory as being one of the most outstanding intellectual achievements of the 20th century and its discovery ⑤as constituted a real revolution in our understanding of physical process.

[18-20] Choose the one that is NOT grammatically correct.

18 ① The city where she was born has a lot of factories.
② English has fewer words than any other language.
③ With the road blocking by a traffic accident, they had to make a detour.
④ The teacher moved that his students write an essay on endangered species.

19 ① Whether he will win the game or not is doubtful.
② Throughout history, they have been denied equal rights.
③ Hardness is the resistance of a mineral to being scratched.
④ Six people are thought to be injured in the storm last month.

20 ① Blessed is the peacemakers and they shall be honored.
② Writing daily is not so difficult to achieve as you think.
③ They remembered someone opening an emergency window.
④ Failure to resolve the potential conflict constituted misconduct.

[01-09] Choose the one that could best complete each of the following sentences.

01 I found this set of china at an estate sale, and it looks as if it had rarely, _____, been used.

① if ever   ② if any

③ if necessary   ④ if possible

02 Even in the face of national and international adversity, he does not see himself as totally powerless. He does what he _____ the world a better place.

① would make to   ② makes

③ can to make   ④ can make

03 Domestic fowl, seldom found in small villages, were quite numerous in towns and _____.

① so were cats   ② neither were cats

③ so did cats   ④ neither did cats

04 Young adults are more likely as a group _____ are older individuals.

① to attempt suicide as   ② to attempt suicide than

③ of attempting suicides as   ④ of attempting suicides than

05 _____ will come to the party tomorrow?

① Do you think who others   ② Do you think who else

③ Who others do you think   ④ Who else do you think

06   He also offered several key principles that the psychiatrists should keep _____ their patients' competency.

① in mind when evaluating

② them in mind when evaluating

③ in mind when evaluated

④ them in mind when evaluated

07   England's King Henry Ⅶ, _____ bore the Red Dragon, included fireworks at his wedding in 1486, the first known use of fireworks at a national celebration.

① of which royal standard

② whose royal standard

③ royal standard of which

④ whose the royal standard

08   The hyena is often mistakenly confused with the dog, though _____.

① their different skulls anatomically

② their skulls anatomically different

③ anatomically they are different skulls

④ anatomically their skulls are different

09   Under no circumstances _____ after 3 a.m. or before 6 a.m. on a day that precedes a regularly scheduled school day.

① a minor work between 16 and 18

② may work a minor between 16 and 18

③ a minor between 16 and 18 may work

④ may a minor between 16 and 18 work

[10-17] Choose the one which is grammatically <u>incorrect</u> among the underlined parts.

10 The medicine she ①<u>took</u> ②<u>cured</u> her ③<u>from</u> the bad cough she'd been suffering ④<u>from</u>.

11 ①<u>In response to</u> your request ②<u>for</u> a 20% discount of these products, we regret ③<u>saying</u> that we ④<u>cannot offer</u> more than 15%.

12 One day as I ①<u>was surfing through</u> the blogosphere I came upon ②<u>a blog written by</u> Solomon Broad ③<u>wherein he posts each day</u> a list of things ④<u>which</u> he is grateful.

13 We'll consider ①<u>as our duty</u> to do ②<u>whatever we can</u>, so long as we have ③<u>breath to end</u> the detention of the leaders, who are symbols of the effort ④<u>to restore</u> people's rights.

14 ①<u>Advances in math</u> ②<u>have traditionally led to</u> breakthroughs in physics. When Newton and Leibniz developed calculus, we could finally describe ③<u>much</u> phenomena ④<u>otherwise unintelligible</u>.

15 It seemed ①<u>to him that</u> his children took the news ②<u>too much</u> philosophically, ③<u>and that</u> their only concern was to be sure he gave them enough money for the cost of ④<u>whatever food</u> they might need to purchase in villages.

16 Liquids may change to a vapor at temperatures ①<u>below</u> their boiling points through the process of evaporation. Evaporation is a surface phenomenon in which molecules located ②<u>near</u> the liquid's edge, ③<u>not contained</u> by enough liquid pressure on that side, ④<u>escaping</u> into the surroundings as vapor.

17　Those individuals who turn out to ①have an interest and a talent for advanced mathematics will be exposed ②to the full extent of the subject at an early age, ③and as a result will have an opportunity to pursue ④that interest to the eventual benefit of both themselves and society as a whole.

[18-20] Choose the one that is grammatically correct.

18　① He wiped his glasses in order for seeing more clearly.
　　② I gave up to learn how to swim because I was scared.
　　③ The number of the candidates who will run for the election is appalling.
　　④ There is no bus service, I had to walk all the way home.

19　① The Simpsons believed Smith a good engineer.
　　② Hadn't I seen it with my own eyes, I would hardly have believed it.
　　③ Mr. Herbert told the people in the ballroom that he and Rosie have been to Egypt.
　　④ Given his age, Mr. Emerson is remarkably active.

20　① They think Tom is crazy, and we do so, too.
　　② John remembers the accident, and Bill does so, too.
　　③ John hit Mary, and Bill did so, too.
　　④ I like the guitar, and I always have done so.
　　⑤ He got up early, as he always did so.

[01-09] Choose the one that could best complete each of the following sentences.

01 The situation is so dire that Japan, still one of the most prosperous advanced economies in the world, _____ now increasingly underestimated.

① it is   ② will
③ being   ④ is

02 He could also report his own carbon output and compare his efforts to curb global warming _____.

① by Al Gore   ② by Al Gore's
③ with Al Gore   ④ with Al Gore's

03 History shows that _____ take up an independent political role.

① peasantry don't   ② the peasantry don't
③ peasantry doesn't   ④ the peasantry doesn't

04 The King of France is therefore on an equal footing with the legislature, which can no more act without him _____ without it.

① as he can   ② than he can
③ as he can't   ④ than he can't

05 She _____ that corner a little earlier, but she was delayed because she had to return home for something she had forgotten.

① will pass   ② will have passed
③ would pass   ④ would have passed

06 We should know what the Germans have done to bring about a fall in deaths from drug addiction while _____.

① our continuing growth

② we continue growing

③ ours continue to grow

④ continuing our growth

07 Tell me about a situation _____ changes which you had no control over.

① where you have had to adjust to in

② in where you have had to adjust to

③ which you have had to adjust to

④ in which you have had to adjust to

08 Korean president declared a "war against misreporting" and regarded the media _____ the actions of his administration as his "enemy."

① distorted or willfully misinterpreted

② to distort or willfully misinterpretation

③ distorting or willfully misinterpreting

④ distortion or willful misinterpretation of

09 While traveling through the Blue Ridge Mountains, _____.

① the breath-taking scenes attracted the travelers

② the scenes attracted the travelers deeply

③ the travelers were awed by the breath-taking scenes

④ the travelers attracted the scenes

[10-17] Choose the one which is grammatically <u>incorrect</u> among the underlined parts.

10   ①<u>Especially</u> in North American colonial times, the property ②<u>what</u> a bride brought with her ③<u>to her marriage</u> ④<u>was called</u> her dowery.

11   "We can't all be ①<u>Franklin</u>, my son," said Mrs. Walton, ②<u>not wishing</u> her son ③<u>to form</u> high hopes which might ④<u>be disappointed</u> in the end.

12   It was necessary that the father thus measurably ①<u>forsake</u> his son, leaving him to his enemies; otherwise they never could ②<u>fulfill</u> what had ③<u>been prophesied</u> ④<u>concerning</u> him.

13   When the turnover figures for ①<u>each</u> of the ②<u>first five</u> years of the term ③<u>have</u> not been finalised by the end of the five years of the term, the tenant must submit a ④<u>farther</u> notification.

14   ①<u>By speaking</u> to millions about the ②<u>high incidence of heart attacks</u>, Stanley Runabout persuades ③<u>one to build</u> speed and ④<u>endurance gradually</u> and monitor their progress continually.

15   The research, ①<u>led by</u> Professor Salthouse, ②<u>reported</u> in the academic journal *Neurobiology of Aging*, ③<u>found that</u> in nine out of 12 tests the average age at which the top performance ④<u>achieved was</u> 22.

16   Changing the Second Amendment seems ①<u>hopeless</u>, but substantial relief ②<u>could be given</u> by a law that forces each U.S. citizen ③<u>to wear</u> a bulletproof vest when he is in public, ④<u>which would</u> also give the rest of the world ⑤<u>with one more reason</u> to laugh about the greatness of America.

17 The most beautiful thing we can experience is the mysterious, ①which is the source of all true art and science. ②He to whom this emotion is a stranger, who can no longer pause to wonder and ③stand raptly in awe, is as good as dead: his eyes are closed. This insight into the mystery of life, ④coupled though it be with fear, has also given rise to religion. To know that what is impenetrable to us really exists, ⑤manifesting itself as the highest wisdom and the most radiant beauty which our dull faculties can comprehend only in the most primitive forms — this knowledge, this feeling, is at the center of true religiousness.

[18-20] Choose the one that is NOT grammatically correct.

18 ① He made a great enough fortune to purchase a new mansion.
② He described it in so great detail that I could make sense of it.
③ On the banks bloomed an abundance of unknown wild flowers.
④ Opportunities come in all situations, good and bad, large and small.

19 ① It is not because he is rich and famous, which he undoubtedly is.
② Butter is often unavailable, in which case we will use margarine.
③ We have some problems, all of which we are going to deal in no time.
④ Bees are flying around a flower, the petals of which are now missing.

20 ① The less food you eat, the fewer money you spend on food.
② Not until then did Jim's resolution begin to give way.
③ Provided that dry weather continues, an ample grain crop will be purchased and stored.
④ Some are ashamed, and others are fearful of how the decision will affect the country.

T E S T

50

▶ ▶ ▶ ANSWERS P.365

[01-09] Choose the one that could best complete each of the following sentences.

01   It is strange that Caroline Glick _____ mention of highly regarded Israeli demographers and geographers.

① omits   ② would omit

③ omitted   ④ should omit

02   He tells the same story to _____ will listen.

① whoever   ② whom

③ whomever   ④ who

03   All _____ are going around the office about him and his secretary.

① sort of rumors   ② sorts of rumors

③ sorts of rumor   ④ sort of rumor

04   The number of male gun-owning Americans _____ the opposite sex by nearly three times.

① towers   ② towers that of

③ towers over   ④ towers over that of

05   As late as 1929, Aldous Huxley had no _____ utopian or futuristic fiction.

① interest in and no sympathy for   ② interest and sympathy for

③ interest and no sympathy   ④ interest in and no sympathy

06   For reasons of parsimony she used _____ in the recipe.

① half the eggs of recommending number

② the half number of recommending eggs

③ half the recommended number of eggs

④ the half number of eggs recommended

07   _____ frustration? And do you imagine that you can experience something I cannot?

① Do you suppose who invented

② Who suppose you invented

③ Do you suppose who did invent

④ Who do you suppose invented

08   First acclaimed for his realistic portraits, _____ for his impressionistic watercolors.

① later recognized by John Singer Sargent

② John Singer Sargent later recognized

③ later recognized of John Singer Sargent

④ John Singer Sargent was later recognized

09   _____ at the beginning of the seventeenth century that microorganisms were actually sighted.

① Shortly after microscopes were introduced

② It was microscopes introduced shortly after

③ Microscopes were introduced shortly after

④ It was shortly after microscopes were introduced

[10-17] Choose the one which is grammatically <u>incorrect</u> among the underlined parts.

10 Venomous snakes have modified ①<u>teeth</u> connected ②<u>to</u> poison glands in which the venom ③<u>secreted</u> and ④<u>stored</u>.

11 ①<u>Pluto's</u> and Neptune's orbits ②<u>can never</u> and have never come close to actually ③<u>intersect</u> so that a collision or close encounter would ④<u>be possible</u>.

12 We were ①<u>surprised</u> to find that the plutonium in the ②<u>wells</u> was from the nuclear test because 1.3 kilometers ③<u>are</u> a long distance for plutonium to ④<u>migrate</u>.

13 The other day when he ①<u>was asked</u> again by a reporter in London ②<u>who he thinks</u> will take over as the fastest man in the world when ③<u>he retires</u>, he ④<u>doesn't tip</u> his hand.

14 ①<u>But for</u> assistive technology, I most ②<u>certainly will be</u> on total disability, but instead I manage a position ③<u>with responsibility</u>, maintain my self-esteem, and enjoy the satisfaction ④<u>of being needed</u>.

15 Coronary artery disease, which is ①<u>obviously the most common</u> heart disease, is characterized by constriction or ②<u>narrowing</u> of the arteries supplying the heart ③<u>to</u> oxygen-rich blood. Coronary artery disease ④<u>with and without</u> a heart attack is one of the causes of heart block.

16 ①<u>With regard to</u> beta-blockers in particular, there ②<u>remains</u> the question ③<u>whether</u> the findings from trials carried out 20 to 30 years ago, in the era before ACE inhibitors, statins, thrombolysis, and percutaneous coronary interventions, still ④<u>sufficing</u> to justify giving beta-blockers for more than one year after a myocardial infarction.

17 On the sunny, cloudless morning when Imaad Tariq was born in Kashmir, most of his family had no idea. "Nobody ①knows that my wife delivered a baby boy," says Tariq Ahmad Sheikh, at the hospital on Aug. 6, a day later. "We couldn't inform family, ②nor is anyone able to reach here." In the early hours of Aug. 5, the Indian government shut down the Internet as well as landline and cell networks in Kashmir, ③as part of an unprecedented bid for greater control of the disputed Himalayan territory, which both Pakistan and India claim ④and which they have gone to war three times. Some 7 million people in the region ⑤were left with no way to contact the outside world, as the government closed schools, banned public meetings and barricaded neighborhoods.

[18-20] Choose the one that is grammatically correct.

18 ① Economic laws can no more be evaded than can gravitation.
② The bus was so considerably delayed that we were kept waiting for full an hour when it came at last.
③ I felt my pockets for my purse and missed it. I might lose it.
④ The book comprised of five chapters.

19 ① There are many books, manuscripts, journals, for other sources of recorded information in the libraries.
② Spinal nerves are pairs of sensory and motor nerve bundles that emerge from the spinal cord.
③ When you go to visit the Stevenson's tomorrow, please bring them these cake recipes.
④ Active volcanoes are believed to occurring in regions where the earth's curst is either sinking or rising.

20   ① Do our American neighbors suspect us for being part of an espionage ring?

② The vast majority of them is law-abiding and productive members of society.

③ Her dress was spotlessly clean, but it was the kind of dress which the daughter of a poor man might have worn.

④ He allegedly leaked informations about nuclear-warhead technology.

해설편

01 ①	02 ④	03 ③	04 ④	05 ④	06 ④	07 ④	08 ④	09 ②	10 ③
11 ②	12 ②	13 ②	14 ①	15 ①	16 ①	17 ②	18 ②	19 ③	20 ②

01 ①

빈칸부터 initial stroke까지가 주어이고 allowed가 동사이며 그 이하는 '목적어 +to부정사'인 구문이다. 따라서 명명사로서 주어가 될 수 있는 ①이 적절하다. after 를 접속사로 보면 빈칸에는 주절의 '주어+동사'인 ②가 적절하지만 그러면 after절 의 의미가 부적절해진다.

한 소규모 연구에서는, 처음 뇌졸중이 오고 3년이나 지난 뇌졸중 환자들의 뇌에 줄기세포를 주사하는 것이 약 39퍼센트의 환자에게 의미 있는 신체기 능을 회복하게 해주었다.

02 ④

how로 시작하는 간접의문절의 주어인 cultural differences in behavior의 동사 can be와 전체 문장의 주어인 An illustration의 동사 has been이 나란히 빈칸에 들어가야 한다. 따라서 ④가 정답이다.

행동에 있어서 문화적 차이가 얼마나 깊을 수 있는지에 대한 한 가지 실례는 에드워드 홀에 의해 그의 시간과 공간의 사용에 대한 연구에서 제시되었다.

03 ③

부정의 부사 little이 절에서 문두에 올 경우, 도치가 일어나므로, little 다음에 did she know가 맞게 왔지만, 이때 동사 know의 목적어인 that절은 도치에 영향을 받지 않는다. 따라서 도치가 일어난 ②와 ④는 빈칸에 들어갈 수 없으며, stumble은 자동사로 전치사 upon과 함께 쓰여 목적어를 받으므로, ③의 she had stumbled upon이 빈칸에 적절하다.

어느 날 아침 그녀가 정원에 있었을 때, 그녀는 난초 화분에서 아주 작은 개 구리 몇 마리를 발견했다. 그것은 그녀의 흥미를 끌었지만, 현지에서 외래종 을 그녀가 우연히 발견했다는 것을 그녀는 거의 알지 못했다.

04 ④

'~할 수밖에 없다'라는 의미의 표현은 'have no choice but to부정사'이므로, 첫 번째 빈칸에는 to request가 들어가야 한다. 그리고 request와 같은 주장, 제안, 명령 등의 동사가 취하는 that절의 동사는 '(should) 동사원형'이어야 하므로, 두 번째 빈칸에는 be put이 적절하다.

의사는 마침내 양부모에게 그 아이가 입양되도록 요청할 수밖에 없다고 결 심했다.

05 ④

①, ②는 주어와 동사의 수가 일치하지 않는다. ③의 경우 문법적으로는 문제가 없으 나, 주절과 종속절의 내용에 모순이 생기므로 정답으로 부적절하다. 따라서 정답은 ④이다.

모든 아이들이 예술적 능력이 있는 것은 아니지만, 예술적 능력을 지닌 모든 아이들은 부모가 격려해주어야 한다.

06 ④

is가 문장의 정동사이므로, 그 앞 전체는 주어가 되어야 한다. 보기가 모두 절의 형태 를 취하고 있으므로, 명사절을 이끄는 접속사가 포함되어 있는 ②, ④로 정답의 범위 가 좁혀진다. 한편, 인식류 동사인 know는 to부정사를 목적어로 취할 수 없고, '의문 사+to부정사' 형태를 목적어로 취한다. 따라서 정답은 ④이다.

많은 사람들이 쌍안경의 초점을 정확하게 맞힐 줄 모른다는 것은 놀라운 사 실이다.

07 ④

①의 경우 ways와 how를 나란히 쓰지 않으므로 정답이 될 수 없다. ②의 경우 expect가 5형식으로 쓰일 때 목적어 it 다음에 to부정사가 와야 하는데 동명사가 왔으므로 부적절하다. ③의 경우 in which 다음에 불완전한 절이 왔으므로 정답이 될 수 없다. 정답은 ④이다. it은 목적어, to behave는 목적보어로 쓰였고, that 이하 가 ways를 수식하는 구조다.

우리는 그 기업이 우리 국가에 가장 크게 기여하는 방식으로 행동할 것이라 기대할 수 없기 때문에, 정부는 그 기업을 규제해야 한다.

08 ④

의미상 주어는 '유명한 구절들'이다. 앞의 문장에서 책에 좋은 예로 수록되었다는 말은 긍정적인 예이고, 다음에 교실에서 가르쳐지고 있다는 것도 긍정적인 예이다.

따라서 연결사는 and여야 한다. ②나 ⑤는 능동의 형태이므로 답이 되지 않는다.

『어려운 시절』과 『황폐한 집』은 당연할 정도로 유명한 구절들로 시작한다. 좋은 글의 예로 여러 작문 책에 수록되었고, 교실에서도 비판적인 분석을 위해 많이 이용되었다. 각각의 서두는 디킨스의 걸작이라고 할 수 있다.

09　　　　②

we realize 뒤에는 접속사 that이 생략되어 있으며, 빈칸에는 전치사 about의 목적어가 와야 한다. ①, ③은 종속절을 이루므로 전치사의 목적어가 될 수 없으며, ④도 전치사구이므로 about의 목적어가 될 수 없다. 따라서 정답은 ②가 된다. 목적어를 강조하기 위해 문두로 내보낸 문장으로, Things 뒤에는 wanted의 목적어가 되는 목적격 관계대명사가 생략되어 있으며, we thought는 삽입절이다.

우리 마음속에는 새로운 감정이 생겨난다. 그리하여 낡은 가치는 쇠하고 새로운 가치가 생겨난다. 우리가 가장 열렬하게 원한다고 생각했던 것을 이제 우리는 원치 않고 있음을 깨닫게 된다.

10　　　　③

③은 taxis를 가리키므로 their로 고쳐야 한다. ① over는 부사이므로 명사 앞에도 뒤에도 올 수 있다. ② 분사구문이다. ④ 미터기가 '장착되는' 것이므로 수동태가 맞다.

그는 택시를 무작위로 멈춰 세워 택시의 미터기가 장착되어 있는지 확인하려고 오른손으로 주걱 모양의 '정지' 표지판을 사용하고 있다.

11　　　　②

'every+단수명사'는 단수동사로 받는다. 따라서 were를 was로 고쳐야 한다. 단수 개념인 every boy와 every girl이 and로 연결되어 있으므로 복수로 받아야 한다고 생각하기 쉬우나, 'every+단수명사'의 구조가 and와 같은 어구로 중복되어도 단수로 취급한다. ① every, each 뒤에는 단수명사가 온다. ④ 자동사 wait와 관용적으로 함께 쓰이는 전치사다.

그 학급의 모든 남녀 학생들은 새로 오신 선생님이 나타나길 고대하고 있었다.

12　　　　②

look down upon은 '무시하다, 업신여기다'는 뜻의 동사구인데, 동사구의 수동태는 'be looked down upon by+행위자'와 같이 동사구를 그대로 써주고 그다음에 by를 붙인다. 따라서 ②를 down upon by로 고쳐야 한다.

상사가 문제를 제대로 대처하지 못하자, 그 상사는 그의 부하들에게 무시당했는데, 부하들은 (그 상사로부터) 기대할 것이 전혀 없었기 때문에 그를 보고도 못 본 척하기 시작했다.

13　　　　②

② 앞의 it은 가주어이고 뒤의 to make ~는 진주어인데 '~하는 것이 이득이 된다'는 뜻이 되어야 하므로 ②를 '이득이 되다'는 뜻의 1형식동사 pays로 고쳐야 한다.

주택 자금 융자를 받는 것은 복잡하고 시간이 많이 소요되며, 재정 적자 구덩이에 빠지지 않을 수 있도록 반드시 최상의 조언을 받는 것이 이득이 된다.

14　　　　①

'형용사/부사/명사/과거분사+as[though]+주어+동사'의 형태는 양보의 뜻을 가지는 표현이다. 주어진 문장의 경우 양보절의 동사로 불완전자동사 seem이 쓰였으므로 보어로 형용사가 필요하다. 따라서 부사 paradoxically를 형용사 paradoxical로 고쳐야 한다. ② seem의 보어는 Paradoxical이며, to는 대상 앞에 쓰이는 전치사임에 유의한다. ③, ④ not A but B 구문은 'B, not A'의 형식으로도 쓸 수 있는데, 주어진 문장에서 heighten이 B, lessen이 A에 해당한다. 당연히 would not actually lessen but heighten the danger of a terrorist attack on the US로도 바꿔 쓸 수 있다.

이것이 워싱턴의 이론뿐인 전략가들에게는 역설적으로 보일 수도 있겠지만, 이라크에서 알카에다 수니(Sunni) 파의 폭동이 실패한 것이 미국에 대한 테러 공격의 위험을 약화시키는 것이 아니라 실제로는 강화시킬 것이다.

15　　　　①

주어와 동사가 도치된 did the composer hear로 미루어, 강조를 위해 부사 rarely가 문두에 위치했음을 알 수 있다. very가 부사를 수식할 수 있긴 하지만, 연결어 없이 that절이 이어지고 있으므로 상관접속사 구문 so ~ that …을 이루도록 Very를 So로 고쳐야 한다. ② 자신의 작품이 연주되는 것을 계속해서 듣지 못한 것이므로, 동작의 완료가 아닌 계속의 개념이며, 따라서 전치사 by가 아닌 until을 쓴 것이다. ③ might as well은 '~하는 편이 낫다'라는 뜻인데, 과거의 행위에 대해 '~ 하는 편이 나았다'라고 할 때에는 might as well have p.p를 쓴다. ④ deaf and sensible은 Beethoven을 수식하며, '관계대명사+be동사', 즉 who was가 생략되어 있다.

그 작곡가는 적어도 작곡을 그만둔 말년에 이르기까지 그의 작품이 연주되는 것을 좀처럼 듣지 못했기에, 귀가 들리지 않고 자신의 마음속에서만 들리는 선율을 느꼈던 베토벤(Beethoven)이었더라면 차라리 나을 뻔했다.

16　　　　①

because 뒤에는 절이, because of 뒤에는 구가 이어진다. 주어진 문장에서는 because 뒤에 절(the characteristics of television are so different from those of printing ~)이 이어지고 있으므로, ①에서 of를 삭제해야 한다. 전체 문장은 it ~ that 강조구문을 이루고 있으며, perhaps because ~ those of printing이 강조되고 있는 대상이다. ② determine의 목적어가 되는 관계대명사절이며, it은 television을 가리킨다. ③ 강조구문에 쓰인 that이다. ④ 'reluctant to부정사'는 '~하기를 꺼리는'이라는 뜻이며, interest는 타동사로 쓰였다.

전문 교육자들이 그토록 오랫동안 텔레비전이라는 새로운 방식에 별로 관심을 기울이지 않았던 것은 아마도 가장 잘 전달할 수 있는 정보를 스스로 결정하는 텔레비전의 특징들이 인쇄매체의 특징들과 너무 다르기 때문이었을 것이다.

① 세계화가 없었더라면, 우리는 경기 후퇴에서 살아남았을지도 모른다.
② 만약 그녀가 국회의 지지를 받지 못하면, 조기 선거를 소집해야 할 것이다.
③ 위험에 처할지도 모르기 때문에, 그녀가 도움을 받는 것은 중요하다.
④ 나는 우리가 다른 방식으로 경기에서 이기면 좋겠다.

17 ②

주어에 부분을 표시하는 표현이 있는 경우, 동사는 of 이하의 명사에 수를 일치시켜야 한다. 주어진 문장 중 More than 60 percent of the infection people get in hospitals are caused by biofilms에서 people get in hospitals는 관계대명사절이며, 동사는 are인데 반해 of 이하에는 단수명사 the infection이 나와 있으므로 옳지 않다. 따라서 ②의 infection을 infections로 고쳐야 한다. ③ that은 a hospital environment를 선행사로 하는 주격 관계대명사이며, be supposed to ~는 '~하기로 되어 있다'라는 의미다. ④ to keep은 진주어이며, them은 bacteria를 가리킨다.

일주일에 걸친 우주왕복선의 임무에 있어서, 그 위험은 최소다. 그러나 바이오필름은 미래의 어느 날 화성을 여행하는 승객들에게 엄청난 문제를 일으킬 수 있다. "사람들이 병원에서 걸리는 감염의 60퍼센트 이상은 바이오필름에 의해 야기됩니다"라고 콜린즈(Collins)는 말한다. 만일 완벽하게 청결해야 할 병원 환경에서 박테리아를 없애는 것이 불가능하다면, 마찬가지로 우주에서도 박테리아를 없애는 것이 어렵다. "우주비행사를 잘 살균할 수는 없습니다"라고 도딕(Dordick)은 말한다.

20 ②

② 비교 구문에서 비교의 대상이 명확히 드러날 수 있도록 earned 앞에 the bread를 의미하는 대명사 that이 있어야 한다. ① than thought는 than we think에서 we think를 수동태로 바꾼 뒤 주어와 동사를 생략한 형태이며, 이때 than 이하는 주격의 유사관계대명사절을 이룬다. ③ in the use of time과 in spending money가 비교되고 있다. ④ still less는 '더더욱 ~않다'라는 의미이며, other people's는 other people's mistakes를 나타낸다.

① 우리는 시간이 모자란다고 불평하지만 생각보다 많은 시간을 갖고 있다.
② 사람이 먹는 빵 중에서 자기 노력으로 얻은 빵만큼 달콤한 것은 없다.
③ 시간을 아껴서 쓰는 것은 돈을 아껴서 쓰는 것만큼 중요하다.
④ 범죄자들은 다른 사람의 실수는 말할 것도 없고 자신의 실수에서도 배우지 못한다.

18 ②

② 동일한 주어 life의 성질을 비교하고 있으므로 음절수와 무관하게 sweeter를 more sweet 혹은 rather sweet로, bitterer를 more bitter 혹은 rather bitter로 써야 한다. ① 'the+비교급, the+비교급' 구문이 쓰였으며, immerse oneself in ~은 '~에 몰두하다'라는 의미이다. ③ not less than은 at least의 의미이며, fine은 '벌금에 처하다'라는 의미의 동사로 쓰였다. ④ prior to mine은 주어를 수식하는 역할을 하며, mine은 my generation을 의미한다.

① 그녀의 프로그램에 빠져들수록, 그는 개종자가 더 되어갔다.
② 인생은 달콤하면서도 씁쓸하다. 때로는 씁쓸하기보다는 달콤하며, 때로는 달콤하기보다는 씁쓸하기 때문이다.
③ 적어도 30명이 침을 뱉고 흡연을 한 것에 대해 벌금을 부과 받았다.
④ 우리 세대보다 앞선 두 세대는 우리에게 아무 것도 털어놓지 않았다.

19 ③

③ important와 같이 '이성적 판단'이나 '당위'를 나타내는 형용사가 올 경우, 그 다음 나오는 that 절의 동사는 '(should) 동사원형'을 쓴다. 따라서 gets는 should get 혹은 get으로 고쳐야 한다. ① 가정법 과거완료의 문장이며, If it had not been for globalization에서 If를 생략하여 도치가 일어난 형태이다. survive는 타동사이므로 목적어를 취할 때 전치사가 필요하지 않다. ② 가정법 미래의 문장이며, '희박한 가능성 혹은 실현 불가능한 내용에 대한 가정, 강한 의심'을 나타낸다. ④ would rather 뒤에 오는 that절에는 가정법 동사가 온다. 주어진 문장의 경우에는 과거동사 won이 왔으므로, '차라리 ~라면 좋겠는데'라는 의미가 된다.

01 ②	**02** ④	**03** ③	**04** ③	**05** ③	**06** ④	**07** ④	**08** ③	**09** ②	**10** ④
11 ②	**12** ④	**13** ④	**14** ③	**15** ①	**16** ③	**17** ③	**18** ②	**19** ①	**20** ④

01   ②

빈칸 뒤에 언급된 as Donald Westlake를 통해 원급비교가 쓰였음을 알 수 있다. 원급 비교에서 형용사와 명사가 함께 올 경우 'as+형용사+a[an]+명사'가 쓰이므로, ②의 as good a가 빈칸에 적절하다.

윌리엄 골드먼(William Goldman)은 도널드 웨스트레이크(Donald Westlake) 만큼 훌륭한 소설가는 아니었는데, 왜냐하면 그는 영화 각본을 쓰느라 바빴기 때문이었다.

02   ④

빈칸 앞에 it이 왔고, 빈칸 뒤에 완전한 절이 왔으므로, it ~ that 강조구문이 쓰였음을 알 수 있다. 뒤에 완전한 절이 왔으므로, 강조하는 대상은 '부사구'여야 한다. 따라서 ①과 ③은 빈칸에 부적절하고, 부사구를 강조할 때는 that만을 쓰므로, ④의 in July that이 빈칸에 적절하다.

정부가 취한 효과적인 조치들이 인지할 수 있게 된 것은 7월이 되어서였다.

03   ③

분수와 같이 부분을 나타내는 표현이 주어에 쓰인 경우, 동사의 수는 of 이하의 명사의 수에 일치시킨다. 그런데 cattle은 복수로 취급하는 명사이므로, were를 쓴 ③이 정답이 된다.

그 소들 가운데 3분의 2가 트럭에 실려 시장으로 가서 싼 값에 팔렸다.

04   ③

동사 tell은 that절을 바로 받지 못하며 반드시 간접목적어 다음에 that절을 취한다. 그리고 '식물이 낮에 산소를 배출하고 밤에는 이산화탄소를 배출한다'라는 것은 불변의 진리다. 변하지 않는 진리는 항상 현재시제로 쓴다는 원칙에 따라 종속절인 that절의 시제도 현재여야 한다. ③이 정답이다.

생물 선생님은 식물이 낮에는 산소를 배출하고 밤에는 이산화탄소를 배출한다고 우리에게 말해주었다.

05   ③

빈칸 다음에 "식기세척기가 있다"는 말이 왔으므로, 굳이 "손으로 설거지를 할 필요가 없었다."는 과거의 유감을 나타내는 말이 와야 문맥상 적절하다. 따라서 ③의 needn't have washed(씻을 필요가 없었는데)가 빈칸에 적절하다.

너는 손으로 설거지할 필요 없었는데. 우리에게 식기체척기가 있어.

06   ④

빈칸 앞에 완전한 절이 왔으므로, 빈칸 이하에 절이 올 경우 연결사가 와야 한다. ②와 ③은 그 자체로 절이므로 연결사가 필요하다. 그리고 ①과 ④에서 연결사 기능을 하는 whom은 many people을 선행사로 받아 all of whom이 주어 역할을 하므로, all of whom 다음에는 동사가 와야 한다. 따라서 ①이 아닌 ④가 빈칸에 적절하다.

많은 사람들이 그녀를 많이 그리워할 것인데, 그들은 모두 그녀의 기품에 감동을 받았다.

07   ④

object는 타동사로 혼동하기 쉬운 자동사이므로, 목적어가 오기 위해서는 object 다음에 to가 와야 한다. 따라서 to가 없는 ①과 ②는 빈칸에 들어갈 수 없으며, 동명사의 의미상 주어는 일반적으로 소유격으로 쓰지만, the phone과 같이 무생물일 때는 소유격을 쓰지 못한다. 따라서 ④의 objected to the phone이 빈칸에 적절하다.

그 전화기는 오후 10시에서 오전 5시 30분 사이에 이용할 수가 없었는데, 왜냐하면 그 집의 안주인이 그 시간대에 전화기 사용을 반대했기 때문이었다.

08   ③

양보의 부사절을 묻고 있다. no matter how가 문두에 오면, 'no matter how+형용사+주어+동사'의 어순으로 '아무리 ~해도'라는 뜻의 양보의 부사절로 쓰인다. 따라서 ③의 rude a customer was가 빈칸에 적절하다.

아무리 고객이 무례하게 굴어도, 우리는 예의를 지켜야 했다.

09
②

빈칸 앞까지가 완결된 절이고 그 다음은 ②의 전치사 in과 명사절인 what 관계절이 결합하여 부사어로 이어질 수 있다. the government said는 삽입절이고 what이 was의 주어인 주격의 what관계절이다. ① 'say 목적어 to부정사'는 불가하다. ③ was there로 도치될 이유가 없다. ④ '정부가 단속이다'가 되어 의미상 부적절하다.

사우디아라비아에서는 정부가 부패에 대한 일제단속이라고 말한 것(단속)에서 500명이나 되는 사람들이 체포되었다.

10
④

전체 문장은 '가주어-진주어' 구문이며, that 이하가 명사절로서 진주어 역할을 한다. 이 that절 안에 다시 종속절과 주절이 들어 있다. 'stop+to 동사원형'은 '~하기 위해 멈추다'의 의미를 지니며 stop ~ing는 '~을 그만두다, 중지하다'의 뜻이므로, 의미상 to pollute는 polluting이 되어야 한다. 한편, 위의 두 가지 표현이 가능하다는 것을 마치 stop이 동명사와 부정사 모두를 목적어로 취하는 것으로 이해하는 경우가 있는데, 이는 명백한 잘못이다. stop은 동명사만을 목적어로 취한다. to부정사구가 오는 경우는 목적어로서가 아니라, to부정사의 부사적 용법으로 사용된 것임을 반드시 구별해서 알아둬야 한다. ② 진주어인 that절 안에서 종속절을 이끄는 역할을 하는 접속사다.

만약 세계의 강대국들이 해양을 오염시키는 일을 중단하지 않으면, 우리는 언젠가 멸망하게 되리라는 것이 나의 굳은 신념이다.

11
②

동사 let이 수동태로 쓰일 때는 let을 사용하지 않고 'be allowed to 동사원형'의 형태를 취한다. 따라서 ②를 was allowed로 고쳐야 한다.

때때로 나의 형제들이 신문을 다 읽은 다음에, 내가 신문을 나의 방으로 가져가는 것이 허락되었다. 나는 그 신문에 실려 있는 사진들을 바라보며 몇 시간을 보냈다.

12
②

②는 동사 find의 목적어인 that절 속의 동사이며, 주어는 many a college이다. 그런데 'many a 단수명사'는 단수로 취급하므로 were founded를 was founded로 고쳐야 옳은 문장이 된다. 한편, founded 는 '설립하다'라는 의미의 동사 found의 과거분사다. ① surprise가 '놀라운 일'이라는 뜻의 가산명사로 쓰였으며, come as a surprise는 '놀라움으로 다가오다' 정도로 해석하면 된다. ③ long은 부사로 쓰였고, before는 뒤에 절이 이어지므로 접속사로 쓰였음을 알 수 있다.

옥스퍼드(Oxford) 대학의 많은 단과대학들이 아메리카 대륙 발견 이전에 설립되었다는 사실은 많은 미국인 관광객들에게는 놀라운 사실이다.

13
④

동사 forgive는 3형식으로 전환할 수 없는 4형식 동사이므로, ④를 you your sins로 고쳐야 한다. ① endow A with B는 'A에게 B를 부여하다'라는 의미다. ② the true와 the false는 모두 추상명사로 쓰인다. ④ forgive는 4형식 동사로 쓸 수 있다. 한편 forgive, save, envy 등이 사용된 4형식 문장은 3형식으로 전환되지 않는다는 점을 기억해두자.

만일 당신이 계속해서 신(神)을 의식한다면, 신께서는 당신에게 거짓된 것으로부터 진실한 것을 구별할 수 있는 기준을 주실 것이고, 당신의 잘못된 행동을 지워 없애주실 것이며, 당신의 죄를 사해주실 것입니다.

14
③

비교대상이 셋 이상일 때는 'the+최상급'을 쓰지만, 비교대상이 둘일 때는 'the+비교급'을 사용하므로, ③을 more intelligent로 고쳐야 한다.

우리는 우리와 동행한 원주민들이 영리하다는 것을 발견했다. 그 들 중 두 명인 루카(Luka)와 후키(Huki)가 특히 우리에게 도움이 됐다. 후자인 후키가 그 두 명 중에서 더 똑똑했으며, 그 섬에 관계된 모든 것에 대해 잘 알고 있었다.

15
①

양보의 부사절을 묻고 있다. '동사원형+as+주어+may'는 '의문사ever+주어 +may+동사원형'과 같은 의미로 쓰인다. 즉 Try hard as you may는 However hard you may try와 같이 양보구문의 뜻으로 쓰이게 되므로, ①을 Try로 고쳐야 한다.

아무리 열심히 노력해도, 당신은 병들어버린 러시아가 있는 한 정상적으로 잘 돌아가는 유럽을 볼 수 없다. 1억4천만 명이 살고 있는 국가가 혼란의 격변에 시달리고 있는 한 유럽대륙 어느 곳에도 안정을 가질 수 없다.

16
③

보통 'one of 복수명사' 다음에 관계대명사가 오면, 관계절의 동사는 복수형을 쓰는데, 'the only one of 복수명사' 다음에 관계대명사가 오면, 관계절의 동사는 단수형으로 나타낸다. 따라서 ③을 does로 고쳐야 한다.

사이먼(Simon)은 소설에서 계속해서 상당한 통찰력을 보여주며, 다른 소년들이 보지 못하는 것들을 보게 된다. 그는 이 소설의 도덕적인 핵심인물인데, 왜냐하면 그가 소년들 중에서 인간의 본성 중 어두운 면에 굴복하지 않는 유일한 소년이기 때문이다.

17 ③

③ ~thing로 끝나는 부정대명사의 형용사 수식은 후치가 원칙이다. nothing new 로 고쳐야 한다.

21세기 초는 전 세계의 패션 잡지들과 트렌드 워처들과 언론사들에 의해서 슈퍼모델의 시대가 끝난 시기라고 불린다. 모델들은 배우들로 대체되고 있다. 만일 당신이 패션 잡지의 커버를 살펴본다면 당신은 거의 모든 달에 나온 잡지의 커버를 차지하고 있는 것이 모델이 아니라 배우라는 것을 발견하게 될 것이다. 그러나 다른 모든 유행들이 그러하듯 이것은 특별히 새로운 현상이 아니다. 1920년대가 시작된 이래 모델 산업은 잡지에서 컴퓨터를 거쳐 휴양지에 이르는 모든 것들을 파는 것에 도움을 주는 아름다운 모델들을 제공해 왔다. 그러나 많은 모델의 경우, 단지 '잘 생겼다'는 것이 그들이 가진 전부였다.

18 ②

② '배수사+that of 명사' 구문이 쓰였으며, 이때 that은 The dropout rate를 가리킨다. ① which는 타동사 receiving의 목적어이어야 하므로, 관계대명사 앞에 전치사는 불필요하다. to를 삭제한다. ③ whose 뒤의 명사 talent는 뒤의 절에서 주어, 보어, 목적어 역할을 해야 하는데, 뒤의 절이 완전한 형태이므로 어떤 역할도 하지 못하고 있다. proud 뒤에 of를 써서 talent를 of의 목적어가 되게 해야 한다. ④ 단문 구조의 문장에서 한 개 이상의 부정어를 함께 쓸 수 없다. didn't에 포함된 not과 hardly가 중복되므로 hardly를 삭제한다.

① 눈이나 비도 그 집배원이 우리가 학수고대하고 있는 편지들을 배달하는 것을 막지 못했다.
② 미국 학교에서 중도에 학업을 그만두는 비율은 유럽 국가들의 10배에 달한다.
③ 저 사람이 제이콥이 매우 자랑하는 재능을 가진 그의 삼촌이다.
④ 대개 그 아이들은 하라고 시킨 일 이상은 아무 것도 하지 않았다.

19 ①

① 주어는 The share이고 동사는 has shrunk이다. who가 이끄는 관계사절 속에서 identify의 목적어로 쓰인 themselves는 Americans를 가리키며, 주어의 동작이 자신에게 미친 것이므로 재귀대명사를 쓴 것이다. ② such ~ that 구문을 쓰려면 loud 뒤에 명사가 있어야 한다. such를 so로 고쳐 so ~ that 구문으로 만들면 문장의 의미도 같고 문법적으로도 옳은 문장이 될 수 있다. ③ 동사 fill과 관용적으로 함께 쓰이는 전치사는 by가 아니라 with이다. by raspberry를 with raspberry로 고친다. ④ both A and B 구문이 쓰인 문장이다. an African American and the biracial son으로 써야 한다.

① 혼혈인임을 스스로 밝히는 미국인들의 비율이 지난 10년간 감소했다.
② 그 방은 너무 시끄러워서 나는 독서에 집중할 수 없었다.
③ 나는 스콘을 라즈베리 잼으로 가득 채웠지만, 향이 있는 잼이라면 어떤 것을 사용해도 괜찮다.
④ 그는 아프리카계 미국인인 동시에 케냐인 흑인 아버지와 미국인 백인 어머니 사이의 혼혈이다.

20 ④

④ proved의 목적어는 that절이며, that절 속에는 동등비교와 우등비교의 문형이 올바르게 적용되어 있다. 'to one's+추상명사'는 '~하게도'라고 해석한다. ① 5형식 문장에서 목적어와 목적보어는 주술관계인데, the farms = want의 관계가 성립하지 않으므로 want of를 목적어의 상태를 설명할 수 있도록 in want of로 고쳐야 한다. ② contemptuous는 '경멸하는'이라는 의미이므로 명사 lie를 수식하기에 의미상으로 적절하지 않다. '비열한'이라는 의미의 contemptible로 고친다. ③ 종속절의 내용과 주절의 내용이 부자연스럽게 연결되고 있다. 문제가 어려웠지만 답을 할 수 있는 소수의 남학생들이 있던 것이므로, few를 긍정의 의미를 나타내는 a few로 쓰는 것이 옳다.

① 젊은이들이 시골에서 도시로 옮겨감에 따라 그 농장은 인력이 부족한 상태가 되었다.
② 의회 대변인에 따르면, 부패 혐의는 정치적 동기에 의한 비열한 거짓말이다.
③ 그 문제는 어려웠지만, 몇몇 남학생들은 그것에 답을 할 수 있었다.
④ 그는 그녀보다 기민하지 않지는 몰라도 그녀만큼은 기민하다는 사실을 스스로 만족하도록 입증해 보였다.

TEST 03

01 ①	02 ④	03 ④	04 ②	05 ④	06 ④	07 ①	08 ②	09 ④	10 ②
11 ④	12 ④	13 ②	14 ①	15 ④	16 ④	17 ③	18 ④	19 ①	20 ①

01 ①

제시된 문장에 동사가 두 개 있으므로, 빈칸에는 접속사의 기능을 하는 표현이 들어가야 한다. 따라서 ①이 정답이다. 전치사 to를 쓴 것은 '~에 대한 해결책'이라는 의미를 표현할 때 명사 solution 뒤에 흔히 전치사 to를 쓰기 때문이다. 관계대명사 that은 전치사 뒤에 쓰지 않으므로 ②는 정답이 될 수 없다.

해결책이 별 도움이 되지 못하는 많은 문제들이 있다.

02 ④

or else는 '그렇지 않다면'의 의미로, 앞 문장에서 언급한 내용의 반대를 가정하는 표현이다. 앞 문장이 현재시제이므로, 빈칸에는 가정법 과거의 귀결절 동사 형태를 취하는 표현이 들어가야 한다. 따라서 ①, ②는 정답에서 제외된다. 한편, 문맥상 '스트레스가 치명적이라면, 일본인의 수명이 가장 길지는 않을 것'이라는 뜻이 되어야 하므로 ④가 정답이다.

스트레스의 효과는 사람들이 생각하는 것만큼 치명적인 것은 아니다. 그렇지 않다면, 장시간 일하는 것으로 유명한 일본인들의 평균 수명이 세계에서 가장 길지는 않을 것이다.

03 ④

No country has experienced the extent of tumult and swings가 중심 문장이다. 빈칸 이하는 the extent of tumult and swings를 수식하는 형용사절이고, since가 이끄는 시간 부사구가 있으므로 현재완료의 동사가 필요하다. 이런 조건에 맞는 것은 ④ which China has인데, 앞에 has experienced가 이미 나왔기 때문에 experienced가 생략되어 has만 남은 것이다.

아마 세계 어떤 나라도, 심지어 러시아조차, 1949년 혁명 이후 중국이 경험했던 것과 같은 만큼 불행에서 승리로의 극심한 경제적, 사회적 격동을 겪지는 못했을 것이다.

04 ②

이미 문장이 완전하므로 빈칸에는 수식어구나 분사구문, 부사절 등이 올 수 있다. 'of+추상명사'는 형용사 역할을 하므로, 명사 matters를 후치 수식하는 ②가 정답이다. ①의 경우 that 이하가 관계대명사절이 되는데, 이때 matters = interest 관계가 성립하지 않으므로 정답으로 부적절하다.

윈저(Windsor), 온타리오(Ontario), 미시간(Michigan)은 다른 나라들에 위치하고 있지만, 상호 간 이익이 되는 수많은 일들에 서로 협조하고 있다.

05 ④

간접의문문의 어순 문제다. part는 의문형용사 what의 수식을 받으므로 what 다음에 위치해야 하며, play a part in something (~에 역할을 하다)이라는 표현이 쓰였다.

인간의 삶에 있어 주된 요소들에는 다섯 가지, 즉 출생, 음식, 잠, 사랑, 죽음이 있다. 예를 들어 사람은 호흡을 첨가시켜서 그 요소들의 수를 늘릴 수 있을 것이다. 그러나 이들 다섯 가지는 가장 분명한 것이다. 그것들이 우리 삶에서 어떤 역할을 하는지 간단히 자문해보자.

06 ④

전치사 for 뒤에는 절이 아닌 구가 와야 한다. 따라서 동사 are가 들어있는 ①과 ③은 빈칸에 부적절하고, ②의 used to work도 '조동사+동사원형'의 형태로 빈칸에 부적절하다. 따라서 ④의 used to working이 빈칸에 적절한데, used to working은 원래 who are used to working에서 who are가 생략된 형태이다. ②의 경우에도 who are used to work에서 who are가 생략된 형태로 볼 수는 있지만, '사무실에서 일하기 위해 이용되는 사람'이라는 의미가 되어 의미상 부적절하다.

매일 사무실에서 일하는 것에 익숙한 사람들의 경우, 재택근무가 정신적·육체적 적응을 요구한다.

07 ①

that 이하에 동사가 있으므로, 이 that은 주격관계대명사 혹은 강조구문에 쓰인 that으로 볼 수 있다. 만약 관계사라면, 바로 앞에 콤마 없이 선행사가 있어야 하고, 또한 그 앞부분은 완전한 문장이어야 한다. 이러한 요건을 충족시키는 선택지가 없으므로 강조구문에 쓰인 that으로 보아야 하며, 결국 정답은 ①이 된다.

우리에게 옳고 그릇된 것의 차이를 가르쳐주고 우리의 본성에 걸맞은 기질을 제시하는 것은 과학이 아니라 철학이다.

08　　　　　　　　　　②

not the least는 일종의 이중부정으로서 '작은 일이 아닌 것' 즉 '중요한 것'이라는 의미를 가진다. 또한 앞의 절과 뒤의 절이 이어져야 하므로 접속사의 역할을 대신할 관계대명사가 사용되는 것이 적절하다. 따라서 ②가 정답으로 적절하다.

비록 벨(Bell)의 모든 사업 단위들이 현재 무선전신을 사용하고 있지만, 이는 여러 중대한 난제들을 극복한 후에야 가능했는데, 그중에서도 벨의 모든 운용단위들에 있는 데이터베이스들로부터 고객 관련 데이터를 모두 추출하여 그것을 단일한 무선전신 저장소에 통합하는 것은 작은 일이 아니었다.

09　　　　　　　　　　④

difficult, hard, easy 등의 이른바 '난이형용사'는 원칙적으로 사람을 주어로 하지 않으나, 수반된 부정사구의 목적어가 주어인 경우에는 사람을 주어로 할 수 있다. 따라서 ④가 정답이며, 이때 work for는 '~의 밑에서 일하다'라는 의미로 보면 된다. ①은 find 다음에 가목적어 it이 있어야 하고, ②는 work for the new boss로 써야 한다. ③은 문장 끝에 전치사 for가 필요하다.

새로 부임한 상사는 밑에서 일하기가 힘들다. 그는 요구 사항이 너무 많기 때문이다.

10　　　　　　　　　　②

주어진 문장의 분사구문은 그 주체가 책을 읽을 수 있는 사람이어야 하는 반면, 주절의 주어는 사물 주어 it이다. 따라서 it moved him을 사람을 주어로 하는 형태, 즉 he was moved (by it)로 고쳐야 한다. 분사구문, 즉 ①을 고칠 수도 있겠으나 밑줄이 분사에만 그어져 있어서 수정을 해도 만족할 만한 결과를 얻을 수 없다. 한편, move는 '감동시키다'라는 의미의 타동사로 쓰였다. ① 분사구문을 형성하는 현재분사다. ③ decide는 to부정사를 목적어로 취한다.

그 소설을 읽은 후, 그는 그 소설에 감동했고 그 소설을 영화로 만들기로 결심했다.

11　　　　　　　　　　④

cheap은 '값이 싼'이라는 뜻으로, 금액의 많고 적음을 이야기할 때는 small, large 등을 써서 표현한다. ④에서 very cheap을 very small로 고친다. ② have difficulty in ~ing는 '~에 어려움을 겪다'라는 의미다. ③ make both ends meet는 '수지를 맞추다' '빚을 지지 않고 살아가다'라는 뜻이다. 문법적으로 보면 사역동사 make의 목적어는 both ends이고 목적보어는 원형부정사 meet이다.

한(Han) 여사는 남편의 월급이 너무 적어서 빚을 지지 않고 살아가는 게 힘들다고 늘 불평한다.

12　　　　　　　　　　④

마지막의 even though절은 '(그냥 막연하게) 원하지 않는데도'라는 말이 아니라 '(구체적으로) 그것을 다시 보기를 원하지 않는데도'라는 말이므로 ④를 대부정사를 사용하여 really want to로 고쳐야 한다. ① '전치사+동명사'이며 realizing 다음에 접속사 that이 생략되었다. ② makes의 목적보어 형용사이다. ③ at이 부사가 아니라 전치사이므로 it at이 아니라 at it이다.

나는 어떤 영상을 보고 난 후 그것이 나를 불편하게 만든다는 것을 깨닫게 되고, 그런 다음, 정말로 보길 원하지 않는데도 그것을 다시 보지 않으면 안 되는 강박증을 거의 느낀다.

13　　　　　　　　　　②

you think는 삽입절이고 whomever는 is의 주어이므로 ②를 to whoever로 고쳐야 한다. ① you will generate가 관계절이다. ③ 합성명사이다. ④ busy는 parents를 수식하므로 형용사이다.

당신이 발생시킬 유동인구와 아울러, 당신은 대학생에서 바쁘신 현업 부모에 이르기까지 당신 생각에 당신의 표적 고객이라고 생각되는 사람이면 누구에게나 버추얼 브랜드(일시적으로 필요에 따라 사용하는 브랜드)를 팔 수 있다.

14　　　　　　　　　　①

장소부사구 On the beach를 문두에 내보내 강조했으므로, 주어와 동사를 도치시켜야 한다. 주어는 복수형인 the white and blue canoes이므로 was를 were로 고친다. ② that은 the white and blue canoes를 선행사로 하는 주격 관계대명사다. ③ '수많은 세대'라는 의미이므로 generations는 복수형이 맞다. ④ whose는 소유격 관계대명사이며, making은 '제조과정' 혹은 '제조방법'의 의미로 쓰인 명사다.

해변에는 나야리트(Nayarit)에서 온 하얗고 푸른 카누들이 끌어올려져 있었는데, 그것들은 제조법이 그 마을 어부들만의 비법이 된 딱딱한 조개껍질 같은 방수용 석회로 수세대에 걸쳐 보존된 카누들이었다.

15　　　　　　　　　　④

and 뒤에서 인간의 생존기간과 대부분 하등동물들의 생존기간을 비교하고 있으므로, 비교 대상이 동일하도록 most of the를 that of most of the로 고쳐야 한다. 이때 that은 앞에 나온 명사 the duration을 대신 한다. ① arrive는 자동사이므로 목적어가 오려면 뒤에 전치사가 있어야 하며, 이때 흔히 at과 in을 쓴다. ② '~하자마자'라는 의미의 as soon as만 떠올리면 이것을 정답으로 선택하기 쉽다. 주어진 문장의 so soon as는 as ~ as 원급 비교구문이며, soon 앞에 so를 쓴 것은 문장이 부정문이기 때문이다.

인체의 장기들은 대부분 다른 동물들의 장기들만큼 빠르게 성숙한 상태에 이르지 못하며, 인간의 생존기간은 동물계에서 대부분의 하등동물 종(種)들의 생존기간보다 길다.

16 ④

they agree 이하에서, that절 속의 문장은 나이와 관련된 표현인 the age와 old가 중복되어 제시되어 있다. 따라서 ④는 years old를 삭제한 six million이 되어야 한다. 그렇게 해야 the age is six million이라는 옳은 문장이 만들어진다. ② 주절이 과거시제이므로 종속절의 시제도 과거로 썼다. ③ 전치사 뒤에 동명사를 쓴 것이다.

많은 과학자들이 이전에는 애리조나 주(州)의 그랜드캐니언(Grand Canyon)이 천만 년이 되었다고 추정했다. 그러나 오늘날 보다 현대적인 연대 측정 방법을 사용함으로써 그들은 그 나이가 6백만 년에 가깝다는 데 의견을 같이하고 있다.

17 ③

③의 주어는 The idea이므로 단수 동사를 써서 has captured가 되어야 한다.

오랫동안 바다의 전설을 품은 안개는 바다뱀, 대왕오징어 그리고 다양한 괴물들과 같은 이국적인 짐승들에 대한 이야기로 소용돌이쳐 왔다. 그러나 이 이야기들이 설명하는 생물들 중에서 사실에 근거하든 환상에 근거하든 인어만큼 오래된 매력을 지닌 생물은 없다. 바다와 내해에 인간에 가까운, 남성과 여성의 존재들이 산다는 생각은 사람들이 처음 바다를 향해 모험을 한 이후 상상력을 사로잡았고, 아주 오랫동안 인어들은 날치만큼 실재하는 것처럼 보였다.

18 ④

④ '배수+more ~ than'의 형태는 3배(three times) 이상의 경우에만 사용하며, twice의 경우에는 twice as ~ as 형태로만 쓴다. twice faster than을 twice as fast as로 고친다. ① 문장의 주어는 Ozone levels이고 동사는 can have이다. considered safe under current standards는 주어를 수식하고 있으며 앞에 '관계대명사+be동사'가 생략되어 있는 것으로 파악해도 좋다. ② What은 선행사를 포함한 관계대명사이며 matters는 완전자동사로 쓰였다. what matters가 주어, is fulfilling이 동사인 문장이다. ③ as to는 about의 의미이며, how 이하는 이것의 목적어가 되는 의문사절로서 '의문사+주어+동사'의 어순을 바르게 취하고 있다.

① 현재의 기준에서 안전하다고 간주되는 오존 수치는 건강한 사람들의 폐 기능에 부정적인 영향을 끼칠 수 있다.
② 중요한 점은 개발을 실행하면서도 사회적 책임을 다하는 것이다.
③ 투자자들은 그 국가들이 외환보유고를 어떻게 관리할 것인지에 관한 단서를 찾아서 그 회의를 예의주시하고 있다.
④ 극지방의 평균기온이 세계의 다른 곳에서의 평균기온보다 2배 빨리 상승하고 있다.

19 ①

① '~한 질병이 있는 것으로 진단되다'라고 할 때는 be diagnosed with로 쓴다. be diagnosed by의 경우 by 뒤에는 진단을 내린 사람이 온다. 주어진 문장은 병을 진단받았다는 의미이므로 by를 with로 고쳐야 한다. ② not always는 '항상 ~하는 것은 아니다'라는 뜻으로, 부분부정을 나타낸다. ③ 제안의 명사 suggestion과 동격을 이루는 that절속의 동사는 '(should) 동사원형'이어야 하므로 동사원형 rest를 썼다. come down with는 '(병에) 걸리다'라는 의미이다. ④ 주어진 문장에서 by는 수동태 문장에서 행위의 주체를 나타내는 용법으로 쓴 것이 아니라, '차이, 정도, 비율'을 나타내고 있다. each는 부사로 쓰였다.

① 브리트니 스피어스(Britney Spears)는 호주 공연을 마치고 돌아오자마자 그 질병 진단을 받았다.
② 두 번째 처방은 긴장을 푸는 것이다. 휴식을 취하는 것이 항상 당신이 긴장을 푸는 것을 의미하지는 않는다.
③ 그 독감에 걸린 후에는 일주일간 휴식을 취해야 한다는 의사의 권고에 따라 브리트니 스피어스의 순회공연 시작일은 5일 연기되었다.
④ 그러므로 그녀의 다음 주 공연은 각각 4일씩 연기될 것이다.

20 ①

① 주어는 None of the information이고, contained와 provided는 앞의 명사를 수식하는 역할을 하는 과거분사이며, 전체 문장의 동사는 constitute로 주어져 있는 형태의 문장이다. 'none of+불가산명사'는 단수로 취급하므로 동사 constitute를 constitutes로 고쳐야 옳은 문장이 된다. ② 전치사 by 뒤에 위치한 rising은 동명사가 아니라 현재분사임에 유의한다. 즉, 전치사 by의 목적어는 rising cheese and flour costs 전체이다. ③ lead to ~는 '~의 원인이 되다' '결국 ~이 되다'라는 의미인데, 이때 to는 전치사이며 그것의 목적어로 명사구 demand destruction이 왔다. ④ bestow A on B는 'A를 B에게 주다'라는 의미이며, that은 '모든 사람들'이란 의미로 쓰인 all을 선행사로 하는 관계대명사이다. inhabit은 타동사이므로 뒤에 전치사 없이 바로 목적어를 취하며, it은 this house를 지칭한다.

① 구독자에게 제공된 이 보고서에 들어 있는 그 어떤 정보도 개인에 맞춘 재정 자문을 포함하고 있지 않다.
② 가격이 오르고 있는 치즈와 밀가루 비용 때문에 돈이 궁한 피자 제조업자에게는 지금이 힘든 때이다.
③ 치솟는 석유 가격이 가장 큰 석유 소비국인 미국의 수요 붕괴의 원인이 되고 있다.
④ 나는 이 집과 지금 이후로 이 집에서 살게 될 모든 사람에게 신의 은총이 내리기를 하늘에 기도한다.

TEST 04

01 ③	**02** ②	**03** ①	**04** ①	**05** ②	**06** ④	**07** ③	**08** ④	**09** ②	**10** ②
11 ②	**12** ④	**13** ③	**14** ④	**15** ⑤	**16** ⑤	**17** ②	**18** ③	**19** ②	**20** ④

01 ③

It is about time 가정법을 묻고 있다. It is about time that 다음에 오는 동사는 과거형 동사가 와야 하므로, ③의 started가 빈칸에 적절하다.

신체장애가 있는 성인들에게 흥미로운 일자리를 우리가 제공하기 시작할 때이다.

02 ②

who ~ town은 Alice를 서술하는 관계절로, 관계절 안에서 who를 주어로 하여 연결사 없이 2개의 동사가 같이 쓰일 수 없으므로, ①과 ③은 빈칸에 부적절하다. 그리고 ②와 ④에서 they say는 관계대명사 다음에 삽입절로 쓰일 수 있으며, 관계대명사의 격에 영향을 주지 않는다. 따라서 they say를 제외하면, who가 주격관계대명사로 쓰였음을 알 수 있고 주어가 단수이므로 동사 is가 들어간 ②의 they say is가 빈칸에 적절하다.

마을에서 최고의 화가라고 사람들이 일컫는 앨리스(Alice)가 미술 장학금을 신청하고 있다.

03 ①

빈칸 앞에 'as+형용사'가 있으므로, 빈칸에도 as가 와서 'as ~ as' 원급 비교구문으로 쓰여야 함을 알 수 있다. 따라서 as가 없는 ②와 ④는 빈칸에 부적절하고, 빈칸 앞에 'are as relevant'가 쓰였으므로, 빈칸에도 be동사가 와야 하는데 전통적인 광고는 과거의 것이므로 were가 적절하다. 따라서 ①의 as they were to가 정답이다.

연방차별금지법은 전통적인 형태의 광고와 관련이 있었던 만큼 디지털 마케팅에도 관련이 있다.

04 ①

동사 introduce는 수여동사로 착각하기 쉬운 3형식 동사이다. 즉 목적어가 하나여야 하므로, ②와 ④는 빈칸에 들어갈 수 없으며, '~에게'라고 해석되는 말 앞에는 전치사 to를 붙인다. 따라서 ①의 him to my friend가 빈칸에 적절하다.

나는 그를 나의 친구에게 소개시켜주었고, 그에게는 그녀가 열혈 팬이라고 말해주었다.

05 ②

remain은 자동사로 수동태가 될 수 없다. 따라서 수동태가 쓰인 ①과 ③은 빈칸에 부적절하고, ④는 주어 Serious questions에 대한 동사가 없으므로, 역시 부적절하다. 따라서 ②가 정답인데, remain은 주어에 대한 동사로 주어와 함께 쓰여 완전한 절을 이루며, regarding은 '~에 관하여'라는 뜻의 전치사로, 빈칸 이하를 목적어로 받는다.

복제약 라벨표기에 대한 식품의약국의 변경제안과 관련해 심각한 의문점들이 여전히 남아있다.

06 ④

①과 ②는 전치사 for의 목적어로 that of Tommy Shelby가 올 수 있지만, 주어인 the role에 대한 동사가 없으므로 부적절하다. ③ 빈칸 앞의 that이 주격관계대명사로 쓰일 수 있지만, 전치사 for의 목적어가 없으므로 부적절하다. 따라서 ④가 정답인데, 이때 the role이 전치사 for의 목적어로 선행사가 되며, 주어 the role에 대한 동사가 is가 되고, 빈칸 다음에 보어가 that of Tommy Shelby가 되므로, 빈칸에 적절하다. 참고로 that은 the role을 받은 지시대명사이다.

킬리언 머피(Cillian Murphy)는 크게 성공한 영화들에서 주인공 역할을 몇 차례 맡았지만, 그가 가장 유명해지게 된 배역은 넷플릭스 인기 시리즈인 "The Peaky Blinders"에서의 토미 셸비(Tommy Shelby) 역이다.

07 ③

부분을 나타내는 표현인 a small fraction of에 유의한다. 핵심 표현만을 추려보면, There are perhaps 200 billion stars와 A small fraction of the stars have planets의 두 문장을 관계대명사를 이용해서 연결해야 하므로, ③이 정답이 된다.

우리 은하인 은하수에는 아마도 2천억 개의 별이 있을 것인데, 그 가운데 일부만이 생명체가 존재할 수 있는 행성을 갖고 있을 것이다.

08　④

'~을 지적하다'의 point to ~에서, point와 to 사이에 동사를 수식하는 부사구 with pride가 들어가야 한다. 또 전치사 to의 목적어는 문맥상 mechanization이므로, 이 명사를 수식하는 것은 분사 increasing이어야 한다. 따라서 ④가 정답이다.

정부는 농업 부문의 기계화가 늘어나고 있는 사실을 자랑스럽게 지적하지만, 세계 식량의 상당 부분이 아직도 인력 및 동물을 이용해 생산되고 있다.

09　②

타동사 forfeit은 '(재산 등을 벌로서) 상실하다', '(권리를) 잃다, 몰수당하다, 박탈당하다'는 의미를 가지므로, 능동형으로 쓰지만 마치 수동태같이 해석된다.

최근 한 연구에 따르면 일반 사용자가 검색 엔진에 대한 접근권을 1년간 박탈당하는 데 동의하려면 17,530달러를 지불받아야 하는데, 이는 페이스북과 같은 소셜 미디어 사이트의 경우 322달러인 것과 비교된다.

10　②

chairman은 임명되는 대상이므로, 동사 appoint와는 수동 관계다. 따라서 appointing을 과거분사 형태로 써야 한다. appointing을 appointed로 고친다. ① 뒤에 오는 부사구를 수식하는 부사이며, Greatly를 써도 된다. ④ 이유를 나타내는 전치사다.

우리로서는 아주 놀랍게도, 새로 임명된 이사장이 개인적인 사유로 갑자기 사임했다.

11　②

'~할 능력이 있는'은 capable of ~ing이므로 to withstand를 of withstanding으로 고쳐야 한다. ① 뒤에 절이 이어지고 있으므로 접속사 Because를 썼다. ③ '찾다'라는 의미의 동사 find의 수동태다.

야자수는 소금물에 오랫동안 잠겨 있어도 견딜 수 있는 씨앗을 만들어내기 때문에, 야자열매는 여러 대륙에서 발견된다.

12　④

assure는 convince와 같이 '확신·통지'를 뜻하는 동사로, that절을 받을 때는 반드시 간접목적어를 that 앞에 함께 써서 4형식의 문형으로 쓴다. 그러므로 ④를 me로 고쳐야 한다. ① 'the last+명사+to부정사'는 최상급의 관용표현으로, '결코 ~할 것 같지 않은 …'의 의미를 가진다. ② 앞에는 '주격관계대명사+be동사', that was가 생략돼 있다.

거짓말을 좀처럼 하지 않을 남자인 데니스(Dennis)는 매우 쾌활했으며, 그 집단 구성원들 중 어느 누구도 나에게 해를 끼치지 않을 것이라고 나를 안심시켰다.

13　③

A as well as B 표현이 주어로 쓰인 경우, 동사는 A에 일치시킨다. 주어진 문장에서 A는 he에 해당하므로 동사는 he에 일치시켜야 한다. were를 was로 고쳐야 한다. ② 연속동작의 분사구문을 이루고 있으며, and resulted in으로 보면 된다. result in ~은 '~을 초래하다'라는 뜻이다. ④ 'be forced to 동사원형'은 '~하지 않을 수 없다'라는 뜻이다.

1870년에 프로이센(Prussia)이 프랑스를 습격해서 보불전쟁이 발발했을 때, 그의 동료들뿐 아니라 그도 나라를 위해 싸우지 않을 수 없었다.

14　④

give a good picture of가 '~를 잘 보여주다'는 뜻의 표현이고 of 다음에 of의 목적어인 명사절이 와야 하므로 관계대명사 which가 아닌 what을 사용하여 ④를 of what으로 고쳐야 한다.

나는 오늘날 험프리 워드 씨 부인의 소설을 읽는 사람이 있을 거라고는 생각지 않지만, 그 소설들이 비록 재미없긴 해도 내 기억에 그 중 일부는 그 당시 지배 계층의 삶이 어떠했는지를 아주 잘 보여준다고 생각된다.

15　⑤

⑤는 그다음에 세 가지 두통이 열거되었으므로 are로 고쳐야 한다. the most common은 the most common types of headache인 것이다. ① suffer동사 다음에 질병이 오면 from과 함께 쓴다. ② '무엇을 잡으려고 손을 뻗다'가 reach for이다.

두통을 앓고 있다면 진통제로 손이 가게 만들 수 있는 욱신거리는 통증이나 박동성 통증을 잘 알고 있는 셈이다. 두통의 유형이 300가지가 넘지만, 가장 일반적인 유형의 두통은 긴장성 두통과 편두통과 군발 두통이다.

16　⑤

두 번째 문장의 a lifestyle과 they 사이에는 목적격 관계대명사 which가 생략되어 있으며, 선행사 a lifestyle이 accustomed 다음에 목적어가 되기 위해서는 전치사 to가 필요하므로 ⑤는 accustomed to가 되어야 한다.

경제 성장과 기술의 발전으로 인해, 사람들은 이전에 가졌던 생활방식과는 너무나 다른 특정한 생활 방식에 익숙해지고 있다. 그래서 사람들에게 마을에 집을 지으라고 말하는 것은 그들에게 익숙한 생활을 버리라고 요구하는 것과 비슷하다.

17 ②

사랑의 교회 입구와 비교되는 것은 쇼핑몰이 아니라 쇼핑몰의 입구이므로 ②를 that of a fancy shopping mall로 고쳐야 한다.

크리스마스트리와 성경 인용 문구로 뒤덮인 목재 아치형 통로가 없다면, 서울 강남 지역에 있는 사랑의 교회 입구는 멋진 쇼핑몰 입구로 오인될 수 있을 것이다. 구름다리가 그 대형교회의 두 건물을 연결하고 있고, 두 건물은 엄청나게 넓은 한 블록을 차지하고 있다. 안으로 들어가면 통로에는 반들거리는 대리석이 깔려있고 벽은 추상화와 하트형의 네온사인으로 장식되어 있다. 동굴 모양의 지하 예배실은 9,000명을 수용할 수 있는데, 일요일이면 만원을 이룬다.

18 ③

③ quicker는 형용사 quick의 비교급이며, a lot은 비교급을 강조하는 표현이다. a lot 외에도 much, even, still, far 등이 이러한 역할을 할 수 있다. ① 불완전자동사로 쓰인 taste의 보어로는 형용사가 와야 한다. 부사 bitterly를 형용사 bitter로 고친다. ② speaking to에서 전치사 to의 목적어가 주어져 있지 않은 점, 행위자를 나타내는 by them이 있는 점 등으로 미루어 보아 수동태 문장이 되어야 함을 알 수 있다. 따라서 speaking을 spoken으로 고쳐야 한다. when 이하는 when they speak to you를 수동태 문장으로 바꾼 것이다. ④ 문장의 의미를 살펴보면 '외국어를 마스터하기에는 너무 짧은 시간'이라는 의미가 되어야 함을 알 수 있다. 즉 too ~ to … 구문을 이루어야 하므로, so를 too로 고친다.

① 좋은 약은 항상 입에 쓰다.
② 낯선 사람들이 거리에서 말을 걸어 올 때, 그들에게 친절하게 대해야 한다.
③ 나는 작년보다 훨씬 빠르다.
④ 1년은 외국어를 마스터하기에는 너무 짧은 시간이다.

19 ②

② 사물의 경우 일반적으로 소유격 표현을 쓰지 않으나, 시간, 무게, 거리 등을 나타낼 때에는 소유격 표현이 가능하다. ① a week ago와 같이 명확한 과거시점 부사어가 올 경우, 현재완료시제 대신 과거시제를 사용해야 한다. 따라서 have seen을 saw로 고친다. ③ 제안, 요구, 주장, 명령의 뜻을 가진 동사의 목적어로 쓰인 that절 안의 동사는 '(should) 동사원형'으로 써야 한다. 주어진 문장에서 동사 ask가 요구의 의미이므로, 이것이 이끄는 that절 속의 동사는 '(should) 동사원형'이 되어야 한다. am을 be 혹은 should be로 고친다. ④ 인칭대명사의 소유격과 한정사(관사, 지시형용사, 소유격, 부정형용사 등)는 하나의 명사를 중복해서 수식할 수 없으므로 이중소유격의 형태로 나타내야 한다. 따라서 my sister를 my sister's로 고친다.

① 나는 톰을 일주일 전에 보았다.
② 한 시간 지연되는 것이 나에게 폐를 끼치지는 않을 것이다.
③ 나는 단지 존경심을 갖고 나를 대우해주기를 요구할 뿐이다.
④ 나는 내 여동생의 이 파란 드레스를 백화점에서 구입했다.

20 ④

④ 전치사적 형용사 worth의 목적어로는 능동형의 동명사 혹은 명사가 온다. 따라서 listening이 쓰인 것은 옳다. listening to의 목적어는 주어인 it(=this symphony)이다. ① '~에 어려움을 겪다'라는 의미의 표현은 have difficulty (in) ~ing이다. to find를 finding으로 고친다. ② consist는 자동사이므로 수동태로 표현할 수 없다. is consisted of를 consists of로 고친다. ③ 자동사 appear는 수동태 표현이 불가하다. 따라서 It is appeared를 It appeared로 고쳐야 한다. 주어진 문장은 '가주어-진주어' 구문이며, It은 가주어, that절이 진주어이다.

① 우리는 숲 속에 나 있는 길을 찾는 데 어려움을 겪었다.
② 남성복 한 벌은 바지와 재킷으로 구성되어 있다.
③ 그녀는 새로 온 영어 선생님에 대한 관심을 잃은 것처럼 보였다.
④ 이 교향곡은 진정한 걸작이다. 나는 이 교향곡이 반복해서 들을 만한 가치가 있다고 생각한다.

TEST 05

| 01 ② | 02 ④ | 03 ④ | 04 ② | 05 ② | 06 ④ | 07 ④ | 08 ④ | 09 ③ | 10 ② |
| 11 ③ | 12 ④ | 13 ② | 14 ③ | 15 ④ | 16 ③ | 17 ④ | 18 ③ | 19 ④ | 20 ① |

01 ②

send의 간접목적어에 해당하는 표현이 직접목적어 뒤에 위치한 형태이므로 전치사 to가 있어야 하고, to 뒤의 복합 관계대명사는 is likely ~의 주어 역할을 해야 하므로 주격 whoever가 정답이다. 빈칸 뒤의 you think는 문장 중에 삽입된 절임에 유의한다.

당신이 생각하기에 파티에 올 것 같은 사람이면 누구에게나 초청장을 보내세요.

02 ④

연결어 nor가 부정의 의미를 포함하고 있으므로, 그 뒤의 주어와 동사는 도치구문이라야 한다. 따라서 정답은 ④이다. ②의 경우, nor와 nobody, 즉 두 부정어가 중복되므로 정답이 될 수 없다.

그의 사무실에 있는 그 누구도 수잔(Susan)의 반응을 이해할 수 없었는데, 그녀의 사무실에 있는 누구라도 마찬가지였다.

03 ④

빈칸 앞에 완전한 문장이 나와 있으므로, 구문 연결을 위해서 접속어가 필요하다. ①을 빈칸에 넣으면 and 이하의 주어가 The geocentric idea가 되는데, 수도 일치하지 않고 의미도 대단히 어색하다. ②의 경우 상관적으로 쓰이는 but also ~가 연결되어야 자연스러우며, ③은 접속사 because 뒤에 주어가 없으므로 답이 될 수 없다. ④의 경우 전치사구 because of가 명사 observations를 취하고 made by other astronomers는 observations를 수식해주는 형태가 되어 자연스러운 문장이 된다.

지동설은 17세기에 폐기되었는데, 부분적으로는 코페르니쿠스(Copernicus)의 저서 때문이고 또한 다른 천문학자들의 관측 때문이기도 하다.

04 ②

사물이 주어일 때 타동사 need는 동명사를 목적어로 취할 수 있으며, 이때 동명사의 목적어가 주어이기 때문에 따로 목적어를 두지 않고 수동의 의미를 지니게 된다. 따라서 정답은 ②이다.

이 세탁기 가운데 몇 대가 고장이 나서 고칠 필요가 있다.

05 ②

전체 문장의 동사를 are located로 파악하면, 이 앞에는 주어 역할을 하는 명사 혹은 명사절이 와야 한다. ③와 ④의 경우 절인데다가 의미상으로도 어색하므로 정답에서 제외된다. ①의 경우 That이 명사절을 이끌 수 있으나 동사와 수가 일치하지 않고, 의미 또한 부자연스럽다. 정답은 ②이다. The genes가 주어, that help ~ characteristics는 관계대명사절이다.

사람의 개성을 결정하는 데 도움을 주는 유전자는 체세포 내의 염색체에 자리 잡고 있다.

06 ④

빈칸 이하에 절이 있으므로, 전치사 of의 목적어가 될 수 없다. 따라서 ①이 먼저 정답에서 제외된다. ②에서 it is that 이하는 강조구문으로, 이것을 제외하고 보면 what 이하에 완전한 절이 온 형태가 되어 역시 정답이 될 수 없다. ③의 경우 in that ~은 '~라는 점에서라는 뜻이므로, 문맥상 어색하다. 따라서 정답은 ④이다.

만족은 우리 환경에 대한 내적인 우위에서 생겨난다. 우리는 앞날을 내다보는 것이 반드시 조바심을 내면서 내다보는 것이라고 생각하는 실수를 범한다.

07 ④

'not A but B(=B, not A)', 'A rather than B', 'A 비교급 than B' 구문 등에서 A와 B에 해당하는 표현은 병치 구조를 이루어야 한다. 즉 A와 B의 문법적인 구조나 역할이 동일해야 한다. 세미콜론(;) 이하에 to부정사 형태의 보어가 이어지므로, 뒤에 이어질 구문도 이와 같은 형태여야 한다. 따라서 정답은 ④이며, 주어진 문장은 'B, not A' 구문이다.

여론조사는 정치인들에게 유용한 도구가 되지만, 그것들이 정책을 지배해서는 안 된다. 선도한다는 것은 국민의 의견을 이끈다는 것이지 단순히 의견에 반응하는 것이 아니기 때문이다.

08 ④

빈칸 뒤에 that절이 있으므로, ①, ②, ③의 경우 주절 없는 문장이 되어 적절하지 않다. 따라서 ④가 정답이다. by managing potential customers를 강조하는 It ~ that 강조구문이다.

잠재 고객을 관리함으로써 당신은 위험 부담을 최소화하면서 기회를 확대할 수 있다.

09 ③

빈칸이 포함된 문장은 '가장 대담한 여행객들을 제외한 대부분의 사람들의 주목을 받지 못해 왔던 것 같다'는 의미가 들어가야 하므로 ③이 가장 적절하다. 여기서 but은 except의 의미를 가지는 전치사로 사용되었다.

오만은 아라비아 반도에서 가장 아름다운 나라 중 하나지만, 최근까지만 해도 가장 대담한 여행객들을 제외한 대부분 사람들의 주목을 받지 못해 왔던 것 같다. 빼어난 자연경관과 웅장한 요새들과 궁전들, 그리고 와히바 샌즈(Wahiba Sands)의 완만하게 경사진 모래언덕은 오만을 매혹적인 여행지로 만들고, 방문객들은 전통적인 환대를 받는다.

10 ②

관계대명사 which의 선행사가 없으므로, which를 선행사를 포함한 관계대명사 what으로 고쳐야 한다. ① like는 동사가 아니라 전치사로 쓰였다. ③ regardless of ~는 '~과 상관없이', '~에 개의치 않고'라는 뜻의 관용 표현이다. ④ it은 what he believes를 가리키며, has의 목적어는 it 앞에 생략되어 있는 목적격 관계대명사 which이다.

나는 오바마(Obama) 대통령 같은 지도자를 존경하는데, 그는 대중적 지지에 미치는 영향과는 상관없이 자신이 믿는 바를 지지한다.

11 ③

동사 win은 '경기나 경쟁에서 이기다'라는 뜻이며, '상대'가 목적어로 올 때에는 beat 혹은 win over를 쓴다. 따라서 usually wins its를 usually beats its 또는 usually wins over its로 고쳐야 한다. ① that의 품사에 유의한다. 주어진 문장에서는 접속사가 아닌 지시형용사로 쓰였다. ② arrive는 자동사이며, late는 이것을 수식하는 부사다. ④ leading은 '탁월한' '일류의'라는 뜻의 형용사로 쓰였다.

그 소프트웨어 회사는 게임 시장에 항상 늦게 진출함에도 불구하고 주로 경쟁사들을 물리치고 시장의 선두주자가 된다.

12 ④

that절속의 주어인 many of the world's problems에 수를 일치시켜야 하므로, of its own을 of their own으로 고쳐야 한다. ①, ② sometimes와 now로서 각각 뒤에 있는 과거분사를 수식하고 있다. 콤마 사이의 과거분사는 모두 The other truth를 수식한다. anew는 '다시금' '새로'라는 의미의 부사다. ③ that절속의 주어가 many of the world's problems이므로 have를 썼다.

때때로 과거에는 감춰져 있었으나 현재는 새롭게 드러난 나머지 하나의 진실은 세계가 안고 있는 문제들 가운데 상당수가 독자적으로 존재하고 있다는 것이다.

13 ②

and 앞의 절에서 are more likely than others는 'are likely to부정사(~할 가능성이 있다)'가 비교급으로 된 것이다. 따라서 ②를 'to부정사'인 to cause로 고쳐야 한다.

일부 화학요법 치료제들은 다른 치료제들보다 탈모를 유발할 가능성이 더 많고, 복용량에 따라 단순히 머리숱이 적어지는 것에서 완전한 대머리까지 그 어떤 결과도 유발될 수 있다.

14 ③

or에 의해 비교급 비교와 원급 비교가 연결되어 있는데, 두 비교 표현 모두가 뒤에 나온 they 이하의 절로 이어지려면 or 앞의 비교급 비교에 than이 있어야 한다. more important 뒤에 than을 넣는다. ① almost는 부사이지만, '거의 ~라고 할 수 있는'의 의미를 지니면서 한정용법의 형용사처럼 쓰이기도 한다. ② 앞의 명사를 후치 수식하는 타동사의 과거분사이며, 앞에 who were가 생략되어 있다. ④ 주절의 과거시제보다 한 시제 앞서 있었던 상황에 대한 내용이므로 과거완료시제로 썼다.

조사에 응한 국제적인 교육 전문가 500명 중 거의 모두는 국제 교류가 9.11 테러 공격 이전보다 더 중요하거나 혹은 못지않게 중요하게 여겨진다고 말했다.

15 ④

since는 전치사로 쓰였으며, combined with ~ the public은 삽입된 분사구문이다. 이때 전치사 with의 목적어는 rhetoric과 refusal이다. 주어는 indifference이며, 기나긴 수식어구와 삽입된 표현을 지나 만나게 되는 이 문장의 동사는 have led to다. 주어가 단수이므로, have led to를 단수동사를 써서 has led to로 고친다. ① indifference 뒤에는 전치사 to를 쓰며, shooting war는 '실전(實戰)'이란 의미다. ② 모양은 형용사처럼 보이지만, '수사학' '웅변술' '화려한 문체' 등의 뜻을 지닌 명사다. ③ ask a person ~ = ask ~ of a person이며, 'a person에게 ~을 부탁하다, 요구하다'라는 뜻이다.

바그다드 함락 이후 실제 전쟁에 대해 럼스펠드(Rumsfeld)가 비교적 무관심한 것은, 대통령이 겉으로만 호전적인 수사를 늘어놓고 실제는 전시 희생을 국민들에게 요구하지는 않는 점과 함께, 국민들에게 당혹감을 초래했다.

16   ③

go over는 '자동사+전치사' 형태이며, 이 경우 목적어는 반드시 전치사 다음에 위치시켜야 한다. 이는 목적어가 대명사인 경우에도 마찬가지이다. 따라서 ③의 go them over를 go over them으로 고쳐야 한다. ① give vent to~는 '(감정 등을) 터뜨리다, 발산하다'는 의미의 관용표현이다. ④ flourish가 명사로 쓰였다.

대문자를 쓸 때 예술적인 열망을 발산하고 싶은 큰 유혹이 있다. 그래서 많은 사람들은 한 장의 글을 마무리 한 이후 대문자로 돌아가려 하며 그것들을 잘 살펴본 다음에 장식적인 서체들을 더 하는 경향이 있다.

17   ④

only가 문두에 와서 부사절을 강조하는 경우 의문문 형태의 도치가 일어난다. Only when ~ simultaneously가 부사절이고, can이 조동사, their full potential이 주어, realize가 동사인데, 완전한 잠재력은 실현되는 객체이므로 ④는 be realized 가 되어야 한다.

중국의 오랜 문명 전반에 걸쳐 개인적이면서도 사회적인 미덕은 사람들이 하루하루를 살아가는 데 있어 그들을 인도해 왔고, 사람들의 내면의 양심에 의지해 사회적인 행동의 기준이 되어왔다. 이와는 대조적으로 서구 문명은 과학적인 이유에 근거하여 외부적인 힘에 의해 사회적 행동을 통제하고 이에 따라 법치주의가 나왔다. 서구 문명과 중국 문명 사이의 이분법은 논리적인 좌뇌와 감정적인 우뇌라는 인간의 뇌의 두 반구와 많이 닮았다. 이 두 반구는 동시에 사용될 때야 비로소 완전한 잠재력이 실현될 수 있다. 따라서 논리와 감정을 함께 겸비하여 새로운 휴머니즘이 전면적으로 드러나도록 해야 한다.

18   ③

③ I wish 뒤에는 가정법 동사가 온다. that의 내용이 주절의 시제를 기준으로 과거에 관한 내용이므로 that절 안의 동사는 가정법 과거완료로 써야 한다. during ~ a dramatist는 삽입된 전치사구이며, that절의 주어는 I이고 동사는 kept이다. 따라서 kept를 had kept로 고쳐야 한다. ① rob A of B 구문은 'A에게서 B를 빼앗다'는 의미이다. 전치사 of가 올바르게 쓰인 문장이다. ② 주어의 동작 혹은 행위가 주어 자신에게 미치는 경우에는 재귀대명사를 사용한다. 주어는 People이고 compare 당하는 것도 people이기 때문에 재귀대명사 themselves를 썼다. ④ refer to A as B 구문은 'A를 B로 일컫다'라는 의미로, 이 구문이 수동태가 되면 A is referred to as B가 된다.

① 높은 세금이 사람들로부터 그들의 수입을 빼앗아 갔다.
② 사람들은 자신들을 서로 비교한다.
③ 극작가로 처음으로 성공을 거둔 이듬해에 일기를 썼어야 했는데.
④ 사이클링에서 빠른 속도로 산을 올라가는 이들을 흔히 '야생 염소'라고 부른다.

19   ④

④ 분사구문의 주어가 생략되어 있다는 것은 주절의 주어와 분사구문의 주어가 같다는 것을 의미한다. 주절의 주어인 his mistake가 '염문에 휘말리는' 것에 대한 주체가 될 수 없으므로, 주절을 the justice admitted his mistake로 고쳐야 한다. ① sport는 동사로 '과시하다'라는 의미로 쓰였다. 주어인 The animal이 과시하는 행위의 주체가 될 수 있으므로 능동의 의미를 가진 현재분사로 쓴 것이다. ② the technology가 타동사 bill의 대상이므로 수동의 의미를 가진 과거분사 billed로 썼다. ③ with 분사구문은 'with+목적어+분사/형용사/부사(구)/명사'의 형태를 취하며, 부대상황, 동시동작, 이유를 표시한다. 주어진 문장의 경우, With의 목적어(the summit) 뒤에 a week away라는 부사구가 왔다.

① 그 동물은 조종사용 안경을 뽐내면서 처음으로 모습을 드러냈다.
② 그들은 환경 친화적인 것으로 발표된 그 기술을 사용했다.
③ 정상회담이 일주일 앞으로 다가와서, 그는 정상회담을 준비했다.
④ 염문에 휘말린 그 법관은 자신의 실수를 인정했다.

20   ①

① easy, difficult, hard 등의 형용사는 원칙적으로 사람을 주어로 하여 쓰지 않으나, My manager is hard to deceive와 같이 주어가 to부정사의 목적어인 경우에는 사용이 가능하다. 한편 이와 같은 표현에서 to부정사의 목적어를 따로 표시하지 않아야 하므로, 주어진 문장에서 please 뒤의 him을 삭제해야 옳은 문장이 된다. ② in excess of는 '~을 초과하여' '~보다 많이'라는 뜻이며, yours는 your comprehension of the English language를 의미한다. ③ resort to는 '~에 의지하다'라는 의미로, 이 표현 속의 to는 전치사이므로 뒤에 동명사 혹은 명사가 목적어로 온다. ④ so ~ that … 구문이 쓰였으며, 주절의 주어가 'I'이므로 '당황한'이란 의미의 embarrassed가 쓰인 것이다.

① 그는 함께 어울리기 어렵고 즐겁게 하기는 훨씬 더 어렵다.
② 나의 영어에 대한 이해는 실력 면에서 당신보다 뛰어나다.
③ 박물관들은 후원자를 끌어 모으기 위해 유명 인사들을 활용하는 데 의지해야 한다.
④ 나는 너무 당황한 나머지 어느 누구도 쳐다볼 수 없었다.

| 01 ① | 02 ② | 03 ② | 04 ③ | 05 ③ | 06 ④ | 07 ③ | 08 ④ | 09 ② | 10 ② |
| 11 ① | 12 ② | 13 ② | 14 ③ | 15 ① | 16 ② | 17 ④ | 18 ② | 19 ④ | 20 ④ |

01   ①

목적어가 두 개(him, the nickname "Mr. Elbow")이므로 빈칸에는 두 개의 목적어를 취할 수 있는 4형식 동사가 와야 한다. 보기 가운데 4형식 동사는 '~에게 …을 가져다주다'라는 뜻의 동사 earn뿐이다.

거친 플레이로 인해 그는 "미스터 팔꿈치"라는 별명을 얻었다.

02   ②

관계대명사의 격은 자신이 이끄는 절 안에서의 역할에 의해 결정된다. 빈칸 뒤의 I think는 일종의 삽입절이므로 can do great things의 주어가 될 주격 관계대명사가 필요하다. 선행사 a gifted young man이 사람이므로 ②가 정답이다.

내 생각에 그는 우리나라를 위해 대단한 일을 할 수 있는 유능한 젊은이다.

03   ②

'~하는 정도'는 the extent to which ~이고, '~에 대한 예'는 example of ~이므로 빈칸에는 ②가 적절하다.

기밀 해제된 그 문서들은 뎁과 그의 팀이 노골적인 여성혐오에 의지해 그녀를 공격한 정도에 대한 더 많은 예를 제공한다.

04   ③

빈칸의 앞뒤에 위치한 주어와 술부를 연결하면 의미가 통하는 완전한 문장이 된다. 따라서 빈칸에는 삽입어구가 들어가야 한다. ①은 술부이므로 삽입될 수 없고, ②, ④는 의미상 it이 believe하는 주체가 될 수 없으므로 부적절하다. believe it or not은 명령문의 형식을 취한 양보의 관용표현이므로 빈칸에 들어갈 수 있다.

믿든 안 믿든 간에, 일부 학생들은 그들의 가족을 부양해야 했기 때문에 그 학생들 중 상위 1퍼센트에 들지 못했다.

05   ③

빈칸 앞에 완전한 문장이 제시되어 있고, 네 개의 선택지 모두 관계사절들이다. 관계부사 where 뒤에 완전한 문장이 이어져야 하는데 ①, ② 모두 그렇지 않으므로 정답에서 제외된다. 정답은 ③이다. 이때 we think는 삽입절로 보면 된다.

이 머리말은 우리가 생각하기에 지역사회와 관련 있는 수필들에서부터 핵심적인 생각 일부를 가져왔다.

06   ④

what we need가 전치사 below 다음에서 전치사의 목적어로 기능하고, 부사 way가 그 앞에서 필요한 것보다 훨씬 적다는 문장을 만드는 ④가 빈칸에 적절하다.

집세가 계속 너무 많이 올라서 우리 수입은 가족을 부양하는 데 필요한 것보다 훨씬 적다.

07   ③

빈칸 앞에 있는 접속사 as와 so를 통해, 'as 주어+동사, so 주어+동사' 구문(~하는 것처럼 그렇게 …하다)이 쓰였음을 알 수 있다. 따라서 빈칸에는 ③의 does their workplace가 빈칸에 적절한데, 원래 so their workplace changes에서 so 이하가 도치된 것으로, office workers가 their, changes가 does로 각각 대신 쓰인 형태이다.

사무직 근로자들이 변화하듯이, 그들이 일하는 직장도 변화한다. 전통적으로 책상과 의자가 있고 칸막이가 있는 정사각형의 좁은 공간에서, 이제 우리는 협업공간으로 변화하고 있다.

08   ④

빈칸 앞에 과거동사인 realized가 나왔으므로, realized의 대상인 '냉장보관 하는 것을 잊은 것은 현재완료로 쓸 수 없다. 따라서 ①, ③이 가장 먼저 정답에서 제외된다. 동사 forget은 목적어로 동명사와 to부정사를 모두 취하지만, 이 문장에서는 나중에 우유가 상한 것을 발견했다고 했으므로 냉장보관 '했던' 것을 잊은 게 아니라 냉장보관 '하는' 것을 잊었다고 해야 자연스럽다. 따라서 to부정사가 목적어로 와야 한다. ④가 정답이다.

우리가 돌아왔을 때, 우리는 떠나기 전에 샀던 우유를 냉장보관 하는 것을 잊어버렸다는 것을 깨달았고, 우유가 상한 것을 발견했다.

09   ②

빈칸 앞 문장이 이미 완전하므로 빈칸 이하는 수식어 역할을 해야 한다. ③, ④는 관계부사 where 뒤에 완전한 절이 오지 않으므로 정답이 될 수 없다. ①의 경우, 관계대명사절을 이끄는 것은 옳으나, 관계대명사의 수는 선행사에 일치시키므로 동사는 records가 아닌 record여야 한다. 따라서 정답은 ②이다.

우주 공간의 인공위성에는 홍수가 가장 심각한 곳을 기록할 수 있는 기기가 있다.

10   ②

it turns out은 문장 가운데 삽입된 것이며, 문장에 본동사가 없다. 문장의 주어는 The argument이므로 less important는 is less important로 고쳐야 한다. ① 전치사 over의 목적어를 이루는 의문사절이며, 최상급 표현은 흔히 to부정사의 수식을 받는다. ④ it은 a game을 가리킨다.

단순히 게임을 즐기는 것이 누가 최초로 게임을 발견했는지에 대한 논쟁보다 더 중요한 것으로 드러난다.

11   ①

What her thoughts were는 동사 know의 목적어 역할을 하는 명사절이며, 목적어가 강조되어 문두에 올 경우 주어와 동사를 도치하지 않는다. 따라서 did I를 I did로 고쳐야 한다. ② for는 이유의 부사절을 이끄는 접속사이며, 이것이 이끄는 절의 주어와 동사는 I had learned다. as yet은 '아직까지는'이라는 뜻이다. ③ but은 only의 의미로 쓰였으며, learned의 목적어가 되는 little은 명사로 쓰였다.

아직까지 화성인의 말을 일상생활에 필요한 정도밖에 알지 못했기 때문에, 나는 그녀가 무슨 생각을 하고 있는지를 알지 못했다.

12   ②

'하루에', '하루마다'의 뜻으로는 부정관사를 쓴 a day가 적절하다. 이때 a 는 'per'의 뜻이다. ① 정답으로 선택하기 쉬운 보기다. need가 부정문이나 의문문에서는 조동사로 사용되며, 긍정문에는 본동사로 쓰여 뒤에 to부정사가 온다. 그런데 need 다음에 only가 오면 일반적으로 조동사로 쓴다. 따라서 need only do는 옳은 표현이다. ④ by는 차이, 정도, 비율을 나타낼 때 쓰는 전치사다.

심장병으로 인한 사망의 위험을 약 30퍼센트 줄이려면, 당신은 하루에 20분씩 가벼운 혹은 적당한 운동을 하기만 하면 된다.

13   ②

배수비교 문제이다. 배수를 비교할 때는 '배수+as ~ as'나 '배수+more ~ than'의 형태를 취하지만, 두 배(twice)를 나타낼 때는 '배수+as ~ as' 형태로만 쓰이므로, ②를 twice as much as로 고쳐야 한다.

흔히 고소를 당하는 의사들은 그렇지 않은 의사들보다 두 배나 많이 환자들이 불만을 제기했는데, (의사와 환자간의) 원활하지 않은 의사소통이 가장 일반적인 불만사항이었다.

14   ③

but 이하에서 주어인 yours는 your house로 단수이므로 ③을 seems like로 고쳐야 한다. ① 기온의 비인칭 주어 it이다. ② central heating을 가리키는 it이다.

중앙난방식 주택들은 대개 난방을 가동하려면 기온이 3일 연속 10℃(50℉) 미만이어야 한다는 규정을 따르지만, 사진 속의 당신의 주택은 내가 보기에 가솔린 난방처럼 보이므로 나는 당신이 손수 스위치를 켤 수 있어야 한다고 믿는다.

15   ①

①의 they는 one thing을 가리키므로 ①은 it's로 고쳐야 한다. ④ if절을 대신하는 to부정사이다.

내가 참을 수 없는 것이 하나 있다면 그것은 자신과 가족에 대해 계속 이야기하는 사람들이다. 전형적인 예로 나는 하버스 부부를 인용한다. 그들은 호의가 많은 부부이지만 그들이 하는 말을 들으면 세상이 그들을 중심으로 돌아간다는 생각이 들 것이다.

16   ②

② 관계대명사 who의 선행사는 the punitive surcharges이므로 ②를 which add로 고쳐야 한다. ① it 앞에 목적격 관계대명사 which가 생략되었으며 demands의 목적어이다. ③ 주어와 동사 사이에 삽입된 관계절이다. ④ 'it ~ that' 강조구문의 that이며 선행사가 decisions 복수이므로 make 복수동사이다.

국제통화기금(IMF)은 취약한 채무국들에게 요구하는 징벌적 추징금을 줄여야 하는데, 이 추징금이 그 국가들의 이미 압청적인 채무액에 엄청난 부담을 더하기 때문이다. 국제통화기금에 막대한 영향을 미치는 미국이 이를 위한 노력에 도움을 주어야 하는데, 특히 그런 개혁을 지금 당장 시급한 것으로 만드는 것이 워싱턴에서 내려진 결정일 수 있기 때문이다.

17 ④

④의 which 다음이 완결된 절이므로 부적절하다. 선행사가 a point in history, 즉 a point이므로 ④의 which를 관계부사 where로 고쳐야 한다.

많은 사람들이 기술을 통해 수많은 관계에 연관되어 있지만, 이 많은 연관성들로 인해 때때로 사람들은 질적으로 공허함을 느끼게 된다. 분명, 기술은 사회적이라는 것의 의미에 심대한 영향을 미쳤다. 사회는 아마도 사회 혁명이 일어날 시점에 있을 것이며, 그동안에 디지털 혹은 가상적 상호작용과 관련하여 사회적으로 적절하고 용인 가능한 행동들을 다시 정의하는 것이 중요할 것이다. 우리는 지금 역사상, 기술이 낳은 새로운 사회현실과 그 사회현실이 개인과 사회에 어떤 의미를 갖는가에 대해 비판적인 생각을 해본 사람이 거의 없는 그런 시점에 있다.

18 ②

② 조건절은 가정법 과거완료, 주절은 가정법 과거로 쓰인 혼합가정법 문장이다. 혼합가정법은 주절에 현재를 나타내는 now, still, today 등과 함께 자주 쓰인다는 점을 기억해두자. 주어진 문장의 조건절은 If를 생략하여 주어와 조동사가 도치되어 있는 형태이다. ① rob은 'rob+사람+of+사물'의 형태로 써야 한다. 따라서 전치사 in을 of로 고쳐야 한다. ③ for fear that ~ should ⋯ 구문은 lest ~ should ⋯ 구문처럼 자체에 부정의 뜻이 내포되어 있으므로, 뒤에 부정어가 다시 와서는 안 된다. not을 삭제한다. ④ 시간, 거리의 수량 표시의 복수형은 개념이 단일성이면 단수로 취급한다. are를 is로 고친다. so/as/too/how/however+형용사+a(n)+명사'의 어순으로 써야 하므로 too long a time은 옳은 표현이다.

① 그는 자신의 돈을 빼앗겼다.
② 어젯밤에 비가 오지 않았다면, 도로가 지금 그렇게 질퍽거리지 않을 텐데.
③ 그는 자녀들이 가난으로 인해 고생하지 않도록 열심히 일했다.
④ 3년이란 기간은 집에서 떠나 있기엔 너무나 긴 시간이다.

19 ④

④ 분사구문의 주어는 주절의 주어와 같을 때 생략하며, 다를 경우에는 생략하지 않고 명시해줘야 한다. 주어진 문장은 If all things are equal, he'll be the iconic figure of the game을 분사구문으로 만든 것으로, 두 주어가 다르기 때문에 각각 표기했다. ① 분사구문의 주어가 생략되어 있다는 것은 분사구문의 주어와 주절의 주어가 같다는 것을 뜻하는데, 주절 주어인 sales는 compare하는 행위를 할 수 없으므로 주어와 동사는 수동관계이다. 따라서 Comparing을 과거분사 Compared로 고쳐야 한다. ② 관계대명사의 격은 자신이 이끄는 절에서의 역할에 의해 결정되는데, chair가 '의장직을 맡다'라는 의미의 동사로 쓰였으므로 관계대명사는 주어의 역할을 하고 있는 것이다. 따라서 whose를 주격 관계대명사 who로 고쳐야 한다. ③ 관계사절의 동사 deem의 목적어는 academic areas 다음에 생략되어 있는 목적격 관계대명사 that이다. 따라서 deem 다음에 it을 써주면 목적어 중복이 되므로 it을 삭제해야 한다.

① 8월 매출과 비교했을 때, 10월 매출은 9퍼센트 증가하였다.
② 위원회 의장을 맡고 있는 그 남자는 이번 행사에 참석할 것이다.
③ 우리 독자들이 중요하다고 여기는 학문 영역이 있다.
④ 모든 상황이 같다면, 그는 그 게임에서 상징적인 존재가 될 것이다.

20 ④

④ 비교되는 대상을 둘로 한정하는 표현이 있는 경우에는 비교급 앞에 the를 붙인다. 주어진 문장의 경우, 둘로 한정짓는 표현인 of the twins라는 표현이 있으므로 비교급 앞에 the를 쓴 것이다. ① most는 한정사의 역할을 하므로 뒤에 명사가 와야 한다. 따라서 이것을 형용사를 수식하는 부사 almost로 고친다. ② lest는 '~하지 않도록'이라는 의미를 가진 부정의 접속사이므로, 뒤에 not이 오면 이중부정이 된다. 따라서 not을 삭제해야 한다. ③ nor에는 부정의 의미가 있으므로, 그 뒤의 절은 '조동사+주어+동사'의 어순으로 도치되어야 한다. nor I have를 nor have I로 고친다.

① 서고에 많은 책을 소장하고 있는 미(美) 의회도서관은 미국의 거의 모든 주(州)로부터 학생들을 끌어 모으고 있다.
② 그녀는 들키지 않기 위해 서둘러 달아났다.
③ 나는 지금껏 그 시인을 만난 적이 없고, 그렇게 하길 바란 적도 전혀 없다.
④ 그 쌍둥이 중에서 미란다(Miranda)가 더 매력적이고 상냥하다.

| 01 ① | 02 ② | 03 ③ | 04 ③ | 05 ① | 06 ④ | 07 ① | 08 ③ | 09 ③ | 10 ③ |
| 11 ② | 12 ② | 13 ⑤ | 14 ① | 15 ⑤ | 16 ② | 17 ④ | 18 ② | 19 ③ | 20 ② |

01 ①

②는 They say to us로, ③은 It is said 또는 We are told로, ④는 They explain to us로 고쳐야 답이 될 수 있다. explain, introduce, suggest, say, announce, describe, mention 등은 4형식 동사로 착각하기 쉽지만 3형식 동사들이다. 따라서 정답은 ①이다.

우리는 인권에 대한 사상이 공산주의를 물리치는 데 결정적인 역할을 해야한다는 말을 듣는다.

02 ②

빈칸 뒤에 as가 왔으므로 원급 비교 표현임을 알 수 있다. 따라서 빈칸에도 as가 와야 하는데, 'as+형용사+a(n)+명사+as'의 어순을 따르므로 ②가 정답이다.

화재가 진압된 이후에도 아세틸렌은 이전에 생각했던 만큼 위험한 것일 수도 있음을 그 연구는 보여준다.

03 ③

첫 번째 문장에서 주어는 Every man's work, 동사는 is이다. 문장이 이미 완성되어 있으므로 시제를 가진 동사가 접속사 없이 들어갈 수 없다. 따라서 첫 번째 빈칸에는 be가 들어가야 하며, 이때 콤마 사이는 명령문을 이용한 양보 구문이 된다. and 이하는 'the 비교급, the 비교급' 구문이므로, 비교급 표현이 들어가야 한다. 또한 문맥상 appear는 '나타나다'라는 뜻의 1형식 동사로 쓰였으므로 이것을 수식하는 것은 부사여야 한다. 이상의 조건을 모두 충족시키는 것은 ③이다.

모든 사람의 일은, 그것이 문학이든, 음악이든, 회화이든, 건축이든, 또 다른 무엇이든 간에, 항상 자신의 초상화다. 그래서 자신을 숨기려 할수록 본성이 자신도 모르게 더욱 분명히 드러나게 된다.

04 ③

cost는 두 개의 목적어, 즉 '간접목적어+직접목적어'를 갖는 4형식 동사다. cost가 쓰인 4형식 문장에서는 간접목적어를 전치사와 함께 뒤로 보내 3형식 문장으로 바꿀 수 없다. 따라서 ③이 정답이다.

의료계 종사자들은 단 한 번의 실수로 인해 면허를 잃을 수도 있다는 사실을 알면서 의료 서비스에 입문한다.

05 ①

enough의 뒤에는 관용적으로 to부정사가 오며, 형용사나 부사를 수식 할 때는 형용사나 부사 뒤에 온다. 따라서 정답은 ①이다. 이때 주어진 문장은 Kites come in all shapes and sizes, and some are large enough to carry a person을 분사구문으로 바꾼 문장이 된다.

연은 온갖 형태와 크기로 만들어져 나오는데, 그중에는 사람을 운반하기에 충분히 큰 것들도 더러 있다.

06 ④

관계대명사 what의 용법 중 A is to B what[as] C is to D는 'A가 B에 대한 관계는 C가 D에 대한 관계와 같다'라는 뜻으로 쓰인다. 또한 the one은 전자라는 뜻이므로, 빈칸에 후자라는 뜻의 the other가 와야 한다. 따라서 빈칸에 적절한 표현은 ④ what words are to the other이다.

법과 전자와의 관계는 말과 후자와의 관계와 같으며, 각각의 독립적인 체계는 한 언어에서 유사 환경을 지닌다.

07 ①

콤마 앞부분이 종속절이므로, 빈칸에는 주절을 구성할 주어와 동사가 들어가야 한다. 뒷부분의 대명사 he로 보아 빈칸에는 단수명사가 필요하므로 ②, ③이 가장 먼저 정답에서 제외된다. 보기의 under the tree 앞에 목적어가 없으므로 자동사 lie의 과거형 lay를 쓴 ①이 정답이다. 한편, 주어진 문장에서 since절은 이유를 나타내는 절이므로, 주절의 시제가 현재 완료일 필요는 없다.

매우 따뜻한 날씨였기 때문에 평소와 달리 그 개는 지나가는 사람들에게 짖지도 않고 오후 내 내 나무 밑에 누워 있었다.

08
③

①, ④의 동사는 are인데, 문장의 주어는 The Viking Ship Museum, 즉 단수이므로 수가 일치하지 않는다. 한편, 형용사의 어순은 대체적으로 '전치 한정사(all, both, half)+한정사(a, an, this, that, some, any, no, 소유격)+서수+기수+성질+대소+상태+신구+색깔+소속+재료+명사'의 순사를 따른다. 따라서 정답은 ③이다. 이 때 houses는 '소장하다'라는 뜻의 동사로 쓰였다는 것에 유의한다.

바이킹 선박 박물관(the Viking Ship Museum)은 지금까지 발견한 것 가운데 가장 훌륭한 장례용 선박 세 척을 소장하고 있다.

09
③

주절의 동사 might have fallen을 보고 이 문장이 가정법 과거완료임을 알 수 있다. 따라서 빈칸에는 If the bubble had burst just a few weeks earlier라는 절이 와야 한다. 이때, if를 생략할 수 있는데, 그렇게 되면 어순이 'had+주어+burst'가 된다. 따라서 정답은 보기 ③ Had the bubble burst just a few weeks earlier,이다.

한 달 후, 닷컴 거품이 꺼졌다. 그 후 몇 년 동안 모든 디지털 스타트업 기업의 절반 이상이 시장에서 퇴출되었다. 여기에는 당시 전자상거래 분야에서 아마존과 경쟁했던 많은 스타트업 기업들도 포함된다. 만일 그보다 몇 주 전에 거품이 붕괴되었더라면, 그 분야에서 가장 성공한 기업 중 하나(즉, 아마존)도 그 경기침체에 희생되었을지도 모른다.

10
③

문맥상 them은 Newtonian mechanics를 가리키는데, 학문명은 단수로 취급하므로 them을 단수형 it으로 고쳐야 한다. ① 양자역학이 대체하기 이전의 일이므로 기준 시제보다 한 시제 앞선 과거완료로 쓴 것이며, stand는 '상태를 나타내는 자동사이므로 unchallenged는 유사보어로 쓰였다. ④ 서수 앞에는 정관사를 쓴다.

20세기 초에 양자역학이 대체할 때까지 뉴턴역학은 300년 동안 아무런 도전을 받지 않은 채로 있어왔다.

11
②

타동사의 냄새가 나는 단어들은 목적어의 유무를 항상 꼼꼼하게 살펴야 한다. 문장에 located의 목적어가 없으며, 온수기의 위치는 '정해지는' 것이므로 수동태가 되어야 한다. located를 was located로 고친다. ① the property를 선행사로 하는 관계부사다. ③ be held responsible for~는 '~에 대해 책임이 있다'라는 뜻이다. '…에게 ~의 책임을 지우다'라는 의미의 hold … responsible for ~의 수동 표현으로 이해해도 좋다. ④ when it comes (down) to ~는 '~의 문제라 하면'의 의미. 이때 to가 전치사이므로, 만약 동사가 온다면 반드시 동명사가 온다. 시험에 가끔씩 출제되므로 잘 알아두도록 하자.

시(市)의 조례에 관해서라면, 온수기가 있던 부동산의 전(前) 소유주가 온수기를 부주의하게 설치했던 것에 대한 책임이 있었다.

12
②

형용사(lower)를 수식하는 것은 부사이므로 ②를 significantly로 고쳐야 한다. ① 주어인 Individuals가 복수여서 맞다. ③ 앞 절 전체를 선행사로 받은 관계대명사 which이다. ④ belief와 동격인 절을 이끄는 접속사 that이다. ⑤ have의 목적어인 불가산명사이다.

난독증이 있는 사람은 독서 수준이 동료들보다 상당히 더 낮은데, 이것이 난독증이 있는 사람은 지능이 더 낮다는 잘못된 믿음을 낳았다.

13
⑤

make sure 다음에 접속사 that이 생략된 절이 왔는데 이 절의 주어는 the kind부터 right now까지이고 이것은 we need more of the kind of music right now에서 the kind of music을 선행사로 하여 관계절이 수식하는 구조로 바뀐 것이다. 따라서 ⑤를 단수동사를 사용한 gets into로 고쳐야 한다. ① invest는 자동사이고 전치사 in 다음에는 투자처가 온다. ② When절의 현재시제와 어울린다. ③ help는 원형동사를 목적어로 취할 수 있고 make sure는 that절을 목적어로 취한다. ④ I enjoyed the party very much.(나는 그 파티를 대단히 많이 즐겼다.)를 I enjoyed (very) much of the party. 라고 표현할 수도 있는데, much가 비교급 more로 바뀐 것뿐이다.

이 앨범에 투자하시면 무엇보다도 당신은 우리가 지금 당장 더 필요로 하는 그런 종류의 음악이 사람들의 손과 목소리와 가슴에 들어가게 하는 데 일조하고 계시는 것입니다.

14
①

It be ~ that 강조구문에서 that 이하의 절이 완전하면, It be 다음에 강조된 어구는 부사, 부사구 또는 부사절이어야 한다. 주어진 문장에서 that 이하의 절이 완전하므로, ①은 in the light of ~의 부사구가 되어야 한다.

우리가 세계 사회주의 운동의 역사와 사회주의 정당들이 이런저런 형태로 집권한 국가들의 역사를 모두 평가해야 하는 것은 바로 세계 부르주아에게 열려 있는 이러한 진정한 정치적 대안들을 고려하면서이다.

15
⑤

문장의 주어는 the probability이고 that은 동격절로 to occur까지 이어졌다. 그리고 복수동사 were가 왔으므로 단수주어인 the probability에 수를 일치시켜 ⑤는 단수동사 was가 되어야 한다.

생명의 기본 구성 요소인 폼알데하이드(CH_2O)와 시안화수소(HCN)가 아마도 이용 가능할 것이었음에도 불구하고 충분히 농축되어 더 이상의 반응을 일으켰을 개연성은 거의 희박했다.

16   ②

②는 계속적 용법에 해당하므로 관계대명사 which로 고쳐야 한다.

아브라함 매슬로의 욕구단계설은 우선순위에 따라 욕구를 체계적으로 배열한 것인데, 이것은 기본적인 욕구들이 보다 덜 기본적인 욕구들이 일어나기 전에 충족되어야 한다고 가정하는 것이다. 따라서 단계이론들처럼 다음 단계로 넘어가기 전에 먼저 하나의 욕구를 충족시켜야 한다.

17   ④

very는 형용사 및 부사의 원급을 수식하는 반면, much는 비교급과 최상급을 수식하므로, ④를 much the best로 고쳐야 한다. very를 쓰고자 한다면 the very best여야 한다.

범죄자들의 전기 작가들은 그렇게 끔찍한 사람들에 관해 글을 쓰는 유일한 목적이 다른 사람들이 유사하게 사악한 길로 빠지지 않도록 하기 위한 것이라고 보통 고백했다. 그들은 단지 그런 범죄행위가 득이 되지 않는다는 것을 증명하고 싶었다. 이것은 오늘날보다 그 당시에 훨씬 힘든 일이었는데, 왜냐하면 사실 범죄가 돈벌이가 되었기 때문이었다. 특히 저작권 침해는 아주 수익성이 좋았으며, 그렇게 위험하지도 않았다. 각각 몇 년간 지속되었던, 절정에 달했던 세 번의 시기에서, 부정한 (저작권 침해) 행위는 보통 사람에게 최선의 방책이었다.

18   ②

② 조동사 ought to를 부정하는 경우 ought not to로 써야 한다. ① owe A to B는 'B에게 A를 빚고 있다, 은혜를 입고 있다'라는 의미의 표현이며, owe B A의 형태로도 쓸 수 있다. ③ all은 한정사 the 앞에 쓰일 수 있는 전치한정사이다. suggest가 '제안'의 의미로 쓰이지 않았으므로 that절에 동사원형이 쓰이지 않았다. ④ 의문대명사가 선행사일 경우 관계대명사는 that을 쓴다.

① 당신의 도움에 정말 감사드립니다.
② 그 물건은 대단히 중요하며, 따라서 우리는 그것을 시야에서 놓쳐서는 안 된다.
③ 모든 증거들이 그녀가 범인임을 시사했다.
④ 상식이 있는 사람이라면 누가 그런 짓을 할 수 있을까?

19   ③

③ believe, guess, imagine, suppose, think 등의 동사가 쓰인 경우, 간접의문문 속의 의문사가 문두로 나가게 된다. 그러나 know는 이러한 동사에 해당되지 않으므로 의문사가 문두로 이동할 수 없다. Do you know when the store closes on Fridays?로 써야 한다. ① far from ~은 '결코 ~이 아닌'이라는 의미이며, 뒤에 명사, 동명사, 형용사가 올 수 있다. ② 'have no choice but+to부정사'는 '~할 수밖에 달리 방도가 없다'라는 의미의 표현이다. ④ it ~ that 강조구문에서 on purpose를 강조하여 쓴 문장이며, avoid는 동명사를 목적어로 한다.

① 그렇게 작은 글자를 읽을 수 있으므로, 그는 결코 근시가 아니다.
② 나는 추가적으로 직원을 뽑는 것 외에는 달리 방도가 없다고 생각한다.
③ 금요일에 그 상점이 언제 문 닫는지 아세요?
④ 그가 그녀를 만나는 것을 피한 것은 고의적이었다.

20   ②

② 'A라기보다는 B이다'라는 의미의 not so much A as B 구문을 이루어야 하므로, but을 as로 고쳐야 옳은 문장이 된다. ① relieved는 '안도한' '다행으로 여기는'이라는 의미의 형용사이며, 뒤에 원인을 나타내는 부사적 용법의 to부정사가 쓰였다. see 뒤에는 접속사 that이 생략되어 있으며, far가 '공간적으로 멀리'라는 의미인 경우 비교급은 farther이다. ③ 배수 비교는 '배수사+as+원급+as', '배수사+the 명사+of 비교대상', '배수사+비교급+than'의 형태로 표현한다. ④ 'know better than+to부정사'는 '~할 정도로 어리석지 않다'라는 의미이며, 전치사 by는 판단의 기준을 나타내는 용법으로 쓰였다.

① 그는 그들이 숲 속으로 더 깊이 들어갈 필요가 없다는 것을 알게 되어 안심했다.
② TV 화면의 위험성은 그것이 만들어내는 행동에 있기보다는, 그것으로 인해 행해지지 못하는 행동에 있다.
③ 새로 발견된 행성은 크기가 지구의 약 여덟 배이다.
④ 그녀는 외모로 사람을 판단할 정도로 어리석지는 않다.

| **01** ② | **02** ④ | **03** ② | **04** ② | **05** ④ | **06** ④ | **07** ① | **08** ⑤ | **09** ④ | **10** ① |
| **11** ③ | **12** ① | **13** ② | **14** ④ | **15** ④ | **16** ② | **17** ④ | **18** ③ | **19** ③ | **20** ① |

01   ②

빈칸 앞 문장이 완전하므로, 빈칸 이하는 종속절 혹은 수식어구가 되어야 한다. ①, ③은 빈칸 뒤에 절이 나오므로 부적절하며, ④의 경우 '~하는 방법'이라는 뜻의 'how+to부정사'가 an ideal setting과 의미상 나란히 있을 수 없으므로 정답이 될 수 없다. 따라서 정답은 ②이다. '전치사+관계대명사절'의 형용사절을 '전치사+관계대명사+to부정사'의 형용사구로 바꾼 형태의 문장이 된다. 즉, Team sports present an ideal setting in which they develop a variety of social skills에서 in which they develop을 in which to develop으로 달리 표현한 것이다.

단체 운동은 다양한 사회 기술을 발달시킬 수 있는 이상적인 환경을 제공한다.

02   ④

관계대명사 what 다음에 주어가 왔으므로, 빈칸에는 동사가 와야 한다. ②, ③에 쓰인 분사와 to부정사는 문장의 정동사로 쓰이지 못하므로 적절하지 않다. ①의 says는 주어인 the governing body의 동사가 될 수 있지만, 목적어 it이 빈칸 뒤의 a doping test와 중복되므로 정답이 될 수 없다. 따라서 정답은 ④이다. is는 주격관계대명사 what에 대한 동사이고, the governing body says는 삽입절을 이룬다.

차기 선수권대회에 참가하는 선수는 집행위원회가 금지약물검사라고 말하는 혈액검사를 받아야 한다.

03   ②

뒤에 명사구가 있으므로 우선 접속사인 ①은 적절치 않다. ③, ④는 문법적으로는 틀리지 않지만 의미가 어색하다. 따라서 등위접속사절인 but cannot usually shut을 줄인 but not이 정답이다.

사람들은 대개 섬광에는 눈을 감을 수 있지만 폭발음에는 귀를 막을 수 없다.

04   ②

빈칸에 들어갈 put동사의 목적어로 마지막에 these vital principles가 나와 있으므로 의문 부사나 관계부사인 how를 사용한 ②가 적절하다. ①, ③ 관계대명사 which가 오면 적절한 선행사를 찾을 수 없어 부적절하다. ④ 관계대명사 what이면 마지막 목적어와 충돌되어 부적절하다.

그의 이 책은 또한 이 중요한 원칙들을 실행한 방법으로(어떻게 실행했는가 하는 것으로) 그에게 용기를 준 실제 사람들의 가슴 따뜻한 이야기들도 포함하고 있다.

05   ④

전치사 about의 목적어로 동명사가 와야 하는데, 주절의 시제보다 앞선 일이므로 완료형이어야 한다. 또 동명사를 부정할 때는 동명사 앞에 not이 온다. 따라서 ④가 정답이다.

전화를 걸겠다고 말한 후에 네게 더 빨리 전화하지 못했던 것에 대해서 그녀는 약간의 죄책감을 느낄지도 모른다.

06   ④

①은 her professor 앞에 전치사 to가 있어야 하고, ②와 ③은 talk와 speak가 that 절을 목적어로 취하지 않으므로 부적절하다.

메리(Mary)는 다음 주에 수업에 참석할 수 없다고 그녀의 교수님들에게 말했다.

07   ①

'it appears that절'에서 접속사 that은 생략될 수 있으므로 ①이 빈칸에 적절하다. ② 두 명사 experience와 the sensation이 연결되지 않는다. ③ 형용사 common 과 명사 the sensation이 연결되지 않는다. ④ to be experienced가 능동태 to experience여야 한다. ⑤ it appears 다음의 that 이하가 절이 되지 않는다.

귀신과의 조우가 어디에서 일어났든 간에, 일반적인 경험은 귀신이 사람의 몸에 압력을 가하고 있다는 느낌이었던 것 같다.

08   ⑤

빈칸에는 there is 다음에 오는 주어 명사 a clinical trial이 먼저 오고, 이를 후치 수식하는 형용사 underway가 오고, 마지막으로 의문사 절(명사절)인 whether절 과 '전치사+명사'구를 이루는 전치사 into가 오는 ⑤가 바른 어순이다.

현재, BCG 백신이 섬유근육통을 치료하는 데 사용될 수 있는지에 대해 임상 시험도 또한 진행되고 있다.

09 ④

분사구문의 주어는 주절의 주어와 같을 때 생략한다. 주어진 문장의 분사구문에는 주어가 생략되어 있으므로, 빈칸에 들어갈 주절의 주어는 분사구문의 주어가 될 수 있는 것이어야 한다. 주절의 주어는 취임을 할 수 있는 주체, 곧 사람이어야 하므로, ①, ②는 답이 될 수 없다. 한편, 전체 문장은 과거 사실에 대한 진술이므로, 현재완료 시제는 적절하지 않다. 따라서 ④가 정답이다.

1901년 3월 4일에 재취임한 윌리엄 매킨리(William McKinley)는 새로운 임기 동안 대외 정책보다는 국내 정책에 초점을 두게 되기를 기대했다.

10 ①

주어진 문장의 동사 imagine은 동명사를 목적어로 취하며, ①은 이 동명사의 의미상 주어다. 일반적으로 동명사의 의미상 주어는 소유격으로 표시하나, 명사, 부정대명사 등의 경우에는 목적격으로 표시한다. 주어진 문장의 no one은 부정대명사이므로 소유격으로 써서는 안 된다. no one's를 no one으로 고쳐야 한다. ② imagine은 동명사를 목적어로 취한다. ④ 바로 앞에 위치한 two men을 후치 수식하고 있는 분사다. 능동 관계이므로 현재분사를 쓴 것이다.

우리는 존재의 이유를 탐구하는 사람이 아무도 없다고 생각했으나 그 이유를 찾는 사람이 두 명 있었다.

11 ③

가을에 수확한 양파와 봄에 수확한 양파를 비교하고 있으므로 harvested를 onions (which are) harvested로 고치거나, 명사 onions의 반복을 피해 those harvested로 고쳐야 한다. ① 양파는 수확되는 대상이므로 수동의 의미를 가진 과거분사로 수식했다. ② 주어는 Onions이고, picked ~ mature는 수식어구다. 따라서 are를 쓰는 게 맞다.

완전히 무르익은 가을에 딴 양파는 일찍 양파를 수확하는 때인 봄철에 수확한 양파보다 맛이 더욱 강하다.

12 ①

tout는 타동사로 '몹시 칭찬하다, 크게 선전하다'의 뜻인데, 목적어가 없다는 점, 문맥상 Dioniso Mendoza가 칭찬을 받은 대상인 점을 고려하면 수동태 문장이 되어야 한다. 따라서 who once를 who was once 또는 once로 고쳐야 한다. ② 앞의 최상급 형용사 등의 뜻을 강조해 '재세(在世)의' '이 세상에 있는'의 의미를 지닌다. ④ 특정 날짜 앞에 쓰는 전치사다.

그 도시에서 가장 나이가 많은 사람으로 한때 칭송받았던 디오니소스 멘도자(Dioniso Mendoza)는 12월 6일, 그의 101번째 생일을 20일 앞두고 자택에서 숨을 거두었다.

13 ②

most는 형용사와 대명사로 주로 쓰이며, 부사로 쓰이는 경우에는 '가장', '가장 많이'의 의미이다. 주어진 문장에서는 '거의'라는 의미가 필요하므로 ②는 부사 almost를 사용하여 almost any로 고쳐야 한다.

많은 사회 과학자는 거의 어떤 상황에서든지 통제할 수 없는 변수가 너무 많아서 특정 광고가 실제로 효과가 있다는 것을 입증할 수 없다고 믿는다.

14 ④

the significance of the key points는 that 이하의 관계절 안에서 showed와 told의 공통의 목적어 역할을 하는 명사구이다. 틀린 곳이 없는 문장이다.

독자들은 놀라운 통계 자료, 흥미진진한 세부 사항, 또는 이야기의 요점을 잊어버린 지 오랜 후에도, 핵심 요점의 의미를 말하기보다는 보여 주었던 다채로운 일화를 기억한다.

15 ④

④에서 refuse가 부정사를 목적어로 취하는 것은 맞지만, it이 앞의 a number of ideas를 가리키므로 수를 일치시켜 it을 복수대명사 them으로 고쳐야 한다. ① come up with는 '~을 제안하다, (해답 등을) 생각해내다'라는 의미이다. ②, ③ including은 전치사이며, 동명사 cutting과 and 이하의 inserting이 이것의 목적어다.

배우들은 오프닝 장면에서 몇몇 불필요한 서설적(序說的) 설명부를 삭제하고 추가로 노래를 삽입하는 것을 포함하는, 그 뮤지컬을 개선시키기 위한 많은 생각들을 제안했다. 하지만 감독은 그것들을 고려하길 거부했다.

16 ②

perpetrate는 '(나쁜 짓 등을) 저지르다'는 뜻의 타동사이므로 목적어 앞에 전치사가 필요하지 않다. ②에서 through를 삭제한다. ① bring ~ to light는 '(새로운 정보 등을) 드러내다[밝히다]'라는 의미이며, the mechanisms가 bring의 목적어이다. ④ lay ~ bare는 '(비밀 등을) 발가벗기다, 드러내다'의 의미이며, the context 이하 전체가 lay의 목적어이다.

그들은 (히틀러 치하의) 제3제국이라는 정치제도가 대량학살을 저지를 수 있었던 메커니즘을 밝히고, 그래서 그런 인류에 대한 범죄를 낳게 된 배경과 방식을 폭로하려고 노력했다.

17 ④

5년 미만의 과거에 만들어진 부서들에 관해 언급하고 있으므로 ④는 완료형 분사를 사용하여 having been created로 바꾸는 것이 옳다.

이 나라의 모든 지역이 이 목표를 추구하기 위해 연합함으로써, 정부 부문과 지자체 내의 관련 부서들이 그것을 채택하기에 이르렀다. 이것은 이 과정에 중요한 역할을 수행하는 사회정책회의(CPS), 아동노동근절위원회(CETI)의 경우에 그러하다. 정부 부문의 96.8%가 관련 지역 캠페인을 주도하는 부서를 가지고 있고, 이 부서들의 71%는 만들어진 지 5년 미만이다.

18 ③

③ when it comes to는 '~에 관해서라면'이란 의미의 관용표현이며, 이 표현에서 to는 전치사이므로 뒤에 동명사가 온다. ① 비교구문에서 비교되는 대상은 서로 문법적인 구조가 같아야 한다. 주어진 문장에서 비교되고 있는 대상은 '기간'이다. than 앞에 after his death라는 전치사구가 쓰였으므로 than 이하도 같은 형태로 써야 한다. during his life로 고친다. ② have killed의 목적어가 없는 것과 의미적으로도 장관이 반군에 의해 살해된 것이기 때문에 to have killed는 수동의 완료부정사로 써야 함을 알 수 있다. to have been killed로 고친다. ④ 실현되지 못한 과거의 희망, 기대 등을 나타내는 표현은 '소망, 기대 동사의 과거형+완료부정사' 혹은 '소망, 기대 동사의 과거완료형+단순부정사'의 형태로 한다. 따라서 had hoped to have seen을 had hoped to see 혹은 hoped to have seen으로 고쳐야 한다.

① 사람들의 의견에 끼친 그 철학자의 영향은 살아있는 동안보다 죽은 후에 훨씬 더 컸다.
② 장관은 반군에 의해 살해된 것으로 여겨진다.
③ 차를 고치는 것에 있어서라면 그는 정말로 손재주가 있다.
④ 나는 어젯밤에 그 유명한 영화를 보길 원했었다.

19 ③

③ should have p.p는 과거에 이루지 못한 것에 대한 유감이나 후회를 나타내는 표현이며, 주어인 rules가 do away with하는 행위의 '대상'이므로 수동태 문형으로 썼다. ① 동사 beg는 목적보어로 to부정사를 취한다. to buying을 to buy로 고친다. ② 종속절이 'since+과거시제'인 경우 주절의 시제는 현재완료가 되어야 한다. 주어가 it이고 기간을 나타낼 경우엔 현재시제도 가능하므로, had been을 is나 has been으로 고친다. ④ 형용사 likely는 'be likely+to부정사'의 형식으로 사용되므로, diminishing을 to diminish로 고쳐야 한다. in the long run은 삽입된 부사구로 '긴 안목으로 보면' '결국엔'이라는 의미이며, which는 앞 문장 전체를 선행사로 받는 관계대명사로 쓰였다.

① 그녀는 엄마에게 예쁜 드레스를 사달라고 졸라댔다.
② 전쟁이 발발한 지 거의 4년이 지났다.
③ 이런 우스꽝스러운 규칙들은 오래 전에 폐지됐어야 했다.
④ 그것은 단지 취하기 위해 위스키를 마시는 것과 같을 텐데, 이는 결국 위스키에서 얻는 당신의 즐거움을 줄어들게 할 것이다.

20 ①

① now that은 이유를 나타내는 접속사로, 문두에 쓸 수 있는 표현이며, hope는 that절을 목적어로 취할 수 있다. ② not so much A as B는 'A라기보다는 B이다'라는 뜻의 관용표현이다. than을 as로 고친다. ③ 지방에 관한 일반적인 사실에 대한 진술이므로, 목적보어와 주절 사이에 시제 차이가 나지 않는다. 완료부정사가 아닌 단순부정사를 써야 하므로 to have remained를 to remain으로 고친다. in addition to의 to는 전치사이므로 뒤에 명사가 왔다. ④ 런던에 방문한 것이 작년이고 그때 발생한 일을 나타내야 하므로 현재완료시제가 아니라 과거시제가 적합하다. has been happening을 happened로 고친다.

① 내가 그것을 본 이상, 나는 그들이 그것을 전성기의 상태로 회복시키기를 바랄 뿐이다.
② 장차 당신의 시댁 식구가 될 사람들의 주된 관심사는 당신의 사랑보다는 당신의 재력, 직업, 집안, 그리고 외모이다.
③ 에너지를 공급하는 것 이외에도, 지방은 몸속에서 다른 기능들을 한다. 우리가 먹는 음식물 중에 지방은 음식이 위에 더 오래 남아 있도록 해준다.
④ 많은 사람들은 그들의 일생동안 중요한 기회를 종종 놓치곤 한다. 그런데 작년에 런던에 갔을 때 내게 그런 일이 발생했다.

TEST 09

01 ②	02 ①	03 ④	04 ①	05 ④	06 ④	07 ③	08 ②	09 ②	10 ③
11 ④	12 ③	13 ③	14 ③	15 ①	16 ④	17 ②	18 ③	19 ②	20 ④

01 ②

'do nothing but+동사원형'은 '~하기만 한다, ~만 할 뿐이다'라는 의미의 관용표현이다. 따라서 빈칸에 ② yawn이 들어가야 한다.

나의 영문법 수강생 중 한 사람은 내 수업시간에 하품만 한다.

02 ①

빈칸 앞에 있는 that은 주격 관계대명사다. ②의 경우 형용사 possible이 동사 made를 수식하고 있으므로 옳지 않으며, ③의 경우 주격 관계대명사가 있는 상태에서 또다시 주어 역할을 하는 대명사 it이 나오므로 부적절하다. ④의 경우 it이 목적어, possible이 목적보어가 되는데, 이때 뒤에 남는 safe and durable artificial lighting의 문법적 역할을 설명할 수 없게 되므로 부적절하다. 따라서 정답은 ①이다. 목적어가 너무 길어서 목적보어 possible의 뒤로 뺀 형태의 문장이 된다.

토머스 에디슨(Thomas Edison)은 안전하고 오래가는 인공조명을 가능하게 해주는 탄화 대나무 소재의 필라멘트를 발명했다.

03 ④

'~과 마찬가지로 …이다'라는 뜻의 (just) as ~, so … 구문이다. 따라서 ①, ②가 답에서 먼저 제외된다. 주어는 all other living organisms이어야 하므로, so 바로 뒤에 do가 이어진 ④가 정답이다.

사람의 몸이 여러 활동에 필요한 에너지를 공급하기 위해 음식을 필요로 하는 것과 마찬가지로, 다른 모든 생물들도 에너지원을 필요로 한다.

04 ①

②와 ④에는 비교급 표현과 함께 쓰이는 than이 있어야 하며, faced의 목적어도 필요하다. ③도 마찬가지로 faced의 목적어가 있어야 한다. 따라서 정답은 ①이다. 이때 like는 전치사이고 none은 이것의 목적어이며, none 뒤에 목적격 관계대명사가 생략되어 있는 구조가 된다. faced의 목적어는 생략된 관계대명사다.

계속 진행되고 있는 석유 유출은 지금까지 우리가 겪어왔던 어떤 것과도 같지 않은 환경 재앙이다.

05 ④

'and each of them has ~'의 문장을 관계대명사를 이용해 고쳐 쓰는 경우 'each of which has ~'가 된다. 따라서 ④가 정답이다. ②의 경우 관계대명사 뒤에 완전한 문장이 와서 옳지 않으며, ③은 의미상 부적절하다.

(원소) 주기율표는 모든 원소를 포함하고 있으며, 각각의 원소마다 특정한 원자량과 원자 번호가 있다.

06

형용사 difficult는 능동의 to부정사로 수식한다. such는 부사가 아닌 형용사이므로, 형용사 difficult를 수식할 수 없다. 따라서 정답은 ④이다. 이때 difficult 앞의 that은 정도부사로 쓰였으며, '그 정도로' '그다지'라는 뜻이다.

나는 증세가 치료하기에 그렇게 어렵지 않을 때에는 대개 자가 치료를 한다.

07 ③

비교 대상끼리는 성격이 동일해야 한다. 주어진 문장에서는 '필리핀의 법'과 '미국과 같은 다른 나라의 법'을 비교하고 있으므로, 빈칸에는 the laws를 받는 대명사 those가 필요하다. 또한 필리핀과 미국 중 하나가 아니라 또 다른 하나(미국과 같은 '다른 나라')인 것이므로 another country가 맞다. 따라서 ③이 정답이다.

필리핀의 법이 미국과 같은 다른 나라의 법과 필연적으로 같은 종류라고 믿는 것은 사리에 맞지 않다.

08

주절이 'would+동사원형'이므로, 빈칸에는 가정법 과거의 조건절에 해당하는 표현이 와야 한다. 우선 'if+주어+과거동사' 구문을 찾아야 하는데, if가 생략되면 주어와 동사가 도치되므로 ②가 정답이다.

만약 지구가 가만히 정지해 있다면, 우리가 바람이라고 부르는 모든 공기의 움직임은 두 방향으로 갈라질 것이다.

09 ②

'~하는 일에 열심이다'는 'be keen to부정사'로 나타내고 동명사일 때는 전치사로 to가 아니라 about이나 on을 쓴다. ①과 ③은 완전한 절로서 접속사가 없어 앞으로 연결될 수 없고 ④는 assistance와 each government가 의미상 동격을 이룰 수 없다. ②는 government와 keen 사이에 being이 생략된 분사구문으로 빈칸에 적절하다.

이태리가 의료장비를 보내달라고 다른 나라에 호소했을 때 이 호소에 한 나라도 도와주겠다고 자원해 나서지 않았는데, 각 나라 정부마다 자국 시민을 위해 물자를 저장하는 일에 열심히 하고 있었던 것이다.

10 ③

관계대명사의 수는 선행사에 일치시킨다. 주어진 문장에서 ③ 앞에 위치한 관계대명사 which의 선행사는 the quality or skill이다. A or B 구문에서 A와 B 모두 단수인 경우에는 단수로 취급하므로, make는 makes로 고쳐야 한다. ① ability는 관용적으로 to부정사와 동격을 이룬다. ② that은 the quality or skill을 선행사로 하는 목적격 관계대명사이며, he has는 이것이 이끄는 절의 주어와 동사다. ④ make 뒤의 it은 가목적어이며, to do it이 진목적어다. for him은 부정사의 의미상 주어이고, it은 something을 가리킨다. 참고로 that he has와 which makes it ~은 the quality or skill을 선행사로 하는 관계대명사절이다. 이와 같이 두 개의 관계대명사가 접속사에 의해 결합되는 일 없이 동일한 선행사에 걸리는 구문을 '관계대명사의 이중한정'이라고 한다.

한 사람의 능력이라는 것은 자신이 가지고 있는 것으로서 그로 하여금 어떤 일을 할 수 있게 만들어주는 자질이나 기술이다.

11 ④

④ 바로 뒤에 있는 case가 단수명사이므로 both는 부적절하다. 두 가지 연설의 경우이므로, both를 '둘 중 어느 하나'라는 뜻의 either로 고친다. ① felt의 목적어인 that절 속에서, it은 가주어이며 whether가 이끄는 절이 진주어다. ② one은 speech를 대신하는 대명사다. ③ same이라는 원급 표현을 비교급을 강조하는 데 쓰이는 much가 수식했으므로 틀린 표현이라고 우기지 않길 바란다. 주어진 문장에서 부사 much는 '훨씬'이 아니라 '거의'라는 의미로 쓰인 것이다. 즉 almost의 뜻으로 쓰인 것으로, almost the same은 원급을 강조한 '매우 같은'이 아니라 '거의 같은'의 의미. much 대신 about을 쓰기도 한다.

내가 멋진 연설을 하느냐 형편없는 연설을 하느냐는 중요하지 않다고 생각되었다. 어느 경우든 세상은 거의 같을 테니까.

12 ③

'as+원급+as' 구문이 쓰인 문장이다. 지금은 예전에 이겨냈던 것처럼 병을 이겨낼 수 없다는 의미이므로 effective는 동사 fight를 수식해야 한다. 형용사는 동사를 수식할 수 없으므로 effective를 부사인 effectively로 고친다. ① care for~는 '~을 돌보다'라는 뜻이며, 관계대명사의 선행사인 those가 '사람들'이란 의미이므로

복수동사를 썼다. ④ did는 대동사이며, fought off의 뜻으로 사용되었다.

만성 질병을 가진 사람들을 돌보는 이들은 감기나 독감 같은 병을 그들이 이전에 그랬던 것만큼 효과적으로 이겨내지 못한다.

13 ③

lest는 should와 함께 쓰일 때 접속사로 쓰이며, '~하지 않기 위해서'라는 뜻이다. 이때 lest 자체에 부정의 뜻이 있으므로 뒤에 not을 붙이지 않는다. 따라서 should not을 should로 고쳐야 한다. ① nobility, clergy, aristocracy, gentry, peasantry 등은 police와 마찬가지로 보통 the와 함께 쓰여서 복수 취급을 받는다. ② nor는 접속사로 쓰였으며, 부정의 의미가 있으므로 do they의 형태로 도치가 일어났다. they는 the nobility를 가리킨다. ④ 관계대명사절의 주어와 동사이며, they 앞에는 목적격 관계대명사가 생략되어 있다.

귀족들은 그 친구를 좋아하지 않으며, 그들이 얻은 고요, 평화, 화합을 그 친구로 인해 잃을까봐, 그가 그들의 집단에 끼는 것을 허락하지도 않는다.

14 ③

③에서 ground는 knowledge를 목적어로 하는 동사인데, 전치사 of 뒤에 위치하므로 ground를 동명사 형태인 grounding으로 바꾸어야 한다. the empiricist tradition of grounding ~ and stressing~이 병렬 구조를 이룬다. 이때 ground는 '~에 기초를 두다, (원칙, 신념 따위를) 세우다'라는 의미의 타동사다. grind의 과거, 과거분사인 ground와 혼동하지 말아야 한다. ① 형용사의 최상급 표현이 명사를 수식하고 있는 구조이며, 여기서 school은 '학교'가 아니라 '학파' '유파'의 뜻이다. ② 뒤에 절이 아닌 구가 주어져 있으므로 옳은 표현이다. ④ grounding과 함께 of의 목적어가 되는 동명사다.

실용주의는 이 시기에 미국 철학에서 가장 영향력 있는 유파가 되었는데, 지식의 기반을 경험에 두고 실험과학의 귀납적 절차를 강조했던 경험주의자의 전통을 존속시켰다.

15 ①

주어진 문장에서 move를 '이사하다'나 '제안하다'라는 의미로 해석하면 대단히 어색하며, '감동시키다'라는 의미로 해석하는 것이 적절하다. 주어와 타동사 move는 수동 관계이므로 ①의 moved to tears를 was moved to tears로 고쳐야 옳은 문장이 된다. be moved to tears는 '감동해서 울음을 터뜨리다'라는 뜻이다. ② after는 전치사로 쓰였으며, defeating은 이것의 목적어로 쓰인 동명사다. ④ 계속적 용법으로 쓰인 관계대명사절로서, 은퇴를 선언한 시점이 마지막 경기에서 눈물을 흘린 시점보다 앞서므로 과거완료시제를 써서 표현했다.

니혼햄 파이터스의 중견수 신조 쯔요시(Tsyoshi Shinjo)는 5차전에서 주니치 드래곤스를 4대 1로 꺾고 일본시리즈 패권을 차지한 뒤 감격해서 눈물을 흘렸다. 뉴욕 메츠에서 활약한 바 있는 신조에게는 그 경기가 마지막 경기였는데, 그는 일찍이 은퇴를 선언했었다.

16 ④

④의 표현을 there are distinctions worth making 혹은 아예 it is worth making distinctions로 바꾸어야 한다.

사우디아라비아와 카타르에 압력을 가하고 있는 다른 나라들은 이슬람권 전체가 도리를 벗어났다고 주장한다. 형제 국가를 테러조직으로 낙인찍자는 요청을 거부해 온 서구 정부들을 포함해 다른 나라들은 (이슬람권 중에서도) 구별할 가치가 있다고 생각한다.

17 ②

a traffic ticket와 동격을 이루는 a fine을 수식하는 관계절에서 initially(처음에는 =처음대로였으면)가 과거시점을 나타내므로 ②를 가정법 과거완료 동사인 would have cost로 고쳐야 한다. ① 'spend+시간/돈+V-ing' 구문이다. ③ clock은 여기서 '측정하다, 계측하다'는 뜻의 동사이며, 능동태에서는 he가 목적어이고 현재분사 driving이 목적보어이다. ④ to defend의 의미상 주어는 experts이고 목적어는 him이므로 himself가 아닌 him이다. ⑤ lose/win the game(경기에 지다/이기다)처럼 '소송에 졌다'는 의미로 타동사이다.

한 영국인은 교통법규 위반 티켓에 맞서 싸우느라 거의 3년이라는 시간과 거의 3만 7천 달러라는 돈을 썼는데, 그 티켓은 처음에는 약 120 달러의 비용을 들게 했을 벌금이었다. 71세의 리처드 키드웰은 그가 2016년에 우스터 시로 가다가 제한속도 시속 30마일 구간에서 시속 35마일로 운전한 것으로 잘못 계측되었다고 말한다. 그는 과속단속 카메라의 결함 가능성에 대해 법정에서 자기를 변호해줄 전문가들을 고용했지만 결국 패소했다.

18 ③

③ Until절의 '주어+be동사'를 생략하는 것은 주절의 주어와 같을 때에만 가능하다. 주어진 문장의 경우, 종속절의 주어가 주절의 주어인 work가 될 수 없으므로 Until절의 주어를 생략해서는 안 된다. 종속절을 Until he was completely awake로 고쳐서 주어를 별도로 명시해줘야 한다. ① 부사구에 쓰인 동사의 주체는 주절의 주어인 one이다. ② 5형식 문장이며, 목적어인 him이 성경을 읽는 주체가 될 수 있으므로 현재분사 reading을 썼다. ④ until 뒤에는 he was가 생략되어 있으며, 이때 he는 주절의 주어인 The lawyer이다. 시간, 조건의 부사절의 주어가 주절의 주어와 같으면, 그 부사절의 '주어+be동사'는 생략이 가능하다.

① 훌륭한 과학자가 되기 위해서는, 수학을 이해해야 한다.
② 나는 그가 성경을 읽고 있는 것을 발견했다.
③ 그가 잠이 완전히 깰 때까지는, 일을 하는 것이 불가능했다.
④ 그 죄수를 만나는 것이 허락될 때까지 변호사는 그를 만날 수 없었다.

19 ②

② '눕다'라는 의미의 자동사 lie는 lie-lay-lain으로 동사변화를 하며, '눕히다'라는 의미의 타동사 lay는 lay-laid-laid로 동사변화를 한다. 주어진 문장에서는 목적어가 주어져 있지 않으므로 자동사를 써야 한다. 따라서 laid를 lie의 과거형인 lay로

고친다. ① 주절에는 '너무 ~해서 …할 수 없다'는 의미의 too ~ to … 구문이 쓰였다. ③ put은 '목적어를 ~한 상태에 놓다'라는 의미로 쓰였으며, to sleep은 '전치사+명사'의 구조이다. ④ It은 비인칭 주어이다. 소유격은 한정사이고 기수는 후치 한정사이므로, '전치 한정사+한정사+서수+기수'의 어순에 맞추어 my first로 쓴 것이다.

① 어둠이 다가왔을 때, 나는 너무나 피곤해서 텐트를 칠 수 없었다.
② 나는 들판 한가운데에 누워서 별들을 응시했다.
③ 밤의 열기로 인해 마침내 나는 잠이 들었다.
④ 그날은 집 밖에서 자는 나의 첫 번째 밤이었다.

20 ④

④ take ~ for granted는 '~을 당연한 것으로 여기다'라는 의미의 표현이다. 주어진 문장에서 took의 목적어는 our ability 이하이므로, 대명사 it은 목적어의 중복이 일어나게 하는 불필요한 표현이다. it을 삭제한다. ① '~에 대한 이유'를 의미할 때 reason 뒤에는 전치사 for를 쓰며, that it rained는 보어의 역할을 하고 있는 명사절이다. ② '무관사 명사+as+주어+동사'는 양보의 의미를 갖는 표현이다. ③ 분사구문의 주어가 생략되어 있다는 것은 분사구문의 주어와 주절의 주어가 같다는 것을 의미한다. 주절의 주어인 he가 compare되는 대상이므로 과거분사를 썼다.

① 그들이 지체한 이유는 비가 왔기 때문이었다.
② 나는 비록 여자이지만, 네가 위기에 처했을 때 너를 도와줄 것이다.
③ 그의 동생과 비교하면, 그는 그다지 총명하지 않다.
④ 일반적으로, 우리는 말하고 쓰는 능력을 당연한 것으로 여긴다.

| **01** ② | **02** ③ | **03** ① | **04** ③ | **05** ④ | **06** ② | **07** ④ | **08** ② | **09** ④ | **10** ④ |
| **11** ② | **12** ② | **13** ① | **14** ① | **15** ④ | **16** ④ | **17** ⑤ | **18** ② | **19** ② | **20** ② |

01   ②

주절의 동사 형태로 보아 과거 사실에 대한 반대를 가정하는 가정법 과거완료 문장임을 알 수 있다. If it had not been for는 '~이 없었더라면'이라는 뜻인데, 이때 If를 생략하면 도치가 일어나 Had it not been for가 된다. 따라서 정답은 ②이다.

밴쿠버 공항에서 여섯 시간을 지체하게 만든 스케줄상의 착오가 없었더라면, 존(John)은 옛 초등학교 친구를 만날 기회가 없었을 것이다.

02   ③

at no time과 같은 부정의 부사구가 문두에 나오면 그 뒤의 주어와 동사는 도치되며, 동사가 be동사일 경우 'be동사+주어'로 도치된다. 수여동사 give의 간접목적어는 I이며 직접목적어는 any explanation이므로, ③이 정답이 된다.

어떠한 이유로 내가 감금되어 이런 식으로 조사를 받고 있는지에 대해 내게 아무런 설명도 주어지지 않았다.

03   ①

lest가 접속사로 사용되면 '~하지 않도록'이라는 의미가 되고, 이하 절에서 조동사 should가 사용될 수도 있고, 생략된다면 동사원형이 나오게 된다.

그것은 경제인들 사이에 경종을 울리게 했고, 그들 중 많은 사람들은 이제 모두가 실패했다고 알고 있는 자본주의의 모델을 지지하는 것으로 보이지 않도록 더 높은 사회적 목적을 추구한다고 주장한다.

04   ③

접속사 before가 이끄는 절의 시제가 과거다. before는 '~이전에는'이라는 뜻이므로, 주절의 시제는 과거시제보다 한 시제 앞선 것이어야 한다. 따라서 시제가 과거완료인 ③이 정답이다.

고고학자들은 달력이 유럽이나 중동에 나타나기 수 세기 전에 아즈텍(Aztec)인들에 의해 발명되었다고 생각하고 있다.

05   ④

it is inevitable 다음의 진주어로는 동명사도 to부정사도 아닌 that절만이 가능한데 it을 가목적어로 하고 inevitable을 목적보어로 한 5형식 구문에서의 진목적어로도 that절만이 가능하다. 따라서 명사인 ①도, 동명사인 ②도, to부정사인 ③도 아닌 ④의 that절이 정답이다.

여론이 들끓자 상원이 대통령의 에너지 제안을 승인하는 것이 불가피해졌다.

06   ②

but for는 가정법에서 if절을 대신하는 표현으로, if it were not for 혹은 if it had not been for의 의미다. 따라서 빈칸에는 가정법 과거 혹은 가정법 과거완료 문장의 주절 동사가 들어가야 한다. ②와 ④가 가정법 과거완료의 귀결절 동사의 형태인데, happen은 자동사이므로 수동태 표현이 불가능하다. 따라서 ②가 정답이다.

매퀴슨(McQuiston) 박사가 없었더라면, 심리학 분야에서 내가 거둔 성공 가운데 그 어떤 것도 불가능했을 것이다.

07   ④

빈칸을 제외하고도 이미 완벽한 문장이므로, 빈칸에는 수식어구 혹은 종속절이 들어가야 함을 알 수 있다. 양보절 though they are imperfect에서 보어인 형용사 imperfect가 문두에 올 수 있으며, 이때 though 대신 as를 쓸 수도 있다. 따라서 ④ imperfect as they are가 정답이다.

지난여름에 나는 비록 완벽하지는 않지만 상당한 가족 병력을 모았는데, 이는 그 병이 유전되며 흑인들 사이에서 유전병으로 급속히 퍼지고 있음을 보여준다.

08   ②

동일한 대상의 두 가지 성질을 비교할 때에는 음절수와 무관하게 형용사에 -er을 붙이지 않고, more나 less를 사용한다. 따라서 ②의 more smart than pretty가 빈칸에 들어가야 한다.

그녀는 그녀를 예쁘다기보다는 똑똑하게 보이도록 하는 외모에 대해 특별한 것을 가지고 있지만, 당신은 그 마법의 요소가 무엇인지 콕 집어 말할 수 없다.

09   ④

fortunate는 It is ~ that 구문 형태로 사용하는 형용사로, It is ~ for[of] 사람 to… 구문을 사용할 수 없다. 진주어가 문두에 나갈 경우, 형용사 뒤에는 절 대신 to부정사가 오므로 ③은 오답이다. 따라서 ④가 정답이다.

그 비행기가 대체 착륙장에 당도하기에 충분한 연료를 가지고 있었던 것은 다행이었다.

10   ④

'매 ~마다'는 'every+수사+복수명사' 혹은 'every+서수+단수명사'로 표현한다. 따라서 every six month를 every six months 혹은 every sixth month로 고쳐야 한다. ① returns는 주어진 문장에서 동사로 쓰인 게 아니며, '신고서', '보고서'라는 뜻의 명사로 쓰였다. ③ a few 뒤에 복수명사가 온 형태다.

일반적으로 세금 신고서는 매년 제출해야 하지만, 어떤 경우에는 6개월마다 한 번씩 제출해야 한다.

11   ②

접속사 that 다음은 가정법의 귀결절인데, 문맥상 today 이하에 가정법 과거완료의 조건절이 와서 혼합가정법이 되도록 해야 한다. 따라서 have를 had로 고쳐야 한다. 이 경우 if를 생략하고 주어와 조동사가 도치된 형태가 된다. ① made가 사역동사이므로 원형동사 think를 쓴 것이다. ③ 명사 efforts는 to부정사와 동격을 이루며, keep in touch with ~는 '~와 연락을 유지하다'라는 의미다. ④ long이 명사로 쓰여 전치사 for의 목적어의 역할을 하고 있으며, '오랫동안'이라는 의미다.

그 이야기를 읽고 나니 내가 그와 오래도록 연락을 취하면서 지내려 노력했더라면 우리가 오늘날에도 여전히 친구일 거라는 생각이 들었다.

12   ②

관계대명사의 격은 자신이 이끄는 절 안에서의 역할에 의해 결정됨을 잊지 말자. 주어진 문장에서 he believed는 삽입절이므로, whomever가 had의 주어임을 알 수 있다. 따라서 whomever를 주격인 whoever로 고쳐야 한다. ① 주어인 The supervisor가 advise의 대상이므로 수동 관계다. ③ 관계대명사절 속에 삽입된 절이다.

그 감독관은 강한 책임감과 신념에 대한 용기를 가졌다고 믿는 사람 누구에게든 그 과제를 주라는 조언을 받았다.

13   ①

"그 젊은이를 '그들의' 새로운 가족 구성원으로 받아들일 수 없었다"고 했으므로 her

family는 '가족'이라는 하나의 집단이 아니라, '가족 구성원들'을 의미한다. 따라서 ①를 were로 고쳐야 문맥상 적절하다. ② '~라는 점에서'라는 의미의 관용표현이며, 전치사 뒤에 that절이 오는 예외적인 경우에 해당한다. ④ 앞에 쓰인 neither와 호응하는 표현이며, 양자 부정의 의미가 있다.

그 젊은이가 야심도 미래에 대한 목표도 없어 보인다는 점에서 그녀의 가족 구성원들은 그 젊은이를 그들의 새로운 가족 구성원으로 받아들일 수 없었다.

14   ①

분사구문을 강조할 때 능동 분사구문의 경우에는 현재분사 뒤에 'as one do동사'를, 수동 분사구문의 경우에는 과거분사 뒤에 'as one be동사'를 쓴다. 주어진 문장에서는 현재분사 Inheriting을 강조하고 있으므로 we are를 we do로 고쳐야 한다. ③ 부사절이 삽입된 형태이며, although 뒤에는 we inherit이 생략되어 있다. ④ 칭찬 혹은 감탄의 대상 앞에 전치사 for를 썼다.

로마인들의 행정적·법률적 질서정연함을 물려받은 우리는 또한 비록 보다 간접적이긴 하지만 그리스인들의 추상적 사상에 대한 존경과 물질적 성공에 대한 불신도 물려받고 있다.

15   ④

④는 as ~ as 구문에서 접속사 as 뒤에 쓰인 주어와 동사인데, 문맥상 it appears의 뜻이므로 ④를 it does로 고쳐야 한다. ① What은 believe의 목적어가 아니라 mean의 목적어인 관계대명사이며, I believe는 삽입절로 보면 된다. ③ 바로 앞에 있는 appear가 불완전자동사가 아니라 '나타나다'라는 의미의 완전자동사로 쓰였으며, 따라서 이를 수식하는 부사 clearly는 옳게 쓰인 것이다. as ~ as 구문에서 부정어가 앞에 있으므로 so가 된 것이며, as a huge phenomenon에 쓰인 as는 as ~ as 구문의 as가 아니라 자격을 나타내는 전치사 as로 쓰인 것임에 유의한다.

내가 믿기로 우리가 '현대화'라고 할 때 그것이 의미하는 것은 서구에서 아주 오랫동안 계속되어왔고 그래서 (서구에서는) 동양에서만큼 그렇게 분명하게 하나의 큰 현상으로서 나타나지는 않는 그 어떤 것이다.

16   ④

마지막 문장의 동사가 없으므로, ④에서 molding을 molded로 고쳐야 하며, on은 about의 의미로 쓰였다. ① be known for ~는 '~으로 알려져 있다'라는 뜻으로 쓰이며, being이 생략된 분사구문이다. ② 먼저 일어난 일에 대한 진술이므로 과거완료시제로 쓴 것이다. ③ fete는 '잔치를 베풀어 축하하다', '~에게 향응을 베풀다'라는 의미의 타동사다. 'spend+목적어+(in) ~ing' 구문에 속하며, being 앞에는 in이 생략되어 있다. 처칠이 향응을 베푼 것이 아니라 받은 것이므로 수동의 동명사를 쓴 것이다.

스카치위스키, 품질 좋은 시가, 지적인 대화를 좋아한 것으로 알려져 있는 처칠(Churchill)은 뉴욕에서의 그 해를 부유한 사람들이 베푸는 향응을 즐기면서 보냈다. 그러나 식사 후에 가졌던 편안한 담소들을 통해 히틀러(Hitler)의 등장에 관한 자신의 생각들을 정립했다.

17   ⑤

⑤ 앞에 선행사 decree가 있으므로 관계대명사 what은 부적절하고 완결된 절이므로 동격절을 이끄는 접속사 that이 적절하다.

오늘날 이들 서점들은 거의 모든 홍콩의 독립적인 출판사들과 더불어 사라졌다. 독립적인 출판사들을 살리기 위해 투쟁했던 용기 있는 사람들은 사실상 침묵당했다. 2백만 명에 달하는 시위자들을 홍콩의 거리로 불러낸 다른 많은 이슈들과 더불어, 이와 같은 탄압은 과거 영국의 식민지를, 모든 형태의 미디어들을 통합시켜 중앙 선전부의 직접적인 통제 아래 놓이게 할 것이라는 2017년에 발표된 시진핑 주석의 칙령과 맞추려는 중국 공산당의 공격적인 노력을 반영한다.

18   ②

② alike는 서술적 용법으로만 쓰는 형용사로, 주어진 문장에서는 불완전자동사 look의 보어로 쓰였다. ① since last night은 어젯밤부터 현재까지를 가리키므로 had been을 현재완료형인 has been으로 고친다. ③ 관계대명사 뒤에는 불완전한 문장이 와야 하는데, 주어진 문장의 경우 which 이하에 완전한 문장이 왔으므로 which가 쓰인 것은 옳지 않다. 문맥상 'the context 안에서' 만들어지는 것이므로 전치사 in을 관계대명사 앞에 두어야 한다. 이때 in which는 관계부사 where로 바꿀 수 있다. ④ 'have no choice but to+동사원형'은 '~하지 않을 수 없다'라는 의미의 관용표현이다. 따라서 beginning을 to begin으로 고친다.

① 군대는 어젯밤부터 그 도시를 통제하여 왔다.
② 사람들을 자세히 보기 전까지, 너에게 그들은 똑같아 보인다.
③ 그것들이 만들어졌던 맥락 속에서 살펴보는 것이 더 낫다.
④ 우리는 그 조치들을 실행하기 시작하는 것 이외에는 다른 대안이 없다.

19   ②

② 분사구문의 주어가 주절의 주어와 일치할 때, 분사구문의 주어를 생략할 수 있다. 해변에 눕는 주체는 he이므로, 주절의 주어와 동일하기 때문에 분사구문의 주어를 생략하였다. 목적어가 없으므로 '앉다'라는 의미의 자동사 lie를 써서 표현한 문장이다. ① 복합관계대명사의 격은 자신이 이끄는 절 속에서의 역할에 의해 결정된다. 주어진 문장에서 복합관계대명사는 wants의 주어 역할을 하고 있으므로 주격 whoever로 써야 한다. ③ it ~ that 강조구문이며, 이 강조구문에서 it, be동사, that을 생략했을 때 완전한 문장이 되어야 한다. It was와 that을 생략하고서 문장을 보면, this room 앞에 전치사가 있어야 함을 확인할 수 있다. this room 앞에 장소의 전치사 in을 첨가하면 옳은 문장이 된다. ④ all of, most of, some of 등의 표현 뒤에 명사가 올 때, 그 명사 앞에는 반드시 한정사가 있어야 한다. Most of mammals를 Most of the mammals로 고친다.

① 당신은 파티에 오고 싶은 사람이라면 누구나 초대할 수 있다.
② 그는 오후 내내 해변에 누워 있었기 때문에 햇볕에 심하게 타서 고통스러웠다.
③ 그 사건은 바로 이 방에서 발생했다.
④ 대부분의 포유동물들은 기온과 상관없이 비교적 일정한 체온을 유지한다.

20   ②

② so long as는 '~하기만 하면'이라는 의미이며 뒤에 절이 이어진다. and 이하에서 have 뒤에 쓰인 enough는 부사가 아니라 명사이며, have의 목적어로서의 역할을 하고 있다. ① be동사의 보어가 될 수 있는 것은 부사가 아닌 형용사이므로, happily를 happy로 고쳐야 한다. ③ drowning은 '물에 빠진', drowned는 '익사한'의 의미이므로 drowned를 쓰면 이미 물에 빠져 죽은 것이 되어 문맥상 옳지 않다. drowned를 drowning으로 고쳐야 한다. ④ everywhere는 부사이므로 앞에 전치사가 필요하지 않다. at을 삭제한다.

① 당신이 행복하다면 얼마나 많은 당신의 친구들이 그러한지 자신에게 물어보십시오.
② 동물들은 건강하고 먹을 것이 충분하기만 하면 행복하다.
③ 내가 기억하기에 내가 물에 빠졌을 때 낯선 생명체가 나를 구하러 왔다.
④ 종류는 다를지라도, 당신은 어디에서건 불행과 조우하게 된다는 것을 깨닫게 될 것이다.

01 ②	02 ④	03 ③	04 ④	05 ①	06 ④	07 ②	08 ③	09 ④	10 ②
11 ①	12 ③	13 ④	14 ④	15 ③	16 ④	17 ⑤	18 ②	19 ②	20 ④

01　　　　　　　　　　　　　　②

It ~ that 구문에 strange, surprising, amazing 등 감성적 판단의 형용사가 있는 경우에는, that절 속에 '(should) 동사원형'을 쓴다. 그러므로 ②가 정답이다.

그가 너에게 화를 내는 것은 이상한 일이다.

02　　　　　　　　　　　　　　④

부정어인 hardly가 문두에 놓이면 'had+주어+p.p'로 도치되므로, ④가 정답이다. 'hardly had+주어+과거분사, when[before]+주어+과거동사'는 '~하자마자 … 했다'라는 뜻이다.

그가 런던에 도착하자마자 익명의 지지자가 그가 곧 관세청으로부터 수색을 당하게 될 것이라고 전화로 알려주었다.

03　　　　　　　　　　　　　　③

many Black events를 선행사로 하는 관계사절 속의 otherwise는 '만약 밝혀지지 않았다면'이라는 뜻으로, 과거 사실의 반대를 가정하는 if절을 대신한다. 가정법 과거완료에서 주절의 동사 형태는 '조동사 과거+have p.p'이므로, 빈칸에는 ③이 들어가야 한다.

우리는 그렇지 않으면 알려지지 않았을 흑인 사회의 많은 사건을 밝혀냈던 『에보니(Ebony)』 같은 대중 잡지의 기여를 잊지 말아야 한다.

04　　　　　　　　　　　　　　④

as fast as he can/could가 '가능한 한 빨리(=as fast as possible)'이고 그 이하는 부사적 용법 '~하기 위해(목적)'의 to부정사가 이어져야 하므로 ④가 적절하다.

그는 자신의 경험을 나중에 기억나도록 기록해둘 수 있는 집으로 가기 위해 가능한 한 빨리 차를 몰았다.

05　　　　　　　　　　　　　　①

save는 '목적어를 2개 쓸 수 있는 4형식 동사이지만, 간접목적어를 후치시키지 못한다. 따라서 ②, ③, ④는 빈칸에 부적절하다. 4형식으로 쓰인 ①의 you a lot of trouble이 빈칸에 적절하다.

당신의 자동차가 어떻게 작동하는지를 이해하는 것은 당신의 많은 수고로움을 덜어줄 것이다.

06　　　　　　　　　　　　　　④

콤마 뒤에 부대상황을 나타내는 with 분사구문이 쓰였다. 제트블루가 비행편을 취소한 주체이므로 현재분사를 써야 하며, 배수 비교 구문에서 twice 뒤에는 as many[much] as의 형태만 올 수 있으므로 twice more than과 같은 표현은 옳지 않다. 또한 비행편이 취소된 횟수를 말하는 것이므로 as many as를 써야 한다. 이상의 조건을 모두 만족시키는 것은 ④이다.

몇몇 항공사는 북동부의 눈과 얼음으로 인해 비행편을 취소했는데, 제트블루(JetBlue)는 그다음으로 많이 취소한 항공사에 비해서 두 배나 많은 비행편을 취소했다.

07　　　　　　　　　　　　　　②

의미상 현재시점에서 과거의 사실을 추측하는 내용이므로 must have p.p가 쓰여야 한다. 동사 snow와 freeze는 날씨를 나타내는 비인칭 주어 it과 함께 쓰이면 자동사로 쓰이므로, ④와 같은 수동 표현은 불가능하다.

오늘 아침 계단이 미끄러우니 조심해라. 지난밤에 눈이 내려 얼었나보다.

08　　　　　　　　　　　　　　③

주어는 The price of gasoline이고 about ~ ago는 삽입구이므로, 빈칸에는 알맞은 형태의 동사 및 수식어구가 와야 한다. too much 뒤에는 명사가 오고, much too 뒤에는 형용사나 부사가 오는데, costly는 형용사이므로 ①은 much too로 바꿔야 맞다. ②는 의미상 적절하지 않은데, 자동차 소유주에 의해 팔리는 것은 '가솔린'이지 '가솔린 가격'이 아니기 때문이다. ④도 use his car로 고쳐야 한다. 따라서 ③이 정답이다.

얼마 전까지만 해도 1갤런에 약 1달러 50센트이던 가솔린 가격이 지금은 많은 자가용 운전자들에게 너무 비싸다.

---

09 ④

since가 쓰인 종속절 뒤에 위치한 주절의 동사는 현재완료가 되어야 하므로 ④가 정답이다. ②는 주어와 동사의 수가 일치하지 않아 정답이 될 수 없다.

1981년 대통령직을 떠난 이래, 지미 카터(Jimmy Carter)는 애틀랜타 에모리(Emory) 대학에서 공공정책 과정을 강의해왔다.

---

10 ②

관계대명사의 수는 선행사에 일치시키고, 격은 자신이 이끄는 절에서의 역할에 의해 결정된다. 주어진 문장에서, ②의 앞에 위치한 주격 관계대명사 that의 선행사는 one이 아니라 복수명사 molds이다. 따라서 produces를 produce로 고쳐야 한다. ③, ④ used는 앞의 명사를 수식하고 있는 과거분사다. 문맥상 '~에 익숙하다'라는 뜻의 be used to ~ing이 아니라 '~에 사용되다'라는 뜻의 'be used to동사원형'을 써야 하므로, 두 선택지 모두 옳은 표현이다.

푸른곰팡이는 질병을 다스리는 데 사용되는 항생제를 만들어내는 많은 곰팡이 중 하나다.

---

11 ①

①에 쓰인 whether는 명사절이나 부사절을 이끄는 접속사이므로 children 다음에 술부나 주절이 와야 하는데, 그러지 않았으므로 부적절하다. whether를 삭제하거나 either로 고친다. ② (either) father or mother를 단수 취급해서 stays로 쓴 것이다. ③ 어머니나 아버지 둘 중 하나를 의미하므로 the other가 맞다. ④ in은 부사로 쓰인 것이며, bring the bacon in은 위 문장에서 '생활비를 벌다'라는 뜻으로 쓰였다.

홈스쿨링은 아버지나 어머니 둘 중 한 사람은 집에 남아 아이들을 가르치는 반면 나머지 한 사람이 생활비를 벌기 위해 나간다는 것을 의미한다.

---

12 ③

관계대명사 that의 선행사는 복수명사 benefits and advantages이므로 동사는 복수동사를 써야 한다. ③을 were로 고쳐야 한다.

과학은 불과 얼마 전까지만 해도 소수의 특권이던 혜택과 이익을 대중들이 접할 수 있도록 해주었다.

---

13 ④

전치사 in의 목적어로 oils, pastels, etchings 등의 복수명사가 나열되고 있으므로, ④에서처럼 과거분사를 써서는 안 된다. and 뒤에도 복수명사가 와야 하므로 engraved를 engravings로 고쳐야 한다. ① from ~ on은 '~이래로 계속해서'의 의미다. ② devoted를 수식하는 부사.

1880년대부터 계속해서, 화가 메리 카사트(Mary Cassatt)는 유화, 파스텔화, 동판화, 목판화 작품에서 어머니와 아이를 주제로 해 점점 더 몰두했다.

---

14 ④

유사 관계대명사 than은 선행사에 '비교급+명사'가 오는 경우 주격 또는 목적격 관계대명사로 쓰일 수 있다. 주어진 문장에서 than은 courage를 선행사로 하는 주격 관계대명사이며, 셀 수 없는 명사 courage와 수를 일치시켜야 하므로 동사는 단수 형태가 되어야 한다. are imaginable을 is imaginable으로 고친다. ① 기준이나 관점을 나타내는 전치사다. ② always와 같은 빈도부사는 조동사의 뒤, 일반동사의 앞에 위치한다.

아웃사이더로서, 나는 항상 숨겨져 온 어두운 진실과 우리가 알고 있는 사람들에 대한 진실에 대해 항상 기꺼이 이야기해왔지만 그러한 이야기는 생각보다 더 많은 용기를 필요로 한다.

---

15 ③

문맥상 ③에서 them이 가리키는 대상이 주어인 83% of them과 동일하므로, ③을 주어와 목적어가 동일할 경우 쓰이는 재귀대명사인 themselves로 고쳐주어야 한다. 참고로 이어진 involved는 동사 find의 목적격 보어로 온 것이다.

슬로베니아 사람들 중 61%는 그들의 목소리가 EU에서 중요하지 않다고 생각한다. 그들 중 83%는 유럽문제에 자신이 관여하고 있지 않다고 생각한다. 이런 생각을 갖는 이유는 아마도 다른 회원국에서 보다 슬로베니아에서 훨씬 더 심각한 정치에 대한 무관심일지도 모른다.

---

16 ④

④에서 통나무집이 가난의 '증거를 둘러싸는' 것이 아니라, 가난의 '증거로 둘러싸여 있었다'고 봐야 문맥상 자연스럽다. 따라서 ④를 surrounded by로 고쳐야 한다.

얼마 전에, 나는 뉴잉글랜드의 목사가 자신의 설교를 준비하는 것처럼, 한 흑인 목사가 일요일 설교를 준비하고 있는 것을 보았다. 그러나 이 흑인 목사는 마당에 잡초가 무성한 완전히 망가지고, 물이 새는 임차한 통나무집에 거주했는데, 그 집은 가난의 증거로 둘러싸여 있었다.

17 ⑤

⑤ has become more sensitized의 주어가 others(=other groups)이므로 has를 have로 고쳐야 한다.

"아이들이 제아무리 반항적이라고 할지라도, 그들은 그들 부모의 유전자를 가지고 있다. 미국의 급진파들은 미국인이다."라고, 고인이 된 급진적인 작가 Andrew Kopkind는 1968년 뉴욕 타임스에 기고했다. "그들은 그들 자신의 신분 위나 혹은 아래에 있는 그룹을 조직하기 위해 쉽게 계급의 선을 넘어서지 못한다. 비록 그들이 자의식적으로 반항한다고 할지라도 그들은 다른 사람들과 마찬가지로 동일한 신분적 올가미에 사로잡혀 있다." 계급에 대해 진실인 것은 인종, 성, 나이 그리고 다른 유사한 것들에서도 그대로 적용된다. 미국의 좌파는 그들이 변화시키고자 하는 바로 그 사회의 산물이다. 트럼프가 여성, 흑인, 라틴 아메리카계 주민, 무슬림 그리고 이민자를 정조준함에 따라, 진보연합 내에 있는 다른 그룹들은 그들의 상황에 대해 더욱 민감해지고 있는 반면에 그 그룹들은 집회를 열고 그들 자신의 주장만 내세우고 있다.

18 ②

'계속 움직이다'는 2형식동사인 keep과 보어인 현재분사 moving으로 나타내므로 ②의 moved를 moving으로 고쳐야 한다. ① 주격보어인 동명사 going이다. ③ '웃으며 서있다'는 능동의 관계이므로 현재분사 smiling이다. ④ 목적어인 '소지품이 옮겨지는' 수동의 관계이므로 과거분사 carried이다.

① 내가 아침에 늘 하는 것은 일을 하기 전에 2마일 달리기를 하는 것이다.
② 우리는 바람 부는 추운 날에 체온을 유지하기 위해 계속 움직이라는 말을 들었다.
③ 그녀는 게스트하우스 방문객들에게 미소를 지으며 정문에 서있었다.
④ 학생들은 소지품을 기숙사 방으로 옮겨지게 했다.

19 ②

② 동등비교구문의 형식은 as ~ as이므로 뒤의 as를 생략해선 안 된다. 따라서 주어진 문장에서 weak 다음에 as를 첨가해야 한다. ① effect가 동사로 쓰이는 경우, '(변화 등을) 가져오다, 초래하다'라는 의미이다. ③ 복합관계형용사 Whatever가 양보의 부사절을 이끌고 있다. Whatever reason은 No matter what reason으로 쓸 수도 있다. ④ 관계대명사의 격은 자신이 이끄는 절에서의 역할에 의해 결정되는데, had given up의 목적어로서의 역할을 하므로 목적격 관계대명사 whom을 썼다. lost는 보어로 쓰인 것이다.

① 평화의 도래는 그녀의 삶의 방식에 변화를 가져왔다.
② 스페인은 1900년 당시보다 더 약하지는 않다고 해도 그때만큼은 약하다.
③ 네가 어떤 이유를 대더라도, 나는 그것을 믿지 않을 것이다.
④ 그녀는 그 낯선 사람이 행방불명된 것으로 포기했던 그라는 것을 알았다.

20 ④

④ resemble은 진행형이 불가능한 동사이므로 are resembling을 resemble로 고쳐야 한다. that절에는 'the+비교급, the+비교급' 구문이 쓰였다. ① be to blame은 수동의 의미를 갖는 부정사구의 표현이며, 주어진 문장에선 be동사 대신 appears가 쓰였다. ② '사람 주어+agree+to부정사'는 '~하는 것에 대해 동의하다'라는 의미이며, dividing은 전치사 of의 목적어로 쓰인 동명사이다. ③ if you are ready to have your project approved에서, have는 사역동사이며 project가 approve의 대상이므로 수동을 나타내는 과거분사 approved로 쓴 것이다.

① 한반도의 악천후도 어느 정도는 책임이 있는 것으로 보인다.
② 그들은 예루살렘을 분할하는 것과 같은 난제에 대해 협상을 재개하는 데 동의했다.
③ 추가 질문이 있거나, 당신이 맡고 있는 프로젝트가 승인될 준비가 되어 있다면, 우리는 기쁘게 당신을 도울 것이다.
④ 우리 모두는 부부가 오래 있으면 있을수록, 더욱더 서로 닮아간다는 것을 보아왔다.

| 01 ③ | 02 ① | 03 ④ | 04 ② | 05 ④ | 06 ② | 07 ③ | 08 ② | 09 ⑤ | 10 ③ |
| 11 ④ | 12 ② | 13 ② | 14 ③ | 15 ④ | 16 ⑤ | 17 ⑤ | 18 ① | 19 ② | 20 ③ |

01 ③

앞에 부정의 의미가 포함된 동사구가 쓰였으므로, 그 자체가 부정의 뜻인 ①, ②는 빈칸에 들어갈 수 없다. 의문문, 조건문, 부정문에서는 특수한 경우를 제외하고는 any를 쓰므로 ③이 정답이다.

마릴린(Marilyn)의 자동차에는 휘발유가 전혀 없다.

02 ①

would like 뒤에는 that절이 오지 못하며, 동명사도 올 수 없다. 따라서 '목적어+to 부정사' 형태의 ①이 정답이다.

경찰관은 내 차로 다가와서 "선생님, 음주 운전 측정을 좀 받으셨으면 합니다"라고 말했다.

03 ④

it is believed는 삽입절이며, 그 이하에 주어와 동사가 도치되어 있다. 따라서 부정어가 포함된 부사구 혹은 부사절이 빈칸에 와야 한다. ④가 정답이다.

1732년에야 비로소 정식 극단이 뉴욕에 설립되었다고 사람들은 믿고 있다.

04 ②

주어는 The sweater이고 that she ordered는 관계대명사절이므로, 빈칸에는 동사가 들어가야 한다. '~과 다르다'라는 뜻의 표현은 differ from ~, be different from ~이므로 정답은 ②이다. 한편, 문장의 정동사는 시제를 내포해야 하므로 ④는 is different from the one으로 고쳐야 한다. 이때 one은 앞에 쓴 가산명사 '스웨터'의 반복을 피하기 위해 쓴 대명사.

그녀가 주문했던 스웨터는 그들이 보낸 것과 다르다.

05 ④

as 다음에 주어 they와 be동사가 생략되고 과거분사만 남은 as intended는 as expected(예상된 대로/예상대로)처럼 '의도된 대로'라는 표현인데 여기에 부사 originally가 과거분사 앞에서 수식하므로 ④가 적절하다. 즉 as they were originally intended에서 they were가 생략된 것이다.

나는 이 문구들이 원래 의도된 대로 사용되지 않는다 해도 이 문구들을 통해 우리가 우리의 과거와 연결되어서 기쁘다.

06 ②

형용사가 명사를 수식할 때 그 어순은 '한정사+서수+기수+형용사+명사'다. 빈칸에는 한정사 the가 제일 앞에, 기수인 2021이 그 다음에, 분사 translated를 수식하는 최상급 best가 그다음에 위치해야 한다. 따라서 ②의 the 2021 Best Translated가 정답이다.

어젯밤에 두 개의 독립 출판사가 '2021 최고번역서상'을 수상해서, 후보 명단 중에서 최고의 자리에 올랐다.

07 ③

비교구문에서 비교의 주체는 자신을 제외한 대상과 비교되어야 한다. 그런 점에서 ①은 제외된다. ②는 원급비교인 as bright as로 써야 한다. 특별한 경우를 제외하고는 비교급 앞에는 정관사 the를 붙이지 않으므로 ④ 역시 적절치 않다. 따라서 ③이 정답이다. 이때 any other 다음에 단수명사가 왔음에 유의한다.

최근 여론조사에 따르면, 존슨(Johnson)이 롱비치(Long Beach) 고등학교의 3학년 학생들 가운데 가장 똑똑한 것으로 나타났다.

08 ②

명사 reason과 동격을 이루는 that절에서, 주어는 the voting rates이므로 동사는 are가 되어야 하며, 빈도부사 usually는 are 뒤에 위치해야 한다. 또한 동격의 that절을 제외하고 보면 문장의 주어가 One reason이므로 문장의 정동사는 is여야 하며, 빈칸 뒤에 절이 있으므로 이 절을 받을 수 있는 접속사 that이 필요하다. 따라서 정답은 ②이다. because는 부사절을 이끌며, 보어 역할을 하는 명사절은 이끌 수 없다는 데 유의한다.

보궐선거 투표율이 대개 특히 저조한 한 가지 이유는 사람들이 투표를 할 수 있도록 하루를 쉬지 않는다는 사실이다.

09 ⑤

due to라는 전치사구 다음이므로 문장의 형태는 들어올 수 없다. 따라서 동사의 꼴을 가지고 있는 ①과 ④는 제외한다. '위협'이 '사회와 세상'을 face하는 것이므로 현재분사 facing을 사용한 ⑤가 적절하다. ②는 the major threats our society and planet are faced with여야 한다.

그렇다. 우리는 지금 여기서 좋은 사람이 되기 위해서는 상당한 시간과 에너지가 필요하다는 사실을 알고 있다. 하지만 우리의 사회와 세상이 직면하고 있는 주요한 위협들 때문에, 우리는 미래 세대에 끼칠 수 있는 영향도 고려해야 한다.

10 ③

주어진 문장에 비교급 표현과 함께 쓰이는 than이 등장하므로, 원급 형용사 many films를 비교급 more films로 고쳐야 한다. ② 주어는 복수명사 rentals이다. ④ than을 기준으로, 비교 대상인 last year와 부사구 in the previous ten years가 병치되어 있다.

집에서 빌려보는 비디오영화 때문에 영화 산업은 더 호황을 맞게 되어서 지난 10년 동안 개봉했던 영화보다 더 많은 영화가 작년에 개봉했다.

11 ④

all kinds부터 disastrous까지가 관계절의 주어인데, 그 핵심 명사는 복수명사인 experiences이므로 is made use of를 are made use of로 고쳐야 한다. 한편, make use of는 타동사구로서 수동태가 되면 이 자체를 하나의 동사처럼 취급한다. 그래서 are made use of by ~가 된 것이다. ① 'cannot but+동사원형'은 '~하지 않을 수 없다'는 의미의 관용표현이다. We가 impress의 대상이므로 수동태 표현을 썼다. ② which의 선행사는 the manner이다. in which의 뒤에 완전한 형태의 절이 이어지고 있다. ③ in oneself는 '원래' '본질적으로' '그 자체로는'이라는 뜻이다.

우리는 그 자체로는 비참해 보이는 온갖 종류의 경험이 위대한 인물들에 의해 이용되는 방식에 감명 받지 않을 수 없다.

12 ②

however와 같은 뜻인 no matter how는 '아무리 ~하더라도'라는 뜻으로, 그 뒤에는 '형용사/부사+주어+동사'의 어순이 와야 한다. 따라서 ②를 hard they try로 고쳐야 한다. ③ how their PC works는 의문사절이며, understand의 목적어이다. ④ let alone은 '~은 말할 것도 없이'라는 의미이며, 'how+to부정사'가 이것의 목적어로 쓰였다.

그런 초보자들은 아무리 그들이 열심히 노력해도, 당신의 소프트웨어를 사용하는 방법은커녕, 그들의 PC가 어떻게 작동하는지도 알지 못할 것을 종종 두려워한다.

13 ②

접속사 nor와 등위접속사 and는 함께 사용될 수 없다. 앞 문장이 부정문이므로, and neither로 고치면 부정문 두 개가 접속사로 연결되는 문장이 된다. 이때 and 이하는 he did not understand what a system integrator was either에서 not과 either가 합쳐져 neither가 된 것이며, neither가 문두로 나가 문제에서처럼 도치가 이루어진 것이다. ① who met with us는 The person을 수식하는 관계대명사절이다. ③ 의문사절을 이끌고 있으며, 이것이 이끄는 절은 understand의 목적어이다.

우리와 만났던 그 사람은 분명히 소프트웨어 산업을 이해하지 못했으며 우리가 그에게 알려줄 때까지 시스템 통합자가 무엇인지 또한 이해하지 못했다.

14 ③

because of 다음에 나온 similar requests는 명사구가 아니라 동사 had also been refused의 주어가 되므로, because of를 절을 받는 접속사 because로 고쳐야 한다. 삽입구나 삽입절은 항상 괄호로 묶어 전후 문장이 어떻게 이어지는가를 반드시 확인해야 한다. ① refuse가 to부정사를 목적어로 취하듯 명사 refusal도 to부정사와 동격을 이룬다. ② arbitrary는 5형식 능동태 문장에서의 목적보어이다. 수동태 문장은 능동태 문장으로 바꿔서 확인하는 습관을 들이는 것도 필요하다.

그의 국회의원 면책특권을 해제하지 않기로 한 것은 자의적인 것으로 여겨질 수 없었는데, 왜냐하면 국회의 다수당 의원과 야당 의원 둘 다로부터의 비슷한 요구가 또한 거부되었기 때문이었다.

15 ④

because절의 they가 its symptoms를 가리키므로 비교 대상도 symptoms가 되게 ④를 with those of other disorders로 고쳐야 한다.

섬유근육통의 너무나 생생한 증세는 사람을 맥 빠지게 하는 것일 수 있다. 그 증세를 겪고 있는 환자들에 대한 의료계의 반응도 또한 너무나 자주 맥 빠지게 하는 것인데, 그 증세는 다른 질병의 증세와 일치하기 때문에 식별하기 어렵다.

16 ⑤

deprive A of B는 'A에게서 B를 빼앗다, 박탈하다'는 의미로서 ⑤앞에 of가 들어가 of what이 되어야 한다.

그것은 한 문화 공동체가 음악적 양식을 소유할 때, 또 다른 집단에 의한 그것의 도용은 심각한 잘못에 해당한다고 말한다. 이 주장에 따르면, 백인 블루스 연주자들은 흑인들에게서 그들의 정당한 소유물을 박탈하는 인종 차별적 도용에 참여한다.

① 그 정부기관이 운영하는 시설에서 출산했던 엄마들은 건강했다.
② 협상 테이블에 올라와 있는 안건들을 지역사회에 전달할 필요가 있다.
③ 여기 경영학을 전공한 새로운 선생님이 오신다.
④ 그 도시는 기차역 복원을 위해 상당한 금액을 배분했지만, 곧 조사와 계획에 그 돈을 써버리고 말았다.

17 ⑤

predictability, speed와 병치된 명사형이 와야 하므로 ⑤는 transparency가 되어야 한다.

"디지털화는 증기와 전기가 제조업에 심대한 영향을 미쳤듯이 공급체인에 심대한 영향을 미치게 될 것이다."라고 Bain의 Joe Terino는 선언한다. 그의 주장은 과장처럼 들린다. 그러나 그것은 선견지명이 있는 것으로 증명될지도 모른다. 인터넷이 비즈니스를 위한 도구로서 처음 등장하고 난 후 거의 30년이 지난 지금, Amazon과 Alibaba의 극히 일부 사람들만이 이해하는 기류 속에서 운영되지 않는 대부분의 다국적 기업들의 경우, 공급 체인의 관리는 놀라울 정도로 퇴영적이고 부진한 상태로 남아 있다. 좋은 소식은 많은 산업들 속에 있는 회사들이 계획하고 공급처를 찾고 만들고 배달하는 방식의 개선을 약속하는 다양한 새로운 기술과 방법을 실험하고 있는 중이라는 것이다. 이러한 혁신들은 예측가능성, 투명성 그리고 배달의 속도를 증가시키는 것에 의해 공급 체인을 더 스마트하게 만들고 있다.

18 ①

① which 앞의 that은 fun을 가리키는 지시대명사이다. 명사의 반복을 피하기 위해 사용하는 전치대명사 that, those는 전치사, 형용사(분사), 관계대명사의 후치수식이 가능하다. ② Most of 뒤에 '한정사(the)+명사(work)'의 형태가 온 문장이며, 부분을 표시하는 표현 뒤에 오는 명사에 동사의 수를 일치시켜야 하므로 the work에 맞춰 be동사는 is를 써야 한다. in itself는 '본래' '그 자체로는'이라는 의미이다. ③ 주어는 the discontented인데, 'the+형용사 = 복수 보통명사'이므로 동사는 is가 아닌 are를 써야 한다. rich and poor 또한 the rich and the poor로 써야 한다고 생각할 수 있겠으나, 짝을 이루는 두 개의 명사가 전치사 혹은 접속사로 밀접하게 연결될 때는 정관사를 생략해서 쓸 수 있다. ④ a kind of, a sort of, a type of 다음에 오는 명사에는 관사를 붙이지 않는다. 그러므로 a musician에서 a를 삭제한다.

① 나쁜 장난의 한 종류는 다른 사람들에게 고통을 주는 것이다.
② 대부분의 사람들이 해야 하는 일의 대부분은 그 자체로는 재미가 없는 일이다.
③ 불만을 가진 사람들은 부유한 사람들과 가난한 사람들 사이에 똑같이 있게 마련이다.
④ 그는 일종의 음악가와 같은 사람이다.

19 ②

② convey의 목적어는 관계대명사 what이 이끄는 절이며, 관계대명사 what 뒤에 불완전한 절이 주어져 있으므로 옳은 문장이다. 목적어에 해당하는 부분이 길어 부사구 뒤로 이동시킨 형태의 문장이다. ① facilities와 run by 사이에 which were가 생략되어 있으며, who ~ agency는 주어인 Mothers를 수식하는 관계대명사절이다. 문장의 주어가 복수이므로, 동사 was를 were로 고쳐야 한다. ③ Here 다음에 자동사가 올 때 주어와 동사는 도치된다. 즉, do/does/did 등을 이용하여 도치하지 않고 '자동사+명사'의 순서로 하며, 이때 자동사는 뒤에 오는 명사의 수에 일치시킨다. Here comes a new teacher who majors in business administration으로 고친다. ④ 관계대명사는 접속사와 대명사의 기능을 겸하므로, which 앞에 but이 있으면 문법적인 역할이 중복된다. which를 대명사 it으로 고치는 것이 가장 적절하다.

20 ③

③ 주어 다음에, '명령, 요구의 동사'가 오고 그 다음에 that절이 올 경우, that절 안의 동사는 'should+동사원형'이어야 하며, 이때 should를 생략해서 쓰는 것도 가능하다. ① 'If+주어+were to+동사원형'은 가정법 미래를 나타내므로, 주절도 가정법 미래가 되어야 한다. might have flown을 might fly로 고친다. ② 주절에 쓰인 동사의 형태를 통해 가정법 과거완료 문장임을 알 수 있다. 가정법 과거완료에서 조건절의 형태는 'If+주어+had p.p'인데, 만약 If를 생략하면 주어와 had가 도치된다. 따라서 Have she had를 Had she had로 고쳐야 한다. ④ '직설법+otherwise+가정법' 구문으로 otherwise 앞에 직설법 과거 시제가 왔으므로, otherwise 뒤에는 직설법 과거시제에 대한 가정법 시제인 가정법 과거완료 시제가 와야 한다. 따라서 was hit을 would have been hit으로 고쳐야 한다.

① 만약 지구가 갑자기 자전을 멈춘다면, 모든 것이 한쪽으로 날아갈지도 모른다.
② 만약 그녀에게 아기가 있었다면, 그녀는 자신의 아기를 모델로 만들고 싶어 했을 것이다.
③ 법원은 그 군인의 개인정보를 10년 동안 공개할 것을 명령했다.
④ 나는 그곳에서 그것을 내 손으로 받았다. 그렇지 않았더라면 정면으로 머리에 맞았을 것이다.

TEST 13

| 01 ① | 02 ③ | 03 ① | 04 ④ | 05 ③ | 06 ④ | 07 ④ | 08 ② | 09 ③ | 10 ④ |
| 11 ② | 12 ② | 13 ② | 14 ① | 15 ④ | 16 ① | 17 ② | 18 ① | 19 ④ | 20 ③ |

01　①

주절의 주어 we 앞에 세 개의 긴 명사구가 or로 연결된 구조이므로 '그것이 ~이든, ~이든, ~이든'의 뜻이 되려면 ①이 적절하다. Be it A, B, or C는 Whether it be(=is) A, B, or C와 같다.

건강과 의학 관련 최신 정보이든, 용감한 구조 이야기이든, 고무적인 이야기이든, 우리는 이 잡지가 우리에게 정보와 오락을 계속 제공해줄 것으로 믿는다.

02　③

주어진 문장에서 동사는 is, 보어는 surprising이다. 따라서 is의 앞부분은 주어가 되어야 한다. is 앞에 절이 있으므로 빈칸에는 명사절을 이끄는 표현이 와야 한다. 명사절을 이끌 수 있는 what과 that 중에서, what 뒤에는 불완전한 절이 오고 that 뒤에는 완전한 절이 온다는 사실을 기억하자. 본 문장에서는 완전한 절이 있으므로 What이 아닌 That이 정답이 된다. 한편, 콤마 뒤에 위치한 given은 전치사적 형용사로서 '~을 감안하면'이라는 뜻이다.

최근에 대규모 감원을 실시해야 했던 것을 감안하면, 홉킨스(Hopkins) 산업이 2분기에 할당된 생산량을 채우지 못한 것은 놀랄 만한 일이 전혀 아니다.

03　①

had better 다음에는 동사원형이 이어진다. '~을 찾아보다'라는 뜻의 look up에서 up이 부사이므로, 대명사가 목적어로 오면 반드시 up 앞에 위치해야 한다. 따라서 정답은 ①이다.

단어의 의미를 확신할 수 없을 때에는 사전을 찾아보는 편이 낫다.

04　④

선행사가 the reckless and spoiled woman이므로 자체에 선행사를 포함하고 있는 what을 쓸 수 없다. 그러므로 ①, ③은 먼저 정답에서 제외된다. 한편, 관계대명사의 격은 자신이 이끄는 절에서의 역할에 의해 결정되는데, she used to be의 보어 자리에 해당하므로 주격을 써야 한다. 그러므로 목적격을 쓴 ②도 정답이 될 수 없다. 따라서 정답은 ④가 되며, 이 때 she 앞에는 주격 관계대명사가 생략돼 있다. 주격 관계대명사는 자신이 이끄는 문장 속에서 주격 보어로 쓰인 경우, there is 구문의 주어로 쓰인 경우 등에는 생략이 가능하다.

그녀에 대한 그의 헌신적인 사랑은 앞뒤를 가리지 않고 버릇없이 자란 과거의 그녀를 변모시켰다.

05　③

'~할수록, …하다'의 'the+비교급+주어+동사, the+비교급+주어+동사' 구문이며, 이때 be동사인 경우에는 동사가 종종 생략된다. 따라서 정답은 ③이다. the distance is에서 is가 생략된 형태다.

일반적으로, 적도로부터의 거리가 더 멀수록 식물의 생장 기간은 더 짧아진다.

06　④

빈칸 앞이 전치사구이므로, 빈칸 이하는 주절이 되어야 한다. ①과 ②의 경우 so that과 when은 종속절을 이끌어 주절 없는 문장을 만든다. ③의 경우 부정어 hardly가 왔는데도 도치가 이뤄지지 않고, it의 쓰임도 불명확하다. 정답은 ④이다. hardly는 형용사 any를 수식하며, 전체 문장의 주어는 need가 된다.

항해 시대 초기에는, 정교한 도구나 기술의 필요성이 거의 없었다.

07　④

문장 구조에 대한 문제이다. '~라는 주장'에서 'that' 이하는 명사 'claim'을 수식하는 동격의 명사절로 사용되고 있다. 'by+명사'가 뒤에 이어지므로 수동태 문형의 문장이 필요하다.

적합한 천연 구름이 이미 존재하고 있었던 경우 외에는, 인공구름을 만들어서 비를 내릴 수 있다고 진지하게 주장이 이뤄진 적이 없다.

08　②

조동사 뒤에 위치한 trouble은 동사로 쓰인 것이며, '수고하다', '애써 ~하다'라는 의미일 때 뒤에 to부정사가 온다. occupy하는 행위가 주어 자신에게 미치고 있으므로 재귀대명사를 써야 하며, 몰두하는 대상 앞에는 흔히 전치사 with를 쓴다. 따라서 정답은 ②이다.

소설을 읽을 수 없다고 말하는 많은 사람들은 그러한 이유를 자신들의 정신이 중요한 문제를 해결하느라 바쁘기 때문에 가공의 사건에 애써 마음을 쓸 수가 없기 때문이라고 생각하는 경향이 있다.

09 ③

so의 앞부분은 동사의 형태로 보아 가정법 과거 문장이다. 가정법 과거는 현재 사실에 반대되는 일을 가정하는 경우에 쓰이는 것이므로, so 이하에는 직설법 현재가 와야 한다. 한편, whether가 이끄는 명사절은 전치사의 목적어가 될 수 있는 반면, if가 이끄는 명사절은 그렇지 못하다. 따라서 ③이 정답이다.

만약 그가 저 팀들 가운데 한 팀으로 간다면, 그는 결코 슈퍼볼을 차지하지 못할 것이다. 따라서 모든 것은 그가 우승하길 원하는지의 여부에 달려 있다고 나는 생각한다.

10 ④

④에서 it이 무엇을 가리키는지 불명확하다. 문맥상 pay는 OLED 투자에 대한 '이익을 보다', '수지가 맞다'라는 뜻의 완전자동사가 되어야 하므로, will pay it을 will pay로 고쳐야 한다. ① '~한 이유'라는 의미로, the reason why의 축약형으로 이해해도 무방하다. ② 콤마 사이에는 전치사구가 삽입되었으며, its는 the company를 가리킨다. ③ 이것의 주어는 the company다.

풍부한 자금력을 쥔 그 기업이 OLED 기술에 대한 투자가 성공적일 것으로 기대하고 있는 이유는 그 때문이다.

11 ②

whom he thinks is guilty는 전치사 of의 목적어가 되는 의문사절이며, 여기서 he thinks는 삽입절이다. 의문사가 자신이 이끄는 절에서 주어 역할을 하고 있으므로, 주격으로 써야 한다. whom을 who로 고친다. ① '~와 관계없이'라는 의미다. ④ be동사의 보어이므로 주격으로 썼다.

그가 생각하는 범인이 누구인지와 상관없이 내가 그녀를 범인일 수도 있다고 생각하는 일은 한시도 없을 것이다.

12 ②

②의 앞부분은 일종의 강조용법으로 쓰인 부사구다. 문장의 주어는 one of 이하의 어구이므로, 동사인 stand를 주어인 one에 일치시켜 stands라고 써야 옳은 문장이 된다. ① 형용사절을 이끄는 관계부사다. ③ elms를 선행사로 하는 목적격 관계대명사다.

내가 지금 편지를 쓰고 있는 이곳에서 50야드 떨어진 곳에는 아마도 자연이 지금까지 만들어낸 느릅나무 가운데 가장 멋지다고 할 만한 느릅나무 한 그루가 서 있다.

13 ②

elements 뒤에 목적격 관계대명사가 생략되어 있다. 전치사 with의 목적어는 선행사인 elements이므로 목적어가 중복된 상황이다. 따라서 with it에서 it을 삭제해야 한다. ① be confident that ~은 '~에 대해 확신하다'라는 의미다. ③ can에 이어지는 동사원형의 표현들이다. ④ 앞 문장을 선행사로 하는 관계대명사다.

우리는 과거에 우리가 내놓았던 구성요소들을 계속 유지할 수 있고, 개발 및 발전시킬 수 있다고 확신하며, 이것이 우리에게 중요하다.

14 ①

what은 자체적으로 선행사를 포함하고 있기 때문에 believe의 목적어로 오인할 수 있지만, what 이하의 절이 완전한 절이므로 what이 올 수 없다. 따라서 동사 believe의 목적절이 되도록 what을 접속사 that으로 고쳐야 한다. ③ Ireland를 선행사로 하는 소유격 관계대명사다. ④ believe의 목적어가 되는 that절 속의 동사이며, 이것의 주어는 financial turmoil이다.

경제 생산량이 메릴랜드(Maryland)와 거의 맞먹는 아일랜드(Ireland)와 같은 작은 나라에서의 금융 위기가 전 세계적인 반향을 일으킬 수 있다는 것은 믿기 어려운 일이다.

15 ④

approach는 자동사로 오해하기 쉬운 타동사로서 전치사와 함께 쓰이지 않음에 유의한다. approaching to에서 to를 삭제한다. ① prepare 뒤에는 목적어로 to부정사가 올 수 있다. ② A as well as B는 'B뿐만 아니라 A도'라는 의미다. ③ 'show+목적어+현재분사' 형태로 쓰인 것이다.

조사관들은 피해자가 도착하고 몇 분 내에 그 남자가 차에서 나와 집으로 들어가는 모습을 담은 비디오뿐만 아니라 그 남자의 모습을 그린 스케치를 공개할 준비를 했다.

16 ①

관계대명사 what 뒤에는 불완전한 절이 오는 반면, 명사절을 이끄는 접속사 that 이하에는 완전한 절이 온다. neither ~ population 까지 이어지는 명사절은 완전하므로 관계대명사 what이 아니라 접속사 that이 이끌어야 한다. 따라서 ①은 That으로 바뀌어야 한다.

이 결의안이나 현재 검토되고 있는 다른 어떤 결의안도 팔레스타인이 이스라엘 민간인들에게 퍼붓는 발사 로켓과 미사일의 지긋지긋한 포격을 인정하지 않고 있다는 것은 이 결의안들이 얼마나 왜곡되어 있고 일방적인지를 반영한다.

17   ②

Self-government, independence, and possession of the right and responsibility가 주어다. 따라서 is를 복수동사 are로 고쳐야 한다. ① 이것을 정답으로 선택하기가 쉬우나, 주어진 문장은 not A but B 구문에서 A와 B자리에 각각 부사 only와 especially가 온 형태다. ③ look upon A as B는 regard A as B와 동일한 의미다. ④ age가 '시대'라는 의미로 쓰였을 경우에는 가산명사다.

자율적이고 독립적이며 그리고 도덕적인 문제에서만이 아니라 특히 도덕적인 문제에서 자신의 삶과 관련해서 스스로 결정을 내리고 책임질 수 있는 권리가 있을 때 사람은 자율적 행위자가 된다. 임마누엘 칸트(Immanuel Kant)는 자율성을 계몽주의 시대의 독특한 특징으로 여겼다. 『계몽주의란 무엇인가?(What is Enlightenment?)』라는 에세이에서 칸트는 "계몽이란 인간이 스스로 빠져 있는 미성숙에서 벗어나는 것이다"라고 썼다.

18   ①

① take off는 '이륙하다'라는 의미의 자동사이므로 수동태로 나타낼 수 없다. 능동태의 과거진행 시제가 되도록 taken을 taking으로 고친다. ② but 이하에는 so ~ that … 구문이 쓰였으며, instead는 부사로 쓰였다. ③ 분사구문의 주어는 주절의 주어와 같은 경우 생략한다. ④ 다섯 명의 아이를 길러낸 것이, 주절의 내용보다 먼저 있었던 일이므로 완료분사구문을 썼으며, know는 '의문사+to부정사'를 목적어로 취할 수 있다.

① 비행기가 이륙하고 있을 때, 그는 창문에 얼굴을 밀착시켰다.
② 나는 웃고 싶었다. 그러나 내 감정이 너무나도 복잡해서 나는 대신에 울고 말았다.
③ 되돌아 보건대, 나는 우리의 관계가 튼튼해진 것은 그 여행의 결과라고 생각한다.
④ 다섯 명의 아이를 길러봤기 때문에, 나는 그런 말썽꾸러기를 어떻게 다루어야 하는지를 알고 있다.

19   ④

④ 한 사람의 손뼉을 치는 손은 둘이므로, 둘 중 나머지 하나는 the other이다. another를 the other로 고친다. ① another two hours는 'another+수사+복수명사'의 형태이며, '두 시간 더'라는 의미이다. ② knows 뒤에는 접속사 that이 생략되어 있으며, another 뒤에 단수명사가 왔다. ③ A is one thing, B is another는 'A와 B는 완전 별개이다'라는 의미이다.

① 내가 탈 뉴욕 행 비행기가 또 두 시간 지연될 것이다.
② 세상을 보는 또 다른 방식이 있다는 것을 그는 안다.
③ 자기가 생각하는 자기 모습과 실제의 자기 모습이 전혀 다른 사람들이 더러 있다.
④ 책은 손뼉 치는 두 손 중 하나이고 독자가 나머지 하나이다.

20   ③

hardly는 부정의 부사이므로 someone이 아니라 anyone이 함께 쓰일 수 있다. 따라서 ③의 hardly someone을 hardly anyone으로 고친다. ① 불특정한 것을 나타내는 something이다. ② 무제한의 anything이며 dislike여도 긍정문이므로 either가 아닌 too이다. ④ 무제한의 anyone이며 do not think와 같은 의미의 doubt이지만 긍정문이므로 neither가 아닌 so이다. ⑤ a few와 같은 some이다.

① 존은 전쟁에 관한 어떤 것(책)을 열렬히 읽으려 했다.
② 나도 그와 같은 말이면 그 어떤 말이든 하기 싫을 것이다.
③ 나는 나와 의견이 다른 사람이면 거의 그 누구와도 이야기한 적이 없다.
④ 나는 그 누구든 여기에 왔다고 생각지 않으며, 존도 그렇다.
⑤ 나는 그녀가 또 다른 언어를 몇 개 할 수 있다고 믿는다.

14

01 ④	**02** ②	**03** ①	**04** ④	**05** ①	**06** ②	**07** ①	**08** ②	**09** ④	**10** ②
11 ③	**12** ④	**13** ④	**14** ②	**15** ③	**16** ②	**17** ①	**18** ③	**19** ②	**20** ②

01 ④

not so much A as B 구문은 'A라기보다는 B다'라는 의미이며, A와 B에는 문법적 역할이나 구조가 동일한 표현이 들어간다. as가 없는 ②가 정답에서 먼저 제외된다. 주어진 문장에서, move를 타동사로 보면 '우리가 어떤 방향을 움직이는지'라는 어색한 의미가 되므로 move를 자동사로 봐야 하며, 따라서 what direction 앞에는 전치사가 있어야 한다. 이 점에서 ①은 정답이 될 수 없다. '방향'을 뜻하는 명사 direction은 흔히 전치사 in과 함께 쓰므로 ④가 정답이 된다.

이 세상에서 중요한 문제는 현재의 우리 위치라기보다는 우리가 어떤 방향으로 나아가고 있느냐 하는 것이라고 나는 생각한다.

02 ②

if절에는 과거시점부사인 then이 가정법 과거완료와 함께 왔고, 주절에는 현재시점 부사인 now가 왔으므로, 과거에 있었던 일의 결과가 현재까지 미치는 것을 가정한 혼합가정법이 쓰였음을 알 수 있다. 혼합가정법의 주절에는 '주어+조동사의 과거+동사원형'이 오므로, ②의 could be가 정답이다.

만일 과거의 상황이 그때 좀 더 괜찮았더라면, 나는 지금 더 행복할 텐데.

03 ①

the moment는 as soon as와 같은 의미로, 시간의 부사절을 이끈다. 따라서 미래의 일도 현재시제로 나타내야 한다. arrives가 정답이다.

그가 오면 곧 이 쪽지를 전해주십시오.

04 ④

빈칸 앞에 주어가 있으므로, 빈칸에는 정동사가 필요하다. 동사 find에 대한 목적어가 없고 형용사 obese가 온 것으로 보아 5형식 문장임을 알 수 있다. 성인 남녀가 비만인 것으로 '드러났다'는 뜻이 되어야 하므로 수동태 표현이어야 한다. 한편, 부분 표시어가 있는 경우 of 뒤의 명사에 수를 일치시켜야 하는데, 복수명사(men, women)이므로 빈칸에는 ④ were found가 들어가야 한다.

남자들 중의 9.8퍼센트와 여자들 중의 13.8퍼센트, 즉 성인 남녀 10억 명 이상이 비만인 것으로 나타났으며, 이러한 수치는 체질량지수로 측정되었다.

05 ①

주어진 문장은 It ~ that 강조구문이므로, It was와 that을 생략해도 의미가 통하는 문장이 된다. It was와 that을 생략하고서 문장을 보면, 빈칸에는 동사가 들어가야 함을 알 수 있다. 그런데 make 동사를 3형식 동사로 보면, '마그네슘이 항공 산업의 성장을 만들었다'라는 의미가 되어 어색하다. 따라서 5형식 동사로 보아야 하며, ①이 정답이다. 이때 the wartime growth of the aviation industry가 목적어, possible이 목적보어인데, 목적어가 길어서 목적보어 뒤로 뺀 형태의 문장이 된다.

항공 산업의 전시(戰時) 성장을 가능하게 한 것은 바다에서 나온 마그네슘이었다. 왜냐하면 미국에서 만들어진 모든 비행기는 약 500킬로그램의 마그네슘 금속을 포함하고 있기 때문이다.

06 ②

①에서는 접속사 that이 빠져야 한다. ④의 경우 '주어+동사'가 접속사 없이 나올 수 없으므로 잘못되었다. 따라서 Lois Weber와 동격을 이루며, Lois Weber를 보충 설명하는 명사인 A prolific Writer가 적절하다.

왕성한 작품 활동을 하는 작가 로이스 웨버(Lois Weber)는 그녀가 제작한 수많은 영화들 가운데 거의 일곱 편을 쓰거나 개작했다.

07 ①

동사 observe에는 '말하다', '주시하다' 등의 의미가 있는데, '주시하다'라는 뜻으로 쓰이는 경우에는 see처럼 지각동사에 속한다. ③, ④의 경우, 목적어가 사람이므로 동사원형 혹은 현재분사가 목적보어로 와야 한다. 'that절의 내용이 언급된다'라는 의미가 되어야 하므로, ②에 쓰인 목적보어 seen은 어색하다. 따라서 정답은 ①이다. 이때 it은 가목적어, that절이 진목적어이며, 목적보어로 쓰인 동사 observe는 '말하다'라는 뜻으로 해석된다.

우리는 벌이 꽃을 이용하는 것과 똑같이 책을 이용해야 한다는 언급이 있는 것을 어디선가 본 적이 있다.

08 ②

관계부사 where가 이끄는 절 안에서, 첫 번째 문장 다음에 and so가 이어진다. '~도 또한 그러하다'는 'so+동사+주어' 형태로 표현하면 된다. 앞 문장의 is increasing을 참고하면, 'so is 주어'가 되어야 하므로 ②가 정답이 된다.

은행에 있어 보다 당면한 과제는, 자금 조달 비용이 증가하고 고객 유치 경쟁 또한 심화되고 있는 환경에서 수익을 증가시키는 것이다.

09 ④

'It will be a long time before 주어+현재동사'는 '~하는 데 긴 시간이 걸릴 것이다'라는 의미의 관용적 표현이다. 따라서 정답은 ④이다. 문법적으로 보자면, before가 이끄는 절은 시간의 부사절이므로 현재시제로 미래를 나타낸다.

그들의 의견 대립이 해결되려면 긴 시간이 걸릴 것이다.

10 ②

confess는 두 개의 목적어를 취할 수 없는 3형식 동사이며, '~에게'에 해당하는 말 앞에는 전치사 to를 쓴다. confessed his friend를 confessed to his friend로 고친다. ③ 주어진 문장에서 felt는 불완전자동사로 쓰였고, 과거분사 chosen은 이 동사의 보어이다. ④ the reason why의 축약형으로 볼 수 있으며, know의 목적어가 된다. why 뒤에는 앞에서 언급한 내용인 he felt chosen by God이 생략되어 있다.

엘비스(Elvis)는 가수 생활 초기에 자신이 신(神)에 의해 선택받은 느낌이 들지만 왜 그런지는 모르겠다고 그의 친구에게 고백했다.

11 ③

③을 그대로 두면 '~하는 데 사용되다'라는 의미가 되어 어색해진다. 과거의 습관적인 동작을 나타내는 조동사를 써서 표현해야 문장이 자연스러워진다. was used to를 used to로 고친다. ② 이중소유격 표현이다. ④ different는 전치사 from과 함께 쓰이며, married는 '결혼한', '기혼의'라는 의미의 형용사다.

어린 시절 내 친구 한 명은 자기 부모님이 이야기 속에 나오는 결혼한 사람들과 어떻게 다른가를 생각하곤 했다.

12 ④

주어진 문장의 too ~ to … 구문에서, 부정사의 목적어(them)가 문장의 주어(the images)와 동일하므로 목적어를 생략해야 한다. to believe them을 to believe로 고친다. ① stunning은 '기절할 만큼의' '근사한' '멋진'이란 의미의 형용사다. ② 형용사 alive는 상태를 나타내는 보어로 쓰였다. ③ and 이하에서 주어는 the images이고, that swept across our screens는 관계대명사절이다. 주어에 수를 일치시켜 were로 쓴 것이다.

홀륭한 영상은 그 영화의 생생한 판타지를 불러일으켰고, 화면을 휩쓸고 지나가는 이미지는 거의 너무나도 초현실적이라 믿을 수 없을 정도였다.

13 ④

many가 주어, cite가 동사, campaign이 목적어, Ed Gillespie이하가 관계절로 campaign을 수식하는데, formerly부터 Reaganite까지는 주어 Ed Gillespie와 동격인 명사이고 ④가 관계절의 동사이므로 ④를 시제를 가진 형태인 ran으로 고쳐야 한다.

많은 사람들은 예전에 평범한 레이건 지지자였던 에드 길레스피가 버지니아 주지사 선거에서 벌인 인종공격 선거운동을 증거로 인용한다.

14 ②

difficult와 같은 난이 형용사를 수식하는 'to부정사' 구문에서 주어(he)가 to부정사의 목적어나 전치사의 목적어로 쓰여야 하는데, 여기서는 to get close to him이므로 ②를 to get close to로 고쳐야 한다. ④는 improve가 자동사로 쓰여 능동태의 to부정사이다.

그래도 그녀는 그를 완전히 포기할 수 없었다. 그는 여전히 가까이 하기 어려웠지만, 그의 작은 행동들은 그가 사랑하고 있음을 보여주었다. 그는 그녀의 사무실을 개조하는 것과 같은 일에 일부러 나서서 끝까지 도와주었다. 그녀는 그들의 관계가 나아지기를 원했다.

15 ③

of the two의 표현이 뒤따르거나 몇몇 관용표현을 제외하고는 비교급 앞에 정관사를 쓰지 않는다. the more efficient에서 the를 삭제한다. ① 용법을 모르고 있다면, 이것을 답으로 선택하기 쉬웠을 것이다. given that은 '~을 고려하면'이라는 의미로, 이때 that 뒤에는 절이 이어진다. 한편, given이 전치사처럼 쓰여 뒤에 명사 상당어구가 오는 것도 가능하다. 사전을 통해 용법을 확인해두길 권한다. ② '(예를 들면) ~과 같은'의 의미이며, as가 전치사이므로 뒤에 명사가 왔다.

전 세계적으로 옥스팜(Oxfam)과 같은 민간 비정부기구가 그 분야에 있어서 UN보다 더 효율적이고 성공적임을 고려해볼 때, 많은 사람들이 국제문제에 있어서 그들의 정부의 역할에 의문을 제기하기 시작할 것이다.

16 ②

bestow는 'bestow+목적어+on+명사' 형태로 쓰인다. 주어진 문장에서 that은 앞의 명사 the honor and privilege를 선행사로 하는 목적격 관계대명사로, 관계대명사절 안에 목적어가 비어 있어야 하는데 완전한 절의 형태이므로 수동태는 적절하지 않다. 따라서 have been bestowed를 have bestowed로 고쳐야 한다. 이때 bestowed의 목적어는 관계대명사 that이며, you와 the people of South Africa는 동격 관계다. ① humble과 elevate는 각각 '겸손하게 하다'와 '기분을 돋우다'라는 의미의 타동사이고, I는 이것의 대상이 되므로 수동태 표현으로 쓴 것이다. ③ 자격이나 신분을 나타내는 전치사다.

우리나라를 어둠의 골짜기에서 벗어나도록 이끈, 단결되고, 민주적이고, 인종차별이 없는 남아공 최초의 대통령으로서 나에게 남아공 국민 여러분이 부여한 명예와 특권에 의해 나는 겸허한 마음이 들면서도 기분이 고양됨을 느끼고 있습니다.

17   ①

① piling과 병치되므로 cutting으로 고쳐야 한다. ② suggest동사가 여기서는 '제안하다'가 아니라 '넌지시 말하다'라는 뜻이므로 시제일치에 따라 과거시제인 had가 맞다. ③은 didn't eat this way를 대신한 대동사이므로 맞는 표현이다. ④ 명사를 목적어로 취하여 전치사처럼 쓰이는 형용사인 like가 맞다.

전곡, 과일, 야채, 어류, 견과류, 올리브 오일을 식기 판에 올리고 붉은색 육류를 줄이는 건강 식단 계획이 당신의 뇌 건강을 유지하는 데 도움을 줄지도 모른다. 『미국 노인병학회지』에 실린 거의 6천 명을 대상으로 한 2017년의 한 연구에서는 이런 식으로 식사를 하는 사람들이 그렇지 않은 사람들보다 인지능력이 손상될 위험이 35퍼센트 낮은 것으로 드러났다. 이러한 음식의 결합이 잘 알려진 어떤 권고사항과 같은 것처럼 여겨질지 모르는데, 과학자들은 뇌와 심장에 서로 비슷한 음식들이 필요하다는 것을 발견해가고 있다.

18   ③

③ so ~ as to …는 '…할 정도로 ~했다'라는 의미의 표현이며, leave는 '~을 남겨둔 채 가다'라는 의미의 타동사로 쓰였다. ① to부정사의 의미상 목적어가 주어이므로, 대명사 it을 다시 목적어로 두면 중복이 되어 옳지 않다. carry it down에서 it을 삭제한다. ② that절속의 동사 solve의 목적어가 없으므로 옳지 않은 문장이다. solve it으로 써서 목적어를 나타내 주어야 한다. ④ 'such+a(n)+형용사+명사+that절'의 어순이 되어야 하므로, such a nice fellow로 고쳐야 한다.

① 이것은 내가 옮겨서 내리기엔 너무 무거운 박스이다.
② 그 문제는 너무나 어려워서 나는 그것을 풀 수가 없었다.
③ 나는 버스에 카메라를 두고 내릴 정도로 조심성이 없었다.
④ 펠릭스는 너무나 멋진 녀석이어서 친구들 모두가 그를 좋아했다.

19   ②

② 시간, 조건, 양보의 부사절의 주어가 주절의 주어와 같을 때, 부사절의 '주어+be동사'를 생략할 수 있다. 주어진 문장은 The oranges, when they are ripe, are picked ~에서 they are를 생략한 것으로 파악하면 된다. ① before가 이끄는 절은 시간의 부사절이고, 시간의 부사절에서는 현재시제가 미래시제를 대신하므로, we will meet를 we meet로 고쳐야 한다. ③ 불확실성을 나타내는 동사 don't know가 있고 또한 문맥상 '~인지 아닌지'라는 의미로 해석되어야 하므로, 접속사 that을 if 혹은 whether로 고쳐야 한다. ④ weather는 불가산명사이므로 부정관사를 붙일 수 없다. such beautiful weather로 고친다.

① 우리는 곧 다시 만날 것이다.
② 오렌지가 익으면 따서 기계로 분류한다.
③ 나는 네가 여기에서 그녀를 알아볼 수 있을지 모르겠다.
④ 날씨가 너무 좋았기 때문에 우리는 산책을 갔다.

20   ②

② as if 뒤에는 가정법 동사가 오는데, 문맥상 본동사와 같은 시제를 나타내므로 가정법 과거동사가 와야 한다. 문장 끝의 himself는 강조의 의미로 쓰인 재귀대명사이다. ① hung은 '(옷 등)을 걸다'는 뜻의 동사 hang의 과거분사형이다. 살인혐의로 '교수형에 처하다'는 뜻으로 쓰일 때는 과거분사로 hanged를 쓰므로, ①에서 hung을 hanged로 고쳐야 한다. ③ outlive는 타동사이므로 뒤에 전치사가 필요하지 않다. beyond를 삭제한다. ④ 관계대명사 뒤에는 불완전한 절이 온다. 주어진 문장의 whom 뒤에 완전한 문장이 왔으므로 옳지 않은데, 전치사 for의 목적어는 관계대명사 whom이므로 for 뒤의 대명사 them을 삭제해야 한다.

① 한 여인이 1873년에 살인혐의로 교수형에 처해졌으며, 두 여성은 1899년에 처형되었다.
② 비행기의 이륙을 지켜보다가, 그 작은 아이는 마치 자신이 비행기인 양 팔을 흔들어댔다.
③ 그 아이디어는 한때는 훌륭했으나, 지금은 너무 오래돼서 효용 가치를 잃어버렸다.
④ 우리가 수당을 지불해야 하는 정규 직원들의 수를 제한하면 비용을 상당히 줄이고 이익을 늘릴 것이다.

| 01 ③ | 02 ② | 03 ② | 04 ② | 05 ④ | 06 ① | 07 ③ | 08 ① | 09 ③ | 10 ④ |
| 11 ① | 12 ④ | 13 ④ | 14 ④ | 15 ③ | 16 ③ | 17 ④ | 18 ② | 19 ③ | 20 ① |

01 ③

makes 다음의 it이 가목적어이므로 빈칸에는 진목적어 that절을 이끄는 접속사 that이 먼저 필요하고 photographers(주어) portray(동사)와 함께 is의 주어절을 이루는 관계대명사 what이 필요하므로 ③이 적절하다.

미디어에 대한 우리 사회의 불신으로 인해 사진작가들이 가능한 한 정확하게 표현하는 것이 그 어느 때보다 더 중요해진다.

02 ②

빈칸 앞의 get established와 빈칸 뒤의 thrive를 연관해 내용을 서술하는 문장이다. 빈칸 앞에 부정적인 말이 나와 있고 연결사 없이 동사가 이어져야 하므로, 빈칸에는 '~은 말할 것도 없고'라는 뜻의 much less가 들어가야 한다.

알칼리성 수소이온농도에서 번창하기는커녕, 자리를 잡지도 못하는 질병이 200개가 넘는다.

03 ②

복합 관계대명사에는 선행사가 포함되어 있으며, 그 자체가 주어, 목적어로 쓰일 수 있다. 따라서 ③, ④가 먼저 정답에서 제외된다. 한편, 관계대명사의 격은 자신이 이끄는 절 안에서의 역할에 의해 결정되는데, 주어진 문장에서는 동사 cannot에 대한 주어 역할을 하고 있으므로 주격 관계대명사가 된다. 따라서 정답은 ②이다.

작은 문제에 담긴 진실을 소홀히 하는 사람은 누구나 중요한 문제에 있어서 신뢰를 얻을 수 없다.

04 ②

비교 대상은 '매사추세츠에 있는' 주립대학의 수업료와 '다른 곳에 있는' 주립대학의 수업료이다. 따라서 than 이하가 in Massachusetts 와 대구를 이루는 표현이어야 하고, state가 단수명사인 점을 감안하면 정답은 ②가 된다.

지난해 매사추세츠 공립대학의 수업료가 다른 어떤 주에서보다 더 큰 폭으로 올랐다.

05 ④

keep a registry of ~가 '~를 등기부에 기재하다'는 뜻의 표현인데, 목적어인 a registry가 주어가 되었으므로 keep의 수동태와 of가 사용되어야 하고 시제일치로 would여야 한다. 따라서 빈칸에는 ④가 적절하다.

스페인 보건부 장관은 백신접종을 거부하는 사람들은 등기부에 기재될 것이라고 말했다.

06 ①

소유격 관계대명사의 용법을 묻고 있다. whose 다음에는 관사 없이 명사만 와야 하므로, the가 온 ②는 틀렸고, whose 대신에 of which를 쓸 경우, 'of which+the+명사'나 'the+명사+of which'의 어순을 취한다. 따라서 ①의 the tail of which가 빈칸에 적절하다.

꼬리가 덥수룩한 털로 덮혀있어 눈길을 끄는 또 다른 동물은 거대한 개미핥기이다.

07 ③

유감을 느꼈다고 과거시제 had로 나타냈으므로 wished이며 그 다음은 더 이전의 일을 가정하는 것이 아니라 그 시점에서 '가고 있는 것이라면'이라고 가정하므로 가정법 과거인 were이다. 따라서 빈칸에는 ③이 적절하다.

그 세 명의 우주비행사가 승무원 이동 밴을 타고 있는 모습을 보았을 때, 폰 브라운은 자기도 그들과 함께 가고 있다면 참 좋을 텐데 하는 유감의 감정을 한 번 깊이 느꼈다.

08 ①

저널리즘적인 문체였으므로 문학적인 상징은 없어야 한다. 뒤의 내용을 보아도 그렇다. 따라서 a little보다는 부정의 의미인 little이 필요하다. 따라서 ②, ④, ⑤는 제외된다. 분사구문의 형태이므로 정답은 ①이다. ③ 술부는 접속사가 있어야 연결될 수 있다.

따라서 사실주의적이고 거의 저널리즘적인 문체가 이야기를 지배하고 있고, 이에 따라 명확하게 문학적인 상징체계가 발달할 여지를 남기지 않았다. 하지만, 이 소설에는 몇몇 주목할 만한 상징들도 있다.

09 ③

복합관계형용사 whatever 다음에는 수식을 받는 명사가 오며, 관계사절 전체가 주어 또는 목적어 역할을 하고 any ~ that의 의미를 지닌다.

그 기관들의 지불 능력이 위협받지 않도록, 탕감된 모든 채무는 어떤 형태로든 상환될 것이다.

10 ④

문맥상 ④의 those coming은 '후대 사람들'의 의미여야 한다. those (who are) to come에서 who are는 생략될 수 있으므로 those to come으로 바꾼다.

비나(Bina)라는 작가는 이유를 설명한다. 그리고 그녀는 우리가 어떻게 후대 사람들에게 도움을 줄 수 있는 방식으로 행동할 수 있는지 알려준다.

11 ①

'a number of+복수명사'는 '복수동사'로 받고, 'the number of+복수명사'는 '단수동사'로 받는다. 주어진 문장에서 복수동사 are가 쓰였으므로 the number of를 a number of로 고쳐야 문법적, 의미적으로 옳은 문장이 된다. ② various는 '가지각색의' '다양한'의 의미이므로, 뒤에 복수명사가 온다. ③ the most common은 최상급의 표현이며, one은 term을 가리킨다. ④ 분사구문을 이루는 현재분사이며, 콤마이하는 the most common one is buck의 의미다.

미국에는, 여러 가지 지폐들에 대한 은어들이 많이 있는데, 가장 많이 쓰이는 것은 buck이다.

12 ④

no matter how는 양보 의미의 부사절을 유도한다. no matter how 다음에 완전한 절이 와야 하는데, 주어진 문장의 경우 against 다음에 목적어가 빠졌으므로 불완전하다. 전치사 against의 목적어가 되도록 how를 whom으로 고쳐야 문법적으로도 맞고 의미상으로도 자연스럽다. ② 부정어가 포함된 부사구 under no circumstances가 앞에 있어서 도치가 일어난 것이다. ③ 찬성하는 투표를 하는 경우엔 vote for, 반대하는 투표를 하는 경우엔 vote against이다.

다음과 같이 맹세해라. "그가 누구의 상대로 나오든 간에, 어떠한 상황에서도 나는 대통령으로 루디 줄리아니(Rudy Giuliani)를 뽑지 않을 것이다."

13 ④

원칙적으로 관계대명사 뒤에는 절이 와야 하지만, 관계대명사 앞에 전치사가 있는 경우, 관계대명사절의 주어가 주절과 동일하면 관계절의 주어를 생략하고 동사를 to 부정사로 바꿀 수 있다. 이 문장에서는 ideal과 which 사이에 전치사가 없고, 자동사 strive가 선행사인 ideal을 목적어로 취하려면 전치사 for가 필요하므로,

④를 ideal for which로 고쳐야 한다.

음악이 우리를 서로와 그리고 세계와 화합시킬 수 있는 힘으로 보는 베토벤(Beethoven)의 음악관은 오늘날 막연하게 여겨질지 모르지만, 그것은 베토벤의 음악관을 도달하려고 애써야 할 점점 더 중요한 이상으로 만들어준다.

14 ④

"What you have to do is read a lot."에서처럼 관계대명사 what이 do의 목적어일 경우에만 is의 보어로 원형동사가 올 수 있고 그 외의 경우에는 to부정사나 동명사여야 하므로 ④를 letting go of로 고쳐야 한다.

우리들 대부분은 물건들이 우리를 행복하게 만들어줄 것으로 생각해서 물건들을 축적한다. 물건들이 우리를 행복하게 만들어 줄 수도 있지만, 그것(그 행복)은 짧은 시간의 행복에 지나지 않는다. 정말 당신을 행복하게 만들어주는 것은 당신이 필요치 않은 물건을 버리는 것이다.

15 ③

특정한 사람이나 사물을 가리킬 때는 정관사 the를 사용하는데, 여기서도 마지막 사장의 말에서 I saw로 시작된 관계절이 ③을 수식하여 ③은 "그 쌍둥이 형제"라는 특정한 사람을 가리키므로 the one으로 고쳐야 한다.

사장이 그의 직원들 중 하나에게 말한다. "빈자리가 하나 났어. 자네 쌍둥이 형제가 그 자리에 오면 될 거야." "제 쌍둥이 형제요?"라고 그 직원은 대답한다. "그래, 어제 자네가 삼촌 장례식에 가 있는 동안 내가 축구시합에서 본 그 쌍둥이 형제 말이야."

16 ③

'think+목적어+to be ~', 'think of+목적어+as 보어' 형태로 쓰므로, thought를 thought of로 고친다. think of A as B = regard A as B = look upon A as B = consider A (as) B이며, 'A를 B로 간주하다'라는 뜻이다. ①, ② 'have+목적어+p.p' 구문이다. 전치사 of의 뒤에 있기 때문에 동명사 having으로 쓴 것이다. ④ To oppose는 주어 역할을 하는 부정사구이며, such a king은 oppose의 목적어다.

8세기 유럽의 왕들이 교회에 의해 기름 부음을 받는 관행을 시작했을 때, 그들은 신(神)이 임명한 통치자로 생각되었다. 그런 왕에게 반대하는 것은 그 당시에는 반역일 뿐 아니라 종교적인 죄로도 여겨졌다.

17 ④

동명사가 주어일 때 동사는 단수로 쓴다. 따라서 obtaining material things가 동명사로 쓰인 주어이므로, ④에서 are를 is로 고쳐야 한다.

일부 젊은이들은 다양한 범죄 활동에 관여하는데, 매우 불우한 환경에서 생존하는 수단으로 특히 절도와 마약 거래에 관여한다. 그러나 전형적인 비행 청소년은 자본주의 사회에서 소비지상주의적인 행동을 자주 반영하는 행동

에 관여하는데, 이 자본주의 사회에서는 원하는 것들이 인위적으로 만들어지며, 물질적인 것들(예를 들어 옷, 화장품, 자동차 등)을 획득하는 것은 사회적 지위와 관련이 있다.

① 그들의 부모가 부유하기 때문에 편안한 삶을 사는 사람들은 스스로 자신의 돈을 버는 사람들만큼 존중받지 못한다.
② 그 질병의 증상에는 거의 항상 열과 기침이 포함된다.
③ 미혼 여성은 오로지 남편만을 원하는데, 그들이 남편을 얻고 나면 모든 것을 원한다.
④ 나는 누군가가 내 블로그에 대답하는 것은 말할 것도 없고, 읽을 것이라고도 거의 기대하지 않았다.

18   ②

② 양보의 종속절을 이끄는 접속사인 although와 역접의 등위 접속사 but이 함께 쓰인 점이 옳지 않다. Although 혹은 but 둘 중에 하나를 삭제한다. ① 문장의 술어동사는 varied이며, accorded to women이 주어를 수식하고 있다. '부여하다'는 의미로 쓰인 타동사 accord는 주어인 Privileges와 수동관계이므로 과거분사로 썼다. ③ leaving은 부대상황의 분사구문을 이루고 있다. leave가 5형식 동사로 사용되었으며, the body가 목적어 vulnerable이 목적보어이다. ④ 주어는 The snow이고 동사는 covered이다. that had been falling all night는 관계대명사절이며, 주절의 시제보다 먼저 있었던 일에 대한 진술이므로 과거완료진행시제로 썼다.

① 서기 1,000년경 이슬람 세계에서 여성들에게 부여된 특권의 내용은 매우 다양했다.
② 비록 그녀가 셰익스피어 극을 연기하는 여배우로 알려지긴 했지만, 그 시인이 그녀의 유일한 주력 작가는 아니었다.
③ 에이즈 바이러스는 인체의 면역 체계를 공격하여, 생명을 위협하는 여러 질병들에 대해 인체를 취약하게 만든다.
④ 밤새 내리고 있었던 눈이 지면을 뒤덮었다.

19   ③

③ forbade의 목적어로는 women appearing on television, 목적보어로는 wear가 주어져 있다. forbid는 '목적어+to부정사' 구문을 수반하므로, wear를 to wear로 고쳐야 한다. ① that은 주격 관계대명사이며, 선행사가 단수이므로 gives로 썼다. ② full of news는 주어의 상태나 동작의 결과를 표현하기 위해 쓴 유사보어이다. which 이하에서 kept는 5형식 동사로 쓰였으며, his tongue이 목적어, busy가 목적보어이다. ④ that은 전자(前者), this는 후자(後者)의 의미로 쓰였으며, 각각 the one, the other로 바꿔 쓰는 것도 가능하다.

① 사설은 신문에 실리는 짧은 기사를 가리키는데, 이것은 시사 문제에 관해 개인적인 의견을 피력한다.
② 어느 날 저녁, 그의 아버지는 흥미로운 이야기들을 잔뜩 갖고서 집으로 왔는데, 그로 인해 저녁 식사를 하는 내내 아버지의 혀는 쉴 새 없이 바빴다.
③ 몇 주 앞서, 이 평의회는 텔레비전에 출연하는 여성들이 진한 화장을 하는 것을 금지시켰다.
④ 일과 놀이는 둘 다 반드시 필요하다. 후자(後者)는 휴식을, 전자(前者)는 힘을 준다.

20   ①

① 원칙적으로 인칭대명사는 관계사의 선행사가 되지 못하므로, them을 지시대명사 those로 고쳐야 옳은 문장이 된다. ② 주어는 The symptoms이므로 그것에 수를 일치시켜 include를 썼으며, 부사 almost가 부사 always를 수식하고 있다. ③ nothing but은 only의 의미이다. ④ let alone은 '~는 말할 것도 없고'라는 의미의 관용표현이다.

01 ④	**02** ③	**03** ①	**04** ③	**05** ②	**06** ④	**07** ①	**08** ③	**09** ③	**10** ④
11 ④	**12** ②	**13** ④	**14** ③	**15** ①	**16** ②	**17** ②	**18** ①	**19** ③	**20** ④

01
④

셋 중에서 하나는 one, 다른 하나는 another, 마지막 남은 하나는 the third로 표현한다.

그 건물에 있는 세 가게 중 하나는 임대용으로 나와 있었고, 또 하나는 24시간 영업하는 식당이었고, 나머지 하나는 자동차 정비소였다.

02
③

주절의 동사가 'would+동사원형'이므로 가정법 과거 문장임을 알 수 있다. If절의 동사는 과거시제 동사나 were가 되어야 하는데, 이때 If를 생략하면 주어와 동사가 도치되므로 ③이 정답이다.

일곱 개의 대륙 각각을 태평양 속에 넣는다 해도, 여전히 아시아 크기의 대륙 하나가 들어갈 만한 공간이 남을 것이다.

03
①

시간, 조건, 양보의 종속절에서, 주절의 주어와 같은 종속절의 주어, be동사는 생략 가능하다. 그러므로 when they are ground fine에서 주어와 be동사를 생략한 ①이 정답이다. 이때 ground는 '갈다' '가루로 만들다'라는 뜻의 동사 grind의 과거분사이며, fine은 '미세하게' '잘게'라는 의미의 부사.

알루미늄을 제외하면, 주석이나 구리같이 광택이 나는 금속들은 잘게 갈면 검은 가루로 변한다.

04
③

deal with는 '다루다, 처리하다'라는 뜻이므로, ④의 경우 의미상으로 적절하지 않고 수동태 문장 뒤에 남는 another crushing blow의 역할을 설명할 수도 없게 된다. 따라서 주어진 문장의 deal은 '(타격을) 가하다'라는 의미로 봐야 하는데, 능동의 표현인 ①, ②가 들어가는 경우에는 with the failure to win the contract와 의미가 자연스럽게 연결되지 않는다. 계약을 얻어내지 못해서 타격을 '입었다'는 것이므로, 수동태가 와야 적절하다. 그러므로 정답은 ③이다. 한편, 이때 deal은 두 개의 목적어를 갖는 4형식 동사인 것인데, 능동태 문장에서 another crushing blow가 직접목적어, The company가 간접목적어다. 'A에게 일격을 가하다'라는 뜻의 deal

A a blow를 수동태로 바꾸어 A is dealt a blow라고 쓴 문장으로 이해하면 된다.

그 회사는 그 계약을 따내지 못함으로 인해 또 한 번 치명타를 입었다.

05
②

이유를 나타내는 전치사 for와 빈칸 뒤의 as와 호응하는 the same이 제시돼 있는 ②가 빈칸에 들어가기에 적절하다.

대부분의 한국 학생들은 일본 학생들과 같은 이유로 영어를 배운다.

06
④

문제에서 빈칸은 형용사 보어인 happy가 강조를 위해 문두에 쓰여 '보어+be동사+주어'의 형태로 도치된 형태다. 따라서 보어 다음에 어떤 형태가 오느냐를 문제에서 묻고 있는데, be동사는 주어에 따라 형태가 달라지며, 빈칸 다음에 온 that절의 동사가 have이므로, 빈칸에 올 that절의 선행사 역시 복수명사임을 알 수 있다. 따라서 복수명사인 women과 복수동사인 are가 쓰인 ④의 Happy are the women이 정답이다.

"돌봐야 할 아이가 전혀 없는 여자들이 행복하다."라고 사람들이 말할 시기가 오고 있다.

07
①

선택지들 속에 주어진 대명사 it은 앞에 나온 a projectile을 가리킨다. 시간은 발사체가 이동하는 데 '요구되는' 것이므로 '수동'의 입장이며, 따라서 과거분사가 필요하다. travel은 뒤에 목적어가 있으므로 능동태로 쓰여야 한다. ①이 정답이다.

발사체의 속도는 알려진 경로의 구간을 이동하는 데 소요된 시간을 측정하는 것에 의해 결정된다.

08
③

간접의문문인 의문사절을 목적어로 취하는 동사가 think와 같이 인식류 동사일 경우, 의문사를 문두에 보낸다. 따라서 문두에 의문사가 없는 ②와 ④는 빈칸에 부적절하다. 의문사절은 원래 Do you think who is suitable~의 어순을 취해야 하지만,

의문사 who가 문두에 위치해야 하므로, ③과 같이 Who do you think is suitable~의 어순이 되어야 한다.

당신은 다운증후군을 앓고 있는 아이를 입양하는데 누가 적합하다고 생각하는가?

09   ③

선정적이고 폭력적인 내용들이 아이들에게 해를 주는 '주체'이므로 수동태인 ①, ②는 옳지 않다. 부사 very는 형용사와 부사만을 수식하고 동사를 수식하지는 못하므로 ④도 옳지 않다. 정답은 ③이다. damaging은 '손해를 끼치는' '해로운'이라는 뜻의 형용사다.

TV에 나오는 너무 많은 선정적이고 폭력적인 내용들은 그 프로그램을 시청하는 어린이들에게 매우 해로울 수 있다.

10   ④

비교 대상은 동일한 것이어야 하기 때문에, 달리가 그린 그림과 피카소의 그림이 비교되어야 한다. 따라서 Picasso를 that of Picasso로 고쳐야 한다. 이때 대명사 that은 painting을 대신한다. ① 전치사 뒤에 위치했으므로 목적격으로 쓴 것이며, 주어진 문장에서 between you and me는 '우리끼리 얘긴데' '이건 비밀인데' 정도의 의미다. ② be convinced that ~은 '~에 대해 확신하다'라는 뜻이다. ③ this painting을 수식하는 전치사구다.

우리끼리 얘긴데, 나는 달리(Dali)가 그린 이 그림이 피카소(Picasso) 그림보다 훨씬 더 훌륭한 예술성을 보여준다고 확신하고 있어.

11   ④

④ 뒤에 목적어가 주어져 있으므로, fear와 deny는 동사로 쓰였음을 알 수 있다. 동사 seem은 to부정사를 보어로 취하며, '~인 것 같다, ~같은 느낌이 들다'라는 뜻을 지니므로 fear and deny를 to fear and deny로 고쳐야 한다. ①, ③ 'the 비교급, the 비교급' 구문을 이루고 있다.

과학에서 발전을 더 이룩할수록 우리는 죽음이라는 현실을 더더욱 두려워하고 부인하게 되는 것 같다.

12   ②

일반인의 one 앞에는 the를 쓰지 않으므로 ②를 one으로 고쳐야 한다. ① 뒤에 동격의 that절이 있으므로 in a sense가 아니라 in the sense이다. ④ a lot은 much와 같다.

그들의 예술작품은 그들이 무엇과 싸우고 있는지 그리고 무엇이 그들에게 큰 의미를 갖는 것인지를 우리가 그것들을 통해 이해할 수 있다는 의미에서 그들의 내면적 자아를 나타내준다.

13   ④

-or로 끝나는 라틴어계 형용사는 그 자체에 비교의 뜻이 있으며, 뒤에 than을 쓰지 않고 to를 쓴다. ① pay attention to~는 '~에 주의하다'라는 의미이며, what은 전치사 to의 목적어가 되는 명사절을 이끌고 있다. ② 일반동사 see를 강조하기 위해 쓴 조동사다. ③ see A as B 구문에 쓰인 as이며, regard A as B와 같은 의미로 보면 된다.

교황 베네딕트 16세가 몇 년 동안 해왔던 말에 주의를 기울여보면 그가 천주교를 다른 종교보다 월등하게 생각하고 있음이 분명하다.

14   ③

whom은 관계대명사절에 쓰인 타동사 mistook의 목적어이므로, 전치사가 있어선 안 된다. to whom에서 to를 삭제해야 한다. ① '정의가 명확한', '윤곽이 분명한'이라는 뜻의 형용사다. ④ mistake A for B는 'A를 B로 혼동하다, 오인하다'라는 뜻이다.

파키스탄 군대와 반미(反美)운동 집단 사이에는 명확한 차이가 존재하지 않는다. 미국의 공습으로 인해 적어도 25명의 파키스탄 병력이 목숨을 잃은 것도 그러한 이유 때문인데, 미군은 그들을 탈레반(Taliban) 전투원으로 오인했던 것이다.

15   ①

접속사 that절의 구성을 묻는 문제다. 이렇게 긴 문장의 경우, 밑줄이 그어져 있지 않은 부분 가운데 수식어구에 해당하는 부분은 생략하고 보는 것이 많은 도움이 된다. 전체 문장의 보어인 that절에서, 수식어구를 빼고 문장의 주요성분만 남기면 people accusing a man of something이 된다. 그런데 분사 단독으로는 문장의 정동사 역할을 할 수 없으므로 accusing을 accuse로 고쳐야 함을 알 수 있다. ② something을 선행사로 하는 관계대명사절의 주어이며, 강조 용법으로 재귀대명사를 쓴 것이다. ③ that절속의 본동사에 이어지는 분사구문이다.

최근에 개봉한 영화『휴먼 스테인(The Human Stain)』의 모든 아이러니는, 어떤 의미로는 스스로 죄의식을 느끼고 있는 일에 관해 다른 사람을 비난하는 소위 정치적으로 올바른 사람들이, 자신들의 근거 없는 도덕적 우월성과 편협함으로 그를 파괴시킨다는 점이다.

16   ②

admit to ~에서 to는 전치사이다. 그러므로 ②의 believe를 동명사인 believing으로 바꾸어야 한다.

19세기는 교육받은 사람들이 동정녀 잉태와 같은 기적들을 거부감 없이 인정할 수 있었던 마지막 시대였다. 압박을 받으면, 많은 교육받은 그리스도인들은 동정녀 잉태와 부활을 부인하기에는 너무 충성스러웠다.

17 ②

동사원형을 이용한 양보절을 묻고 있다. 문맥상 양보절로 쓰였음을 알 수 있는데, 이때 동사원형을 이용한 양보절은 '동사원형+as+주어+may'의 어순을 취한다. 따라서 ②를 Try as you may로 고쳐야 하며, 이때 try as you may는 '아무리 당신이 노력해도'라는 뜻으로 쓰였다. ④ about은 전치사이며 the wrong way는 앞에 in이 생략된 부사어이다.

골프는 당신이 생각하는 것보다 훨씬 쉬운 게임이다. 아마도 당신은 동의하지 않을지도 모른다. 만일 당신이 수많은 선수들과 같다면, 당신은 경기력 향상을 위해 부지런히 노력하며 많은 시간을 보냈을 것이다. 아무리 당신이 노력해도, 당신은 진정으로 만족감을 느끼지는 못할 것이다. 당신이 될 수 있다고 생각하는 선수가 당신은 결코 되지 못한다. 당신이 성공하지 못하는 이유는 골프가 어려워서가 아니다. 그 이유는 당신이 골프를 잘못된 방식으로 열심히 하고 있어서이다.

18 ①

① 주어는 Yellow sand이고 동사는 is이다. 콤마 사이에 주어를 선행사로 하는 관계대명사절이 삽입되어 있는 것으로 파악할 수 있으며, '주격 관계대명사+be동사', 즉 which is는 생략되었다. ② originate는 자동사이므로 수동태로 표현할 수 없다. is originated를 originates로 고친다. ③ is의 보어로 동사원형 wear가 주어져 있으므로 옳지 않다. 보어의 역할을 할 수 있도록 동명사 wearing이나 부정사 to wear로 고쳐야 한다. ④ 동사를 수식할 수 있는 말은 부사이므로 형용사 effective를 부사 effectively로 고친다.

① 아시아 먼지로도 알려져 있는 황사는 건강을 해치는 계절적 위험 요소이다.
② 그 먼지는 중국 북부와 몽고의 건조한 지역에서 발생한다.
③ 황사를 피하는 가장 쉬운 방법은 마스크를 착용하는 것이다.
④ 특수 마스크는 미립자와 박테리아를 효과적으로 잡아낼 수 있다.

19 ③

③ 일반적으로 비교급에는 정관사를 붙이지 않으나, 다음 세 가지 경우에는 the를 붙인다. 첫째, 비교의 대상이 둘임을 나타내는 of the two와 같은 표현이 있는 경우. 둘째, 이유나 조건구문을 동반하는 비교급인 경우. 셋째, 'the+비교급, the+비교급'과 같은 관용표현인 경우. 주어진 문장은 이 중 두 번째 경우에 해당한다. ① than 이하에서 주어인 their elders가 복수이므로 do their elders로 써야 한다. more often than not은 '자주', '대개'라는 의미의 관용표현이다. ② than 뒤에는 the elephant relies가 생략되어 있다. 따라서 전치사 for가 아닌 on을 써야 한다. 비교급을 이용한 최상급 표현에서 than any other 뒤에는 단수명사가 온다. ④ 비교급과 함께 쓰이는 접속사 than이 있으므로 little은 less로 써야 한다. 그리고 Polices는 The police로 고쳐야 한다. clergy, police, public 등의 명사가 사회전체 집단을 의미하는 경우, 그 앞에 항상 정관사 the를 쓰며 복수 취급한다.

① 오늘날 젊은이들은 대개 어른들보다 세상을 더욱더 분명히 바라본다.
② 코끼리는 어떤 다른 감각보다도 후각에 더 의존한다.
③ 나는 그의 솔직함 때문에 그를 더 좋아한다.
④ 경찰은 어느 때보다도 만족스러운 해결책을 내놓을 가능성이 적다.

20 ④

④ be used to ~ing는 '~에 익숙해져 있다'라는 의미로, 이 표현 속의 to는 전치사이므로 목적어로 명사 혹은 동명사가 온다. 따라서 driving은 옳게 쓰인 것이며, a car는 동명사 driving의 목적어로 쓰인 것이다. ① last weekend라는 표현을 통해 과거사실의 반대를 가정하고 있음을 알 수 있다. 가정법 과거완료의 if절은 'if+주어+had p.p'여야 하므로 knew를 had known으로 고친다. ② unless는 if ~ not의 의미로, 자체에 부정의 뜻이 이미 포함되어 있다. 따라서 같은 절 안에 부정어가 다시 와서는 안 된다. don't를 삭제하거나 혹은 Unless를 If로 바꿔야 한다. ③ 'find+목적어+목적보어' 구문으로, 문이 열려 있는 '상태'를 나타내야 하므로 opening을 open으로 고쳐야 한다. 조건절에 쓰인 home은 부사이다.

① 지난 주말에 그 사실을 알았다면 나는 그곳에 가지 않았을 것이다.
② 네가 제때에 그것을 끝내지 못하면 사장은 분명히 너를 해고할 것이다.
③ 어젯밤에 집에 돌아왔을 때, 나는 문이 열려 있는 것을 발견했다.
④ 나는 자동차 운전에 익숙하지 않기 때문에, 차라리 비행기를 타는 게 낫다고 생각한다.

| 01 ① | 02 ② | 03 ④ | 04 ① | 05 ④ | 06 ② | 07 ① | 08 ④ | 09 ④ | 10 ② |
| 11 ④ | 12 ② | 13 ② | 14 ③ | 15 ② | 16 ② | 17 ③ | 18 ④ | 19 ① | 20 ② |

01 ①

his script가 목적어이므로 빈칸에는 타동사 lay가 들어가야 한다. when절의 시제가 과거이므로, 주절의 시제는 현재완료가 아니라 과거여야 한다. 따라서 정답은 ①이다.

그 연사는 테이블에 대본을 두고 유창한 연설을 하기 시작했다.

02 ②

주절에 동사가 없는 상태여서, 빈칸 자리에는 시제와 태를 갖춘 동사가 나와야 하는데, 주어가 attempts이므로 동사는 수동태가 되어야 한다. 그리고 attempts 뒤에는 to 부정사가 뒤따라 나오므로 ②가 정답으로 적절하다.

중국처럼 아직도 사회주의가 지배적인 곳에서, 경제 시스템 전체를 자본주의 쪽으로 바꾸려는 시도가 진지하게 이루어지고 있으며, 이는 경제 시스템을 보다 효율적으로 작동하도록 만들기 위한 것이다.

03 ④

빈칸 다음의 that절이 진목적어이므로 5형식동사 found 바로 다음에 가목적어 it이 있어야 하고 목적보어로는 전치사인 unlike이 아니라 형용사인 unlikely가 맞으므로 빈칸에는 ④가 적절하다.

과학자들은 백색왜성 주변의 궤도를 도는 행성들에 정말로 생명체가 살 수 있을 것 같지는 않다는 것을 알게 되었다.

04 ①

Thanksgiving ~ Thanksgivings가 완전한 주절을 이루므로, the main reason 이하는 주절을 꾸며주는 말이 되어야 하는데, 연결사가 없으므로, 연결사 없이 동사만 쓰인 ②와 ④는 빈칸에 들어갈 수 없다. 그리고 주어가 reason일 때 보어자리에 because는 불가하므로, ③이 아닌 ①의 being that이 정답이다. the main reason being은 독립분사구문으로 쓰였으며, 접속사 that은 보어절에 쓰여 reason과 자연스럽게 호응한다.

올해의 추수감사절은 렉시(Lexie)가 경험한 이전의 추수감사절들과 전혀 비슷하지 않았는데, 주된 이유는 그녀가 그녀의 엄마를 보지 못한다는 것이었다.

05 ④

when it comes to ~는 '~에 대해서 말하자면' '~에 관한 한'이라는 뜻의 관용표현이며, 이때 to는 전치사이므로 그 뒤에 명사 혹은 동명사가 와야 한다. 정답은 ④이다.

살아남는 것에 대해서 말하자면, 바퀴벌레는 타의 추종을 불허한다.

06 ②

an unknown number of는 '이루 다 셀 수 없는 수의' 뜻이며, terrorists를 수식하는 형용사적 기능을 하고 있다. 동사는 terrorists와 수가 일치해야 하므로 were가 된다. wounded와 wound는 각각 wound(부상을 입히다), wind(휘감다)의 과거분사인데, 주어진 문장에서는 문맥상 wounded를 써야 한다. 따라서 ②가 정답이다.

정부가 네 차례의 동시 공격을 가하자, 헤아릴 수 없이 많은 테러리스트들이 죽거나 부상을 당했다.

07 ①

주절에 있는 would have written을 통해 가정법 과거완료가 왔음을 알 수 있으므로, 조건절에 해당하는 빈칸에도 가정법 과거완료에 해당하는 말이 와야 한다. 따라서 had had가 오지 않은 ③과 ④는 빈칸에 부적절하며, correspond는 자동사로 a friend를 목적어로 받기 위해서는 전치사 with가 있어야 하므로, ①의 had had a friend with가 빈칸에 적절하다.

『키케로(Cicero)에 관한 고찰』에서 몽테뉴(Montaigne)는 만일 그가 편지를 주고받을 친구가 있었다면 그는 수필 대신 편지를 썼을 것이라고 우리에게 말한다.

08 ④

보어를 강조할 경우 보어가 문두로 가서, '보어+동사+주어'의 어순을 취할 수 있지만, 이때 보어는 부사가 아니라 형용사이어야 하므로, ①이 아닌 ④가 정답이 된다. ②는 demanded의 목적어인 that절의 동사가 '동사원형' 또는 'should+동사원형'이 되어야 하므로 틀렸다. ③ so ~ that 구문이 되기 위해서는 was great을 was so great that으로 고쳐야 한다.

그들이 여러분의 교과서를 팔려고 내놨을 때, 그 (교과서에 대한) 수요가 엄청나서, 그들은 대신 중고 책 거래를 시작하기로 결정했다.

09 ④

'요구하다'라는 뜻의 동사 demand는 'demand+목적어+to부정사' 형태로 쓰지 않으며, 목적어가 되는 that절속의 동사는 '(should) 동사원형'이어야 한다. 한편, apologize는 자동사이므로 목적어를 취하기 위해서는 전치사가 필요하다. 이상의 세 가지 조건을 모두 만족시키는 것은 ④이다.

어제 북한은 사기 혐의로 경찰 수사를 받고 있는 도쿄 소재 친북단체에 대한 '비열한 정치 탄압'을 일본이 즉각 중지하고 사과할 것을 요구했다.

10 ②

②에 쓰인 의문대명사 whom은 자신이 이끄는 절 안에서 주어 역할을 하고 있으므로 주격으로 써야 한다. 따라서 to whom을 to who로 고친다. as to는 '~에 관해서'라는 의미다. ③ credited는 the Elizabethan plays를 후치 수식하는 과거분사이며, commonly는 이것을 수식하는 부사다. ④ '~을 …의 소유로 여기다'라는 뜻의 credit ~ something to a person은 credit a person with something으로 바꾸어 쓸 수 있다.

일반적으로 윌리엄 셰익스피어(William Shakespeare)의 작품으로 여겨지고 있는 엘리자베스 시대의 희곡들의 실제 저자가 누구인지에 관한 논쟁은 아직도 해결되지 않고 있다.

11 ④

boxing ~ many others는 주어이면서 to부정사의 목적어가 되므로, to부정사의 목적어를 따로 쓸 필요가 없다. ④의 them을 삭제한다. ① 현재완료 문장을 만드는 과거분사 participated이며, 이것은 자동사이므로 전치사 in을 썼다. ② 등위접속사 or 뒤에 새로운 의문문이 이어지고 있다.

당신은 위험한 스포츠에 참가해본 적이 있는가? 또는 당신은 복싱, 루지, 그리고 그 밖의 많은 것들이 너무나 위험해서 할 수 없다고 생각하는가?

12 ②

강조하기 위해 부정어구(In no field of history)가 문두에 왔으므로, 뒤에 위치한 주어와 동사는 도치되어야 한다. the search for logical explanation has를 has the search for logical explanation으로 고친다. ③ as ~ as 구문이나, 문두에 있는 부정어의 영향을 받아 so ~ as가 되었다. ④ 정관사가 있으므로 decline과 fall은 모두 명사로 쓰였음을 알 수 있다.

로마제국의 쇠퇴와 몰락에 관한 연구에서만큼 논리적 설명이 부단히 탐구되었던 역사 영역은 없었다.

13 ②

as ~ as 구문에서는 원급이 쓰여야 한다. earliest를 early로 고친다. ① that은 found의 목적절을 이끄는 접속사다. ③ 'of+추상명사=형용사'이다. 즉 of importance는 important의 의미가 되며, vital은 명사 importance를 수식해 의미를 강조하고 있다.

연구진들은 거주 국가의 언어를 되도록이면 일찍 배우는 것이 이민 온 아이들이 학교에서 좋은 성적을 얻는 데 대단히 중요하다는 사실을 발견했다.

14 ③

A is different from B에서 A와 B는 서로 비교될 수 있는 것이어야 한다. 그런데 ③에 쓰인 each hearing은 meaning과 비교될 수 없는 것이다. 따라서 A is different from B 구문으로 봐서는 안 되며, '매번 들을 때마다'의 의미가 되도록 with each hearing으로 쓰는 것이 적절하다. ② music을 선행사로 하는 소유격 관계대명사다. ④ alive는 서술적 용법으로만 쓰는 형용사이며, 불완전자동사 remain의 보어 역할을 하고 있다.

그것은 항상 똑같은 것을 말해주는 음악은 반드시 곧 따분한 음악이 되어버리지만 들을 때마다 의미가 약간씩 다른 음악은 계속 살아 있을 가능성이 더 크기 때문이다.

15 ②

주어는 Much로서 단수 취급을 해야 하는 대명사이므로 ②의 동사는 was가 되어야 옳다.

카페인 섭취가 골량 감소와 관련이 있다는 연구의 상당 부분은 우유 등 다른 칼슘 공급원은 적게 섭취하고, 오히려 카페인이 많은 커피나 탄산음료를 너무 많이 섭취하는 노인들을 대상으로 실시됐다.

16 ②

'~의 2배이다'는 뜻일 때 'the double 명사'는 잘못된 형태이다. 'double the 명사'로 써야 한다. 그러므로 ②는 double the facility가 되어야 한다.

생산은 줄어드는 가운데, 개인 소비는 오히려 2/4분기에 7.1%나 늘었다. 이 수치는 설비투자 증가의 2배 이상이며 또한 같은 기간 GDP 성장을 초과하는 것으로, 지불 능력을 초과하는 과도한 지출을 했다는 것이다.

17 ③

outshine이 타동사로 쓰일 경우 '~보다 뛰어나다'는 뜻으로 쓰이는데, 이때 동사 자체에 이미 than의 의미를 가지고 있어서 than이 불필요하다. 따라서 ③을 outshone those로 고쳐야 하며, 이때 those는 비교대상인 technical achievements를 지시대명사로 받은 것이다.

아부다비(Abu Dhabi)에서 열린 세계 미래 에너지 정상회담 이후 상황이 진정됨에 따라, 아마도 지금이 역내 재생 에너지 시장에 영향을 주는 일부 역학관계를 되돌아볼 좋은 시기일지도 모른다. 비록 중동의 문화가 아주 오래되었으며, 중동의 기술적 업적이 오랜 기간 동안 다른 지역의 업적보다 뛰어났지만, 재생 에너지와 관련해 중동지역은 여전히 초창기에 머무르고 있다.

---

18   ④

④ manage는 to부정사를 목적어로 취하므로 to finishing을 to finish로 고쳐야 한다. ① be used to ~ing는 '~에 익숙하다'라는 의미이며, 동명사의 부정은 부정어를 동명사 바로 앞에 둔다. ② stop+목적어+from ~ing 구문은 '목적어로 하여금 ~하지 못하게 하다'라는 의미이며, stop 외에 discourage, keep, prevent, refrain 등도 같은 형태로 쓴다. ③ dancing은 lots of teenagers를 수식하는 현재분사이며, 전치사 to는 '~에 맞추어, ~에 따라'라는 의미로 쓰였다.

① 우리는 차를 소유하지 않는 것에 익숙해져 있다.
② 우리는 사람들이 자살하는 것을 반드시 막아야 한다.
③ 락(rock) 음악에 맞춰 춤을 추는 십대들이 많이 있었다.
④ 도서관이 문 닫기 전에 나는 그 책을 겨우 다 읽을 수 있었다.

---

19   ①

① 두 문장이 접속사 없이 나열되어 있으므로 옳지 않은 문장이다. 등위접속사를 통해 두 문장을 연결할 수도 있고, '접속사+대명사'의 역할을 하는 관계대명사를 사용할 수도 있다. most of them을 and most of them으로 고치거나 혹은 most of which로 고친다. ② 'such+a(n)+형용사+명사+that ~' 구문이 쓰인 문장이며, give up은 자동사로도 쓰이고 타동사로도 쓰인다. ③ persons는 people에 비해 개체의 개별성을 강조하는 표현이다. introverted는 '내성적인' '내향적인'이라는 의미의 형용사로 쓰였다. ④ 전해지는 시점에 비해 부상을 입은 시점이 앞서므로 완료부정사를 써서 표현했다.

① 많은 온라인 게임이 있는데, 그 게임들 대부분에는 잔인한 싸움이 포함되어 있다.
② 그것을 끝내는 것은 너무나 힘든 일이어서 그들은 포기해버렸다.
③ 매우 내향적인 사람들은 수줍음을 많이 타며 친구가 거의 없다.
④ 학생 세 명이 부상을 당했다고 보도되고 있다.

---

20   ④

marvel은 자동사로 수동태가 될 수 없으므로 ④의 was marveled를 능동태인 marveled로 고쳐야 한다. ①의 Children denied education은 Children who are denied education에서 who are가 생략된 것이며, who 관계절은 4형식동사 deny의 간접목적어(children)가 주어로 된 수동태이다.

① 교육을 제공받지 못한 아이들은 부모로부터 격리되어야 할지도 모른다.
② 그는 자신이 원하는 만큼 활동적일 수 없는 것을 부끄러워했다.
③ 마침내 역에 당도했는데 역은 (이미) 버려진 것으로 밝혀졌다.
④ 그가 외바퀴 자전거를 탔을 때 그녀는 그가 그렇게 하는 기량에 놀랐다.

| 01 ② | 02 ① | 03 ④ | 04 ① | 05 ① | 06 ④ | 07 ③ | 08 ③ | 09 ③ | 10 ② |
| 11 ② | 12 ② | 13 ② | 14 ③ | 15 ② | 16 ③ | 17 ③ | 18 ① | 19 ③ | 20 ② |

01 ②

빈칸을 사이에 두고 두 개의 절이 있으므로 접속사가 필요하다. 그런데 빈칸 뒤에 있는 주어가 she인데도 동사는 receives가 아닌 receive이므로, 오직 lest만이 답이 될 수 있다. lest가 이끄는 절의 동사는 '(should) 동사원형'이어야 하기 때문이다.

학창 시절 이래, 그 환자는 골치 아픈 소식을 접할까 두려워 항상 초조해했다.

02 ①

I wish 뒤에 절이 이어질 때는 가정법 동사가 온다. when I was younger를 보아 과거 사실의 반대를 가정하고 있음을 알 수 있으므로, 빈칸에 '가정법 과거완료'가 쓰여야 한다. 'I wish+주어+had+p.p' 형태여야 하므로 ①이 정답이다.

내가 좀 더 어렸을 때 정신적 긴장 해소법을 알고 있었다면 좋았을 텐데.

03 ④

빈칸 앞으로 완전한 형태의 문장이 있으므로 빈칸 이하는 종속절 혹은 분사구문이 되어야 한다. ①, ②, ③의 경우 문장 두 개가 모두 접속사 없이 나열된 형태가 되므로 정답이 될 수 없다. 따라서 정답은 ④이다. and two are on each side of the neck을 분사구문 two being on each side of the neck으로 바꾼 후 being을 생략한 문장이 된다.

사람의 몸에는 네 개의 경정맥이 있는데, 목 부분의 양쪽 측면에 두 개씩 있다.

04 ①

'no matter how+형용사+주어+동사'의 어순으로 쓰는데, 환자는 가산명사이므로 many를 써야 한다.

아무리 수가 많더라도, 환자의 안전과 결코 타협하지 않는다고 그 의사는 강조한다.

05 ①

빈칸 앞 문장이 완전하므로, 빈칸 이하는 수식어구가 되어야 한다. '~에 의지하다'라는 뜻의 표현은 rely on이므로, ②에는 전치사 on이 추가되어야 맞다. ④의 경우 목적격 관계대명사를 생략하는 것은 가능하나, 생략된 관계대명사가 전치사 on의 목적어이므로 it은 불필요하다. ①이 정답이다.

사람들은 세상에 관한 매일의 정보를 주로 텔레비전으로부터 얻는다.

06 ④

'~어치의 …'는 '~의 소유격+worth of …'이므로 빈칸에는 ④가 적절하다.

그 신사는 10달러어치의 가솔린 값을 신용카드로 지불했다.

07 ③

베이컨, 뉴턴, 그리고 셰익스피어와 같이 사람 이름을 나타내는 고유명사에는 일반적으로 관사를 붙이지 않지만, 고유명사 앞에 부정관사 a나 an을 붙일 경우 '~같은 사람'이라는 뜻으로 쓰일 수 있다. 따라서 빈칸에는 '뉴턴이 시 분야에서 셰익스피어 같은 사람이 될 수 있었다'라는 의미가 되도록 ③의 Newton a Shakespeare가 들어가야 한다. ③은 원래 Newton could ever have become a Shakespeare라는 문장에서 반복되는 could ever have become이 생략된 형태이다.

베이컨(Bacon)은 수학분야에서 뉴턴(Newton)과 같은 사람이 되었을지도 모른다. 그러나 셰익스피어(Shakespeare)가 수학분야에서 뉴턴과 같은 사람이 될 수 있었다거나 뉴턴이 시(詩) 분야에서 셰익스피어와 같은 사람이 될 수 있었는지 여부는 매우 불확실하다.

08 ③

앞의 react 동사를 수식하려면 부사어여야 하므로 ①은 부적절하고 ②는 일반 동사 react를 대신하므로 was를 did로 고쳐야 하며, ④는 유사관계대명사 as를 쓰는 경우가 아니므로 as she was를 with which she did로 고쳐야 한다. ⑤는 '냉정에 대해' 반응하는 것이 아니라 '냉정하게' 반응하는 것이므로 to가 아니라 with여야 한다. the same과 유사관계대명사 as가 잘 호응한 ③이 적절하다. calm은 형용사로도 명사로도 쓰일 수 있다.

나였더라면 그녀가 기차에 다리를 치인 것을 알았을 때 보인 냉정한 반응과 똑같이 냉정하게 반응했을지 모르겠다.

09 ③

문의 구조와 분사의 역할을 묻는 문제다. 주어(Time)와 동사(is unchanged)가 이미 있으므로 빈칸에는 주어를 후치 수식하는 표현이 들어가야 한다. 정동사는 올 수 없으므로 ①은 제외되며, ②의 경우 명사 time은 소비하는 주체가 아니라 소비되는 대상이므로, spending을 과거분사, 즉 spent로 고쳐야 한다. ③의 경우 Time (which is) spent watching TV news ~에서 which is가 생략된 과거분사 후치 수식 구문이 되므로 정답이다. ④는 'spend+목적어+~ing' 구문의 수동태이므로, to watch와 get을 각각 watching과 getting으로 고쳐야 한다.

TV 뉴스를 보거나 라디오 뉴스를 듣는 데 보내는 시간은 1996년부터 대체로 변함이 없다.

10 ②

neither A nor B가 주어일 때는 동사에 가까운 쪽, 즉 B에 동사를 일치시킨다. 따라서 were를 was로 고쳐야 한다. ③ 동사 satisfied를 꾸며주는 부사다. ④ '만족시키다, 충족시키다'라는 뜻의 동사 satisfy는 주로 전치사 with와 함께 쓰인다.

그 장관은 자신이나 미 무역대표부 모두 합의에 전적으로 만족하지 않는다고 언급했다.

11 ②

Young children부터 them까지가 주어이며 주어의 핵심명사가 복수인 children 이므로, ②를 시제가 있는 동사 have로 고쳐야 한다. ① 동사 read를 수식하는 부사이다. ③ skills와 합성명사를 이루는 명사이다. ④ '학교라는 장소로 가다'라는 뜻이 아니라 '학교에 공부하러 가다, 학교에 다니다'는 뜻이므로 school 앞에 관사 the가 없다.

부모가 큰 소리로 책을 읽어주는 (것을 듣는) 어린아이들은 학교에 갈 때 더 나은 언어능력과 문자해독능력을 갖고 있다.

12 ②

불변의 진리나 속담은 주절의 시제에 상관없이 무조건 현재시제를 사용한다. 따라서 주절의 시제가 과거여도 that절의 동사인 ②의 caught를 현재시제로 고쳐야 하며, 주어가 3인칭 단수(the early bird)이므로, ②를 catches로 고쳐야 한다.

나의 아버지는 항상 나에게 일찍 일어나는 새가 벌레를 잡는다고 말씀해 주셨고 나는 항상 그 말을 명심했다. 그러나 나는 침대에서 머무는 것을 좋아하기 때문에 그 말은 약간 역설적이다.

13 ②

'~하지 않을 수 없다'라는 표현은 'cannot but+동사원형'이나 'cannot help ~ing'로 나타내므로, ②를 but fight로 고쳐야 한다.

전쟁은 끔찍한 것일지도 모르지만, 침략한 국가 앞에서, 우리는 싸우지 않을 수 없다. 다른 사람을 죽이는 것은 비도덕적일지도 모르지만, 전시에는 우리가 죽이지 않을 수 없다.

14 ③

nearly는 '거의'라는 뜻의 부사로, 부사는 the tundra regions를 목적어로 취할 수가 없다. 목적어를 취할 수 있는 것은 전치사이므로, ③을 전치사 near로 고쳐야 한다.

털코뿔소들은 석기시대의 많은 그림과 벽화에서 볼 수 있으며, 그들이 툰드라 지역 근처의 초원에서 번성했다는 증거가 발견되었다. 마지막 빙하시대에, 그들은 다양한 이유로 멸종되었다.

15 ②

최상급은 셋 이상일 때 쓸 수 있다. 둘을 비교할 때는 비교급을 사용해야 하므로, ②를 the better로 고쳐야 한다.

자랑스러워하는 말을 각자 한 마리씩 갖고 있었는데, 각자 자신이 갖고 있는 말이 두 마리 중에서 더 낫다고 주장했다. 따라서 이 문제를 해결하기 위해, 당시 노인이었던 두 사촌은 월킬(Wallkill)에 있는 얼음 위에서 동시에 시험해보기로 결정했다.

16 ③

'요청하는 즉시'라는 뜻의 upon request는 삽입된 부사구로, 이를 제외하고 보면, are able 다음에 'to부정사'가 와야 함을 알 수 있다. 따라서 ③을 to obtain으로 고쳐야 한다.

규제대상 기업은 규제 당국의 신속한 접근을 위해 서비스 제공업체와 협력을 해야 하며, 외주 받은 일과 관련되거나 외주 받은 일에 의해 발생한 모든 데이터 및 정보를 규제 당국이 요청하는 즉시 신속하게 입수할 수 있도록 해야 한다.

17 ③

if 절에는 과거 사실에 대한 가정이므로 가정법 과거완료 형태가, 주절에는 현재 사실에 대한 가정이므로 가정법 과거 형태가 되어야 하는 혼합가정법 문장이므로 ③은 would be forgotten이 되어야 한다.

19세기 중엽에 프랜시스 윌리엄 뉴먼이라는 학자가 호머의 작품을 문자 그대로 번역하려 했다. 그의 목적은 알렉산더 포프의 18세기 번역의 우아함과 대비되는 번역문을 출판하는 것이었다. 뉴먼의 책은 19세기의 가장 유명한 수필가들과 시인들 중의 한 명인 매튜 아놀드가 논평하지 않았었더라면, 오늘날 잊혀 있을 것이다.

① 나무에 올라가는 동안 브라이언(Brian)의 바지가 찢어졌다.
② 신형 모델은 작년 모델보다 값이 두 배나 더 나간다.
③ 콜린(Colin)은 돈이 거의 없기 때문에 데이트하러 가지 않는다.
④ 폴(Paul)은 전날 밤에 지나치게 술을 많이 마셨기 때문에 몸이 좋지 않았다.

18

① mind는 동명사를 목적어로 취한다. 그리고 주절의 시제가 과거이므로 종속절의 시제를 그것에 일치시켜 wouldn't로 쓴 것이다. ② had는 사역동사이므로 목적보어 to write는 원형부정사인 write로 고쳐야 한다. ③ enough는 형용사 old를 뒤에서 수식하므로 old enough로 고쳐야 한다. ④ Eric's는 뒤에 이어지는 과거분사 made와 함께 현재완료 문형을 만들고 있는 것으로 보아야 한다. 그러므로 Eric's는 Eric has를 줄여서 쓴 표현임을 알 수 있다. 따라서 부가의문문은 hasn't he?가 되어야 한다.

① 조쉬(Josh)는 우리를 기다리는 것을 개의치 않을 것이라 말했다.
② 베이커(Baker) 씨는 매주 금요일에 우리에게 작문을 하게 하셨다.
③ 수리(Suri)는 금년 선거에서 투표할 만한 나이가 되지 않을 것이다.
④ 에릭(Eric)이 이미 예약해뒀을 거야, 그렇지?

19

③ '너무 ~해서 …하다'라는 의미의 so ~ that … 구문을 이루고 있으며, need는 부정사를 목적어로 취하므로 옳은 문장이다. ① introduce는 3형식 동사이므로 두 개의 목적어를 취할 수 없다. 따라서 introduces some new ideas to the public으로 고쳐야 한다. ② propose는 3형식 동사이므로 you marriage를 marriage to you로 고쳐야 한다. ④ confess는 3형식 동사이므로 confess 이하를 their guilty actions and thoughts to a priest로 써야 옳은 문장이 된다.

① 알프레드(Alfred)의 최신 저서는 대중에게 몇몇 새로운 사상을 소개한다.
② 그가 오늘밤 너에게 청혼할 거라고 생각하니?
③ 너의 병(病)은 너무나 이상해서 나는 너를 전문가에게 데려가지 않으면 안 되겠다.
④ 많은 기독교인들은 자신들이 죄책감을 느끼는 행동과 생각을 정기적으로 성직자에게 고백한다.

20

② '배수사+as ~ as'로 표현된 배수비교 구문이다. 신형 모델과 작년 모델이라는 두 비교 대상이 바르게 제시되어 있는 옳은 문장이다. ① while, when, if 등의 뒤에 위치한 '대명사 주어+be동사'를 생략하는 것은 이 대명사 주어가 주절의 주어와 일치할 때에만 가능하다. 주어진 문장을 그대로 두면 나무에 올라간 주체가 pants인 것이 되므로 옳지 않다. 따라서 종속절의 주어와 be동사를 명시해줘야 한다. while 뒤에 he was를 넣는다. ③ money는 불가산명사이므로, 가산명사를 수식하는 few를 쓴 것은 옳지 않다. few를 little로 고친다. ④ 불완전자동사 felt의 보어로 형용사가 쓰여야 하므로, 부사 badly를 bad로 고쳐야 한다. before는 과거완료시제와 호응하므로 옳은 표현이다.

| 01 ② | 02 ② | 03 ① | 04 ④ | 05 ④ | 06 ④ | 07 ③ | 08 ④ | 09 ④ | 10 ③ |
| 11 ② | 12 ② | 13 ④ | 14 ④ | 15 ③ | 16 ③ | 17 ④ | 18 ② | 19 ④ | 20 ④ |

01   ②

'B보다는 차라리 A'라는 뜻의 A rather than B 구문에서, A와 B는 문법적인 구조나 역할이 같아야 한다. 주어진 문장에서 A에 해당하는 것이 동명사구(focusing on)이므로 B에 해당하는 빈칸 이하에도 동명사구가 와야 한다. 따라서 ②가 정답이다.

가장 중요한 것은 우리가 가질 수 없는 것을 꿈꾸는 것보다는 우리가 갖고 있는 것에 집중하는 것이다.

02   ②

빈칸 앞에 보통 복수 명사와 함께 쓰이는 형용사 many가 왔는데, 빈칸 다음에 단수 동사인 was가 왔다. 따라서 빈칸에는 동사 was와 호응하는 말이 와야 하는데, many a 다음에는 '단수 명사+단수 동사'가 오므로, ②의 a student가 빈칸에 적절하다.

금전적인 영향으로, 많은 학생들이 새해에 그들의 진로 개척을 계속해 나갈 수 없었다.

03   ①

빈칸 뒤에 형용사 impossible이 있으므로, 부사 downright가 impossible 앞에 와서 형용사를 수식해야 한다. 그리고 if와 not 사이에는 it is가 생략되어 있으므로, if (it is) not downright의 구조를 가진 ①이 정답이다.

하루 동안, 이번 주 내내 시간이 지날수록, 당신은 기쁨이 완전히 불가능한 것은 아니더라도 어렵게 느껴지게 될 여러 상황에 직면하게 될 것이다.

04   ④

빈칸 이하의 원래 문장이 they base integrated strategies covering the environment, the economy and quality of life on the framework이므로, 빈칸에는 on which they base나 on which to base가 나와야 한다. integrated strategies가 base의 목적어이므로, 동사 base는 능동형이 올바른 표현이다.

몇몇 국가들은 지속가능성에 중점을 둔 정책을 분명하게 표현했으며, 지속 가능성을 환경, 경제, 삶의 질을 다루는 통합된 전략의 기반이 되는 하나의 틀로 이용했다.

05   ④

뒤에 that절이 있으므로 상관적으로 쓰이는 so 혹은 such를 염두에 둬야 한다. perfection이 불가산명사이므로 such와 함께 써야 하며, carry의 목적어는 the mask이므로 perfection은 전치사의 목적어가 되도록 해야 한다. 한편, perfection은 앞에 전치사 to가 와서 '완전히' '더할 나위 없이'라는 의미를 지닌다. 이상의 조건을 모두 만족시키는 것은 ④이다.

때때로 사람들은 그들이 짐짓 그런 체 해온 가면을 너무나도 완벽하게 쓰고 있어서 얼마 안 가 실제로 그 가면의 인간이 되어버리기도 한다.

06   ④

빈칸 앞에서 그녀의 블라우스 단추가 잘못 채워져 있었다고 했으므로, 그녀가 첫 단추를 잠글 때 '놓쳤음이 분명했다'고 해야 문맥상 적절하다. 따라서 빈칸에는 '과거에 대한 단정'을 나타내는 ④의 must have missed가 적절하다.

그녀의 블라우스는 단추가 잘못 채워져 있었다. 그녀는 첫 단추를 놓쳤음이 분명했다.

07   ③

the majority/the rest/half+of 등과 같이 부분을 나타내는 표현이 주어에 포함되어 있는 경우, 동사의 수를 of 뒤에 오는 명사의 수에 일치시킨다. 주어진 문장에서 관계대명사 which의 선행사는 commercials이므로 동사는 복수형으로 써야 한다. 'worth+(동)명사', 'worthy of+(동)명사' 형태로 쓰이므로 정답은 ③이 된다.

요즘 들어 방송은 광고로 넘쳐나는데, 그 광고 가운데 대다수는 볼 만한 가치가 없다.

08   ④

앞 절의 주어 The aversion에 이어 다른 주어 the risk에도 긍정의 진술이 덧붙여질 때, 'so+(조)동사+주어' 형태로 쓴다. 앞 문장의 동사가 be동사라는 점, 두 절을 이어주는 연결사가 필요하다는 점을 고려하면 ④가 정답이 된다.

상당수 여성들이 돈과 관련된 업무를 매우 꺼려하는 것은 여전히 놀랄 만큼 흔히 있는 일이며, 그들이 위험 부담을 떠안는 일 또한 흔하다.

09 ④

문맥상 증언을 듣는 주체는 사물이 아니라 사람인 '원고(the plaintiff)'이므로 주절의 주어로 사물이 제시돼 있는 ①, ③은 빈칸에 들어갈 수 없다. ②는 분사구문에 대한 주절의 주어로 the plaintiff가 맞게 왔지만, let은 수동태 불가동사이다. let을 수동태로 전환할 때 'be allowed to 동사원형'으로 쓰므로, was let to를 was allowed to로 고쳐야 한다. ④는 분사구문의 주어로 the plaintiff가 맞게 왔으며, let이 5형식 동사로 쓰여 목적어와 보어가 수동관계일 때, 'let+목적어+be 과거분사'의 형태로 쓰일 수 있으므로 옳은 표현이다.

그녀의 아들의 삶에서 마지막 순간에 관한 증언을 들으면서, 원고는 그와 같은 결론을 내렸다.

10 ③

선행사에 부정어 not이 있으므로, that을 유사 관계대명사 but으로 고쳐야 한다. ① not a line은 no line과 의미가 같다. ② 소유격 대명사 뒤이므로, countenance는 명사로 쓰인 것이다.

그녀의 얼굴에 삶에 대한 완전한 만족을 말하지 않는 주름살은 하나도 없다.

11 ②

difficult, easy, hard 등의 난이도 표시 형용사가 사용된 구문에서, 문의 주어는 'to부정사의 의미상 목적어'이므로 to be chosen을 능동의 to부정사인 to choose로 고쳐야 한다. ③ 주어인 SUV trucks를 가리킨다. ④ 'of+추상명사'가 형용사 역할을 하는 경우에 해당한다.

SUV 트럭은 시장에 많이 나와 있는데, 그것들 중 대다수가 좋은 품질을 가지고 있기 때문에 선택하기가 어렵다.

12 ②

부대 상황의 분사구문은 'with+목적어+목적보어' 형태를 취하므로, his prose is를 his prose로 고쳐야 한다. ① 관계대명사 what을 이용한 관용표현이며, '더욱이' '게다가'의 의미다. ③ 'so ~ as to부정사' 구문은 '너무 ~해서 …하다'라는 뜻이다. ④ 앞의 make는 사역동사로 쓰인 것이며, the reader가 목적어, 동사원형인 blossom이 목적보어다.

게다가 그의 작품에는 다정함과 겸손이라는 특징이 있으며, 그의 산문은 너무 아름다워서 독자를 쾌활하게 만든다.

13 ④

keep something at bay는 '~의 접근을 막다'라는 뜻의 관용표현으로, 문제에서는 keep과 at bay 사이에 목적어가 없으므로, 능동태가 아니라 수동태로 쓰여야 한다.

따라서 ④를 kept at bay로 고쳐주어야 한다.

무시무시하고 복잡하게 얽혀 있으며, 많은 것을 요구하는 세상, 그런 세상에 대한 두려움이 나의 얼굴을 붉히게 했고, 열이 나고 구역질 날 정도로 몸을 떨리게 만들었는데, 그런 세상은 계속 먼 곳에 있었다.

14 ④

두 개의 대상을 비교할 때는 최상급을 쓰지 않고 비교급을 사용하므로, ④를 the more로 고쳐야 한다.

예상했던 대로, 그 연구소의 과학자들은 적극적으로 돌고래 편이었다. 키스(Keith) 박사는 과학자들의 견해를 다음 한 문장으로 요약했다. "비록 둘(범고래와 돌고래) 중에 범고래가 더 지능이 뛰어난 것으로 밝혀진다고 하더라도, 나는 돌고래 편이다."

15 ③

one of 다음에는 '복수 명사+주격 관계대명사+복수 동사'가 오는 반면, the only one of 다음에는 '복수 명사+주격 관계대명사+단수 동사'가 오므로, ③을 girls who was로 고쳐야 한다.

약속한 어느 날, 그 왕자는 그 씨족의 모든 미혼녀들을 만나보았다. 그리고 그는 야소다라(Yasodhara)라는 이름의 아가씨로 정했다. 그는 그녀가 여인들 중에서 당황하지 않고 그를 똑바로 쳐다볼 수 있는 유일한 사람이었기 때문에 그녀를 선택했다.

16 ③

distrustful은 형용사로 명사를 수식해 줄 수는 있지만, 그 명사 앞에 관사가 있을 경우, 관사를 수식할 수는 없다. 따라서 distrustful이 the children과 호응하기 위해서는 ③에서 distrustful 다음에 전치사 of가 와서 전치사의 목적어로 the children을 받아야 한다. 참고로 distrustful of는 '~을 불신하다'는 관용어로 쓰인다.

아이들은 태어날 때, 모두 똑같은 모습을 하고 있는데, 머리는 금발에 낯선 눈을 하고 있다. (그래서) 그 마을 사람들은 그 아이들을 믿지 않게 되었다. 그 아이들은 마을의 변두리에 위치한 어떤 집으로 이사를 가게 되는데, 그곳에서 고든(Gordon)은 수년 동안 가르쳐 온 것처럼, 앞으로도 계속해서 아이들을 가르칠 수 있다.

17 ④

④ 앞의 it을 가주어로 하고, ④를 진주어가 되도록 부정사 to put으로 고쳐야 한다.

첫 번째 질문에 대한 대답으로, 간단히 말해서 농경시대에서는 그렇게 많은 사람들이 공장과 도시에서 직장을 구할 수 있다는 것이 상상도 할 수 없는 것이었다. 그러나 자동화와 보다 낮은 생산비가 이전에 이용할 수 없었던 제품 및 서비스에 대한 수요를 크게 증가시켰다. (따라서) 성취감을 주는 방식으로 사람들을 일하게 해서 새로운 종류의 번영을 만들어내는 것은 거듭 우리에게 달려있다.

---

18 ②

등위상관접속사를 쓸 때 주의해야 할 주어와 동사의 수일치를 묻고 있다. 주어가 A as well as B일 경우, 주어에 대한 동사는 A에 일치시킨다. 따라서 ②에서 are를 is로 고쳐야 한다.

① 소와 송아지 둘 중 어느 것에도 물을 먹이지 않았다.
② 손자들뿐 아니라 그 할아버지 역시 두뇌가 명석하다.
③ 그 교사뿐 아니라 그녀의 학생들 역시 기분이 상했다.
④ 당신과 나 둘 중 하나는 이민 정책에 대해 잘못 알고 있다.

---

19 ④

otherwise 앞에는 직설법이, otherwise 뒤에는 가정법이 각각 쓰이는데, ④에서는 otherwise 앞에 직설법 과거시제가 쓰였다. 따라서 otherwise 뒤에는 직설법 과거시제에 대한 가정법 시제인 가정법 과거완료가 되도록 I would be를 I would have been으로 고쳐야 한다.

① 혹시라도 비가 온다면, 산타클로스는 공항 격납고에서 아이들을 맞이할 것이다.
② 인간이 없다면, 자연재해는 존재하지 않을 텐데.
③ 그녀는 마치 그녀의 인생을 통틀어 아픈 날이 하루도 없는 것처럼 행동한다.
④ 언제나 친구들이 있었다. 그렇지 않았더라면 나는 외로웠을 것이다.

---

20 ④

동사 need는 능동형 동명사로 수동의 의미를 표현한다. 따라서 ④에서 needs 다음에 온 being fixed를 fixing으로 고치거나 to be fixed로 고쳐야 한다.

① 그는 순례를 마치고 무사히 귀가했다.
② 그가 다시 흡연 습관을 갖게 되다니 이상하다.
③ 어떤 남자가 등을 벽에 기댄 채 혼자 서있었다.
④ 그의 울타리가 손볼 필요가 있다는 것을 농부가 어떻게 알 것인가?

01 ④	02 ④	03 ③	04 ③	05 ③	06 ②	07 ④	08 ③	09 ②	10 ①
11 ②	12 ③	13 ③	14 ④	15 ④	16 ①	17 ④	18 ①	19 ①	20 ①

01 ④

sodium(나트륨)은 불가산명사로 단수취급 하므로, 복수형으로 쓰인 ①과 ③은 빈칸에 들어갈 수 없으며, 빈칸 앞에 more가 있어서, 비교급이 쓰였음을 알 수 있다. 따라서 빈칸에는 more와 호응하는 than이 와야 하므로, ④의 sodium than is가 빈칸에 적절하다.

해조류인 켈프는 질소, 칼륨, 붕소, 그리고 그 밖의 미량 원소들을 얻을 수 있는 훌륭한 공급원이지만, 켈프는 당신의 건강에 좋은 정도 이상의 나트륨을 함유하고 있을지도 모른다.

02 ④

forbid는 동명사를 목적어로 취하는 동사이며, '계약을 맺다'는 전치사 into를 사용해서 enter into라고 표현한다. 따라서 ④ entering into가 빈칸에 들어가야 한다.

게다가, 일부 주(州)들은 비영리단체와 계약을 맺는 것을 금지한다.

03 ③

앞에서 비교급으로 more readily라 했으므로 than이며 일반 동사 absorbs이므로 does이다. 따라서 빈칸에는 ③이 적절하다. when whole은 when it is whole에서 it is가 생략된 것이다.

맥아(엿기름)는 갈아져서 얼마동안 공기에 노출됨으로써 정제되지 않은 통곡물일 때보다 더 쉽게 수분을 흡수한다.

04 ③

이중소유격을 묻고 있다. a나 an은 소유격과 함께 사용할 수 없다. 따라서 a나 an과 함께 쓰이기 위해서는 소유격을 소유대명사로 바꿔야 하며, 'a[an]+명사+of+소유대명사' 형태의 어순을 취해야 하므로, ③이 정답이다.

우리 친구는 도로교통국에서 보낸 문자 메시지를 한 통 받았다.

05 ③

'배수 비교'를 할 때는 '배수+as ~ as', '배수+비교급 than', '배수+the 명사+of' 등과 같이 표현한다. 그런데 twice의 경우 일반적으로 '비교급 than' 표현과 함께 쓰이지 않으며, as ~ as 구문의 앞에 위치하는 용법으로 쓰이므로 ③이 정답이다.

팜비치(Palm Beach)의 빌라에 투숙하는 것은 일주일 동안 콘도미니엄 방을 빌리는 것의 두 배 이상 비용이 든다.

06 ②

still과 yet 둘 다 부정문에 쓰일 수 있으나 그 위치가 다르다. 일반적으로 still은 부정조동사 앞에 위치하고, yet은 문미 또는 not 뒤에 온다. 따라서 ②가 정답이다. ③의 already는 부정문에는 쓰이지 않는다.

찾고 있는 것을 나는 아직 발견하지 못했다.

07 ④

주어가 he이므로 분사구문은 능동의 Finding으로 시작하며, 5형식동사 find 다음에 가목적어인 it과 목적보어(hard)와 진목적어인 to부정사(to breathe)가 이어진 ④가 적절하다. breathe는 자동사이다. hardly는 '좀체 ~아니다'는 뜻의 부사이다.

숨쉬기가 어렵다는 것을 알고서 그는 얼른 안전벨트를 느슨하게 했다.

08 ③

빈칸 뒤에 과거분사가 있으므로 완전한 문장이 되기 위해서는 주어와 동사가 필요하다. 따라서 ①과 ④는 정답이 될 수 없으며, ②는 주어가 periods이므로 has를 have로 바꿔야 맞다. ③에는 유도부사 there가 있고, followed by 이하가 앞의 periods of glaciation을 꾸며주므로 정답이 된다.

빙하기가 존재해왔고, 높은 고도에서 빙하가 줄어들었던 온난화 추세가 그 뒤에 이어졌다.

09 ②

빈칸에는 주어에 해당하는 표현이 들어가야 한다. ①은 절이므로 정답이 될 수 없고, ③은 어순을 '주어+동사'의 정치 구조로 고쳐야 한다. ④의 경우 which 이하 전체가 관계사절이 되어 주어 cognition에 대한 동사가 없는 문장이 된다. 정답은 ②이다. 선행사를 포함한 관계대명사 what이 주어이고, call은 목적어를 두 개 취하는 4형식 동사로 쓰였다.

심리학자들이 인식이라고 부르는 것은 모든 정신적 상태와 활동을 포함하는 포괄적인 범주다.

10 ①

seem은 형용사를 보어로 취하는 2형식 동사다. 양보의 접속사 as는 보어인 명사, 형용사 등을 강조하기 위해 이것들을 문두에 위치시킬 수 있다. ①은 seems의 보어 이므로 Strangely를 형용사 Strange로 고쳐야 한다. ②, ④ 주어진 문장에서 taste 와 see는 완전자동사로 쓰였다. ③ their는 butterflies를 가리킨다.

이상하게 보이지만, 나비는 발로 맛을 보며 개는 흑백으로만 본다.

11 ②

동사 forget 다음에 to부정사가 오면 미래의 일을 나타내고, forget 다음에 동명사 가 오면 과거의 일을 나타낸다. 신선한 공기가 필요해 창문을 열었다고 했으므로, 창문을 열었던 것을 잊었던 것이 아니라, '열어야 하는' 것을 잊었다고 해야 적절하다. 따라서 미래의 일을 나타내기 위해 ②를 to open으로 고쳐야 한다.

창문을 열어야 하는 것을 잊고 있었다. 신선한 공기가 좀 필요해, 나는 다시 일어나 창문을 적당할 정도로 열었다.

12 ③

said의 목적절 속에 위치한 주절의 동사 형태에 주목한다. would have been으로 보아 가정법 과거완료의 귀결절 형태라는 것을 알 수 있다. 따라서 조건절의 형태는 'if+주어+had p.p'여야 하므로 has been를 had been으로 고친다. ①, ② 간접의 문문에 it ~ that 강조구문이 적용되어 있다. 'who said that ~에서 who를 강조하는 표현을 만들면 it was who that said that ~이 되는데, 의문사절의 어순은 '의문사+ 주어+동사'이므로 who it was that said that ~의 형태가 된다. 따라서 ①과 ② 모두 옳은 표현이다. ④ a little은 비교급을 수식할 수 있는 표현이다.

만약 클레오파트라의 코가 조금만 더 짧았더라면 전 세계의 역사가 바뀌었 을 거란 말을 한 사람이 누구인지 아니?

13 ③

문장의 동사 are 뒤에 at once A and B(= both A and B) 구문이 이어지는데, more sensitive가 A에 해당하고 ③ 이하가 B에 해당한다. 따라서 better ability를 형용 사 비교급인 better able로 고쳐야 한다. 'be able to부정사'로 쓰이는 able은 비교 급이 more able이나 better able이다. 최상급도 마찬가지로 most able 또는 best able이다. ① call은 5형식 동사로 쓰였으며, 목적어는 we 앞에 생략된 목적격 관계 대명사 whom이며 poets는 목적보어다. ② at once A and B = both A and B이다. at once는 단독으로 쓰여 '즉시에' 라는 의미도 지니므로, 문맥을 통해 단독으로 쓰였 는지 at once A and B 구문으로 쓰였는지를 판단해야 한다.

우리가 시인이라고 부르는 사람들은 한편으로는 더 폭넓은 감정을 갖고 있 어 더 민감하면서도 자신의 감정을 표현하고 다른 사람들을 감동시켜 그들 도 같은 감정을 공유하게 하는 일도 더 잘할 수 있다.

14 ④

④ affect의 주어는 a complex mix이다. 따라서 affect를 affects로 고쳐야 한다.

성적 행동의 생물학적 기초에 대한 규모가 큰 과학적 연구는 그 어떤 단일한 '게이 유전자'도 없다는 사실을 확인해 주었지만 더 나아가 유전적인 요인과 환경적인 요인의 복잡한 혼합이 어떤 사람이 동성의 파트너를 가지게 되는 지 여부에 영향을 미친다는 점도 확인해 주었다.

15 ④

disabuse는 일종의 '제거·박탈' 동사이다. 'disabuse 사람 of 사물'의 형태로 써야 하므로, from 대신 of가 필요하다.

자연 세계는 인간들이 어떻게 살고 죽는가의 방식과는 상관없이 계속 돌아 가기 마련이라는 그의 깨달음은 아마도 군인으로서 가장 받아들이기 힘든 교훈이다. 이 깨달음은 용기와 남자다움과 관련한 그의 순전하고 미숙한 믿 음을 바로잡아 주었다.

16 ①

'~직후에'는 shortly after~ 혹은 soon after~이다. 반대표현은 long after이다. 따라서 ① short after를 shortly after로 고쳐야 한다.

트럼프의 취임 바로 직후 피츠버그에서 열렸던 최초의 여성 시위행진은 유 색인종 여성의 참여 문제를 놓고 심하게 갈라졌고 결국에는 분리된 시위행 진을 진행했고 한 흑인 주동자는 이 공식적인 시위가 '백인 페미니스트들만 의 이벤트'인지 물었다.

17 ④

charge A with B는 'B의 혐의로 A를 기소하다'는 의미로서 수동태가 되면 be charged with~의 형태가 되어야 하므로 ④를 charged with로 바꾸어야 한다.

지난 6월 네덜란드 경찰은 한 농장에서 화물용 컨테이너를 부수어 열었는데, 그 컨테이너가 벽이 방음재로 덮여 있고 팔과 다리를 구속하는 치과용 의자에 수갑, 쇠톱, 펜치 등을 갖춘 고문실로 개조된 것을 발견했다. 경찰은 네덜란드의 오토바이 폭력조직 칼로 와고(Caloh Wagoh)의 내부 정보원의 제보를 받았는데, 이 조직의 우두머리 "케일로"는 청부살인 미수 혐의로 체포돼 기소됐다.

18 ①

① 선행사가 장소를 나타내는 the place이므로 관계부사 where를 썼다. 관계부사 뒤에 완전한 문장이 왔으므로 옳은 표현임을 알 수 있다. ② used to는 과거의 습관을 나타내는 조동사이므로 뒤에 동사원형이 이어져야 한다. getting을 get으로 고친다. 한편 I don't 뒤에는 get up early가 생략되어 있다. ③ enough는 부사나 형용사를 수식하는 경우 후치수식 한다. enough old를 old enough로 고친다. ④ put off 뒤에는 동명사가 이어져야 하므로 to answer는 answering이 되어야 한다. not ~ any longer는 no longer(더 이상 ~아닌)의 뜻이다.

① 이곳이 그 보물이 묻혀 있던 곳이다.
② 나는 예전에는 일찍 일어나곤 했지만, 지금은 그렇지 않다.
③ 너는 집에서 어머니를 도울 만큼 나이가 들었다.
④ 우리는 더 이상 저 편지에 대한 답장을 미룰 수 없다.

19 ①

① to부정사가 결과적 용법으로 쓰인 문장이다. make oneself understood는 '자신의 말을 다른 사람에게 이해시키다'라는 의미이며, 언어 앞에는 전치사 in을 쓴다. ② 현재완료는 과거의 일이 현재에 영향을 미친다는 의미가 내포되어 있으므로, 주어진 문장은 '그리스인들이 바로 지금 막 포위를 풀었다'는 부적절한 의미가 된다. 주절의 시제가 과거임을 고려해 과거완료 형태인 had given up으로 고쳐야 한다. ③ the room이 sweep되는 대상이므로 to sweep을 to be swept로 써야 한다. ④ 시간의 부사절에서는 현재시제로 미래시제를 대용하지만, 명사절과 형용사절의 경우에는 미래시제를 그대로 쓴다. 주어진 문장에서, 명사절인 if it rains는 if it will rain으로 고치고, 부사절인 if it will do는 if it does로 고쳐야 한다.

① 그는 영어로 자신의 생각을 이해시키려고 했으나 허사였다.
② 그들의 도시가 함락되던 날 밤, 트로이 시민들은 그리스인들이 포위 공격을 포기하고 떠나버렸다고 잘못 생각하여 잔치를 벌였다.
③ 그는 그 방을 청소하도록 지시했다.
④ 비가 올지는 모르겠지만, 만약 비가 온다면 나는 집에 있을 것이다.

20 ①

hope 동사는 that절을 목적어로 취할 수 있으며 that절의 시제는 미래뿐 아니라 현재, 과거 등 모든 시제가 가능하다. 따라서 ①이 정답이다. ② 'hope+목적어+to부정사' 구문은 불가능하므로 him not to see her를 he will not see her로 고쳐야 한다. ③ that절이 가정법 과거이므로 hope을 wish로 고쳐야 한다. ④ hope을 hope for로 고쳐야 한다. ⑤ hope은 동명사가 아니라 to부정사를 목적어로 취하므로 hearing을 to hear로 고쳐야 한다.

① 나는 그가 그녀를 만나지 않았기를 바란다.
② 나는 그가 그녀를 만나지 않기를 바란다.
③ 나는 그가 지금 살아있다면 좋을 텐데 하고 바란다.
④ 나는 이 질문에 대한 당신의 답변을 기대한다.
⑤ 나는 당신으로부터 곧 소식이 있기를 바란다.

| 01 ③ | 02 ④ | 03 ③ | 04 ③ | 05 ① | 06 ② | 07 ④ | 08 ③ | 09 ④ | 10 ① |
| 11 ③ | 12 ③ | 13 ② | 14 ② | 15 ④ | 16 ⑤ | 17 ④ | 18 ④ | 19 ② | 20 ④ |

01   ③

A is one thing, B is another는 'A와 B는 별개다'라는 의미의 관용표현이다. 따라서 빈칸에는 ③ another가 들어가야 한다.

단지 과대 선전을 하는 것과 그러한 과대 선전을 정당화할 정도로 만족스러운 제품을 만드는 것은 별개의 문제다.

02   ④

빈칸 앞이 완전한 종속절이므로, 빈칸 이하는 주절이 되어야 한다. 한편, 부정어가 포함된 부사절이 문두에 와 있으므로 주절의 주어와 동사는 도치되어야 한다. 따라서 정답은 ④이다.

원숭이는 나이가 대여섯 살이 될 때까지는 어미로부터 자립하려는 조짐을 보이지 않는다.

03   ③

know는 to부정사를 목적어로 취할 수 없으며, '의문사+to부정사' 형태를 목적어로 취한다. handle은 타동사인데, 문맥상 이 동사의 목적어가 bullies가 되어야 하므로 대명사도 복수형으로 써야 한다. 따라서 정답은 ③이다. ①의 경우 '그것으로 무엇을 다루어야 할지'라는 뜻이 되어 부자연스럽고, ②의 경우 handle의 목적어가 두 개 (them, what)가 되어 적절하지 않다.

아스퍼거 장애를 앓고 있는 아이와 성인은 종종 불량배의 괴롭힘의 대상이 되는데, 그들은 이들을 어떻게 다루어야 할지를 모른다.

04   ③

'all/both/double/half/twice+the(한정사)+명사' 형식으로 쓰므로, ③이 올바른 표현이다. ④와 같이 'twice+비교급 than' 구문은 쓰지 않는다는 데 유의한다.

7년이 지나면 그 나무는 자라서 네 키의 두 배가 될 거야.

05   ①

과거 특정 시점에서의 순간적인 동작을 나타내고자 하는 경우, 과거진행형시제를 쓴다. 따라서 ①이 정답이다. 현재완료는 과거의 동작이 현재에까지 미치는 경우에 쓰는 시제이므로, 과거의 일에 대해 진술하고 있는 when절과는 함께 쓸 수 없다. 따라서 ③과 ④는 정답으로 부적절하다.

헨리(Henry)가 직장에서의 고된 일과를 마치고 집으로 돌아왔을 때, 그의 부인은 자고 있었다.

06   ②

부사 commonly가 분사 abused를 수식하고, abused는 명사를 수식해야 하며, 비교급, 최상급을 만들 때 more, most는 형용사, 부사의 바로 앞에 위치해야 한다. 따라서 ②가 정답이다.

많은 사람들이 술이 해롭다고 생각하지 않지만, 술은 미국에서 가장 흔하게 남용되고 있는 마약이다.

07   ④

빈칸 뒤에 완전한 주절이 왔으므로, 빈칸에는 now와 함께 주절을 꾸며주는 종속절이 와야 한다. 절과 절을 연결하기 위해서는 접속사가 필요한데, now that이 '이유'의 접속사로 쓰이므로 빈칸은 that으로 시작해야 한다. 한편, 동사 knew의 목적어로 의문대명사 who가 이끄는 간접의문문이 왔으며, 이때 어순은 'who+주어+동사'가 되어야 한다. 따라서 빈칸에는 ④의 that she knew who her father was가 들어가야 한다.

아버지가 누구인지 알았기 때문에, 그녀는 아버지를 찾아내어 왜 그가 떠났는지를 알아볼 예정이었다.

08   ③

①, ②는 관계대명사 that 뒤에 완전한 문장이 온 형태이므로 정답이 되지 못하며, ④의 경우 목적격 관계대명사가 생략되었다고 본다면 huge ripple effects의 역할을 설명할 수 없으므로 정답으로 부적절하다. 따라서 ③이 정답이다. 이때 that they do가 the smallest things를 수식하고, that have huge ripple effects 역시 선행

사 the smallest things를 수식하는 '관계대명사의 이중한정'이 된다.

CEO들에게, 그것은 그들이 하는 가장 사소한 것들로서, 거대한 파급효과를 미치는 것들이다.

09 ④

post는 앞의 대학교 총장을 받은 동격으로, 총장자리는 그가 '임명하는' 것이 아니라 '임명되는' 것이므로, 능동태가 온 ①과 ②는 빈칸에 들어갈 수 없다. 그리고 불완전한 절과 쓰이는 which 다음에 완전한 절이 왔으므로 ③ 역시 부적절하다. 따라서 ④가 정답인데, to which he was appointed는 원래 which he was appointed to에서 to가 앞으로 간 형태로, to가 a post와 호응하고, '전치사+관계대명사'가 와서 완전한 절이 온 형태이다.

윌리엄 스풀호프(William Spoelhof)는 1931년 칼빈 대학교에서 문학사 학위를 받고 졸업했다. 제2차 세계대전 동안의 몇 년을 제외하고는 그는 직장 생활을 하는 동안 내내 교육자였다. 1946년, 그는 칼빈 대학교에서 역사학 부교수로 임명되었고, 1954년에 정교수로 임명되었다. 비록 1951년에 임명된 자리인 총장으로서의 그의 직무는 그로서는 아쉽게도 현역으로서 가르치는 것은 끝났다는 것을 의미했지만 말이다.

10 ①

'눕다'라는 의미의 자동사 lie는 lie-lay-lain 형태로 변화한다. 반면 타동사 lay는 lay-laid-laid로 변화한다. ①의 뒤에 목적어 없이 부사와 전치사구가 이어지고 있으므로, laid는 자동사 lie의 과거분사인 lain이 되어야 한다. 따라서 had laid를 had lain으로 고친다. ③ instruct가 5형식으로 쓰이는 경우 목적보어로 to부정사가 온다. ④ 조건절의 동사 형태가 had+p.p이므로 가정법 과거완료이며, 따라서 귀결절의 동사 형태는 '조동사의 과거+have+p.p'다.

만약 그녀가 지시받은 대로 조용히 나무 밑에 누워 있었더라면 우리는 그녀를 찾을 수 있었을 것이다.

11 ③

live가 형용사로 쓰이는 경우, 한정적 용법으로만 쓰인다. 따라서 live를 명사 뒤에서 수식할 수 있는 서술적 용법의 형용사 alive로 바꿔야 한다. ① knowing은 '아는 것이 많은', '학식이 풍부한'이란 뜻의 형용사로 쓰였다. ④ not과 always가 함께 쓰였으므로 부분부정이다.

제임스 우드(James Wood)의 신작 『감동을 주는 소설(How Fiction Works)』은 살아 있는 최고의 비평가 중 한 명에게서나 기대할 수 있을 정도의 해박한 지식을 드러낸다. 하지만 작가들이 이를 마냥 달갑게 받아들이지는 않을 듯하다.

12 ③

분사구문의 주어는 주절의 주어와 일치해야 한다. 책은 쓰는 주체가 아니라 '쓰이는' 객체이므로, ③을 Written in으로 고쳐야 한다.

프랑스의 경제학자인 토마스 피케티(Thomas Piketty)는 단번에 전 세계인의 마음을 사로잡았다. 그의 책은 한동안 베스트셀러였다. 프랑스어로 쓰인 그 책은 영어로 번역이 되었다.

13 ②

see to에 쓰인 to는 전치사이므로 that절을 목적어로 취할 수 없다. 그러므로 see to 뒤에 가목적어 it을 두어 see to it that ~의 형태가 되도록 해야 한다. 'see to it that 절'은 '반드시 ~하도록 하다'는 뜻의 관용 표현으로 쓰인다. ① 주어가 all, what, the only thing, the first thing 등으로 시작하여 do 동사로 끝나는 경우, be동사 다음의 주격보어로는 원형부정사도 쓰일 수 있다. ④ attend to는 '보살피다', '돌보다'는 의미이며, it이 가리키는 것은 that vice이다.

전능하신 신이 어떤 가상의 천국에서 그 악행을 처리하는 것을 기다리는 대신 바로 여기 지금 이 순간 악행이 항상 응징을 받도록 하기 위한 노력을 시작하는 것이 우리가 해야 할 일의 전부이다.

14 ②

주어는 The ascent이며, 이에 대한 동사는 driven이다. 분사 단독으로는 정동사 역할을 할 수 없으므로 driven by를 was driven by로 고쳐야 옳은 문장이 된다. ① '설립하다'라는 뜻의 타동사 found의 과거분사이며, 연도 앞에는 전치사 in을 쓴다. ③ familiar는 앞에 위치한 a game plan을 수식하는데, 그 앞에 '관계대명사+be동사'가 생략되어 있다.

1969년에 일본 업체들의 흑백 TV 하청업체로 설립되었던 그 재벌의 부상은 일본에 잘 알려져 있는 다음과 같은 행동방침에 의해 추진되었다. 최대한 모방하라.

15 ④

wrought는 타동사 wreak의 과거분사형태이므로 목적어가 있어야 하는데, 목적어가 오지 않았다. 따라서 ④를 목적어를 자체적으로 포함한 관계대명사인 what으로 고쳐주어야 한다.

과학자인 빅터 프랑켄슈타인(Victor Frankenstein)은 "우리의 어두운 세계에 한 줄기 빛을 불어넣기를" 바랐지만, 자신이 초래한 것에 대해 잊고자 하는 마음에서 그가 단념한 자신의 창조물에 대한 모든 도덕적 책임을 저버리는 것으로 끝을 맺었다.

16   ⑤

'be due to 부정사'는 '~할 예정이다'는 뜻이고 'be due to 명사/동명사'는 '~때문이다'는 뜻인데 여기서는 전자의 의미이므로 ⑤를 원형동사 be tested로 고쳐야 한다. ② 'look to 부정사'는 '~하기를 기대하다, 꾀하다'이다. ③ 부정의 부사어 nowhere가 문두에 있어 주어와 동사가 도치되었다.

전 세계 도시들의 인구가 날로 늘어남에 따라 많은 도시들은 종종 잘 사용되지 않고 있는 수로들을 창의적인 방식으로 이용하기를 기대하고 있다. 이 점은 파리에서 가장 사실인데, 거기서는 새로운 형태의 환경친화적인 교통이 올해 센 강에서 시험될 예정이다.

17   ④

두 번째 문장에서 by 이하는 and에 의해 병치되어 있는데, and 다음에 more broadly가 삽입되어 있고, 동사 direct가 나왔으므로 direct는 sharing과 마찬가지로 동명사가 되어야 한다. 따라서 ④를 directing으로 고친다.

법적인 그리고 실제적인 이유로, 기업들은 직원들에게 감염의 확산을 예방하는 방법에 대한 정확한 정보를 제공해왔고 사람들에게 그 정보에 따라 행동할 수 있는 수단을 제공했다는 것을 보여줄 필요가 있다. 따라서 조직은 모든 직장 감염에 앞서 특정한 공중 보건 지침을 공유함으로써 그리고 보다 광범위하게는 조직에서 신뢰하는 공식 자료를 직원에게 안내함으로써 감염 방식과 증상에 대하여 직원들에게 교육해야 한다.

18   ④

미래조동사 대용표현인 'be about to(막 ~하려하다)' 다음에는 동사원형이 와야 하므로, ④에서 departing을 depart로 고쳐야 한다.

① 그는 대서양을 비행한 최초의 조종사였다.
② 그 아이는 혼자서 자는 것에 익숙하지 않았다.
③ 대통령은 선거 유세를 위해 털사(Tulsa)에 도착할 예정이었다.
④ 그 열차가 그 플랫폼에서 막 출발하려하고 있다.

19   ②

보기의 문두에 나온 부사들 중 rarely만이 부정의 부사로 그 다음에 주어와 동사가 도치된다. 따라서 ②는 Rarely does he like to help his friends.로 고쳐야 한다.

① 드물게 그는 잠에서 깼다.
② 그는 좀처럼 친구 돕기를 좋아하지 않는다.
③ 어리석게도 그는 그녀의 충고를 무시했다.
④ 불행하게도, 그는 자기를 도와줄 사람을 찾을 수 없다.
⑤ 그렇지 않으면, 우리는 소풍을 취소해야 할 것이다.

20   ④

let은 수동태 불가동사로, let이 수동태로 쓰일 때는 let 대신에 allowed를 쓰므로, ④에서 let을 allowed로 고쳐야 한다.

① 모든 사람이 입에 은수저를 물고 태어나는 것은 아니다.
② 그는 미국인이라고 알려져 있었지만, 그가 독일어를 말하는 것을 들었다.
③ 달 여행이 가능해질 것이라고 여겨진다.
④ 그는 그의 아내와 세 아이에게 짧게 대화할 수 있도록 허락받았다.

| 01 ③ | 02 ④ | 03 ③ | 04 ② | 05 ② | 06 ① | 07 ③ | 08 ③ | 09 ② | 10 ④ |
| 11 ② | 12 ③ | 13 ④ | 14 ④ | 15 ③ | 16 ① | 17 ④ | 18 ④ | 19 ④ | 20 ② |

01   ③

lie 동사와 빈칸 다음의 주어가 도치된 것으로 완결된 절을 이루므로 in which이며, 주어가 복수명사이므로 lie이다. 따라서 ③이 빈칸에 적절하다.

그곳은 세상에서 가장 영적인 묘지인데, 거기에 그의 많은 친구와 가족이 묻혀있다.

02   ④

ranging from A to B(그 범위가 A에서 B에 이르는, A에서 B에 이르기까지 폭넓은) 구문이므로 to는 전치사이고 그 다음은 동명사이며, partake는 주로 자동사로 쓰이므로 in이 필요하다. 따라서 ④가 적절하다.

그는 다양한 미술관을 정기적으로 방문하는 것에서부터 화려한 공연예술에 참여하는 것에 이르기까지 그 도시가 가진 모든 측면의 문화적 환경을 즐겼다.

03   ③

절을 완성시킬 수 있는 동사가 필요하다. 따라서 유도부사 There와 동사 are가 쓰인 ③이 정답이다. ④의 경우, Because가 이끄는 종속절만 존재하게 되어 주절이 없는 문장을 만들게 된다.

영국사에는 두 명의 유명한 여왕이 있는데, 바로 엘리자베스(Elizabeth) 1세와 빅토리아(Victoria) 여왕이다.

04   ②

how far 이하는 tell의 목적절로서 간접의문문이 되어야 하며, 따라서 의문사 뒤에 평서문 어순이 쓰여야 한다. 그러므로 ①, ④는 적절치 않다. far와 distant를 연달아 쓰는 것은 어구 중복이므로 ③도 답이 될 수 없다. 따라서 정답은 ②가 된다.

오늘날의 정교한 망원경조차도 우리에게 원거리 물체가 얼마나 멀리 떨어져 있는지를 정확히 말할 수 있게 해주지는 못한다.

05   ②

consider는 'consider+목적어+(as)+보어' 혹은 'consider+목적어+(to be)+보어' 형태로 쓴다. 따라서 관계대명사절의 주어와 동사가 제시되어 있는 ②가 정답이다. 이때 whom은 considered의 목적어이며, her parents 앞에는 as 혹은 to be가 생략되어 있다.

그녀에게는 조부모님이 있었는데, 10년 전에 친부모님이 돌아가셨기 때문에 그녀는 그분들을 부모님처럼 여겼다.

06   ①

introduce는 3형식 문장을 만드는 완전타동사다. 따라서 빈칸에는 목적어가 들어가야 한다. ① new dance, the twist가 정답이며, 이때 the twist는 a new dance와 동격이다.

1961년에 처비 체커(Chubby Checker)는 트위스트라는 새로운 춤을 뉴욕의 로큰롤 팬들에게 선보였다.

07   ③

①처럼 in 다음에 whose관계절이 바로 이어지면 whose의 선행사가 brain activity여서 '뇌 활동의 감정 상태'로 이상한 의미가 되고 emotional state가 manipulated의 목적어가 될 수 없게 되어 부적절하므로 in의 목적어로 명사 people이 오고 이것을 whose관계절이 수식하는 ③이 빈칸에 적절하다. whose가 관계대명사로 쓰인 관계절 안에 ②와 ④처럼 또 다른 관계대명사 that이 올 수는 없다.

나는 우리가 실험실에서 그 감정 상태를 조작하는 사람들에게서 일어나는 뇌 활동을 측정하기 위해 전극들을 이용한 실험을 시작했다.

08   ③

자원(resources)을 가지고(with) 시당국(they)이 서비스를 제공하는(deliver) 것이므로 resources 다음을 관계절로 나타내면 with which they can deliver services이다. 따라서 ②는 which 앞에 with가 있어야 한다. 이것을 '전치사+관계대명사+to부정사'의 관계구로 나타낸 ③이 적절하다.

지방세를 보다 더 효율적으로 징수하는 것은 도시의 주민들에게 더 나은 서비스를 제공할 더 많은 자원을 갖는 것을 의미한다.

09 ②

people will take care of their family가 수동태로 되고 by people을 생략하면 their family will be taken care of이고, 조건절에서는 미래의 일도 현재시제로 나타내므로 ②가 적절하다.

누군가가 자원하여 봉사에 나설 때는, 미래에 최악의 일이 일어나면 자신의 가족이 돌보아질 것이라고 믿고 그렇게 하는 것이다.

10 ④

dinner와 같이 '식사명' 앞에는 무관사가 원칙이다. 따라서 ④를 dinner로 고쳐야 한다.

20명의 학생이 크리스마스 파티에 참석했다. 파티가 진행되는 동안, 그들은 게임을 했고, 저녁을 먹었으며, 산타클로스로부터 선물을 받았다.

11 ②

주어 An individual이 because of 이하의 의미상 주어인데, An individual은 고양이에게 '물리거나 할큄을 당하는' 대상이다. 따라서 biting or scratching을 수동태로 고쳐야 한다. 그런데 과거를 나타내는 표현인 when an infant가 있으므로, 수동의 완료동명사구를 써서 having been bitten or scratched라고 써야 옳은 문장이 된다. ① uneasy는 불완전자동사 feel의 보어이며, around는 전치사다. ③ 'such+부정관사+명사'의 어순이므로 올바르게 썼다. ④ develop은 '발전하다'는 의미의 자동사로 쓰였다.

어떤 사람은 아주 어렸을 때 고양이에게 물리거나 할퀸 적이 있어 고양이가 근처에 있으면 불안해할지 모른다. 그러한 불안감은 고양이에 대한 알 수 없는 공포심으로 발전할 수 있다.

12 ③

'~을 할 목적으로'라는 뜻으로 쓰이는 동명사의 관용표현인 with a view to에서 to는 부정사의 to가 아니라 전치사이므로, to 다음에는 동명사가 와야 한다. 따라서 ③을 to being으로 고쳐야 한다.

이 자리에 이상적인 후보는 수습기간이 끝난 다음 승진을 위해 경력을 쌓아 관리직으로 이동하기를 기대하는 사람이 될 것이다.

13 ④

재귀대명사는 동작의 대상이 주어 자신일 때에 사용된다. reinvent 다음에 나온 ②의 itself가 가리키는 대상은 주어인 the company이므로 재귀대명사가 옳게 쓰인 것인 반면, made의 목적어로 온 ④의 itself가 가리키는 대상은 주어인 focus가 아니라 the company이므로 재귀대명사를 써서는 안 된다. 따라서 ④를 it으로 고쳐야 한다.

세대 간의 경영권 승계가 임박함에 따라, 그 회사는 스스로를 개혁하라는, 즉 보다 혁신적이면서도 회사를 세계적인 대기업으로 만들었던 엄격함과 집중력을 잃지 말라는 압력을 받고 있다.

14 ④

pointing out 다음에 이것의 목적어로 that절이 주어져 있다. that절의 주어인 the financial health에 대한 동사가 와야 하는데, showing은 분사이므로 단독으로는 문장의 정동사 역할을 할 수 없어 부적절하다. 따라서 showing을 shows로 고쳐야 한다. ① 'get+사람+to부정사'는 '~로 하여금 …하도록 하다'라는 의미이며, push the envelope는 '한계를 초월하다', '한계에 도전하다'라는 뜻의 관용표현이다. ② 뒤에 명사가 있으므로 전치사로 쓰인 것임을 알 수 있다. ③ 연속동작의 분사구문이며, and points out의 의미다.

"그 집착이 사람들로 하여금 한계에 도전하도록 했습니다"라고 그는 대중 앞에서 말하고 있으며, 심지어 현재의 시장에서조차, 그러한 재무건전성은 금융 위기의 부침(浮沈)을 이겨낼 수 있는 업계의 능력을 보여준다고 지적하고 있다.

15 ③

③ what 앞에 선행사인 firm이 있으므로, what을 which 혹은 that으로 고쳐야 한다.

과일 음료와 언제든지 마실 수 있게 준비된 니트로 커피 등이 갖추어진 멋진 공유 작업공간과 세련된 입주자들을 가지고 있는 WeWork는 단기간 사무실을 임대해 주는 회사로서, 사무직 직원들의 삶을 관리하는 새로운 유행의 물결을 타고 있는 것처럼 보였다.

16 ①

task는 가산명사이므로 단수형일 때 한정사가 있어야 하는데 not은 부사일 뿐이므로 한정사인 부정관사 an을 추가하거나 not 대신 한정사인 no를 사용해야 한다. 따라서 ①을 is not an easy task나 is no easy task로 고쳐야 한다. ② 자동사 decide는 전치사 on[upon]과 함께 하여 목적어를 취하며 부사가 '전치사+명사구' 앞에 놓인다. ③ When절의 동사가 can train이지만 미래의 일을 말하므로 미래완료가 맞다.

우선 먼저 당신은 당신이 무엇을 원하는지 알아야 하는데 이것은 쉬운 일이 아니다. 당신이 객관적 사고를 훈련시켜 당신이 바라는 사태나 상황을 확정적으로 정할 수 있을 때, 당신은 당신이 원한다고 알고 있는 것을 이루는 데 큰 첫걸음을 내디딘 셈이 될 것이다.

17
④

첫 문장의 a man은 이야기의 서두에 등장하므로 a man이고 ④ 앞에서는 the man으로 바뀐다. 그러나 ④의 a gallery owner는 먼저 art gallery에 대한 설명이 있은 다음에 나오는 특정한 그 미술관의 주인인 것이므로 the gallery owner가 맞다. 따라서 ④를 says to the gallery owner로 고쳐야 한다.

미술관에서 한 남자가 서로 비슷한 정물화 그림 두 점을 발견한다. 두 그림 모두 탁자가 붉은색과 흰색의 격자무늬 천으로 덮여있고 그 위에 포도주 한 병과 빵 한 조각과 치즈 한 덩어리가 놓여 있는 그림이다. 한 그림에는 1000달러라는 가격이 매겨져 있지만 다른 그림은 1500달러이다. 어리둥절해진 그 남자는 미술관 주인에게 "저 그림들은 정확하게 똑같아 보이는데 왜 한 그림이 다른 그림보다 더 비싸지요?"라고 말한다. 미술관 주인은 더 비싼 그림을 가리키면서 "저 그림에는 수입 치즈가 그려져 있잖아요."라고 말한다.

18
④

④ reach는 타동사이므로 뒤에 전치사 없이 목적어를 쓴 것은 적절한 표현이다. 부사 hardly가 형용사 any를 수식하고 있으며, 과거분사 left는 앞의 명사를 후치수식하고 있다. ① 의문사절의 어순은 '의문사+주어+동사'이다. 따라서 where the hammer was가 되어야 옳다. ② sat은 자동사 sit의 과거형이므로 뒤에 전치사가 이어지는 것은 옳으나, besides는 in addition to의 뜻이므로 문맥상 적절치 않다. next to의 의미인 beside로 고쳐야 한다. ③ every를 포함한 어구는 단수로 취급한다. 따라서 복수형 소유격 their를 his로 고쳐야 한다.

① 피터(Peter)는 마크(Mark)에게 망치가 어디 있는지 물어보았다.
② 영화가 상영되는 동안 알프레드(Alfred)는 그레이스(Grace) 옆에 앉았다.
③ 모든 사람들이 자신의 점심 도시락을 소풍에 가져왔다.
④ 산의 정상에 도착했을 때 우리는 하산할 수 있는 힘이 거의 남아 있지 않았다.

19
④

④ evidence, health, information, knowledge, wealth 등의 명사는 단수/복수 표기가 불가능한 절대 불가산명사이다. 따라서 information으로 쓴 것은 옳다. 'how+to부정사'는 '~하는 방법'으로 해석한다. ① 관계대명사 what은 자체에 선행사를 포함하고 있는데, 주어진 문장에는 선행사 a story가 명시되어 있으므로 what을 쓴 것은 옳지 않다. what을 which나 that으로 고친다. ② lest는 so that ~ may not(~하지 않게, ~하면 안 되니까)의 뜻이며, 자체에 부정의 의미가 있으므로 뒤에 다시 부정어를 써서는 안 된다. not을 삭제한다. ③ 비교급은 very가 아니라 much, far, by far, still 등으로 수식해야 한다. 한편 those는 car prices를 뜻하는 것으로, 영국과 다른 나라의 자동차 가격을 비교하는 것이므로 옳게 쓴 것이다.

① 그녀는 이야기 하나를 듣고 마음이 슬펐다.
② 나는 아기를 깨우지 않으려고 불을 켜지 않았다.
③ 영국의 자동차 가격은 다른 나라의 자동차 가격보다 훨씬 더 비싸다.
④ 이 책은 차를 수리하는 방법에 대한 유용한 정보를 제공한다.

20
②

② once는 '일단 ~하고 나면'이란 의미의 접속사로 쓰였으며, 뒤에는 they are가 생략되어 있다. 이때 they는 주어 Bad habits를 가리킨다. 주어인 Bad habits가 to get rid of의 목적어에 해당하므로 get rid of 뒤에 them을 써서는 안 된다. ① 동사 grow가 '성장하여 ~이 되다'라는 의미의 불완전자동사로 쓰인 것이 아니라 increase의 의미로 쓰인 완전자동사이므로, 이것을 수식하는 말은 형용사가 아닌 부사여야 한다. rapid를 rapidly로 고친다. ③ wise는 '사람의 성질'을 나타내므로 의미상의 주어 앞에 전치사 of를 써야 한다. for him을 of him으로 고친다. ④ deprive A of B는 'A에게서 B를 빼앗다'라는 의미이다. from을 of로 고쳐야 한다.

① 남북전쟁 이후 스포츠에 대한 관심이 급속히 늘어났다.
② 나쁜 버릇은 일단 생기고 나면 없애기가 매우 어렵다.
③ 그가 그 회의에 참석하지 않은 것은 매우 현명한 것이었다.
④ 그들은 놀라서 말할 힘을 잃어버렸다.

| 01 ③ | 02 ③ | 03 ③ | 04 ② | 05 ④ | 06 ④ | 07 ④ | 08 ① | 09 ③ | 10 ① |
| 11 ③ | 12 ① | 13 ② | 14 ② | 15 ③ | 16 ③ | 17 ③ | 18 ③ | 19 ④ | 20 ④ |

01   ③

전체 문장의 동사는 makes이고 주어는 The fact이다. 또한 빈칸 뒤에 절이 있으므로, 빈칸에는 접속사 기능을 하면서 동격의 절을 이끌 수 있는 표현이 필요하다. 이러한 역할을 할 수 있는 것은 ③ that이다.

인플레이션을 겪고 있다는 사실로 인해 많은 가정들이 필요한 식품을 사는 데 어려움을 느끼고 있다.

02   ③

조동사 may 뒤에 동사원형 grow와 live가 연결되어 있는 형태다. 따라서 ③이 정답이다. ①을 쓰려면 and 뒤의 live도 lives가 되어야 한다.

다 자란 개구리는 성장해서 길이가 8인치가 되며 7년 동안 살 수 있다.

03   ③

주절에 쓰인 동사 형태가 '조동사의 과거+have p.p'인 것으로 보아 과거 사실의 반대를 가정하는 가정법 과거완료 문장임을 알 수 있다. 따라서 조건절의 동사의 형태는 had p.p여야 한다.

그의 어머니가 그에게 무슨 말을 하려고 들어오지 않았더라면 모든 일이 다 잘되었을 텐데.

04   ②

hope는 that절과 to부정사 모두 목적어로 받을 수 있지만, 'hope+목적어+to부정사' 구조는 쓸 수 없다. 또한 attend는 '~에 참석하다'라는 의미의 타동사이므로, 뒤에 전치사 없이 목적어가 바로 위치한다. ②가 정답이다.

우리는 스스로 선택한 이익단체 모임에 당신이 참석하기를 바랍니다.

05   ④

빈칸 앞에는 완전한 문장이, 빈칸 뒤에는 동사 retract가 있다. 따라서 '접속사+주어'로 이루어진 ④가 정답이 된다.

청개구리는 눈이 쑥 들어가기 때문에 먹이까지의 거리를 매우 정확하게 측정해야 한다.

06   ④

빈칸 앞에 부정어가 포함된 완전한 형태의 문장이 제시되어 있다. 이 뒤에 절이 오려면 접속사가 있어야 하며, 만약 부정적 의미의 접속사가 오면 그 뒤의 주어와 동사는 도치되어야 한다. 따라서 ④가 정답이다.

웃음은 돈으로 살 수 없으며, 유머도 마찬가지다.

07   ④

but 뒤에 ~ as well이 있는 것에 주목한다. 빈칸에는 이와 상관적으로 쓰이는 not only가 와야 하므로 ④가 정답이 된다. 이때 that은 the drive를 선행사로 하는 주격 관계대명사다.

나는 내 비디오카드와 호환이 가능할 뿐만 아니라 가격도 저렴한 드라이브를 찾는 데 어려움을 겪고 있다.

08   ①

빈칸 앞까지와 동격을 이루는 것으로 만델라의 말을 관계절의 수식을 받는 명사로 표현한 ①이 적절하다. apply는 자동사, 타동사로 모두 쓰일 수 있는데 ①에서는 자동사(적용되다, 꼭 들어맞다)로 썼다. ② 접속사가 없어 앞 절과 연결될 수 없다.

넬슨 만델라는 빈곤과 불의와 총체적인 불평등이 존재하는 한 그 누구도 안심하고 있을 수 없다고 말했는데, 오늘날 꼭 들어맞는 말이다.

09 ③

so to speak는 '말하자면'이라는 뜻의 관용표현이다. 형용사 good 다음에 명사 example이 와야 하며, 그 뒤에 so to speak가 삽입될 수 있으므로 ①과 ③으로 답이 좁혀진다. ①은 example을 뒤에서 꾸며줄 수 있는 전치사 of가 sustainable 앞에 없으므로 부적절하다. 따라서 정답은 ③이다.

선진국의 농업 방식은 말하자면 세계 여러 국가에서 본받을 수 있는 지속 가능한 농업 방식의 훌륭한 귀감이 될 수 있다.

10 ①

주절의 주어가 this study, 동사가 is이므로, is 다음에는 보어가 와야 하는데, of importance는 important(중요한)의 뜻으로 is의 보어가 되므로, ①을 of importance로 고쳐야 한다.

이 연구는 의료전문가들과 환자들에게 중요한데, 왜냐하면 우리는 항상 그 연구의 좋은 점과 나쁜 점을 알고 싶기 때문이다.

11 ③

That은 명사절을 이끄는 접속사로 쓰일 수 있지만, 접속사 that 다음에는 주어와 동사가 와야 하는데, ③ 다음에는 주어가 없다. 따라서 ③을 관계대명사 What으로 고쳐주어야 하는데, 여기서 what은 명사절을 이끌며, what 자체가 is의 주어역할을 한다.

실수는 인생의 한 부분이다. 중요한 것은 실수에 대한 대응이다. 이미 저지른 일은 돌이킬 수 없지만, 적어도 저지른 일이 다시는 일어나지 않도록 할 수는 있다.

12 ①

apologize는 그 뒤에 '(to 사람) for 이유'의 구문이 이어지므로 ①을 for not involving으로 고쳐야 한다. ② involve A in B(A를 B에 포함/연루시키다)이므로 in이다. ③ pledge는 to부정사를 목적어로 취한다. ④ both 다음의 the는 보통 생략된다.

그는 그 당사자들을 초기 토론에 가담시키지 않은 것에 대해 사과했고 도시의 양 지역 모두를 위한 계획을 수립하기 위한 토론장에 그들을 끌어들이겠다고 약속했다.

13 ②

② 다음에 이어지는 내용이 '너무나 ~해서 R할 수 없다(too ~ to + R)'인 것이므로, ②의 so를 too로 바꿔야 한다.

다른 은하계들은 두말할 필요 없고, 우리의 은하계도 대부분 너무나 멀리 떨어져 있어 외계의 인공물을 직접 영상 촬영한다거나 지적인 행위의 다른 직접적 증거를 얻는 게 불가능하므로, 무선신호를 찾아보는 것이 제일 좋은 방법이다.

14 ②

② far가 형용사 sleepless를 수식하기에 의미적으로 부적절하다. three hours into the night는 '밤이 시작되고 세 시간이 지나기까지'이며 deep/far into the night는 '밤이 깊기까지'이므로 ②를 far into로 고쳐야 한다. ③ 단수 night일 때는 반드시 the를 사용하나 복수 nights일 때는 그렇지 않다. ④ 이 문장 첫머리의 Lights는 전등불을 의미하는 가산명사이지만 ④는 물질명사로서 불가산명사이므로 단수이다.

오후 4시 30분부터 오전 7시까지 감방에 갇힌 채, 죄수들은 지겨운 단조로움에서 벗어나는 그 어떤 수단을 갖고 있어야 한다. 9시 15분에 전등이 꺼지지만, 잠 못 이루는 밤이 깊기까지 그들은 복도에서 새어 들어오는 소량의 빛에 의지해 책을 읽으려고 한다.

15 ③

process petroleum(석유를 가공처리하다)이라는 '동사+목적어'의 능동관계이므로, 현재분사 processing을 사용하여 ③ petroleum- processed를 petroleum-processing으로 고쳐야 한다.

세계에서 가장 큰 원유 정제시설에 대한 피해를 포함한 사우디아라비아의 석유 산업 심장부에 대한 타격으로 인해 월요일 원유 가격이 배럴당 5달러 내지 10달러 오르고 중동 전역에 걸쳐 긴장이 고조될 것으로 예상되었다.

16 ③

③에서 앞에 either가 있으므로 ③은 and가 아니라 or가 와야 할 자리이다. '이미 새로운 중간 계급이거나, 혹은 중간계급이 되기를 원하는 사람들'의 의미이다. ①, ②와 ④는 such ~ that 구문이다.

내 말은 전쟁 이후 대학 교육이 새로운 많은 중간 계급의 사람들 혹은 중간 계급이 되기를 원하는 사람들에게 워낙 당연한 것, 유행에 따라 꼭 필요한 것이 되어버려서 우리는 대학 교육을 권리의 문제로 받아들이고, '그것이 어디에 도움이 되는가' 묻지는 않는다는 얘기다.

17 ③

'뇌세포'가 '파괴되는' 수동의 의미이고 destroy는 타동사이므로 ③을 수동태로 하여 from being destroyed로 고쳐야 한다. ① '출처, 유래'의 from이다. ② a bite를 it으로 한 if it is left untreated에서 it is가 생략된 것이다. ④ fare well이 '순조롭게 되어가다'는 뜻이다. ⑤ 뇌졸중에 의해 유발되므로 과거분사 induced이다.

호주 깔때기 그물 거미에게 물릴 경우 치료하지 않고 두면 15분 내에 죽을 수 있지만, 과학자들은 깔때기 그물 거미 종의 독에서 발견되는 펩티드가 뇌졸중이 발병한 후 심지어 8시간이 지나도 뇌세포가 파괴되지 않도록 보호해 줄지도 모른다는 것을 발견했다. 이 치료제가 인체 실험을 통과하면 뇌졸중으로 인한 뇌손상을 방지해줄 수 있는 최초의 약이 될지도 모른다.

---

18 ③

③ lately는 '최근에' '요즘'이라는 의미이므로 문맥상 적절하지 않다. '늦게'라는 의미의 부사 late로 고쳐야 한다. ① advice는 추상명사이므로 직접적으로 수량 표시를 할 수 없으며, a piece of와 같은 조수사를 이용하여 표시한다. ② rob A of B는 'A에게서 B를 빼앗다'는 의미이며, 수동태가 되면 A is robbed of B의 형태가 된다. ④ put off의 목적어는 선행사를 포함한 관계대명사 what이 이끄는 절이다.

① 그는 내게 세 가지 조언을 해주었다.
② 그는 자신의 돈을 빼앗겼다.
③ 그는 오늘 아침에 늦게 일어났다.
④ 오늘 할 수 있는 일을 결코 내일로 미루지 마라.

---

19 ④

④ of which는 사물과 동물을 선행사로 하는 소유격 관계대명사이다. 주어진 문장의 선행사는 any student, 즉 '사람'이므로 올바른 소유격 관계대명사는 whose가 된다. of which를 whose로 고친다. ① 선행사에 the same이 포함되어 있으므로 유사 관계대명사 as를 썼으며, '동일한 종류의 우산'을 의미하게 된다. ② 관계사절 속에 있는 I thought는 삽입절이며, 이 표현을 괄호로 묶고서 생각하면 was의 주어가 되는 주격 관계대명사 who가 올바르게 쓰였음을 확인할 수 있다. ③ which의 선행사는 앞 문장 전체이다.

① 이것은 내가 잃어버린 것과 같은 종류의 우산이다.
② 이 사람은 정직하다고 내가 생각했던 그 학생이다.
③ 그녀는 그 남자와 나갔는데, 그 사실이 그녀의 남자친구를 화나게 했다.
④ 이름이 호명되지 않은 학생이 있습니까?

---

20 ④

④ plan은 to부정사를 목적어로 취하는 동사이므로, taking을 to take로 고친다. before는 전치사로 사용되었으며, 그래서 뒤에 동명사 returning이 목적어로 왔다. ① decide는 to부정사를 목적어로 취하며, home은 부사로 쓰였다. ② avoid는 동명사를 목적어로 취하며, talk는 자동사로 전치사 with와 함께 쓰여 '~와 이야기하다', '의논하다'라는 의미로 쓰였다. ③ expect는 to부정사를 목적어로 취하며, finish는 동명사를 목적어로 취한다.

① 그는 자신의 가족과 함께 살기 위해서 집으로 돌아가기로 결정한다.
② 그는 부인의 문제에 관해 그녀와 함께 이야기하는 것을 꺼린다.
③ 그는 자신의 학자금 대출을 청산하기를 기대한다.
④ 그는 학업을 재개하기 전에 휴식을 가질 계획이다.

| 01 ② | 02 ① | 03 ② | 04 ③ | 05 ② | 06 ③ | 07 ④ | 08 ④ | 09 ① | 10 ① |
| 11 ③ | 12 ④ | 13 ① | 14 ② | 15 ③ | 16 ③ | 17 ④ | 18 ① | 19 ④ | 20 ③ |

01 ②

두 절이 접속사 없이 이어져 있는 것에서 If를 생략하고 주어와 were를 도치시킨 were to 가정법임을 알 수 있다. 따라서 빈칸에는 to act가 적절하다.

광산회사들이 그 분야에서 이미 발견되고 있는 좋은 관행들을 체계적으로 채택하려고 보다 더 의도적으로 행동한다면, 그들은 사회의 기대를 충족시키는 데 성공할 것이다.

02 ①

주절의 내용이 미래에 관한 것이므로 종속절의 내용도 미래에 관한 것이어야 한다. 그런데 remember 뒤에 '부정사'가 오면 '앞으로 할 일'을, '동명사'가 오면 '이미 있었던 일'을 기억한다는 것이므로 빈칸에는 부정사가 들어가야 한다. 한편 빈칸 뒤에 목적어가 나오므로 능동 표현이 필요하다. 따라서 ①이 정답이다.

내가 나중에 가게에 갈 때 크레용을 몇 개 살 것을 잊지 않는다면, 내가 너에게 그것을 그려줄 것이다.

03 ②

brought부터 century까지가 주어 다음에 삽입된 과거분사구 표현이므로 빈칸에는 주어인 A mummified hawk from ancient Egypt의 동사로 시제를 가진 동사가 들어가야 하는데 and 다음의 turned에 맞게 과거시제인 ②가 적절하다.

20세기 초에 영국의 한 박물관에 반입된 고대 이집트의 송골매 미라는 첨단 스캐닝을 거친 결과 단단히 싸매어진 사산된 인간 태아의 유물인 것으로 드러났다.

04 ③

음식에 남성 음식이나 여성 음식 같은 것이 없었듯이 마찬가지로 향수에도 남성 향수나 여성 향수 같은 구별이 없었다는 뜻이므로 no more ~ than 구문을 이루도록 빈칸에는 ③이 적절하다.

초창기에는 향수가 음식과 마찬가지로 "남성적인" 것으로도 "여성적인" 것으로도 생각되지 않았다.

05 ②

①, ③의 경우 notice의 목적어가 없으므로 정답이 될 수 없다. 지각동사의 목적보어로는 원형부정사가 올 수 있는데, 수동태 문장이므로 능동태 문장에서의 원형부정사가 to부정사로 바뀌어야 한다. 따라서 정답은 ②이다.

그 도둑이 방안으로 들어가는 것을 아무도 알아채지 못했다.

06 ③

and 다음의 gather는 lay와 병치하는 원형동사이므로 ④와 같은 절이 빈칸에 들어가면 병치구조가 깨어진다. ④에서 is를 분사 being으로 하여 생략한 ③이 분사구문으로 빈칸에 적절하다. each는 한정사로 같은 한정사인 the와 나란히 쓰일 수 없으므로 ①과 ②는 부적절하다.

암컷은 400개가 넘는 알을 하나하나 나뭇잎 위에 낳고 그런 후 꽃에서 꿀을 모은다.

07 ④

Don't의 not과 but으로 된 not A but B 구문인데 judge each day는 공통이고 A에 해당하는 것이 by the harvest you reap이므로 빈칸에는 B에 해당하는 ④가 들어가 병치를 이루어야 한다.

하루하루를 거둬들인 수확으로 판단하지 말고 뿌린 씨앗으로 판단하라.

08 ④

however가 '아무리 ~해도'라는 뜻으로 접속사 기능을 할 경우, 'however+형용사+주어+동사'의 어순을 취하므로, ④의 talented a painter may be가 빈칸에 적절하다.

그러나 바꿔 말하면, 화가가 아무리 재능 있다 하더라도, 노력 없이는 성공하지 못할 것이다.

그녀는 신참이었지만, 자신이 가르치는 데 있어 도움이 될 좋은 해결책과 전략을 발견했으며 출판을 통해서 그녀의 경험과 결과를 공유하길 원하고 있다.

09 ①

주어진 문장의 시제는 현재다. 따라서 종속절의 동사 remain도 현재를 나타내는 시제, 즉 현재나 현재완료가 되어야 한다. 또한 real wage에 대한 증가 전망이 있었던 때는 이보다 앞서야 하므로 과거나 과거완료가 된다. 과거완료, 현재완료시제가 차례로 쓰인 ①이 정답이다.

노동부가 발표한 최근 통계에 따르면, 증가하리라 기대되던 실질임금은 변동이 없는 데 반해, 실업급여 신청건수는 거의 1퍼센트까지 내려와 있다.

14 ②

and 다음의 동명사 keeping과 병치를 이룰 수 있도록 ②를 for regulating으로 고쳐야 한다. ④ both 다음에 being이 생략된 분사구문으로 both는 regulating stress hormones와 keeping your nervous system in good health를 가리킨다.

연구자들은 충분한 수면이 스트레스 호르몬을 조절하는 것과 신경계를 건강하게 유지하는 것을 위해 중요하다고 믿는데, 이 둘은 모두 건강한 혈압을 유지하는 요인이다.

10 ①

'영어'를 English라고 할 때는 무관사이지만 '영국의 언어(English language)'라고 할 때는 the를 쓰므로 ①을 The English language로 고쳐야 한다.

영어는 그 어휘와 표현들이 너무나 많은 매혹적인 어원에서 온 것이어서 영어가 배우기 어려운 언어인 것은 놀랍지 않다.

15 ③

접속사 다음에는 절이 오고 전치사 다음에는 명사가 온다. 뒤에 this wealth of information이라는 명사가 왔으므로 접속사 ③을 전치사 Despite로 고쳐야 한다. ① paint가 자동사로 쓰였다. ② '~하기 위해'라는 to부정사의 부사적 용법(목적)이다. ④ 형용사구 responsible for the paintings가 명사 societies를 후치 수식하는데 societies which were responsible for ...에서 which were가 생략된 것으로 볼 수도 있다. ⑤ 2형식동사 remain의 보어로 형용사가 맞다.

화가들은 그 이전 화가들의 작품 위에 덧칠하여 그림을 그렸는데, 고고학자들이 탄소연대측정법을 사용하여 일곱 개의 서로 다른 창작 시기를 확정지었다. 그러나 이렇게 정보가 풍부함에도 불구하고 그 그림들을 그렸던 사회들의 모습은 여전히 불가사의하다.

11 ③

동일절에서 주어와 목적어가 동일할 때 목적어는 재귀대명사가 되어야 한다. 따라서 목적어인 ③의 him의 주어가 he여서 가리키는 대상이 동일하므로, ③을 재귀대명사인 himself로 고쳐야 한다.

통상장관은 우리가 종잡을 수 없도록 하여 그가 스스로를 비웃음과 조롱에 노출시키고 있다는 것을 알고 있는지 궁금히 여기게 만드는 데만 성공했을 뿐이었다.

12 ④

think of A as B는 'A를 B로 여기다'라는 의미다. 보어의 자리에 쓰인 ④를 and 앞에 쓰인 smarter처럼 형용사의 비교급 표현으로 바꿔야 적절한 병치 구조가 이뤄진다. more talents를 more talented로 고친다. ① whereby는 관계사로 쓰였으며, by which와 같은 의미다. ② them은 people을 가리킨다. ③ think of A as B 구문에서 보어 앞에 쓰이는 전치사 as다.

신체적 매력은 사람들에게 '후광' 효과를 줄 수 있는데, 이에 의해 다른 사람들은 그들을 더욱 신뢰하고, 더 똑똑하고 현명한 사람으로 간주할 가능성이 높다.

16 ③

인칭대명사 them은 관계대명사의 후치수식을 받을 수 없는 반면, those는 관계대명사의 후치수식이 가능하다. 따라서 ③을 those who로 고쳐야 한다. ① 접속사 but 다음에 접속부사 nevertheless가 반복될 수 있다. 다만 순서가 바뀌면 안 된다. ② 과거분사 desired가 명사 the results를 후치 수식하고 있다. ④ it은 the plan을 가리킨다. 선행사는 a way이지만 will bring의 주어이므로 how가 아닌 which이다. ⑤ many는 many people을 의미하고 more는 '추가적으로 더'의 뜻이다. 즉 three more는 '세 명/개 더'의 뜻이다.

과학적, 심리학적, 혹은 신학적 관점에서 보면, 다음의 진술들 중 일부는 틀린 말로 해석될지도 모르지만, 그럼에도 불구하고 그 계획은 그 단순한 지시들을 지켜온 사람들에게 바라던 결과를 가져다주었고, 나는 지금 그것을 보다 더 많은 사람들에게 행복과 재산을 가져다줄 방식으로 제시해보이고 있다고 진정으로 믿는다.

13 ①

'형용사/부사/명사/과거분사+as[though]+주어+동사' 형태는 양보의 뜻을 가지는 표현인데, 이 표현에서 명사 앞에는 관사가 붙지 않는다. 따라서 a novice에서 a를 빼야 한다. ② for는 목적이나 용도를 나타내는 전치사이며, teaching은 명사로 쓰였다. ③ 주어인 she에 이어지는 동사구다.

17　④

사람마다 재능도 다르고, 행운도 다르니 몇몇 사람들이 돈을 많이 따는 것은 반드시 놀라운 일은 아니어야 한다. 따라서 ④의 not unnecessarily를 부분 부정이 되게 not necessarily로 고쳐야 한다.

당신은 카지노에 걸어 들어가서 카지노가 부정한 방법을 쓰고 있지 않은가 알아내려 애쓴다. 당신은 1%의 사람이 모든 돈의 20%를 따고 있다는 것에 주목한다. 이것은 카지노가 부정한 방법을 쓰고 있다는 의미인가? 약간은 의심스러울 수 있다. 하지만, 재능은 똑같이 나누어져 있지 않고, 몇몇 사람들은 다른 사람들보다 항상 운이 좋으니 얼마 되지 않는 소수 집단의 사람들이 대부분의 승리를 가져가는 것도 반드시 놀라운 일은 아니다.

18　①

① since가 이끄는 절이 과거시제이므로 주절에 현재완료시제가 쓰였으며, come a long way는 '많은 발전을 이루다' '성공하다'라는 의미의 표현이다. ② 요구를 나타내는 동사 require 다음에 나오는 that절의 동사는 '(should) 동사원형'이 되어야 하므로, is viewed를 should be viewed 혹은 be viewed로 고친다. 한편 주어진 문장에서 light은 '관점' '견해'의 뜻으로 쓰였다. ③ the stove라는 명사 앞에 전치사가 필요하다. nearly는 '거의' '대략'이라는 뜻의 부사이므로 적절하지 않다. 전치사 near로 고쳐야 한다. ④ 부분을 나타내는 표현이 주어에 쓰인 경우, 동사는 이 표현 뒤에 나오는 명사에 수를 일치시킨다. two-thirds of 다음에 복수명사 handles가 왔으므로 was를 were로 고쳐야 한다.

① 목제 의족은 처음 인공 보철물로 사용된 이후로 많은 발전을 이루었다.
② 과거를 바꾸려면 과거를 다른 관점에서 보아야 한다.
③ 난로 근처에 신문지와 휴지 같은 인화성 물질을 놓지 마라.
④ 쇼핑카트 손잡이의 3분의 2가 분변성 박테리아에 오염되어 있었다.

19　④

④ appreciate는 동명사를 목적어로 취하는 타동사이며, 동명사의 목적어로 your가 왔다. ① '가격이 높다'라고 표현할 땐 부사 high를 쓴다. as high as로 고친다. 여기서 run은 '(특정 수준에) 달하다' '육박하다'라는 의미의 동사로 쓰였다. ② 뒤에 결과의 that 절이 쓰인 점으로 미루어 부사 too를 so로 고쳐 so ~ that 구문을 이루도록 해야 한다. 또한 'the+서수+명사' 또는 '명사+기수'의 어순으로 쓰므로, '제1막'은 the first act 혹은 act one으로 써야 옳다. ③ a series of 뒤에는 '복수명사+단수동사'가 이어지는 것이 원칙이다. 따라서 were를 was로 고쳐야 한다.

① 저 가게의 자전거는 가격이 3,000달러에 이르기도 한다.
② 그들은 너무 늦게 극장에 도착했기 때문에 1막의 대부분을 보지 못했다.
③ 주요 후보들 간의 일련의 토론이 노동절 주말에 계획되어 있었다.
④ 제 일을 당신이 도와주셔서 감사합니다.

20　③

③ '전치사+관계대명사', 즉 with which 뒤에 완전한 문장이 이어졌음을 확인할 수 있다. rapidity를 이용하여 '신속하게'라는 의미의 표현을 할 때엔 전치사 with를 쓴다. ① acknowledge는 동명사를 목적어로 취하는 동사이므로, to have를 having으로 고쳐야 한다. ② promise는 부정사를 목적어로 취하는 동사이므로, playing을 to play로 고쳐야 한다. ④ 끝내는 행위가 금요일까지 '완료'되는 것이므로, 전치사 until 대신 by를 써야 한다.

① 그 지방검사는 뇌물을 받은 사실을 시인했다.
② 많은 지도자들은 그 정상회담에서 적극적인 역할을 맡아 하겠다고 약속했다.
③ 그녀가 한국어를 말하는 법을 배운 속도에 그들은 모두 깜짝 놀랐다.
④ 그들은 금요일까지 그 적재 과정을 완료하기로 계획했다.

| 01 ② | 02 ① | 03 ② | 04 ③ | 05 ③ | 06 ③ | 07 ① | 08 ③ | 09 ④ | 10 ② |
| 11 ③ | 12 ① | 13 ① | 14 ① | 15 ③ | 16 ① | 17 ④ | 18 ② | 19 ② | 20 ③ |

01 ②

주어진 문장은 유럽의 자회사와 우리의 자회사를 대비하는 내용으로, 빈칸에는 our sales totals가 들어가야 한다. 그런데 이것은 소유대명사 ours로 줄여 표현할 수 있다. 따라서 ②가 정답이다.

유럽 자회사는 이미 판매 총액 보고서를 제출했는데, 우리는 아직도 우리 것에 대한 계산을 끝내지 못했다.

02 ①

빈칸 뒤에 목적어가 없으므로 자동사 rise를 써야 하며, 부사구 over the current decade에 유의해서 현재완료로 표현해야 한다. 따라서 ①이 정답이다.

의료보험료는 최근 10년 동안 지속적으로 상승했다.

03 ②

이미 부정어구 not이 있으므로 neither가 쓰이면 이중 부정이 되어 옳지 않다. 또한 빈칸 뒤에 접속사 or가 있는 것으로 보아 or와 상관적으로 쓰이는 either가 와야 하며, either의 위치는 to easily install과 병치되는 부정사 to disable 앞에 위치해야 한다. 따라서 ②가 정답이다.

그 회사에서 실행한 새로운 소프트웨어 디자인은 소비자가 그 소프트웨어와 함께 제공되는 인터넷 브라우저를 실행하지 못하게 하거나 다른 브라우저를 쉽게 설치할 수 없게 한다.

04 ③

compare A with B는 'A와 B를 비교하다'라는 뜻이며, 이때 A와 B는 유사한 형식의 어구여야 비교 가능하다. A에 해당하는 current business practices in the United States와 유사한 형식은 those(=the current business practices) of other nations이다.

세 명의 대학원생들과 함께 브라운(Brown) 교수는 미국의 현재 업무 관행과 다른 나라의 그 것들을 비교하기 위해 샌프란시스코 실리콘 밸리에서 개최한 한 회의에 참석하고 있다.

05 ③

is mandated가 전체 문장의 동사이므로, 빈칸에는 명사절을 이끌어 그 명사절이 전체 문장의 주어가 되게끔 하는 접속사와, 이 명사절의 주어가 들어가야 한다. 따라서 정답은 ③이다.

모든 경찰들은 적어도 네 시간의 위험 물질 대응 훈련을 받아야 한다는 내용이 연방법에 의해 의무화되어 있다.

06 ③

간접의문문의 어순을 묻고 있다. 문제에서는 Do you think? + When will she be able to breathe without the respirator?가 하나의 문장으로 합쳐진 형태이다. 일반적인 경우 Do you think when she will be able to breathe without the respirator?의 형태를 취하는 것이 맞지만, think와 같은 인식류 동사의 목적어가 의문사절이 될 경우, when과 같은 의문사가 문두로 나간다. 따라서 빈칸에는 ③의 When do you think she will이 들어가야 적절하다.

당신은 그녀가 언제 인공호흡기 없이 숨 쉴 수 있을 거라고 생각하십니까?

07 ①

(the) way와 how는 둘 중 하나만 쓰이므로 ②, ④는 빈칸에 들어갈 수 없다. how를 풀어 쓰면 the way in which 또는 the way that이 되는데, ③의 경우 what I did를 목적어로 받는 동사가 없으므로 정답이 될 수 없다. 정답은 ①이다. anyone who wanted to가 주어, could do 이하가 술부가 되어 절을 구성하며, wanted to 뒤에는 do what I did가 생략되어 있다.

나는 원하는 사람이면 누구든지 내가 했던 것을 할 수 있는 그런 방식으로 내 여행의 모든 단계를 설명하기를 원했다.

08 ③

when은 접속사이며, 명사 housework는 주어이다. 빈칸 앞에 and가 있으므로, 빈칸에는 housework와 병치 구조를 이룰 명사와 함께 동사가 필요하다. 따라서 ③이 정답이다. ④는 주어와 동사의 수가 일치하지 않는다.

집안일과 바깥에서의 경제 활동을 합했을 때, 남편들의 56시간에 비해, 부인들은 주당 평균 71시간의 노동을 한다.

09 ④

주어진 문장에서 생략되어 있는 부사구의 의미상 주어는 문맥상 rice여야 하므로, 주절의 주어 또한 rice가 되어야 한다. 따라서 ①, ③은 정답에서 제외된다. 비교 문장에서 비교 대상은 같아야 하므로, 지시대명사 that으로 쌀의 protein과 밀의 protein을 비교하고 있는 ④가 정답이 된다.

쌀은 밀보다 더 많은 단백질을 함유하고 있을 뿐만 아니라, 밀보다 양질의 단백질을 함유하고 있으며, 인간의 식단에 필수적인 아미노산도 많이 들어 있다.

10 ②

②의 주어인 it, 즉 비타민 E는 '섭취하는' 것이 아니라 '섭취되는' 것이므로 수동태인 should be taken으로 고쳐져야 한다.

비타민 E에 대한 연구(결과)는 뒤섞여 있지만, 비타민 E는 강력한 항산화제이며 가능하면 합성 형태가 아니라 천연 형태로 섭취되어야 한다.

11 ③

시제와 문의 의미에 유의한다. ③은 과거에 이루지 못한 일에 대한 유감의 뜻을 나타내는 표현인 데 반해, 조건절은 현재 혹은 미래의 의미를 가진 can't로 되어 있으므로 서로 호응하지 않는다. 따라서 shouldn't have said를 shouldn't say로 고쳐야 시제와 의미가 자연스러운 문장이 된다. ② '-thing' '-body' 형태의 명사는 일반적으로 형용사가 뒤에서 수식한다. ④ at all은 부정문에서 '전혀'라는 뜻으로 쓰인다.

어떤 사람에 대해 좋은 이야기를 할 수 없으면 아무런 이야기도 해서는 안 된다고 생각하는 사람들도 있다.

12 ①

혼합가정법은 과거 사건의 결과가 현재에까지 미치는 경우에 쓰는 것으로, 조건절은 가정법 과거완료, 주절은 가정법 과거로 쓴다. 주어진 문장에서 조건절은 가정법 과거완료이지만 주절에 now가 있으므로 주절의 동사는 가정법 과거로 써야 한다. wouldn't have been을 would not be로 고친다. ② 부정사의 의미상 주어를 나타내는 데 쓰이는 전치사다. ③ 타동사 leak의 의미상 목적어는 any pictures of bad behavior이다. ④ behave oneself는 '점잖게 행동하다'라는 의미다.

그녀가 파티에서 얌전하게 굴었더라면 누군가 유출할지도 모르는 그녀의 바람직하지 않은 행동이 찍힌 사진은 지금 없을 것이다.

13 ①

보통 부정의 부사어 다음에 오는 주어와 동사는 도치가 일어나지만, not until이 들어있는 부사절의 경우, 부사절이 아닌 주절에서 주어와 동사가 의문문형 도치가 일어난다. 따라서 주절에 도치가 일어난 ③이 맞는 문장이며, ①은 도치가 일어나지 않으므로, ①을 they saw로 고쳐야 한다.

피치 오처드에 자리 잡은 고지대에 그 지역이 어떻게 위치해 있는지 파악했을 때에야 비로소 왜 댄 시클스(Dan Sickles) 장군이 그의 부대를 7월 2일 그곳으로 옮겼는지를 그들은 이해하게 되었다.

14 ①

'형용사+as+주어+동사'는 양보의 의미를 갖는다. seem은 불완전자동사로서 명사 또는 형용사를 보어로 취하므로 Cruelly를 형용사 Cruel로 고쳐야 한다. ② 강조 용법으로 쓰인 조동사 does가 앞에 있으므로 동사원형으로 쓴 것이며, Indian society는 동사 give의 간접목적어다. ③ 동사 make의 목적보어로 쓰인 형용사다. 참고로 전체 문장의 주어는 the myth of caste, 동사는 and로 연결된 does give와 does make다. does give의 직접목적어인 a stability 뒤에는 목적격 관계대명사가 생략되어 있으며, otherwise는 조건절을 대신하는 표현이다. does make에서 make는 5형식 동사로 쓰였으며 life가 목적어, bearable이 목적보어다. does give와 does make에 쓰인 do동사는 강조 용법으로 쓰인 것이다.

서양인들에게는 잔인하게 보일지 모르지만, 카스트 제도에 대한 사회적 통념은 인도 사회에 그것이 없었다면 그 사회에 결핍될 수도 있었을 안정성을 주고 있으며 아울러 가난하고 낮은 카스트 계급의 사람들에게 삶을 견딜 수 있도록 해주고 있다.

15 ③

5형식 수동태로 나온 is widely regarded as 다음에 too ponderous and bureaucratic이 왔으므로, too ~ to 용법이 쓰였음을 알 수 있다. 따라서 ③을 to react로 고쳐야 한다.

에볼라에 대해서 대처가 느리기로 악명 높은 세계보건기구(WHO)는 너무 규모가 크고 관료주의적이어서, 최근 생겨난 전염병의 싹을 잘라버리는 데 필요한 속도로 대응하지 못하는 것으로 여겨진다.

16 ①

주절의 동사가 가정법 과거완료인 might have joined이므로, if절의 동사는 had+p.p여야 한다. 따라서 didn't spot them을 hadn't spotted them으로 고쳐야 옳은 문장이 된다. ② later는 부사이며, '~을 따라 …의 이름을 짓다'라는 표현은 name … after ~라고 쓴다. 주어진 문장에서 the seven pups는 타동사 name의 대상이므로 서로 수동 관계다. 그래서 과거분사로 named를 쓴 것이다. ③ 이것이 수식하는 대상인 street dogs는 estimate 당하는 대상이다. 따라서 수동 의미를 지닌 과거분사를 쓴 것이다. ④ ridden이 들어간 합성어는 '~이 들끓는' '~에 시달리는'의 뜻을 지닌다. 따라서 disease-ridden은 '병에 시달리는'이라는 뜻의 형용사다.

방콕의 Street Cats and Dogs 동물 자선단체 자원봉사자들이 그들을 발견하지 않았더라면, 나중에 동화 속 일곱 난장이의 이름을 따서 이름 지어진 그 일곱 마리 강아지는 약 30만 마리에 달하는 방콕의 병들고 굶주린 길거리 개들 중 하나가 되었을지도 모를 텐데.

17　④

④의 claimed 앞에 관계대명사 who가 왔으므로, who 다음에 불완전한 절이 와야 하는데 완전한 절이 와서 틀렸다. 따라서 who 다음에 불완전한 절이 되도록, ④를 claimed as로 고쳐주어야 하는데, 이때 claimed의 목적어가 선행사 a man이 되고 as a soulmate 이하가 'as 보어'가 구조적으로 적절하다.

생 로랑(Saint Laurent) 이후, 많은 디자이너들이 순수 예술 세계에 잠깐씩 손을 대보았다. 그런 유명한 컬렉션 중 하나가 1991년 베르사체 봄 컬렉션인데, 지아니 베르사체(Gianni Versace)는 앤디 워홀(Andy Warhol)의 팝아트 이미지로 가운과 보디수트를 장식했으며, 앤디 워홀은 베르사체가 물질적인 문화에 대한 집단적 집착으로 소울메이트라고 주장했던 남자였다.

18　②

② 문장의 주어는 동명사 Learning이며, 동명사가 주어인 경우 동사는 단수형으로 써야 한다. sharpen을 sharpens로 고친다. ① Be it hubris or not은 명령문 형태의 양보구문이다. ③ 형용사 devoid가 world를 수식하고 있다. ④ assign은 give처럼 두 개의 목적어를 가지는 4형식 동사로 쓸 수 있으며, rest assured that ~은 '~에 대해 안심하다'라는 의미의 관용표현이다.

① 오만이든 아니든 간에, 그들은 그 경쟁 상대를 쉽게 이길 수 있었다.
② 서로 다른 종(種)들을 구별하는 법을 배우는 것은 당신의 관찰 능력을 향상시켜 준다.
③ 우리는 확실한 경제 역할모델이 없는 세상에 살고 있다.
④ 내가 그녀에게 임무를 주면, 그 임무가 올바르게 완수될 것이라고 안심할 수 있었다.

19　②

② elder는 한정형용사로 서술적 용법인 보어로는 쓰일 수 없다. 따라서 elder를 서술적 용법이 가능한 older로 고쳐야 한다.

① 그 남자는 술을 마시다가 소파에서 잠들었다.
② 이 집단에서 신부는 신랑보다 나이가 많았다.
③ 대가가 큰 실수를 흡수할 완충장치가 있는 기업은 거의 없다.
④ 그 여자는 내 옆에 앉는 것을 개의치 않는다.

20　③

rather than 다음에는 원형동사나 동명사는 올 수 있어도 시제를 가진 동사는 올 수 없으므로 ③의 returns를 return으로 고쳐야 한다. ①의 does는 feels happy를 대신한 대동사이다. ② 두 개의 진주어 'to 부정사'가 비교된 것이다. ④ not A any more than B(=no more A than B) 구문으로 'B가 아니듯이 A도 아니다'는 뜻인데, than 다음에는 I can remember가 생략된 것이다.

① 헬렌은 그녀가 지금 새 남편과 느끼는 것보다 더 행복하게 느껴본 적이 없다고 말한다.
② 기후변화에 대비해 조치를 취하는 것이 그 결과에 적응하는 것보다 더 비용이 적게 든다.
③ 폴은 전통적인 가치로 돌아가기보다 오히려 비전통적인 정치를 면밀히 조사한다.
④ 나는 내가 먹은 식사와 마찬가지로 내가 읽은 책도 기억할 수 없다.

TEST 26

01 ④	02 ④	03 ③	04 ①	05 ②	06 ①	07 ③	08 ③	09 ②	10 ③
11 ④	12 ③	13 ④	14 ③	15 ④	16 ①	17 ②	18 ④	19 ④	20 ④

01 ④

완결된 절과 빈칸 다음에 두 사람의 이름 명사가 주어로 나와 있다. 우선 절과 절을 연결하는 접속사로 and나 but이 있어야 하는데 ②처럼 and 다음에 부사 so가 오면 앞 절의 술부를 대신하는 대동사 do가 있어 and so do여야 한다. ④처럼 but 다음에 not이 오면 앞 절의 술부를 not으로 부정하여 대신할 수 있으므로 ④가 빈칸에 적절하다.

대부분의 부부는 그들의 미래에 관한 계획을 격의 없이 함께 논의하지만, 캐나다 온타리오 주의 리처드 파슨과 에스텔 파슨은 그렇지 않다.

02 ④

by the time 다음에 주어와 과거시제 동사가 올 경우, 주절의 시제는 과거완료시제여야 한다. 따라서 ④ had fine-tuned가 정답이다.

그 청문회가 끝날 무렵에, 이미 그들은 그들의 협정을 세부 조정 했었다.

03 ③

빈칸 뒤에 절이 있으므로, 전치사 of가 들어간 ②, ④는 정답이 될 수 없다. 한편, convince는 'convince+목적어+that절' 형태로 쓰므로, 목적어가 없는 ①도 정답으로 부적절하다. 따라서 정답은 ③이다. convince의 대상이 주어이므로, 수동태 문장으로 보면 된다.

과학자들은 이산화탄소의 증가가 지구 온도의 상승을 가져올 수 있다고 확신하고 있다.

04 ①

Around the corner와 같이 장소의 부사구가 문두에 올 경우, 의문문형 도치가 아니라 '자동사+명사 주어' 어순의 도치가 일어나므로, ①의 stands a church가 빈칸에 적절하다.

모퉁이에는 12세기 것으로 보이는 교회가 하나 서있다.

05 ②

빈칸 다음에 조동사 may가 있으므로, 빈칸에는 주절의 주어에 해당하는 표현이 와야 함을 알 수 있다. 동명사나 to부정사는 주어가 될 수 있는데, 동명사가 쓰이고 'keep+보어+전치사구' 형태를 갖춘 ②가 정답이 된다. ①의 경우 문맥상 의미가 통하지 않는 표현이고, ④는 that을 삭제하면 맞다.

화재가 발생한 동안에는, 지면에 계속 가깝게 있는 것이 연기 흡입으로 인한 상해를 막는 데 도움이 될 수 있다.

06 ①

enough는 형용사나 부사를 수식할 때는 뒤에서 수식하므로 clever enough의 순서이고 enough 다음에는 to부정사가 이어진다. 따라서 빈칸에는 ①이 적절하다.

그는 체온을 정상인 98.6도에서 한두 눈금 끌어올리기 위해 입안에서 체온계를 빙빙 돌리는 속임수를 알고 있을 만큼 영리했다.

07 ③

recommend(권고하다)는 동명사나 that절을 목적어로 취할 수 있는데, 뒤에 but also 다음에 원형동사 throw가 있으므로 명사로 된 ①은 부적절하며, that절로 된 ③과 ④ 중에는 not only가 원형동사 take off 앞에 있는 ③이 병치에 맞아 적절하다.

만일 당신이 알레르기 체질이라면, 귀가해서 신발을 벗을 뿐 아니라 신발을 세탁기에 넣어버리라고 그는 권고한다.

08 ③

문맥상 창조되는 행위를 수식하는 표현이 아니라 창조된 후의 상태를 설명하는 표현이 필요하므로, 보어 역할을 할 수 있는 형용사 equal이 와야 한다. 한편, 등위접속사 and 다음에는 앞의 that절과 병치를 이루는 that절이 와야 한다. 두 조건을 모두 만족시키는 것은 ③이다.

현대사회에서, 모든 인간은 평등하게 창조되었고 자신이 하고 싶은 일을 할 권리가 있다고 사람들은 믿고 있다.

09   ②

분사구문에서 주어가 생략되어 있다는 것은 분사구문의 주어와 주절의 주어가 같다는 것을 의미한다. 주어진 문장에서 we와 the government는 연구기술진이 개발하는 대상이 될 수 없으므로 주절의 주어가 될 수 없다. 따라서 ①과 ④는 정답에서 제외된다. 한편 ③에서 the explosive는 consider하는 주체가 될 수 없으므로 이것 역시 정답이 될 수 없다. 따라서 ②가 정답이다.

듀퐁(Dupont) 사(社) 연구기술진에 의해 개발된 새로운 폭탄은 확실한 전쟁 억제력을 가지고 있는 것으로 간주되고 있다.

10   ③

의외로 많이 틀리는 문제인데, 이는 '관계대명사의 격은 자신이 이끄는 절에서의 역할에 의해 결정된다'라는 문법 개념이 확실히 정립되어 있지 않기 때문이다. 복합관계대명사도 관계대명사이므로 앞서 언급한 원칙이 동일하게 적용된다. 주어진 문장의 경우, 복합 관계대명사는 자신이 이끄는 절에서 주어 역할을 하고 있다. 따라서 주격으로 쓰면 된다. 앞에 전치사가 있다고 해서 거기에 현혹되어 목적격을 써서는 안 된다. 한편, 목적격을 써야 하는 자리에 주격 대명사를 놓고서 동일한 형식으로 물어보기도 한다. 개념 정립만 해두면 쉽게 해결할 수 있는 문제다. ② assign A to B는 'A를 B에게 할당하다'라는 의미. ④ qualified는 '자격 있는', '적임의'라는 의미를 지닌 형용사다.

현명하고 경험 많은 관리자라면 누구든 최적임자에게 일을 맡길 것이다.

11   ④

forget 뒤에 부정사가 오면 기준 시점에서 '앞으로 해야 할 일'을 잊는다는 개념이고, 동명사가 오면 '이미 일어난 일'을 잊었다는 의미다. 주어진 문장은 편지를 써서 봉투에 넣었지만 정작 부치지는 않았다는 맥락이므로, '앞으로 해야 할 일'을 잊어버린 것이다. 따라서 뒤에 부정사가 와야 한다. mailing을 to mail로 고친다. 이와 같은 유형의 문제는 remember를 이용해서 출제되기도 한다. forget과 용법이 동일하므로 함께 기억해두는 것이 좋다. ① 문맥상 누구나 알 수 있는 편지이므로 정관사가 위치했다. ② put은 과거와 과거분사의 형태도 put이다. it은 당연히 the letter를 가리킨다.

그는 편지를 써서 봉투에 넣기까지 했지만, 그것을 보낼 것을 5일 동안 잊고 있었다.

12   ③

자동사 lie(lie-lay-lain)와 타동사 lay(lay-laid-laid)를 구별하는 문제다. 문장에 목적어가 없으므로 자동사가 와야 하는데, lie의 과거시제는 lay이므로 laid down을 lay down으로 고쳐야 한다. ② 바로 앞의 a man을 선행사로 하는 관계대명사이며, 자신이 이끄는 절에서 주어 역할을 하고 있으므로 주격으로 쓴 것이다. ④ oncoming은 '접근하는' '다가오는'이라는 뜻의 형용사다.

교통 담당 직원들은 접근하는 기차 앞의 트랙에 누워 있던 한 남자의 사인(死因)을 조사하고 있다.

13   ④

'lest (that)+주어+should+동사원형'은 '~이 …하지 않도록'이라는 뜻으로 쓰이는 관용구문으로 이때 lest 다음에 오는 절의 동사에는 not을 붙이지 않으므로, ④를 should로 고쳐야 한다.

그들이 갑자기 웃기 시작하자, 그 여인은 누가 자신의 얼굴을 보지 못하도록 손으로 얼굴을 가린 채 황급히 사라졌다.

14   ③

부대상황의 분사구문을 묻는 문제다. 부대상황을 나타낼 때 'with+목적어+분사' 또는 'with+목적어+형용사' 등이 올 수 있다. 여기서는 동사 earn이 왔고, 뒤에 목적어를 받으므로 earn을 현재분사 earning으로 고쳐야 한다. ① constitute는 '~을 구성하다, 조직하다'는 의미의 타동사다. ④ a little은 비교급 less를 수식한다.

인도 인구의 72퍼센트를 구성하는 인도의 시골지역은 5천 6백만 가구가 매년 2,000달러 이하의 소득을 벌어들이는데, 오늘날 가장 빠르게 성장하는 시장이다.

15   ④

지지자들은 마크롱이 다시 인기를 회복하리라 믿고 있지만, 여러 상황으로 그럴 가능성이 없다는 내용이므로 ④의 nothing but을 anything but으로 고쳐야 한다. anything but 다음에는 형용사가 올 수 있으나 nothing but 다음은 명사가 온다.

마크롱의 많은 충성적인 지지자들은 마크롱의 행운이 '돌아올' 것이라는 전망을 하려 노력하고 있지만, 늘어나는 노동 쟁의와 환경 기록에 대한 도전은 이 프랑스 대통령이 절대 인기가 없음을 보여주고 있다.

16   ①

outshine이 타동사로 쓰일 경우 '~보다 뛰어나다'는 뜻으로 쓰이는데, 이때 동사 자체에 이미 than의 의미를 가지고 있어서 than이 필요하지 않으며, 비교대상이 청나라의 '황제'와 명나라의 '황제'로 이미 황제들(emperors)을 받은 counterparts가 나와 있으므로, counterparts를 대명사로 다시 받은 those of 역시 불필요하다. 따라서 ①을 outshone으로 고쳐야 한다. ④ 접속사적으로 쓰인 부사이다.

스스로를 유교적 왕도의 전형으로 보여주는데 있어서 청나라 황제들이 명나라 황제들보다 뛰어났다. 청나라 황제들은 유교의 가르침을 정치 이념으로, 사실은 오히려 통치수단으로 변형시켰던 것이다.

17   ②

save는 목적어를 2개 쓸 수 있는 4형식 동사이지만, 간접목적어를 후치시키지 못한다. 따라서 ②를 us a lot of time으로 고쳐야 한다.

데이팅 앱은 사랑을 찾는 밀레니얼 세대에게 기본적인 통과의례가 되었다. 이런 사랑에 대한 새로운 디지털 접근법은 우리에게 많은 시간을 절약해주지만, 이 접근법은 또한 데이트 과정에 대해 우리가 생각하는 방식을 완전히 변화시키고 있다. 소파에 앉아 매시간 100명의 새로운 얼굴들을 스크롤하는 것은 아주 쉽고 간단한 것처럼 들릴지도 모르지만, 그것은 새로운 누군가를 만나려고 할 때 가장 기분 좋은 방식은 아니다.

18   ③

③ statistics는 '통계학'이란 의미로 쓰인 경우에는 단수로 취급하며, '통계수치'라는 의미로 쓰인 경우에는 복수로 취급한다. 주어진 문장에서는 '통계수치'의 의미로 쓰인 것이므로 복수형 show를 쓴 것이다. ① neither A nor B 구문에서 A와 B는 문법적으로 같은 구조를 가져야 한다. 따라서 He speaks neither English nor French로 고친다. ② 동사 rob은 'rob+사람+of+사물'의 형태로 쓰므로, 주어진 문장에서 rob의 목적어로는 훔쳐간 물건이 아니라 훔침을 당한 '대상'이 와야 한다. robbed him of all his money로 고친다. 한편 동사 steal은 'steal+사물+from+사람'의 형태로 사용하므로, steal의 뒤에는 사물이 올 수 있기 때문에 robbed를 stolen으로 고치는 것도 가능하다. ④ convenient, dangerous, difficult, easy, hard, necessary 등과 같은 형용사는 사람을 주어로 쓸 수 없으며, 'It is+형용사+for+사람+to부정사' 형식으로 쓰인다. 따라서 when 이하를 when it is convenient for you로 고쳐야 한다.

① 그는 영어와 불어 둘 다 하지 못한다.
② 누군가가 그의 돈을 모두 훔쳐갔다.
③ 통계수치는 그 나라의 인구가 3천 5백만 명임을 보여준다.
④ 편하실 때 저를 방문해주십시오.

19   ④

④ 주격보어는 주격, 목적보어는 목적격으로 하는 것이 원칙이다. 전치사 by는 판단의 기준을 나타내는 용법으로 쓰인 것이다. ① 동사 know가 '의문사+부정사'를 목적어로 취할 때, 의문사는 뒤에 이어지는 형태에 따라 결정된다. do동사의 목적어가 필요한 상황이므로 how는 대명사 what으로 써야 한다. ② 자동사 die가 '(병으로) 죽다'라는 의미로 쓰일 때는 전치사 of와 함께 쓴다. 따라서 a disease that I would nearly die of가 되도록 die를 die of로 고쳐야 한다. AIDS는 a disease와 동격 관계이다. ③ mistake는 보통명사이므로 양(量)을 나타내는 little을 쓴 것은 잘못이다. 수(數)를 나타내는 few를 써서 few mistakes로 고쳐야 한다.

① 그는 그렇게 많은 돈으로 무엇을 해야 할지 알지 못했다.
② 결국 AIDS라고 불리게 된 것에 관해 들어본 적이 있었는데, 후일 그 질병에 대해 나는 많이 알게 되었고, 그 질병 때문에 거의 죽게 되었다.
③ 그는 아주 신중하다. 그것이 그가 실수를 거의 범하지 않는 이유이다.
④ 옷차림을 통해 나는 그 사람이 그러는 것을 알았다.

20   ④

④ 동사 help의 목적보어로는 to부정사와 원형부정사 둘 다 가능하다. 따라서 ④는 옳은 문장이다. ① 접속사 and 전후로 두 개의 절이 연결되어 있는 형태의 보기이다. and 앞의 문장은 문법적으로 틀린 곳이 없다. and 이하의 문장은 '분사구문+주절'의 구조인데, 이때 주절의 주어인 a white villa가 looking의 주체가 될 수 없으므로 looking의 주어를 표시해줘야 한다. looking around를 when he looked around로 고치면 옳은 문장이 된다. ② 부분을 나타내는 표현이 주어로 쓰인 경우, of 뒤의 명사에 동사의 수를 일치시킨다. 주어진 문장에서 the half 뒤에 위치한 관계대명사 whom의 선행사인 many passengers가 복수이므로, 관계사절 안의 동사는 복수형으로 써야 함을 알 수 있다. was injured를 were injured로 고친다. ③ Would that 뒤에는 가정법 과거동사가 와야 하고, girl이 가산명사이므로 부정관사가 필요하다. 그리고 가정법 과거는 현재사실의 반대를 가정하는 것이므로 목적절의 동사는 현재여야 한다. 따라서 Would that he were here to see with his own eyes what a beautiful girl she is로 써야 한다.

① 그는 강한 충격에 정신이 들었다. 그리고 주변을 돌아보았을 때, 흰색 빌라가 자신의 앞에 세워져 있었다.
② 비행기에 많은 승객들이 있었는데, 그들 가운데 절반이 사고로 부상을 당했다.
③ 그가 여기 있어 그녀가 얼마나 아름다운 소녀인지 자신의 눈으로 직접 볼 수 있다면 좋을 텐데.
④ 그들은 그 남자가 장난감을 트럭으로 다시 올려놓는 것을 도와주었다.

01 ④	02 ④	03 ③	04 ①	05 ③	06 ②	07 ③	08 ③	09 ④	10 ④
11 ③	12 ②	13 ①	14 ③	15 ③	16 ③	17 ①	18 ④	19 ②	20 ②

01 ④

접속사 whether는 or와 상관적으로 쓰인다. 따라서 ④가 정답이다. neither는 nor와 함께 쓰이므로 ③은 정답이 될 수 없다.

"하모니"라는 말이 듣기 좋은 혹은 마음에 드는 소리를 연상시키지만, 그것은 협화음이든 불협화음이든 음의 그 어떤 결합에도 적용된다.

02 ④

laugh at과 같은 타동사구는 수동태 표현을 만들 때 하나의 단어처럼 취급한다. 따라서 동사를 과거분사로 바꾸고 그 뒤에 전치사를 쓴 다음 'by 행위자'를 넣어야 한다. ④가 정답이다.

수잔(Susan)은 그의 새로운 계획을 비웃었다.

03 ③

빈칸 뒤에 완전한 문장이 이어지므로, 빈칸에는 접속사가 포함되어 있는 어구가 들어가야 한다. 따라서 ②가 가장 먼저 제외된다. ①의 such 뒤에는 명사가 있어야 하며, ④의 경우 so much bigger라고 고쳐야 한다. ③이 정답이다.

이 식물은 너무 크기 때문에 너는 정말로 이것을 밖으로 옮겨놓아야 한다.

04 ①

otherwise 앞에는 직설법 시제, otherwise 뒤에는 가정법 시제가 온다. 문제에서는 otherwise 앞에 직설법 과거시제가 와서, otherwise 뒤에는 직설법 과거시제에 대한 가정법 시제인 가정법 과거완료시제가 와야 하므로, ①의 would have noticed가 빈칸에 적절하다.

그는 계단에서 많은 사람들과 마주치지 않았다. 만약 그렇지 않았더라면 그가 달라 보인다는 것을 그들이 알아차렸을 텐데.

05 ③

빈칸은 형용사 보어를 강조하기 위해 happy가 문두에 쓰여 '보어+be동사+주어'의 형태로 도치된 형태이다. 따라서 보어 다음에 어떤 형태가 오는지 묻고 있는데, 이때 be동사는 주어에 따라 형태가 달라진다. 관계대명사 who 다음에 온 동사가 know이므로, 주어가 복수임을 알 수 있다. 따라서 is가 온 ①과 ④는 빈칸에 부적절하며, 인칭대명사 them은 관계대명사의 후치수식을 받을 수 없지만, 명사의 반복을 피하기 위해 사용되는 those는 관계대명사의 후치수식이 가능하다. 따라서 ③의 Happy are those가 빈칸에 적절하다.

스스로 타인의 입장이 되어 보는 법을 아는 사람들이 행복하다.

06 ②

타동사 seat를 이용해 '앉다'를 표현할 때는 seat oneself 혹은 be seated라고 쓴다. 또한 앉는 장소에 해당하는 표현 앞에는 적절한 전치사를 써야 하는데, 물건, 즉 의자 표면에 접촉한 채 그 위에 앉는 것이므로 전치사 on이 적절하다.

캐시(Kathy)는 식탁 위에 모자를 놓고서, 동생 옆에 있는 의자에 앉았다.

07 ③

비교급을 이용한 최상급 표현은 '비교급+than+any other 단수명사'다. 따라서 ③이 정답이다. 이때 one은 office를 받는 대명사다.

이 사무실은 그 건물에서 가장 크다.

08 ③

②, ④의 경우 she urges 이하가 관계사절 혹은 종속절의 일부가 되어 전체 문장에 동사가 없게 되므로 부적절하다. ①의 경우, 관계대명사 which 이하에 완전한 문장이 와서 which의 문법적 역할이 없어지므로 정답이 될 수 없다. 정답은 ③이다.

샬롯 길먼(Charlotte Gilman)의 가장 유명한 작품은 『여성과 경제(Women and Economics)』인데, 그 책에서 그녀는 여성들에게 경제적으로 자립하라고 설득하고 있다.

09 ④

①, ②의 경우 콤마 사이에 분사구문이 삽입된 형태가 되며, having이 whether절의 동사가 된다. 그런데 분사 형태는 문장의 정동사 역할을 할 수 없으므로 틀린 문장이 된다. ③의 경우 정동사를 쓴 것은 맞으나, 기준 시제가 과거인 것으로 볼 때 문맥상 과거완료가 되어야 하므로 적절하지 않다. 삽입된 분사구문에서 타동사 detain과 citizen이 수동 관계이므로 과거분사를 써야 한다. 따라서 정답은 ④이다.

선교 활동을 한 이유로 억류된 그 미국 시민이 이미 풀려났는지는 불명확했다.

10 ④

since 뒤에는 시점, for 뒤에는 기간을 나타내는 표현이 온다. 주어진 문장에서 twenty years는 '기간'에 해당하므로 since를 for로 바꿔야 옳은 문장이 된다. ① 자격이나 신분을 나타내는 전치사다. ② 형용사로도 쓰이지만, 주어진 문장에서는 '교장'이란 의미의 명사로 쓰였다. ③ '황량한' '불모의'라는 뜻의 형용사다.

김씨는 외딴 섬의 초등학교 교장으로 20년 동안 일해왔다.

11 ③

she ~ recoreing이 주절이다. during 이하는 접속사가 없어 연결될 수 없다. that을 two months를 가리키면서 접속사 역할도 하고 뒤의 명사 time을 수식하는 관계형용사 which로 바꾸어야 한다. ① operation이 '수술' '군사작전' 등을 의미할 때는 가산명사다. ② 'spend+목적어+(in) ~ing' 구문에 쓰인 동명사다. ④ agree는 부정사를 목적어로 취한다.

글로리아(Gloria)가 수술을 받았을 때, 그녀는 회복하느라 집에서 두 달을 보내야 했는데, 그 기간 동안 모든 집안일을 내가 하기로 이미 나는 동의했었다.

12 ②

call은 'call A B(A를 B라고 부르다)'로 쓰이는 5형식 동사이다. 따라서 이를 수동태로 고칠 경우 A is called B가 되므로, ②를 is called로 고쳐야 한다.

그 다리 아래에 흐르는 강을 템스(Thames) 강이라고 부른다. 템스 강은 영국에서 가장 긴 강이다. 템스 강은 길이가 346km나 되며, 북해에서 끝난다.

13 ①

some은 all과 달리 전치한정사가 아니므로 한정사인 소유격 his 앞에 올 수 없다. 따라서 ① some of his friends로 고쳐야 한다.

링컨(Lincoln)과 그의 친구 몇 명이 광견병에 대해 이야기하고 있을 때 누군가가 링컨에게 만일 그 병에 걸린 것을 알게 되면 제일 먼저 무엇을 할 것인지 물었다.

14 ③

수동태인 are resembled 뒤에 목적어가 와서 틀렸다. 타동사 resemble은 수동태가 불가능한 상태동사이므로, 수동태인 ③을 능동태인 resemble로 고쳐야 한다. 참고로 ①은 5형식 수동태로 쓰인 'be labeled as+목적격 보어'에서 as가 생략된 형태다.

그녀는 그 회사가 자사의 아몬드 음료를 '대용 우유'라고 분류해야 하는데 '아몬드 우유'로 잘못 분류했다고 주장했다. 왜냐하면 그 아몬드 음료가 우유의 대체재이고 우유와 유사하지만, 영양학적으로는 우유보다 질이 떨어지기 때문이다.

15 ③

'~하자마자 …했다'는 표현인 scarcely ~ when 구문이 쓰였다. scarcely 다음에는 과거완료시제가 오는 반면, when 다음에는 과거시제가 와야 하므로, ③을 turned round로 고쳐야 한다. 참고로 when과 ③ 사이에는 분사구문이 삽입된 형태로 attracted 앞에 being이 생략된 것이다.

그가 이런 말들을 하자마자, 잎들이 바스락거리는 소리에 매혹되어, 그는 뒤돌아보고는 외딴곳에서 나무껍질에 이름을 새기는 데 시간을 보내고 있는 그의 형을 바라보았다.

16 ③

both 뒤에 두 대상이 올 경우, 등위상관접속사인 both A and B(A와 B 둘 다)로 쓰인다. 본문에서는 A가 the mechanism by ~ operates, B가 the degree to ~ species로 각각 쓰였으므로, both A and B가 되도록 ③을 and로 고쳐야 한다.

비록 특정 조류가 강력하게 발달된 귀소본능을 갖고 있다는 것이 최소한 2,500년 동안 알려져 왔지만, 이러한 놀라운 능력이 운영되는 메커니즘과 이 놀라운 능력이 다양한 종에서 나타나는 정도에 대해서는 아직도 알아야 할 것이 많다.

17 ①

첫 문장에서 gave 다음의 public-sector workers가 간접목적어이므로 ①은 직접목적어인 명사여야 한다. 따라서 명사 Fridays 앞에 on을 삭제해야 한다. off는 '쉬어, 휴가를 얻어'라는 뜻의 부사로 Fridays를 후치 수식한다. ② turn to(착수하다, 손대다)의 to는 전치사이다. ③ and를 삭제하여 만든 분사구문이다. ④ 지금도 사실이므로 warned와는 시제일치에 어긋나게 가까운 미래의 현재진행 시제이다. ⑤ 뒤에 나온 'since 과거시점'과 호응하는 현재완료는 최상급 표현에 들어가서 이 현재시제는 since와 무관하다. 즉, its biggest economic shock (that it has ever experienced) since ~이다.

스리랑카 정부는 식량부족을 완화시키기 위해 농사일에 손댈 수 있도록 공공부문 근로자들에게 앞으로 3개월 동안 금요일을 쉬게 해주었다. 주 4일 근무는 또한 통근을 감소시켜, 제한된 연료 공급에 대한 압박을 완화시켜줄 것이다. 유엔은 스리랑카가 1948년 독립 이후 최대의 경제적 충격에 대처하고 있어서 곧 인도주의적 대재앙에 직면할 것이라고 경고했다.

---

18   ④

④ convince는 assure, inform, remind, tell 등의 동사와 같이 간접목적어(사람)가 있어야 that절을 직접목적어로 취할 수 있는 동사이다. 주어진 문장은 convinced를 convinced herself로 고치거나 was convinced로 고쳐야 옳은 문장이 된다. ① as ~ as can be는 '더 없이' '그지없이' '아주 ~한'이라는 의미이다. ② 의문사를 강조하는 경우 ever, in the world, on earth 등을 사용하며, '도대체'로 해석한다. ③ 전치사 of 다음에 목적어로 선행사를 포함하는 관계대명사 what이 이끄는 명사절이 올바르게 쓰였고, worth는 전치사처럼 쓰이는 형용사이므로 뒤에 명사나 동명사가 올 수 있기 때문에 publishing은 적절한 표현이다.

① 나는 그녀에게 더 없이 좋은 선물을 주고 싶었다.
② 도대체 하루 종일 어디에 갔다 왔니?
③ 그가 쓴 작품들 중 상당수는 출판할 만한 가치가 없었다.
④ 그녀는 그가 금고에서 돈을 훔쳤다고 확신했다.

---

19   ②

② 관계대명사 which 뒤에 완전한 문장이 왔으므로 which의 문법적 역할이 없는 상태이다. 선행사인 the way는 전치사 in과 호응하여 쓰므로, in which로 쓰면 앞서 언급한 문제가 해결된다. ① a great many와 a good many 뒤에는 '복수명사+복수동사'가 온다. ③ 선행사를 포함한 관계대명사 What이 이끄는 절이 주어의 역할을 하고 있으며, to rejuvenate the area는 형용사적 용법으로 쓰인 부정사구이다. ④ gets released는 수동태에서 be동사 대신 get, become, grow 등을 써서 주어의 동작, 변화, 과정 등을 강조하기 위해 쓴 동작수동의 형태이다. 이러한 동작수동에는 'by+행위자'가 수반될 수 없음을 알아두자.

① 상당수의 사람들이 고산 등반으로 인해 영구적인 부상을 입는다.
② 말은 문화가 공유되고 전수되는 방법이기 때문에 대단히 중요하다.
③ 우리가 필요한 것은 저렴한 사회 주택과 지역에 활기를 불어넣어 줄 공원들이다.
④ 번개가 칠 때는 산화질소 가스가 대기에 방출된다.

---

20   ②

② 양자 부정을 나타내는 상관접속사 neither A nor B 구문이 주어에 쓰인 경우, 동사는 B에 수일치 시킨다. 주어진 문장의 경우 my jacket에 수를 일치시켜야 하므로, go를 goes로 고쳐야 한다. go with는 '~와 어울리다, 조화되다'라는 뜻으로 쓰였다. ① 수사와 명사가 하이픈으로 연결되어 일종의 형용사와 같은 역할을 하는 경우, 이 표현 속의 명사는 단수로 한다. 자동사 consist는 함께 쓰이는 전치사에 따라 그 뜻이 달라지는데, consist of는 '~로 이루어져 있다', consist in은 '~에 존재하다', consist with는 '~와 일치하다'라는 뜻이다. ③ 관계대명사 which가 선행사 several reasons를 받는 계속적 용법으로 쓰였다. ④ providing (that)이나 provided (that)는 if와 같은 의미의 접속사로 쓰인다. 시간의 부사절이므로 현재시제를 이용하여 미래를 나타내며, badminton은 운동경기의 명칭이므로 앞에 관사를 붙이지 않는다.

① 그 자격 시험은 세 번의 두 시간짜리 시험으로 이루어져 있다.
② 내 셔츠도 재킷도 둘 다 이 바지와 어울리지 않는다.
③ 그 학생은 선생님에게 몇 가지 이유를 댔지만, 그중에서 단지 몇 개만이 타당한 것이었다.
④ 만일 비가 오지 않는다면 나는 내일 아내와 배드민턴을 칠 것이다.

TEST 28

| 01 ① | 02 ② | 03 ③ | 04 ② | 05 ③ | 06 ③ | 07 ③ | 08 ② | 09 ① | 10 ③ |
| 11 ① | 12 ② | 13 ③ | 14 ③ | 15 ④ | 16 ② | 17 ② | 18 ② | 19 ① | 20 ④ |

01   ①

description이라는 명사를 수식하는 동시에 명사절을 이루어 동 사 is의 주어 역할을 할 수 있어야 하므로, 빈칸에는 복합 관계형용사인 Whatever가 쓰여야 한다. ③의 경우 의문사절이 주어인 구조가 되지만, 의미상 어색하다. ④ 또한 That ~ ballads가 명사절을 이루기는 하나, 의미가 자연스럽지 않으므로 적절하지 않다.

민요에 나타나는 어떤 묘사든 간결하고 정형화되어 있다.

02   ②

'discuss 문제 with 사람(누구와 무엇을 논의하다)'에서 '문제'를 나타내는 목적어는 to부정사의 수식을 받는 something이므로 with가 있어야 하고 with의 목적어가 복합관계절이다. 복합관계대명사는 is helping의 주어이므로 주격인 whoever이다. 따라서 ②가 빈칸에 적절하다.

이것은 분명 현재 당신의 재정을 도와주고 있는 사람이 누구이든 그 사람과 논의해야 할 문제이다.

03   ③

①의 경우 which의 선행사는 flag가 되는데, 동사 represent와 수가 일치하지 않으므로 정답이 될 수 없다. ②는 관계대명사 뒤에 완전한 문장이 오게 되어 부적절하며, ④는 관계부사 뒤에 주어가 없는 불완전한 문장이 오게 되므로 역시 옳지 않다. 따라서 정답은 ③이다. 관계부사 where절의 주어인 대명사 it은 yellow를 가리킨다.

노란색은 베트남인에게 중요한 색인데, 그들은 결혼식과 국기에 그것을 사용하며, 국기에서 노란색은 용기, 승리, 희생을 상징한다.

04   ②

주절 동사가 would have p.p의 형태이므로, 과거 사실의 반대를 가정하는 가정법 과거완료 표현임을 알 수 있다. 가정법 과거완료에서 if절의 동사는 had+p.p 형태여야 하므로 ③, ④는 답이 될 수 없다. '~이 없었다면'에 해당하는 표현은 if it had not been for이므로 ②가 정답이다.

회사 안에서 영향력이 있는 아버지의 지위만 아니었다면, 그는 해고당했을 것이다.

05   ③

주절의 주어 a hurricane은 분사구의 의미상 주어이다. a hurricane과 compare의 관계를 감안하면 수동형 분사구가 와야 함을 알 수 있다. 따라서 정답은 ③이다.

토네이도와 비교해보면 허리케인은 훨씬 더 넓은 지역과 접촉하지만, 중심에서 먼 지역에는 더 적은 피해를 준다.

06   ③

비교급 표현이 있으므로 접속사 than이 포함된 표현이 와야 하며, 비교구문에서 비교 대상은 동일한 어구여야 하므로 빈칸에 적절한 것은 ③이다. 이때 대명사 that은 the income을 대신하고 있다.

펀드매니저로서의 그의 소득은 중역의 소득보다 더 높다.

07   ③

접속사 as가 이끄는 절의 주어는 so부터 빈칸까지다. 빈칸에 들어갈 문구는 명사 talents를 수식하므로, 비교 대상은 my talents를 의미하는 mine이어야 하며, equal에는 to가, 비교급에는 than이 모두 사용되어야 한다. 그러므로 ③이 정답이다.

여기저기서 사고가 났더라면 재능이 나 정도이거나 나 이상인 그 많은 사람들이 실망했듯이 나도 실망했을지 모른다.

08   ②

문두에 부정어가 포함된 부사절이 있으므로, 주절은 '조동사+주어+동사'로 도치된다. 따라서 ②가 정답이다.

우리는 건강을 잃고 나서야 비로소 그 가치를 깨닫는다.

09   ①

주어는 The Wasatch Range, 동사는 extends이다. 따라서 삽입된 관계사절을 이루는 ①이 정답이다. ②는 동격으로는 맞지만, that 이하가 관계사절이 되어 문장에 정동사가 없게 된다. ③의 경우 동사가 두 개가 되므로 안 되고, ④에서는 it이 없어야 한다.

로키(Rocky) 산맥의 일부인 와사치(Wasatch) 산맥은 동남부 아이다호(Idaho)에서 북부 유타(Utah)에까지 펼쳐져 있다.

10   ③

③에서 provide는 관계대명사절의 동사다. 타동사 provide는 'provide+사람+with+사물' 혹은 'provide+사물+for+사람' 형태로 쓰이며 '~에게 …을 주다, 공급하다'의 의미를 지닌다. 자동사로 쓰일 때에는 'provide for+명사' 형태로 쓰이며 '~을 대비하다'라는 뜻을 지닌다. ③에서처럼 'provide with+목적어' 용법으로는 쓰지 않으므로 전치사 with를 삭제해야 한다. ① 전치사적 형용사로, '~이 주어진다면' '~을 가정하면'이라는 의미다. a variety of occupations가 이것의 목적어다. ② to choose는 앞의 명사구를 수식하는 형용사적 용법으로 쓰인 부정사다. 여러 직업들 중에서 원하는 직업을 '선택하는' 개념이므로 전치사 from이 붙었다. ④ 'B에게 A를 공급하다'라는 뜻의 provide A for B 구문에 쓰인 전치사가 아님에 유의한다. 여기서 for는 명사 match에 호응하는 전치사로 '적합'의 의미를 지닌다. 정리하면, provide의 목적어는 a good match for their personalities 전체이며, 이 표현 뒤에는 with them이 생략되어 있다.

선택할 수 있는 여러 가지 직업이 주어진다면, 대부분의 사람들은 자신의 성격과 잘 맞는 직업을 찾을 것이다.

11   ①

기수, 서수 등의 수 형용사가 다른 형용사보다 먼저 위치해야 한다. 따라서 main two를 two main으로 고쳐야 한다. ② created는 분사구문을 만드는 과거분사다. 주절의 주어인 The Republican party는 create의 대상이므로 수동 관계를 나타내는 과거분사로 썼다. ③ '~로부터'라는 의미의 전치사구다. ④ that은 the anti-slavery movement를 선행사로 하는 주격 관계대명사이며, precede는 '~에 앞서다' '~보다 먼저 일어나다'라는 의미의 타동사다.

공화당은 남북전쟁 이전에 있었던 노예제도 반대 운동으로 인해 1854년에 결성된 정당으로서, 미국 정계의 양대 정당 가운데 하나다.

12   ②

rely on은 '자동사+전치사'로 이루어진 동사구로, 수동태가 될 때 전치사가 과거분사 뒤에 반드시 있어야 하므로 are relied를 are relied on으로 고쳐야 한다. ③ help 동사 뒤에는 목적어로 원형부정사와 to부정사가 모두 가능하다. ④ 전치사 by 뒤에 동명사 working이 온 구조다.

많은 사람들이 하루에 1달러도 되지 않는 일당으로 살아가고 있으며, 짐꾼으로 일함으로써 가족의 소득 향상에 일조하는 어린이들에게도 의지하고 있다.

13   ③

three years(3년)와 같이 복수형이라도 단일개념으로 쓰일 경우 단수취급 하므로, ③을 is로 고쳐야 한다.

상대적으로 정체된 부동산 시장에서, 관련 비용이 고려될 경우, 3년은 의미 있는 자본이익을 거두기에는 상대적으로 얼마 안 되는 시간이다.

14   ③

소유격 대명사 their가 앞 문장의 an easy-to-apply testosterone gel을 가리키므로, their를 its로 고쳐야 한다. ① hit the market은 '시장에 출시되다'라는 의미의 관용표현이다. ④ 'get+비교급'은 '더욱 ~해지다'라는 의미이며, even은 비교급을 강조하는 데 쓰이는 표현이다.

쉽게 이용할 수 있는 테스토스테론 겔이 시장에 출시되고 더 많은 사람들이 자신들의 몸에서 이 화학약품의 효과를 경험하면서, 이 제품의 사회적인 중요성은 더욱 무시할 수 없게 될 것이다.

15   ④

기준 시점이 과거이므로(until then) 그 이전에 일어난 행위에 대한 표현은 과거완료 시제로 써야 한다. has until then been present를 had until then been present로 고쳐야 한다. ① on ~ing은 '~하자마자'라는 의미다. question하는 주체는 주절의 주어인 Freud이고, 자신에게 질문을 던진 것이므로 결국 주어의 행동이 자신에게로 향한 것이 된다. 그래서 재귀대명사 himself를 쓴 것이다. with regard to는 about의 의미를 갖는 전치사구다. ③ 선행사가 포함된 관계대명사 what이 이끄는 절은 is의 보어 역할을 하고 있으며, for는 이유를 나타내는 접속사로 쓰였다.

이러한 무의식적인 습관에 대해 자문하자마자, 프로이드(Freud)는 "이것은 내가 숙고한 결과 알게 된 것이다. 왜냐하면 그 어떤 것도 그 이전에는 내 마음 속에 떠오르지 않았던 것이기 때문이다"라는 결론을 내렸다.

16   ②

②에서 comply는 항상 자동사로 사용되므로, '~을 따르다'라는 의미로 사용될 때 전치사 with를 수반해야 한다.

그의 가장 최근의 공격은 7월 29일 의회가 소셜 미디어 대기업들로 하여금 콘텐츠를 삭제하라는 터키의 요청을 따르도록 강제하는 법을 채택하면서 일어났다. 앞으로 트위터와 페이스북 같은 기업들은 48시간 이내에 이러한 요청을 처리하기 위해 현지 대표를 임명해야 할 것이다.

① 일자리를 제공한다는 점에서, 농촌 개발은 성공의 비결이 될 수 있다.
② 시민들에게 그 상황을 설명하는 것은 정치인들의 책임이다.
③ 자신이 거의 설명할 수 없는 여러 가지 이유로, 마이클(Michael)은 운전하는 것이 허락되지 않았다.
④ 나는 그 문제에 대해 한 시간 넘게 곰곰이 생각하고 있었으나 아무 결과도 얻지 못했다. 그때 갑자기 해결책이 섬광처럼 머릿속에 떠올랐다.

17   ②

'a+형용사+명사'에서 형용사를 수식하는 부사 enough는 형용사 바로 뒤에 온다. 따라서 ②를 a good enough result로 고쳐야 한다. ① '타동사+대명사+부사'의 순서로 맞다. ③ aim 동사는 자동사, 타동사 모두로 쓰이므로 능동태 aim at과 수동태 be aimed at 모두 가능하다. ④ subsequent, next, following, coming 등은 서수에 준하므로 기수인 eight보다 앞에 온다. ⑤ otherwise는 '그 밖의'란 뜻의 형용사로 and otherwise라는 관용표현으로 쓰였다. '군사적 원조와 그 밖의 원조'이다.

2014년에 러시아어를 사용하는 우크라이나 남부와 동부 전역을 분할하려는 계획이 널리 논의되었을 때 푸틴은 그것을 거부했다. 크림반도의 지배와 돈바스에서의 동요적인 반란만으로도 충분히 좋은 성과인 것 같았다. 정전(停戰)을 목표로 한 민스크 협정은 우크라이나에 대해 여러 지역을 위한 새로운 연방 정부적 역할을 규정하고 있었다. 그러나 민스크 협정은 빈사상태에 있고 우크라이나는 계속 중앙집권 국가로 남아있다. 우크라이나는 비록 그 후 8년 동안 공식적인 나토 가입으로 나아가지 않았지만, 군사적으로나 군사외적으로나 서구의 원조로부터 많은 이득을 얻었다.

18   ②

② 'A가 B가 아닌 것은 C가 D가 아닌 것과 같다'라는 의미의 A is not B any more than C is D 구문에서, B와 공통인 경우에는 D를 생략할 수 있다. than 이하의 형태는 긍정형이지만 의미는 부정이므로, than 이하에 부정어를 쓸 수 없다는 것도 함께 알아두자. ① twice 뒤에는 비교급 표현이 오지 않으며, as ~ as 구문이 온다. 따라서 twice more than을 twice as much as로 고쳐야 한다. ③ our errors를 대신할 대명사가 필요하므로, that이 아닌 those가 되어야 한다. for those of age로 고친다. ④ 'as ~ as+ever+과거동사'는 '어느 ~도 못지않게'라는 뜻으로, 최상급의 뜻을 가지는 원급표현이다. as와 as 사이에 형용사와 명사가 올 경우, 'as+형용사+a(n)+명사'의 어순이 되어야 한다. as a great pianist를 as great a pianist로 고친다.

① 그 학위가 있는 사람들은 그렇지 않은 사람들보다 두 배나 많이 벌었다.
② 침팬지가 인간이 아닌 것은 고릴라가 인간이 아닌 것과 같다.
③ 경험은 하나의 계시인데, 거기에 비추어 우리는 젊은 시절의 오류를 버리고 나이든 시절의 오류를 취한다.
④ 루트비히 판 베토벤(Ludwig van Beethoven)은 이전의 어느 누구보다 위대한 음악가이다.

19   ①

① key가 '(문제 등의) 해답' '비결' 등의 의미로 쓰이는 경우 뒤에는 전치사 to가 온다. in that은 '~라는 점에서'라는 뜻의 접속사로 뒤에는 절이 온다. ② explain은 완전타동사이므로 2개의 목적어를 가질 수 없다. explain the citizens the situation을 explain the situation to the citizens로 고친다. ③ let이 들어 있는 문장을 수동태 문장으로 바꿀 땐 be allowed to라는 표현을 이용한다. was not let to drive를 was not allowed to drive로 고친다. ④ 문제에 대해서 생각한 행위가 해법이 떠오른 때보다 시간상 먼저여야 하므로, 주절은 종속절보다 앞선 시제여야 한다. 종속절의 시제가 과거이므로 주절에는 과거완료가 와야 한다. have been을 had been으로 고친다.

20   ④

④ be credited with ~는 '~로 인정을 받다'라는 의미이다. by 뒤의 keeping은 5형식 동사로 쓰였으며, 목적보어로 형용사 safe가 온 구조의 문장이다. ① resort to는 '~에 의지[호소]하다' '도움을 청하다'라는 뜻이며 to가 전치사이므로 그 뒤에는 (동)명사를 써야한다. to throw를 to throwing으로 고친다. ② 'be compelled to+동사원형'은 '~하지 않을 수 없다'라는 의미이다. to cooperating을 to cooperate로 고친다. ③ devote oneself to는 '~에 전념하다'라는 뜻이고 to는 전치사이므로 to provide를 to providing으로 고친다.

① 시위자들이 투석(投石)에 의지함에 따라 시위가 격렬해졌다.
② 그 두 나라는 전쟁을 막기 위해 협력할 수밖에 없었다.
③ 그는 사람들에게 문학을 더 많이 접할 수 있는 기회를 제공하는 데 헌신하였다.
④ 그는 또한 아랍에미리트를 안전하게 함으로써 기업들을 도왔다고 인정받고 있다.

01 ②	**02** ①	**03** ②	**04** ④	**05** ②	**06** ②	**07** ④	**08** ③	**09** ④	**10** ④
11 ③	**12** ③	**13** ③	**14** ④	**15** ②	**16** ③	**17** ⑤	**18** ③	**19** ①	**20** ②

01 ②

문장에 정동사가 필요하다. 타동사 name은 'name+목적어+목적보어' 형태로 쓰며, '(사람이) …을 ~이라고 명명하다, 이름을 붙이다'라는 의미이다. 주어진 문장의 주어는 '사물', 즉 Philadelphia이며 the City of Brotherly Love가 목적보어이므로, 빈칸에 수동 표현인 ②가 들어가야 옳은 문장이 된다.

최초의 수도였던 필라델피아는 동포애의 도시로 이름 지어져 있다.

02 ①

빈칸 다음에 절이 이어지므로 빈칸에는 접속사가 와야 한다. 앞에 the same이 있으므로 유사 관계대명사 as가 적절하다. 유사 관계대명사는 본래는 접속사인데 관계대명사처럼 뒤에 절을 수반해서 앞의 선행사를 수식한다. 주어진 문장의 선행사는 the same experience이며, as는 목적격 관계대명사다.

훌륭한 자연 산책로와 역사적인 자취들은 나로 하여금 그들이 내가 경험했던 것과 같은 경험을 했다고 믿게 했다.

03 ②

빈칸에 들어갈 관계사의 선행사가 '곤충'이고 곤충이 그것의 함정에 빠지게 되는 것이므로 주격의 관계대명사에 수동태 형태인 ②가 빈칸에 적절하다.

그것이 곤충을 끌어들이는 달콤한 향기를 발산하고, 곤충은 그것의 끈적끈적한 표면에 내려앉을 때 함정에 빠지게 된다.

04 ④

'~인지 아닌지'의 뜻을 지니는 것은 whether와 if인데, whether는 주어, 목적어, 보어로 사용 가능하고, if는 목적어가 되는 명사절만을 이끈다. 따라서 정답은 ④이다.

건강한 성인이 하루 두세 번 허기를 느끼는 경향이 있는가 하는 것은 생리학 및 문화와 관련된 문제다.

05 ②

수여동사 ask의 용법을 묻고 있다. ask는 4형식으로 쓰일 경우, '간접목적어+직접목적어'가 오지만, 3형식으로 쓰일 경우, 반드시 '직접목적어+of+간접목적어'의 어순이 된다. 따라서 간접목적어가 먼저 와서 4형식으로 쓰여야 하는 ①과 ③은 빈칸에 부적절하다. ②와 ④는 모두 직접목적어가 먼저 와서 3형식으로 쓰여야 하는데, 직접목적어 다음에는 'of+간접목적어'가 와야 하므로, ②가 정답이다.

힌두교 전통에 관한 나의 연구에서, 나는 그들에게 많은 질문들을 했다. 그러나 묻고 싶은 질문이 있던 사람은 나뿐이 아니었다.

06 ②

시간의 부사절에서는 현재시제로 미래를 나타내며, news는 형태는 복수이지만 단수로 취급하는 명사다. 따라서 the news appears가 정답이 된다.

때로는 최신 뉴스가 인쇄되기 몇 주 전에 인터넷상으로 그 뉴스를 찾을 수 있을 것이다.

07 ④

기준 시제는 현재이며, '너무 ~해서 …이다'라는 의미의 'so+형용사+that절' 구문을 완성시켜야 한다. 따라서 ④가 정답이다. 이때 subdued는 '조용한, 가라앉은, 침체된'이라는 뜻의 형용사이며, worryingly는 형용사를 수식하는 부사다.

그러나 선거 전 분위기가 걱정스러울 만큼 가라앉아 있어서 대중들이 너무나 중요한 정치 행사에 대해 알고나 있는지 의아스러울 지경이다.

08 ③

문장의 본동사는 was이므로 빈칸에는 주어가 들어가야 한다. 선행사를 포함한 관계대명사 what은 the thing(s) which를 뜻하며, 명사절을 이끌어 주어로 기능할 수 있다. ③이 정답이다. ①의 경우 명사절을 이끄는 접속사가 필요하며, because가 이끄는 절은 부사절이므로 ④ 역시 부적절하다.

정부가 실패한 것은 큰 변화가 일어나고 있음을 사람들에게 알리는 일이었다.

09
④

be accustomed to의 to는 전치사여서 뒤에 동사원형이 올 수 없으므로 ①, ②는 정답에서 제외된다. 부사절의 주어인 they와 목적어가 일치하므로 conduct 다음에는 재귀대명사가 와야 하며, '전치사(with)+추상명사(decency)'는 부사로 쓰인다. 따라서 ④가 정답이다.

그들은 그저 짐승처럼 삶을 간신히 꾸려나갔는데, 청결함 혹은 점잖게 행동하는 것에 익숙하지 않았기 때문이었다.

10
④

의문문에 'it ~ that … 강조구문'이 적용된 형태이다. 이 때 강조구문에 쓰인 it과 is가 도치되어 의문문의 형태를 이미 이루고 있으므로 that절 안의 주어와 동사는 도치되어선 안 된다. ④를 there is로 고친다. ① 강조구문에 쓰인 접속사이다. ③ 뒤에 완전한 문장이 이어졌으므로 '전치사+관계대명사'의 형태로 쓴 것이다.

그들이 고용되어야 하는 연한을 어느 정도 제한하고 있는 법이 있음에도 불구하고 그러한 법을 회피하려는 지속적인 경향이 있는 것은 무엇 때문인가?

11
③

전치사의 목적어로는 형용사가 아니라 명사가 오는데, 'the+형용사'로 쓸 경우, 복수 보통명사의 뜻을 나타낼 수 있으므로, ③을 the destitute로 고쳐야 한다. 이 the는 dying에도 걸린다.

평생 동안, 테레사(Teresa) 수녀는 오늘날 콜카타(Kolkata)로 알려진 캘커타(Calcutta)의 빈민촌에서 극빈층과 죽어가는 이들을 보살피는 데 일생을 바친 가톨릭 수녀로 알려졌다.

12
③

콤마를 중심으로 전후 문장을 이어주는 접속사가 없으므로, 콤마 다음엔 분사구문이 와야 한다. 따라서 were timber를 being timber로 고친다. 이 경우 주절의 주어(The structures)와 분사구문의 주어(the most building materials)가 다른 독립 분사구문이 된다. 콤마 이하의 문장에 수식어구가 많아 문장의 주요성분을 신속히 가려내기가 쉽지 않다. 항상 문장의 주요성분을 빨리 파악하는 연습을 해둘 필요가 있다. ② 전치사 뒤에 부사나 부사구 혹은 복합 형태가 오고, 그 부사를 명사 상당어구로 인정하는 예외적인 경우에 해당한다. ④ '명사+과거분사' 형태의 복합분사에 있어, 해당 표현 속의 명사는 대체로 수동태 문장의 by+목적격, with+목적격, in+목적격에서 목적격이 된다. 가령 a money-dominated society는 a society which is dominated by money의 의미이다. 주어진 문장에서 sun-dried bricks는 bricks which are dried by (the) sun의 의미이므로 옳게 쓰인 표현이다.

그 건축물들은 그 당시에도 뛰어난 것들이었는데, 고대와 개발도상국들에서는 최근까지도 가장 흔한 건축 재료가 목재와 햇볕에 건조시킨 벽돌이다.

13
③

'~하려는 계획'이라고 하려면 [scheme for 명사] 또는 [scheme to V]의 형태를 써야 하므로 ③을 for ameliorating 또는 to ameliorate라고 써야 한다.

감수성이 있는 사람은 궁핍한 소작농 가족을 보면서 눈물을 흘리겠지만, 계급으로서 소작농들의 처지를 개선하기 위한 주도면밀한 계획에는 냉담할 것이다.

14
④

문장의 동사가 offers로 나와 있으므로 또 다시 시제를 가진 동사가 접속사 없이 나올 수는 없다. 따라서 ④를 and has나 전치사 with로 고쳐야 한다.

흥미진진한 멤피스(Memphis) 시에서 가장 사람들이 많이 찾는 편의시설들 가까이에 있는 이 10층 건물은 각 층마다 1만 평방미터의 가용공간을 제공하며 창문으로 내다보이는 도시 전경도 멋지다.

15
②

②의 it은 dyslexia를 가리키는 것으로 have의 목적어이고, is는 주어 Kids의 본동사이다. 주어가 복수이므로 동사도 복수가 되어야 한다. 따라서 ②를 it are로 고쳐야 한다.

난독증은 읽고, 철자를 말하고, 글을 쓰고, 말하는 능력에 영향을 미치는 학습 장애이다. 난독증을 앓고 있는 아이들은 종종 똑똑하고 근면하지만, 그들은 그들이 보는 글자와 그 글자들이 만들어내는 소리를 연결하는 데 어려움을 겪는다.

16
③

③의 speculating on은 an ancient and eminent English historian을 선행사로 하는 주격 관계대명사 who의 동사가 되어야 한다. ③앞에 과거시점을 나타내는 ago가 왔으므로, 과거시제인 speculated on으로 고쳐야 하며, 참고로 speculate는 자동사로 on과 함께 쓰인다.

나는 이전에 London Bridge였던 곳의 유적에 지금 서있으며, 2천년도 전에 나의 조국의 미래 거주민이 이 장소에 와서 사색에 잠기게 될 가능성을 추측했던 어떤 고대의 저명한 영국 역사가의 꿈을 실현하고 있다.

17

⑤

마지막 문장 끝에서 it이하가 관계절로 troops를 수식하는데 troops가 has fought
의 목적어가 되어 교전상대인 적군의 군대를 줄이겠다는 의미로 부적절하다.
troops는 프랑스 군대이고 has의 목적어로 보면 목적보어는 과거분사 fought가
아니라 현재분사 fighting이어야 한다. ⑤를 has fighting으로 고친다.

서구의 전략에서는 책임 있는 민주국가 건설을 위한 노력이 점점 더 큰 부분
을 차지해왔다. 부패하고 악한 정부는 결국 그 지역 전체에 악영향을 확산시켜
서 반란을 부추겨왔다. 과거에는 우호적인 독재자들을 기꺼이 지지했던 프
랑스가 이제는 "국가의 회복"을 강조하고 프랑스가 아프리카에서 싸우게 하
는 군대의 수를 줄일 계획을 하고 있다.

18

③

선행사 앞에 more와 같은 비교급이 있을 경우, 관계대명사를 쓰지 못하고 유사관계
대명사 than을 쓰므로, ③에서 that을 than으로 고쳐야 한다.

① 에디슨과 같은 사람은 책과 교실수업으로 만들어질 수 없다.
② 그는 임시 교사로서 불어와 다른 과목들을 가르쳤다.
③ 아무도 필요한 것보다 더 많은 돈을 쓰기를 원하지 않는다.
④ 그의 완전히 어리석은 행동에 우리는 웃지 않을 수 없다.

19

①

① just 뒤에 위치한 like는 전치사이며, 뒤에 members of a family가 목적어로
왔다. get more 뒤에 위치한 like는 뒤에 목적어가 없고 문맥상 동사 get의 보어가
되어야 하므로 서술형용사 alike로 고쳐야 옳은 문장이 된다. ② blowing은 wind를
후치 수식하고 있는 현재분사이며, 뒤에 위치한 in은 전치사가 아니라 부사이다. ③
부사 still은 조동사나 be동사의 뒤, 일반동사의 앞에 온다. ④ believe 뒤의 대명사
they는 문장의 주어 People을 지칭한다. while이 이끄는 절에서 consider의 목적
어는 주어인 cat lovers이므로 재귀대명사를 써서 표현했다.

① 애완동물과 주인은 가족 구성원과 유사하다. 그래서 시간이 흘러감에
   따라 점점 더 비슷해진다.
② 높이 60미터의 터빈 15개가 남중국해에서 불어 들어오는 바람을 잡아
   에너지로 전환시킨다.
③ 깨끗하고 신뢰할 만한 에너지원인 풍력발전은 동남아시아에서는 여전히
   드물다.
④ 개를 가지고 있는 사람들은 자신들이 쾌활하다고 생각하는 반면, 고양이
   애호가들은 스스로를 예민하다고 생각한다.

20

②

② every는 형용사로만 쓰이므로 전치사 in의 목적어가 될 수 없다. 이것을 대명사로도
쓰이는 each로 고치면 옳은 문장이 된다. ① but 이하는 과거 사실의 반대를 가정하는
가정법 과거완료 문형을 이루고 있으며, tugged the ship in에서 in은 전치사가 아니라
부사이다. ③ 배수사 half 뒤에는 비교급 표현이 올 수 없으며 as ~ as 구문이 온다. Korean
counterparts는 Korean consumers를 의미한다. ④ 접속사 whether는
'whether+to부정사'의 구조로 쓸 수 있으며, 이 표현은 문장에서 주어, 목적어, 보어
의 역할을 할 수 있다.

① 아무도 부상을 당하지 않았지만, 만약 크기가 더 작은 보트가 그 배를 예
   인했더라면 그 사고는 피할 수 있었을 것이다.
② 주주들은 3개의 회사 각각에서 주식을 얻게 될 것인데, 그 과정은 12개
   월이 소요될 것이다.
③ 미국의 소비자들은 한국의 소비자들이 외모에 돈을 쓰는 것의 약 절반만
   큼을 썼다.
④ MSCI가 한국의 시장 지위를 '신흥시장'에서 '선진시장'으로 격상시킬지를
   결정할 것이다.

01 ②	02 ③	03 ②	04 ②	05 ④	06 ④	07 ②	08 ④	09 ③	10 ①
11 ③	12 ③	13 ①	14 ③	15 ①	16 ①	17 ③	18 ④	19 ③	20 ②

01 ②

(just) as A, so B는 'A이듯이 마찬가지로 B이다'라는 뜻이며, so 다음에는 도치가 일어난다.

쇠가 사용하지 않으면 녹이 스는 것과 마찬가지로, 정신적 나태는 지력(知力)을 망가뜨린다.

02 ③

regret이 동명사를 목적어로 취하면 '(과거에) ~한 것을 후회하다', to부정사를 목적어로 취하면 '(미래에) ~할 것을 유감스럽게 여기다'라는 의미다. 주어진 문장에서는 장학금 신청이 기각된 사실을 '통보해야' 하는 상황이므로, to inform을 써야 한다.

장학금 신청이 기각됐음을 알려드리게 되어 유감스럽습니다.

03 ②

what is ~ like?는 '~은 어떠한가?'의 의미다. 이 의문문이 타동사 know의 목적어가 되면, '의문사+주어+동사'의 어순이 되므로 what it is like가 정답이다. 이때 it은 가주어이며, 뒤에 위치한 to lie awake 이하가 진주어다. ③의 경우 의문사절의 어순이기는 하나 가주어 it이 실제로 가리키는 것은 뒤에 to부정사구인데, 이 구가 동사 like의 주체가 되므로 적절하지 않다.

밤에 잠을 자지 않고 누워서 건강보험에 들지 않은 것에 대해 염려하는 게 어떤 것인지를 나는 안다.

04 ②

추상명사의 관용적 용법을 묻고 있다. 'of+추상명사'는 형용사와 같은 말이므로, a man of importance는 an important man과 의미가 같다. 따라서 ②의 of importance가 빈칸에 적절하다.

그는 그의 아들을 세상에서 중요한 사람으로 만들기를 원했다.

05 ④

suggest, introduce, explain, announce 등은 3형식 동사로, 목적어 두 개를 나란히 쓰지 못한다. 따라서 목적어의 앞 혹은 뒤에 '전치사+명사'가 쓰인다. 한편, suggest, demand, insist 같은 '요구, 제안, 주장'의 동사에 이어지는 that절에는 '(should) 동사원형'이 온다. 따라서 빈칸에는 suggest의 시제에 관계없이 (should) start라고 써야 한다.

교수님은 내게 그 프로젝트를 시작할 것을 권하셨다.

06 ④

두 번째 빈칸부터 채워보자. 유죄 판결을 받은 것이므로, 동사 find를 수동태, 즉 were found로 써야 한다. founded는 '기초를 두다, 설립하다'라는 뜻의 found의 과거분사에 유의한다. 한편, since가 이끄는 절은 '~한 이래'의 뜻으로 과거의 명백한 시점을 나타내므로, 주절의 동사는 현재완료여야 한다. 따라서 정답은 ④이다.

정부의 부패 사건에서 그들이 뇌물 및 다른 혐의로 유죄 판결을 받은 지 거의 1년 반이 되어간다.

07 ②

분사구문의 주어와 주절의 주어가 다르므로, 분사구문 앞에 주어 other things를 명시한 ②가 정답이 된다. '같은 조건 하에서'는 주로 under[in] the same conditions라고 표현하므로 ①은 부적절하며, ③의 경우 every 뒤에는 단수명사가 와야 하고, 형용사 same 앞에는 반드시 정관사 the가 붙어야 한다. ④는 분사구문 자체는 문제가 없으나, 문장의 의미가 어색해지므로 정답이 될 수 없다.

다른 것들이 똑같다면, 나는 남자 선생님보다 여자 선생님을 택하겠다.

08 ④

동사 require는 'require+목적어+to부정사', 'require+that절' 형태로 쓸 수 있으며, that절을 목적어로 취하는 경우 동사 형태는 '(should) 동사원형'이어야 한다. 동사 provide는 'provide+사람+with+사물' 혹은 'provide+사물+for+사람' 형태로 쓰이며, '~에게 …을 주다, 공급하다'라는 의미를 지닌다. 또한 '무급 휴가'는 과거분사형을 써서 unpaid leave로 표현한다. 이상의 내용을 모두 만족시키는 것은 ④이다.

그 법안은 특정 고용주들이 근로자들에게 무급 휴가를 주어 근로자들이 몸이 아픈 유아나 신생아를 돌볼 수 있도록 규정하고 있다.

09 ③

others를 선행사로 하는 관계사절을 찾아야 한다. they believe는 삽입절이고 others는 disagree의 주체이므로, 주격 관계대명사 who가 쓰여야 한다. 따라서 정답은 ③이 된다. 의견이 다른 대상은 others가 아닌 people이므로 재귀대명사로 표현한 ④는 옳지 않다.

사람들은 그들이 생각하기에 의견이 다른 사람들에게 둘러싸여 있으면 마음이 맞는 사람들과 있다고 생각할 때보다 자신의 의견을 훨씬 더디게 나타낸다.

10 ①

'~에 대한 해결책'은 an answer to ~이므로 ①을 to weight loss로 고쳐야 한다. ④ it은 the information을 가리킨다.

그는 체중감소에 대한 해결책을 찾아냈고 지금까지 수년 동안 다른 사람들에게 정보를 제공했으며 그들은 그 정보를 성공적으로 이용했다.

11 ③

배수사 double은 정관사 앞에 위치해야 한다. 따라서 the double을 double the로 고쳐야 한다. ① 분사구문을 이루고 있으며, and they weigh up to의 의미다. weigh는 자동사로 쓰였다. ② '각기', '각각', '한 개에 대해'라는 의미로 쓰인 부사다. ④ '둘 중 어느 한쪽의'라는 의미의 형용사다.

사자 아빠와 호랑이 엄마의 자손인 라이거는 세상에서 가장 큰 고양잇과 동물이며 한 마리의 최고 체중이 500kg이나 되는데, 아빠나 엄마 체중의 두 배나 된다.

12 ③

천연 양치질 물약 제품을 찾을 때 어떤 태도를 취해야 하는지에 관한 내용인데, cannot be so diligent라고 하면 '너무 부지런할 수 없다'라는 뜻이므로 문맥과 맞지 않는다. 따라서 '아무리 ~해도 지나치지 않다'라는 뜻의 cannot ~ too를 써야 하므로, so diligent를 too diligent로 고친다. ① 분사구문이며, 주절의 주어와 분사구문의 주어가 같으므로 따로 주어를 표시하지 않은 것이다. 한편, ① 앞의 When은 접속사로서 분사구문의 부사적 의미를 보다 명확하게 하기 위해 삭제하지 않고 남겨둔 것이다. ② the essential oils를 후치 수식하고 있으며, 수동 관계이므로 과거분사를 쓴다.

구강 관리에 필요한 에센셜 오일을 함유한 천연 양치질 물약 제품들을 찾을 때는, 안전성을 확인하는 데 있어 아무리 부지런해도 지나치지 않다.

13 ①

share A with B가 'A를 B와 공유하다'이므로 ①을 with whom으로 고쳐야 한다. ② 문장의 본동사이다. ④ 진행 시제를 만드는 현재분사가 아니라 '어는, 시린'이라는 뜻의 형용사이다.

내가 채식주의자용 바나나 아이스크림 만드는 법을 공유한 한 친구가 보내온 "이 바나나 껍질을 어떻게 벗기지? 내 손은 얼었고(시리고) 껍질은 바나나에 달라붙어버렸어!"라는 메시지가 많은 웃음을 자아냈다.

14 ③

whom을 목적어로 취하는 동사나 전치사가 관계절 안에 없어서 어색하다. 문맥상 그녀가 열정을 기울이는 대상이 마르크스가 되므로, ③을 about whom으로 고쳐서 Marx를 선행사로 받도록 해야 한다.

노먼 베쑨(Norman Bethune)은 그녀가 그녀의 남편보다 정치에 훨씬 더 식견이 있는 사람이라고 인식했고, 마르크스(Marx)에 대한 그녀의 이해의 정도에 감명을 받았는데, 그녀는 마르크스에 관해 그녀의 남편보다 열정적이었다.

15 ①

'~한 정도로'라는 의미로 degree가 사용될 때는 반드시 전치사 to와 함께 사용되어야 하므로 ①은 to what degree가 되어야 '어느 정도로'라는 의미가 된다.

우리는 이것이 개인들이 개별적으로, 또는 자본주의 세계 경제 내의 모든 사람들이 집단적으로 시간 단위 당, 혹은 평생, 투자하도록 요구받았던 에너지의 총 투입량을 어느 정도로 감소시키거나 증가시켰는지를 의미하는지는 계산하지 않는다.

16 ①

비교하는 대상이 the keyboard technique, 즉 단수이므로 ①의 those를 단수형인 that으로 고쳐야 한다.

요한 세바스티안 바흐(Johann Sebastian Bach)의 키보드 테크닉은 그 음악가의 키보드 테크닉과 달랐다. 본질적으로, 그의 테크닉은 그가 작곡한 음악에 잘 어울렸는데, 그가 작곡한 음악은 강력한 대위법이 풍부하게 들어있는 작품이었다. 아마도 바흐의 테크닉을 만들어주는 데 가장 큰 요인은 그가 연주하는 악기에 있었을지도 모른다.

17 ③

tumble은 '폭락하다, 격감하다'는 뜻의 자동사인데, 자동사는 수동태로 쓰이지 않으므로 ③을 능동태인 tumbled로 고쳐야 한다. 그 다음의 by가 수동태의 'by 행위자'의 by가 아님에 유의한다. ① If라는 접속사 하나에 세 개의 절이 이어져서 틀린 것처럼 보이지만, The joke goes that if ~, everything ~.에서 that절을 접속사 that을 없애고 주절로 만들고 주절인 The joke goes가 삽입되어 들어간 구조이다. that절은 the joke와 동격인 절이다. ② '명령문+and 절'의 명령문이다. ④ '처음으로(첫 번째로)'가 for the first time이듯이 '일곱 번째로'는 for the seventh time이다. ⑤ '~에 달려있다'는 뜻의 '자동사+전치사'이다.

아르헨티나를 10일 동안 떠나 있으면 모든 것이 변한다는 농담이 있다. 그러나 20년 만에 돌아와 보면 모든 것이 그대로 인 것 같다. 20년 전에 국제통화기금(IMF) 프로그램이 아르헨티나의 경제 위기를 멈추게 하지 못했다. 1998년과 2002년 사이에 국내총생산(GDP)이 거의 20% 격감했고 정부는 역사상 7번째로 디폴트(채무불이행, 국가부도)를 선언했다. 오늘날 아르헨티나의 미래는 다시 한 번 국제통화기금과의 협상에 달려 있다. 지금까지 회담은 잘 되어 가지 않고 있다.

---

18 ④

④ to one's chagrin은 '분하게도'라는 뜻의 관용표현으로, 앞에 부사 much가 붙어 의미가 강조되었다. 'to one's+감정의 추상명사'는 '~하게도'라는 뜻임을 알아두자. ① how가 간접의문문을 이끌 때는 'how+형용사[부사]+주어+동사'의 어순을 따른다. No words can express how much your many kindnesses have meant to me.로 고쳐야 한다. ② everything 뒤에는 목적격 관계대명사가 생략되어 있다. 관계대명사 뒤에는 불완전한 절이 오는데, he could 이하는 완전한 절이므로 옳지 않은 문장이다. '~을 손에 넣다'라는 의미가 되도록 hands 뒤에 전치사 on을 써야 한다. ③ 전화는 설치되는 대상이므로 install을 수동의 의미를 가진 과거분사 installed로 고쳐야 한다.

① 당신의 많은 친절한 행동들이 나에게 얼마나 소중했는지를 그 어떤 단어로도 표현할 수 없다.
② 그는 손에 넣을 수 있었던 모든 것들을 읽었다.
③ 전화를 가설해야 할 땐 반드시 전화 회사에 연락해야 한다.
④ 매우 분하게도, 내 친구는 나의 실수를 공개적인 자리에서 지적했다.

---

19 ③

③ 동사 envy는 목적어가 둘인 경우, 반드시 'envy+간접목적어+직접목적어'의 어순을 취한다. 주어진 문장에서 her가 간접목적어이고 her difficult childhood가 직접목적어이다. ① inform은 목적어 다음에 전치사 of를 수반하는 동사이므로, the princess his engagement를 the princess of his engagement로 고쳐야 한다. ② 방해, 금지의 동사 deter는 뒤에 '목적어+from ~ing' 형태가 온다. to come을 from coming으로 고친다. ④ '~없이 지내다'라는 의미의 표현은 do without, live without, dispense with 등으로 한다. dispense를 dispense with로 고친다.

① 왕자는 공주에게 자신이 나타샤 무어(Natasha Moore)와 약혼했음을 알렸다.
② 비가 오는 날씨가 그 열정적인 사람들이 오는 것을 막지는 못했다.
③ 아무도 그녀의 어려웠던 유년기를 부러워하지 않았다.
④ 마이크(Mike)가 실직한 이래로 그들은 많은 사치품을 구입하지 않고 살아야 했다.

---

20 ②

② Ethics는 학문의 명칭이므로 단수로 취급하며, of 뒤에는 'A, B, and C'의 형태로 명사가 병치되어 있다. ① in that ~은 '~라는 점에서'라는 의미이며, 뒤에는 절이 이어진다. in that 이하의 절에 'so+형용사'가 있으므로, 이 표현과 상관적으로 쓰이는 접속사 that을 써서 so ~ that … 구문을 만들어야 한다. whom을 that으로 고친다. ③ not A but B 구문은 'B, not A'의 형태로도 쓸 수 있다. 따라서 but because를 because로 고쳐야 한다. wanted to와 had to는 각각 wanted to eat it과 had to eat it에서 eat it을 대부정사인 to로 쓴 것이다. ④ during은 전치사이므로 절을 이끌 수 없다. During을 접속사 When으로 고친다. stand guard는 '보초를 서다'라는 의미이다.

① 나는 너무나 재미있어서 그들 덕분에 지루해지지 않을 그런 사람들을 만났다는 점에서 내가 매우 운이 좋다고 생각한다.
② 윤리학은 도덕적 의무, 원칙, 가치관을 연구하는 것이다.
③ 그들은 먹어야 했기 때문이 아니라, 먹기를 원했기 때문에 그것을 먹었다.
④ 암컷 꾀꼬리가 둥지를 비우게 되면, 수컷 꾀꼬리가 보초를 선다.

01 ②	02 ①	03 ②	04 ②	05 ②	06 ④	07 ③	08 ③	09 ②	10 ②
11 ④	12 ③	13 ④	14 ④	15 ②	16 ③	17 ⑤	18 ①	19 ②	20 ②

01 ②

never[not] ~ without … 구문은 '…하면 반드시 ~한다'라는 의미다. 정답은 ②이다.

행복은 자신에게 몇 방울 떨어뜨리지 않고서는 다른 사람들에게 뿌릴 수 없는 향수다.

02 ①

include가 타동사이므로 목적어가 필요하다. 따라서 ③과 ④가 정답에서 제일 먼저 제외된다. ②의 경우 include는 동명사를 목적어로 취하므로 정답이 될 수 없다. 따라서 ①이 정답이며, 이때 the stipulation과 that절은 동격 관계를 이룬다.

계약에는 모든 재료들이 최고 국제 기준을 상회해야 한다는 규정이 들어갈 것이다.

03 ②

빈칸에 들어갈 관계사의 선행사도 aims이다. '목표의' 달성을 '위해' 싸운(노력한) 것이므로 전치사 for와 소유격의 whose를 사용한 ②가 적절하다.

수십 년 전에 정해졌고 그 달성을 위해 우리가 끊임없이 싸워온 우리 당의 목표들이 오늘날 현실이 되어가고 있다.

04 ②

Paris Botanical Gardens가 주어, continues가 동사다. 빈칸에는 주어를 수식할 수 있는 분사구가 필요한데, 식물원은 '설립되는' 것이므로 과거분사가 쓰여야 한다.

19세기에 최초로 설립된 파리 식물원은 오래전에 지녔던 것과 같은 매력을 여전히 뽐내고 있다.

05 ②

affect는 타동사이므로 전치사 없이 바로 목적어가 오며, 부사는 주로 본동사 앞에 위치하므로 ②가 정답이다.

약간 더 많은 그늘 혹은 햇빛이 와인의 품질과 특성에 큰 영향을 미친다는 사실이 알려져 있다.

06 ④

시간을 표현할 때는 비인칭 주어 it을 사용한다. 또 문장이 두 개이므로 접속사가 필요한데, 의미상 since가 적절하다. since절이 종속절로 오면 주절은 현재완료시제를 쓴다.

그 회사가 상가포르로 이전한 지 15년이 되었다.

07 ③

자동사 function은 능동태로만 쓰이므로 functioning이 적절하다. block은 자동사, 타동사 둘 다 가능하지만, 주어진 문장에서는 의미상 '방해하다, 차단하다'라는 뜻의 타동사로 쓰였으며 뒤에 목적어가 없으므로 수동형인 being blocked가 적절하다.

구글(Google) 사는 자사의 검색엔진과 다른 제품에 대한 접근이 차단되었다고 보도를 내놓은 후에 중국에서 자사의 인터넷 서비스가 다시 제대로 제공되고 있다고 말하고 있다.

08 ③

빈칸 앞에 이미 '종속절+주절' 형태가 나와 있으므로, 콤마 뒤에는 접속사와 함께 새로운 절이 이어지거나 연속동작을 나타내는 분사구문이 올 수 있다. ①은 접속사와 주어가 없어서 정답이 될 수 없으며, ②는 and 이하에 주어도 없고 분사가 정동사로 주어져 있어서 옳지 않다. ④의 경우 동사 open을 능동태로 고쳐야 목적어를 취할 수 있게 된다. 따라서 정답은 and it opened the forest floor를 분사구문으로 쓴 ③이다.

비록 큰 나무들은 많이 살아남았지만, 그 불은 숲의 위쪽을 덮고 있던 많은 나무를 파괴했으며, 그리하여 숲의 아래쪽을 드러나게 했고 햇빛이 들게 했다.

09
②

빈칸 뒤에 완전한 문장이 이어지고 있다. ①은 접속사가 없으므로 두 문장의 연결이 불가능하며, ③은 전치사구이긴 하나 주절의 의미와 부자연스럽게 호응한다. ②와 ④는 분사구문인데, 주어인 London Bridge는 매각하는 주체가 아니라 대상이므로 sell 동사와 수동 관계다. 따라서 과거분사를 써서 수동의 분사구문을 만드는 ②가 정답이다.

런던브리지(London Bridge)는 애리조나(Arizona)의 한 기업인에게 팔린 후에 관광객 유치의 일환으로 다시 세워졌다.

10
②

부분을 표시하는 표현이 있는 경우, 동사의 수는 of 뒤의 명사의 수에 일치시킨다. 주어진 문장에서 문장의 동사가 are이므로 ②를 복수로 써야 수가 일치한다. package를 packages로 고친다. ① percent는 단수와 복수의 형태가 같다. ③ package는 utilize되는 대상이므로 서로 수동 관계다. 그래서 과거분사로 수식했다.

미국에서 사용되는 포장 용기의 약 50퍼센트는 식품과 음료용이다.

11
④

heavy one에서 대명사 one은 Light penalties의 penalties를 대신하고 있다. penalties는 복수형이므로 one을 ones로 고친다. ① make가 5형식 동사로 쓰였다. it이 가목적어, to부정사구가 진목적어이며, difficult는 목적보어다. ③ 앞에 쓰인 keep 동사 역시 5형식 동사로 쓰였으며, such information이 목적어, confidential이 목적보어다.

가벼운 처벌로는 그런 기밀정보의 누설을 막기 어려울 것이고, 반면에 중형을 내릴 경우 일반인의 참여를 저해할 것이다.

12
③

주어가 the reason일 때 보어 자리에 부사절을 이끄는 접속사 because는 불가하다. 보어 자리에 올 수 있는 것은 명사절이므로, 명사절을 이끄는 접속사 that으로 ③을 고쳐야 한다.

백신이 빨리 시장에 나오게 되었던 이유는 정부가 백신 개발을 지원했고, 동시에 기업들이 다양한 조치들을 취할 수 있게 해주었기 때문이다.

13
④

접속사 whether와 if는 서로 호환해 쓰이는 경우도 있지만, depends on과 같이 전치사 on의 목적절에는 if를 쓰지 않고 whether만 쓰므로, ④를 whether로 고쳐야 한다. 참고로 문제에서는 'take+목적어+on board(~을 받아들이다)'라는 표현

이 쓰였는데, 이때 목적어가 문제와 같이 긴 경우 on board 뒤로 보낼 수 있다.

요컨대, 누군가가 그 권고사항을 중요하게 받아들인 것에 책임을 질 수 있는지는 그들이 목숨, 생계, 또는 행복을 잃을 위험을 무릅쓰지 않고 그렇게 할 수 있느냐에 달려있다.

14
④

'a quarter of 명사/대명사(~중에 1/4)'는 of 다음의 명사/대명사가 단수면 단수 취급하고 복수면 복수 취급하는데, 여기서는 ③이 복수이므로 복수 취급해야 한다. 따라서 ④를 are still로 고친다.

가장 불안스런 조사결과는 해고된 근로자들이 새 직장을 찾을 전망이 다소 어둡다는 것이다. 지난 3년 동안 해고된 사람들 중에 거의 1/4이 여전히 실업 상태에 있고 새 직장을 찾고 있다.

15
②

② 앞의 them까지가 when절인데 그 앞에 only가 있으므로 주절의 주어와 동사인 ②는 can we로 도치되어야 한다. ③ basic은 something을 후치 수식한다. ④ their는 teachers를 가리킨다.

우리는 경험적으로 형성된 질문들을 이런 식으로 연구하여 그 질문들에 대한 답을 찾아냈을 때야 비로소 자신의 과목에 대한 관심을 불러일으키기 위해 교사들이 무엇을 해야 하는지에 대해 기본적인 무언가를 말할 수 있다.

16
③

supplying으로 하면 뒤에 목적어가 필요할 뿐만 아니라 의미적으로도 맞지 않다. '공급을 받다'의 의미가 되도록 supplying을 과거분사 supplied로 고쳐야 한다. ① 부정문에서 if any나 if ever를 삽입하는 것은 양보 부사절을 대비시킴으로써 부정의 의미를 강조하는 효과가 있다. 이때 if any 뒤에는 명사가, if ever 뒤에는 동사가 있게 된다. 주어진 문장에는 spots라는 명사가 있으므로 if any를 쓴 것은 옳은 표현이다. ④ so ~ that … 구문이다. yield는 '산출(産出)하다'라는 의미의 동사로 쓰였으며, 부사 abundantly가 이를 수식하고 있다.

스리랑카 섬보다도 자연이 선물에 있어 더 관대한 곳은 혹 있다 해도 거의 없다. 거의 노동을 하지 않고서도, 가장 가난한 자라도 풍부하게 공급을 받을 수 있다. 바다에는 고기가 풍부하고 경작지는 풍부하게 농작물을 생산해서 카레라이스가 부족할 수 없다.

17
⑤

둘째 문장 콜론 다음에서 두 절이 아무 접속사 없이 나열되어 있다. 따라서 ⑤를 접속사 while로 시작하는 while outright physical로 고쳐야 한다. ① 첫 절과 and 이하가 and에 의해 연결되고 and이하에서는 두 절이 while로 연결된다. ② '~에 대해 걱정하다'는 능동태인 worry about과 수동태인 be worried about 모두 가능하

다. ③ concern(우려)이 추상명사이므로 앞에 of가 있어야 형용사처럼 적절한 보어가 될 수 있다.

기술은 동료 괴롭히기를 그 어느 때보다 더 복잡한 현상으로 만들었으며, 많은 부모들이 교정에서의 동료 괴롭히기에 대해 걱정하는 것은 옳지만, 스마트폰을 통한 문자보내기가 사실 더 큰 우려사항일지 모른다. 문자보내기를 통한 동료 괴롭히기가 증가일로에 있다. 최근의 한 연구에 의하면, 학교에서의 명백한 신체적 괴롭히기는 작년보다 겨우 2% 증가한 반면, 문자를 통한 괴롭히기의 발생은 10% 증가했다고 한다.

18   ①

① will 이하는 ask의 목적어가 되는 간접의문문을 이루어야 한다. 의문사가 없는 의문문을 간접의문문으로 만들 때에는 if 혹은 whether를 사용하는데, if 혹은 whether 다음은 '주어+동사'의 어순이 와야 한다. 따라서 will he를 if[whether] he will로 고쳐야 한다. ② 분사구문의 주어와 주절의 주어가 다른 경우에는, 두 개의 주어 모두를 명시해야 한다. 분사구문의 주어는 The day, 주절의 주어는 we로 각각 명시되어 있다. ③ ask, inquire 등의 동사류는 4형식 문형을 3형식으로 바꿀 때 간접목적어 앞에 전치사 of를 쓴다. ④ 'have+the+추상명사+to부정사' 구문은 'be so+형용사+as+to부정사'와 같은 의미이며, '~하게도 …하다'로 해석한다.

① 그에게 다음 주에 올 수 있는지 물어볼 수 있으세요?
② 날씨가 화창해서 우리는 버스를 타는 대신 걸어서 집으로 갈 수 있겠다고 생각했다.
③ 나는 그에게 몇 가지 질문을 하고 싶었지만, 기회가 없었다.
④ 그녀는 불행하게도 땅바닥에 떨어졌다.

19   ②

② 동사와 부사로 이루어진 이른바 '2어 동사'의 경우, 목적어가 대명사일 때 해당 목적어가 반드시 동사와 부사 사이에 들어가야 한다. carry out them을 carry them out으로 고친다. ① pride oneself on은 '~을 자랑스럽게 여기다'라는 의미인데, 이 표현에서는 pride가 동사로 쓰였다. 명사 pride를 사용하여 같은 의미를 갖는 표현을 만들 수 있는데, 이 경우에는 take pride in으로 한다. ③ 대명사 its는 Britain을 가리키며, 부분을 나타내는 표현인 a sizable minority of 뒤에 복수명사 children이 왔으므로 동사는 복수형 live로 썼다. ④ a day에서 부정관사 a는 per의 의미로 쓰였으며, for them은 부정사의 의미상 주어를 나타낸 것이다.

① 중국은 자신들의 고대유산과 자신들이 문화와 역사에 기여한 데 대해 자긍심을 갖고 있다.
② 아무리 좋은 아이디어라도 그것을 실행에 옮길 예산이나 인적 자원이 없다면 실패할 수 있다.
③ 영국은 부유한 나라이지만, 소수이긴 해도 무시할 수 없는 만큼의 아이들이 비참한 환경에서 살아가고 있다.
④ 십대 아이들이 학교에서 최선을 다해 공부하기 위해서는 하루에 적어도 9시간의 수면이 요구된다.

20   ②

② 동사 may express를 수식하는 역할을 해야 하므로 However 뒤에 위치한 형용사 good을 부사 well로 고쳐야 한다. ① 현재 사실의 반대를 가정하는 가정법 과거의 문장이며, 가정법 과거의 조건절에서 be동사는 주어의 수에 상관없이 were를 쓴다. ③ '~로부터 지금까지'라는 의미를 가진 전치사 since가 쓰였으므로, 현재완료시제의 문장을 썼다. ④ '~하는 편이 낫다'라는 의미의 had better 뒤에는 동사원형이 오며, visa가 연장하는 행위의 대상이므로 수동을 나타내는 과거분사 extended를 쓴 것이다. 또한 접속사 before이 이끄는 절은 시간의 부사절이므로 현재시제로 미래를 나타낸다.

① 만일 내가 너라면 그 전화에 답신을 하지 않을 텐데.
② 편지가 쓴 사람의 생각을 아무리 잘 나타내준다 하더라도, 그의 성격이 가진 따뜻한 기운 모두를 옮기지는 못한다.
③ 그녀와 그녀의 가족들은 1993년 이래로 줄곧 이곳에 있어 왔다.
④ 너는 비자가 만기되기 전에 연장하는 편이 낫다.

TEST 32

| 01 ② | 02 ① | 03 ③ | 04 ④ | 05 ③ | 06 ② | 07 ① | 08 ④ | 09 ② | 10 ③ |
| 11 ③ | 12 ③ | 13 ② | 14 ① | 15 ① | 16 ② | 17 ② | 18 ② | 19 ④ | 20 ② |

01   ②

if절에 years ago가 왔으며, 주절에 now가 왔으므로, 과거에 있었던 일의 결과가 현재에 영향을 미치는 것을 가정하는 혼합 가정법이 쓰였음을 알 수 있다. 따라서 ②의 would be가 빈칸에 적절하다.

수년 전에 내가 애플에 투자했었더라면, 나는 지금 엄청 부자일 텐데.

02   ①

envy는 목적어 두 개를 쓸 수 있는 4형식 동사이며, envy A B 구문은 'B에 대해 A를 부러워하다'라는 의미이다. 한편, 이 동사는 4형식으로 된 문장을 3형식으로 전환해서는 쓸 수 없는 동사이다. 따라서 ①이 빈칸에 들어가야 한다.

이 여자가 마녀였고 그녀가 그의 행복을 질투했기 때문에 그를 파멸시키려고 왔다는 사실을 그는 알지 못했다.

03   ③

두 문장을 이어줄 접속사와 뒤 문장의 주어가 필요하다. 따라서 '접속사+대명사' 역할을 하는 관계대명사가 포함된 ③이 정답이다. 이때 which의 선행사는 fifty states다. ①, ②에는 접속사가 없으며, ④의 what은 선행사를 포함하는 관계대명사이므로 정답이 될 수 없다.

미국은 50개의 주(州)로 이루어져 있는데, 이 가운데 두 개의 주는 육지 혹은 바다로 나머지와 떨어져 있다.

04   ④

much는 형용사 원급을 수식하지 못하므로 ①과 ②는 정답에서 제외된다. so cold 뒤에는 to부정사구가 아닌 that절이 이어져야 하므로 ③도 정답이 될 수 없다. 정답은 ④이다. 'too ~ to부정사' 구문에서 too를 강조할 때에는 much나 far를 쓴다. 일반적으로 much too 다음에는 형용사나 부사, too much 다음에는 명사가 온다는 것을 알아두자.

타이탄(Titan)은 두터운 대기층을 가지고 있으며, 표면의 온도가 너무 낮아서 사람들이 살 수 없다.

05   ③

빈칸 앞의 make는 사역동사로서, 목적보어로 동사원형을 취한다. 목적보어로 동사원형 feel이 왔고, '가짜 약을 복용한다'라는 뜻의 현재분사구 taking it이 the people 바로 뒤에서 수식하고 있는 ③이 정답이다.

설탕이 들어 있는 알약과 같은 가짜 약은 그 약을 복용하는 사람들의 기분을 이따금 좋게 만들 수 있다.

06   ②

'타동사+부사' 형태인 turn down은 '거절하다'는 뜻으로, 대명사와 함께 쓰일 경우, 반드시 'turn+대명사+down'의 어순을 취한다. 따라서 ①과 ③은 빈칸에 들어갈 수 없다. what stupid reason에서 what은 관계형용사로 쓰일 수 있으므로 그 자체로는 문법적으로 문제가 없지만, what에 all의 의미가 있다 보니 의미가 어색하다. 이와 달리 복합관계형용사인 whatever는 any의 뜻이 있어서 '바보 같은 이유가 어떤 것이든 간에'라는 뜻이 되어 전체적인 의미상 자연스럽다. 따라서 ②의 turning it down for whatever가 빈칸에 들어가야 적절하다.

나는 FBI요원이 되는 것에 관해 FBI 채용담당자와 면담을 했고, DC에 소재한 FBI 산하의 전문학교에 입학이 허가되었으나, 결국에는 말도 안 되는 이유로 입학을 거절했다.

07   ①

전치사 to의 목적어가 될 명사절이 필요하다. ③의 경우 call의 목적보어가 없고, 의미상으로도 어색하다. 정답은 ①이다. what이 call의 목적어, a specialized division of labor가 목적보어가 된다.

농업에 의해 야기된 잉여 식량은 집단이 양적으로 성장할 수 있게 해주었고, 또한 사회과학자들이 노동의 특화된 분업이라 부르는 것을 가져왔다.

08   ④

either A or B 구문에서 A와 B는 같은 형태여야 한다. 전치사 by의 목적어인 동명사와 동명사의 목적어가 병치되는 구조이므로, ④가 정답이다.

덜시머라는 악기는 줄을 해머로 치거나 혹은 손으로 뜯는 방법으로 연주할 수 있다.

09　②

분사구문의 주어는 주절의 주어와 같을 때 생략한다. 따라서 빈칸에 들어갈 주어는 skim하고 rise할 수 있는 주체여야 한다. ①이 정답에서 가장 먼저 제외된다. ③의 경우 perfectly가 동사를 수식하도록 adapted 앞에 와야 하며, 전치사 to를 삭제해야 한다. ④는 to their aquatic habitat이 adaptation 뒤에 위치하도록 고쳐야 의미상 옳은 문장이 된다. 정답은 ②이다.

해수면을 따라 미끄러지듯 가거나 풍선처럼 바다 깊은 곳에서 솟아오르는 해파리는 자신의 수중 서식지에 완벽히 적응한 상태다.

10　③

As soon as they saw a policeman come, they ran away.
= No sooner had they seen a policeman come than they ran away.
= Scarcely had they seen a policeman come before[when] they ran away.
= The moment they saw a policeman come, they ran away.
= On seeing a policeman come, they ran away.

따라서 ③의 접속사 when을 than으로 고쳐야 한다. ② 동사 begin은 to부정사와 동명사를 모두 목적어로 취할 수 있다. ④ arose는 자동사 arise의 과거형이다.

그 유명한 여배우가 말하기 시작하자마자 청중들 사이에는 험악한 불평이 일기 시작했다.

11　③

up이 부사이므로 대명사 목적어 it은 up 앞에 위치해야 한다. 따라서 Hold up it을 Hold it up으로 고쳐야 한다. ① live는 '실황으로'라는 뜻의 부사로 쓰였음에 유의한다. ② next to는 '~과 나란히', '~의 곁에'라는 뜻의 전치사구다. ④ 복수명사 shares가 뒤에 있다고 해서 부정관사 a를 삭제해야 한다고 생각해선 안 된다. '1백만'을 나타낼 때에는 그냥 million이라고만 해서는 안 되고, 반드시 a나 one을 앞에 써야 한다.

내가 실황으로 그 소식을 보도하고 있었을 때 내 옆의 한 중개인이 전화를 걸어 "잠깐만요! 100만 주 더 팔겠어요!"라고 외쳤다.

12　③

주어인 Mothers가 동작 consider의 주체이므로, 능동태가 되도록 considered를 현재분사 상태인 considering으로 고쳐야 한다. ② following은 '~에 이어', '~의 뒤에'의 의미로 쓰인 전치사다. ④ breathing은 '호흡'이라는 뜻의 명사다.

아기가 돌연사한 이후 곧바로 아기를 임신한 산모들은 호흡 중단 가능성을 감지하기 위해 모니터를 사용하는 것 역시 고려하고 있을지 모른다.

13　②

demand, suggest, insist 등의 요구, 제안 동사가 that절을 목적어로 취하는 경우, 그 that절 안의 동사는 '(should) 동사원형'이어야 한다. 따라서 are reversed를 be reversed나 should be reversed로 고쳐야 한다. ③ and that 이하도 demanding에 이어지고 있는 목적절이므로, '(should) 동사원형'으로 쓴 것이다. ④ those who는 '~하는 사람들'이란 의미이며, 선행사가 복수대명사인 those이므로 share로 쓴 것은 옳은 표현이다.

게토(Ghetto) 주민들은 달러의 외부 흐름을 역전시키고 그들 지역 사회의 경제적 통제권을 근심과 희망을 공유하는 사람들에게 위임할 것을 현재 요구하고 있다.

14　①

접속사 if는 전치사의 목적어로 쓰일 수 없다. 따라서 ①에서 if를 전치사의 목적어로 쓰일 수 있는 whether로 고쳐야 한다.

어떤 논의가 가치가 있는지를 둘러싼 문제를 넘어, 과학은 결함 있는 인지에 기반한 함정이든 잘못된 추론에 기반한 함정이든 간에, 두 사람이 한 사람보다는 똑같은 함정에 빠질 가능성이 더 적다는 가정에 기초하고 있다.

15　①

주어가 Resistance이므로 ①은 '압도되는'이라는 의미의 수동형이 아니라 '압도하는, 압도적인'이라는 능동의 의미를 가지는 분사형 형용사인 overwhelming을 써서 be felt overwhelming이 되어야 한다.

특히, 기득권으로부터의 저항이 압도적이고 편만하여 우리를 좌절시킬 정도라고 여겨질 수도 있다. 이런 이유로 정부가 일반 국민의 전적인 참여를 구하는 데 성공하지 못한다면, 정부의 강경 조처만으로는 반부패 운동의 성공을 보장할 수 없다.

16　②

②에서 enough는 부사가 아니라 형용사로서 room을 수식한다. scarcely는 '거의 ~않다'는 부정부사이므로 enough room 앞에 와서 scarcely enough room이 되어야 한다.

수모를 받고 당황한 인디언은 계속 서쪽으로 내몰렸고, 결국 원래 정당한 그들 소유의 땅에서 살 곳이 부족해졌다. 위대하고 선견지명을 가졌던 인디언 추장들은 부족들이 단합하여 공동의 적에게 대항하는 길밖에 없다는 것을 알았다.

17 ②

대통령 직을 제안 받은 과거 시점에서 '그 제안을 수락했더라면' 하고 과거 사실에 반대되는 가정을 하는 if절이 생략된 경우이므로 귀결절 동사인 ②는 would have had to relocate여야 한다. ① 4형식동사 offer가 수동태로 되고 직접목적어 the role이 뒤에 남은 것이다. ③은 가정법과 무관하게 '과거의 의지(~하려고 했다)'로 쓰인 조동사 would이다. ④ inexperience in working에서 in이 생략된 것이다. ⑤ replied와 시제 일치된 과거이다.

이스라엘의 초대 대통령 하임 바이츠만이 1952년에 서거했을 때, 앨버트 아인슈타인은 아바 에반 대사한테서 이스라엘 대통령 역할을 제안 받았다. 아인슈타인은 (그 제안을 수락했더라면) 이스라엘로 이주하고 이스라엘을 자신의 국적으로 받아들여야 했을 테지만, 그는 자신의 과학연구를 자유롭게 계속하려고 했다. 그는 이스라엘 국민과 함께 일한 경험이 없어서 고위직 역할을 완수하기에 적임자가 아니라고 답변했다.

18 ②

② label은 동사로 쓰일 때 'label+목적어+(as)+보어'의 형태로 쓸 수 있으며, because절에서 주어인 they는 '낙인을 찍히는 행위의 대상'이므로 서로 수동 관계이다. ① hanged는 hang이 '교수형에 처하다'라는 의미로 쓰인 경우의 과거분사이므로 문맥상 적절하지 않다. '걸다'라는 의미로 쓰인 경우의 과거분사인 hung으로 고쳐야 한다. ③ you가 자동사 wait의 주체이므로 능동관계이다. waited를 waiting으로 고쳐야 한다. ④ 가정법 과거완료의 표현에서 주절과 종속절의 어법이 바뀌었다. If it had not been for your advice, I would have failed가 되어야 한다.

① 그의 그림들은 유명한 화랑에 걸려 있었다.
② 19세기에 많은 여성 작가들은 '숙녀답지 않은' 것으로 낙인찍히는 것이 두려웠기 때문에 필명을 사용했다.
③ 그렇게 오래 기다리게 해서 죄송합니다.
④ 너의 조언이 없었더라면, 나는 실패했을 것이다.

19 ④

④ 명사 avail 앞에는 전치사 to 혹은 of를 쓴다. to no avail은 without avail의 의미로, '무익하게', '보람도 없이'라는 뜻이다. 첫 문장 뒤의 세미콜론이 접속사의 역할을 하고 있다. ① 5형식 불완전타동사 want는 '목적어+to부정사' 구문을 취하므로, 목적보어에 사용된 losing을 to lose로 고쳐야 한다. ② '~한 능력을 가지고 태어나다'의 의미는 be born of가 아니라 be born with로 나타낸다. ③ 'such+a(n)+형용사+명사'의 형태로 쓰므로, so를 such로 고쳐야 한다.

① 설문 조사에 응했던 대다수 나라들의 국민들 가운데 3분의 1 내지 거의 절반이 배우자가 체중을 줄이길 원했음을 인정했다.
② 10년 이상 된 교과서에서는 사람은 타고난 두뇌 그대로 삶을 마친다는 사실을 말해줄 것이다.
③ 그는 당신이 생각하는 것만큼 그렇게 무관심한 사람은 아니다.
④ 그 소년을 바로 잡으려는 나의 모든 노력은 헛수고였다. 그는 정말 구제 불능이다.

20 ②

② -able, -ible로 끝나는 형용사가 '형용사의 최상급+명사'를 수식하는 경우 후치수식 한다. ① researchers found out은 삽입구문이므로, 문장의 주어인 The inference에 대한 동사가 필요하다. 분사 단독으로는 문장의 정동사 역할을 할 수 없으므로 being을 was로 고쳐야 한다. ③ kind of, sort of, type of 다음에 오는 명사에는 관사를 붙이지 않으므로, the game을 game으로 고쳐야 한다. ④ 방법은 언급되는 대상이므로 수동태로 표현해야 한다. to mention을 과거분사인 mentioned로 고쳐야 한다.

① 연구원들은 그 추론이 탁월하다는 사실을 알게 되었다.
② 목표는 가능한 가장 높은 빌딩을 건설하는 것이었다.
③ 이런 유형의 게임은 우리가 열광하는 것이다.
④ 이번 장(章) 앞부분에서 언급된 방법들 중 어떤 것을 사용해서라도 이 점들 각각을 설득력 있게 세부적으로 전개해보라.

01   ③

주절에 might have p.p가 나오고, 주절 앞에 in 1778이라는 과거시점이 왔으므로, 빈칸에는 가정법 과거완료가 와야 한다. 따라서 ③의 Had가 빈칸에 적절하며, Had the Americans accepted는 원래 If the Americans had accepted에서 if가 생략되어 도치된 형태다.

만일 미국인들이 1778년 대영제국 안에서의 자치 국가를 수용했더라면, 역사는 완전히 달라졌을지도 모른다.

02   ④

빈칸 앞에 완전한 문장이 주어져 있으며, 빈칸 뒤에는 명사가 있다. 따라서 빈칸에는 his time을 목적어로 취할 수 있는 표현이 들어가야 한다. 전치사적 형용사 worth는 목적어를 취할 수 있으며, 형용사이므로 부사 not으로 수식해야 한다. 따라서 정답은 ④이다.

그 변호사는 자신의 시간을 들일 만한 가치가 없는 그런 적은 액수 때문에 아마도 그 소송을 맡지 않을 것이다.

03   ④

agree that ~은 '~하는 데 의견을 같이하다'라는 의미다. 따라서 정답은 ④이다. 전치사는 that절을 목적어로 취하지 못하므로 ①은 정답으로 부적절하며, ②처럼 명사가 목적어로 오려면 앞에 전치사가 있어야 한다.

거의 모든 경제학자들이 국가가 서로 간의 무역을 통해 이득을 얻는다는 데 동의한다.

04   ③

①의 경우 주어가 없으므로 문장이 성립되지 않는다. 문장의 동사가 is이므로, 빈칸에는 단수 주어에 해당하는 표현이 들어가야 한다. ②의 경우 주어가 problems가 되어 단수동사 is와 수가 일치하지 않고, ④의 경우 동사가 두 개가 되어 정답이 될 수 없다. 따라서 ③이 정답이다. One이 주어이며, one of 뒤에 복수명사 problems가 오므로 옳은 표현이다.

열대의 바다에서 항해할 때 가장 큰 문제 가운데 하나는 산호초다.

05   ①

빈칸 앞에 완전한 문장이 주어져 있으며, 세미콜론이 접속사 역할을 하고 있다. 앞 문장의 시제가 과거이므로, '~하는 편이 나았을 걸'이라는 의미를 지니면서 과거에 대한 후회를 나타내는 표현인 might (just) as well have p.p를 쓰는 것이 적절하다. 예를 들어 You might just as well have come at five.(당신은 5시에 오는 게 좋았을 것을.)와 같이 쓴다.

우리는 날씨 때문에 휴가를 망쳤다. 차라리 집에 있는 편이 나았을 것을.

06   ②

the idea가 suggest의 목적어이므로 관계대명사는 목적격이 되어야 한다. 또한 suggest는 3형식 동사이므로 목적어 두 개를 취하지 못하며, 간접목적어에 해당하는 표현 앞에는 전치사 to를 쓴다. 따라서 정답은 ②이다. I 앞에는 the idea를 선행사로 하는 목적격 관계대명사가 생략되어 있다.

그들은 대체로 내가 그들에게 제안한 아이디어를 반대했다.

07   ①

문장의 동사는 ought to speak up이며 그 앞부분이 주어가 되어야 한다. 복합 관계대명사의 격은 자신이 이끄는 절 안에서의 역할에 의해 결정되므로, 주격인 ①, ③, ④로 답이 좁혀진다. object to에서 to는 전치사이고, 이 전치사의 목적어인 going은 동명사다. 동명사의 의미상 주어가 대명사인 경우에는 소유격으로 표시하므로, ①이 올바른 표현이다.

누구든지 내가 송년회에 가는 것에 반대하는 사람은 지금 당장 거리낌 없이 말해야 한다.

08   ②

scarcely는 부정의 의미를 포함하고 있으므로, 다른 부정어와 함께 쓸 수 없다. 따라서 ②가 정답이다.

그녀는 잡지사에서 서평을 쓰는 일로 고용됐지만, 요즘 소설에 대해 거의 아는 것이 없었다.

09   ②

그 공격이 일어난 시점이 3년 전이므로, 죽은 시점은 현재보다 앞선다. 따라서 완료부정사 to have p.p를 써야 한다. 한편, 주어진 문장의 동사는 hovers이므로 주어는 단수가 되어야 하는데, a number of 뒤에는 '복수명사+복수동사' 형태가 이어지므로 ①, ③이 먼저 정답에서 제외된다. 또한 동사 killed의 목적어가 없으므로 수동태가 되어야 한다. 따라서 ②의 The number of people believed to have been이 정답이다.

세계무역센터에 대한 공격이 있은 지 3년 후, 그로 인해 사망한 것으로 여겨지는 사람들의 수는 약 2,780명이다.

10   ④

besides는 전치사로 쓰이는 경우 '~뿐만 아니라'의 의미이므로 문맥상 어색하다. '~의 곁에'라는 의미의 전치사 beside를 써야 자연스러운 문장이 된다. ① approach는 타동사이므로 전치사 없이 목적어 me가 위치했으며, timidly는 동사를 수식하는 부사다. ② far가 거리를 나타낼 때는 비교급이 farther이고, 정도를 나타낼 때는 비교급이 further이다. 주어진 문장에서는 '방'이라는 공간에서의 거리를 의미하므로 farther이 쓰였다. ③ 콤마 이하에 'and+분사' 구조가 왔기 때문에 틀렸다고 생각하기 쉽다. 그러나 and 이하 전체를 크게 보아야 하며, and 이하는 '분사구문+절(she sat down beside me)' 형태를 이루고 있으므로 틀리지 않았다. 이때 sat 앞에는 주절의 주어가 생략되어 있다.

그녀는 그 방의 저쪽 끝에서 겁에 질린 채 내게 다가왔으며, 약간 몸을 떨면서 내 옆자리에 앉았다.

11   ③

가정법의 as if절이 should를 사용한 가정법 미래로 되어있는 문장이다. if를 생략하고 should를 주어와 도치시키면 주어 뒤에는 원형동사가 남게 되므로 ③을 be로 고쳐야 한다. ② 보통 as if절의 동사는 과거나 과거완료 형태인데 여기서는 should 조건절에 대한 귀결절 동사로 'would 원형동사'가 온 것이다. would가 will의 과거형이므로 맞다. ④ it은 the wisdom and goodness of God을 가리키는데 wisdom and goodness를 하나의 개념으로 보아 it으로 받은 것이다.

그는 하나님의 지혜와 선을 필요로 하는 사람들이 그것을 결여하고 있으면 마치 하나님의 지혜와 선이 의문시될 것처럼 말한다.

12   ③

'do+목적어+justice'는 '~을 공정히 평가하다'라는 뜻의 관용표현이다. to do his justice를 to do him justice로 고쳐야 한다. ① try는 뒤에 부정사가 오면 '~하도록 노력하다', 동명사가 오면 '시험 삼아 ~해보다'라는 의미다. present는 동사로 쓰였다. ④ 전치사 without의 목적어로 쓰인 동명사다.

비록 그의 상세한 이야기를 재연하지 않고 그를 공정히 평가한다는 것은 불가능하지만, 나는 이곳에서 자유주의에 반대하는 그의 주장을 제시해보도록 하겠습니다.

13   ④

it은 바로 앞에 언급된 Korea's historical treasures를 가리키므로 복수명사와 수를 일치시켜 them으로 고쳐야 한다. ① two-day에서처럼 수사와 명사가 하이픈으로 연결되어 일종의 형용사와 같이 쓰이는 경우, 이 표현 속의 명사는 단수로 한다. ② with a view to ~ing은 '~하기 위해'의 의미이며, to가 전치사이므로 동명사 promoting이 온 것이다. with the view of ~ing도 동일한 의미로 쓰인다는 것을 알아두자. ③ promoting과 함께 전치사 to의 목적어인 동명사다.

정부는 어제 한국의 문화유산을 널리 알리고 이것들을 관광명소로 개발하기 위해 세계문화유산과 관련한 이틀간의 워크숍을 진행했다.

14   ④

rain이 불가산명사로 쓰였으므로 양(量)의 개념을 나타내는 형용사로 수식해야 한다. 따라서 ④에서 few를 little로 고쳐야 한다. ① 동사 label은 '~에 …라는 이름을 붙이다'라는 뜻이며, 뒤에 '목적어+보어' 형태도 가능하고 '목적어+as+보어' 형태도 가능하다. ①은 which was labelled a miracle hybrid로 보면 된다. ② from의 목적어는 뒤에 위치한 plants이며, American, Russian, North African은 plants를 수식하는 형용사들이다. ③ 타동사이므로 뒤에 전치사가 필요하지 않다.

기적의 잡종 식물이라는 이름이 붙은 호주 밀은 미국, 러시아, 북아프리카 식물에서부터 농학자들이 만들어냈으며, 비가 거의 내리지 않는 지역에서도 살아남을 수 있다.

15   ③

요구, 필요의 의미를 가진 동사 require가 목적어로 취하는 that절에서는 주어 다음에 '(should) 동사원형'이 와야 하므로, that절의 동사 featured를 should feature 혹은 feature로 고쳐야 한다. ② all cigarette packages를 후치 수식하는 과거분사다. ④ 전치사이며, besides의 의미로 보면 된다. 참고로 동사원형이 문두에 왔으므로 명령문이며, Suppose 뒤에는 접속사 that이 생략되어 있다. a law 뒤의 requiring은 which required로, a cover 뒤의 containing은 which contained로 해석하면 된다. 한편, requiring이 이끄는 목적절 속의 주어는 all cigarette packages, 동사는 feature, 목적어는 a cover이다.

입법부가 주(州) 내부에서 판매용으로 제공되는 모든 담배의 포장지에 오직 경고 문구와 해골 표시만을 담아야 한다는 법을 통과시켰다고 상상해보라.

16   ②

② 다음의 절에서 타동사 achieve의 목적어가 없으므로 ②를 의문대명사(혹은 선행사를 포함하는 관계대명사) what으로 고쳐야 한다. ①과 ③은 주격 관계대명사이고 ④는 접속사다.

인종분리를 알고 지내온 나라에서 마코마와 리즈는 시민들이 더 위대한 선을 위하여 단합할 때 남아프리카 공화국이 무엇을 성취할 수 있는지를 보여주었다. 이 두 놀라운 여인으로 하여금 행동하게 한 것은 아직도 인종적 편견의 무거운 멍에 아래 신음하고 있는 그들의 조국에 대한 깊은 사랑과 조국이 더 나은 미래를 가질 수 있다는 확고한 신념이었다.

---

17 ④

마지막 문장은 '워낙 ~해서 그 결과 …하다'의 구문인 so ~ that 구문이어야 한다. 따라서 ④의 too를 so로 바꿔야 한다.

비극은 소중한 낱말이다. 우리는 이 낱말을 사용하여 폭력, 재난, 고통, 사별에 존엄성과 가치를 부여한다. '비극'은 이 죽음이 예외적인 것이라고 주장한다. 하지만 이 특별하다고 주장되는 죽음은 매일 같이 우리의 귀와 눈에 들리고 보이며, 길에, 하늘에, 멀리 외국에, 바로 여기 본국에 있다. 이제는 이 낱말이 너무 자유롭게 사람들의 입에 오르내리다보니 그 모든 의미를 잃어버린 것일까?

---

18 ④

④ as soon as는 시간의 부사절을 이끌며, 시간과 조건의 부사절에서는 현재시제가 미래시제를 대신한다. 따라서 it will hit을 it hits로 고친다. ① let은 불규칙동사로서 let - let - let으로 동사변화를 한다. 동사에 -s가 없는 것으로 보아 과거시제로 쓰였음을 알 수 있다. let은 목적보어로 동사원형이 오며, resign은 자동사로도 쓰인다. ② 동명사 Believing이 문장의 주어이며 동사는 is이다. Believing의 바로 뒤에는 접속사 that이 생략되어 있다. reach는 타동사이므로 전치사 없이 목적어가 쓰였다. ③ be used to ~ing는 '~에 익숙하다'라는 의미다.

① 대통령은 그 하원의원이 사임하게끔 했다.
② 목표를 달성할 능력을 갖추고 있다고 믿는 것이 중요하다.
③ 나는 10마일을 운전하여 출근하는 데 익숙했다.
④ 물방울은 표면에 닿자마자 끓어서 사라질 것이다.

---

19 ④

④ rain은 '비가 오다'라는 의미의 자동사로 쓰였으므로 수동태로 쓸 수 없다. it must have been rained를 능동인 it must have rained로 고친다. ① all of a sudden은 '갑자기'라는 의미의 관용표현이며, start는 동명사와 to부정사 모두를 목적어로 취할 수 있다. ② when 뒤에는 he was가 생략되어 있으며, 이때 he는 주절의 주어인 Nakata를 가리킨다. ③ 문장의 주어는 The political freedom이고 동사는 came 이다. we have today는 관계대명사절로, we 앞에는 목적격 관계대명사 which가 생략되어 있다.

① 그녀는 갑자기 책 몇 권을 골라내서 읽기 시작했다.
② 나카타(Nakata)는 일본에 있을 때 글을 써서 막대한 이익을 보았다.
③ 오늘날 우리가 누리고 있는 정치적 자유는 투쟁의 산물이었다.
④ 오늘 아침에 도로가 젖어 있는 것으로 보아 어젯밤에 비가 내린 게 틀림없다.

20 ④

④의 necessary, essential, imperative 같은 당위적 의미의 형용사에 이어지는 진주어 that절에서는 동사를 '(should) 동사원형'으로 써야 하므로 delivers를 should deliver나 deliver로 고쳐야 한다.

① 그가 전쟁에서 죽지 않았더라면, 그는 지금 40세일 텐데.
② 그는 종종 마치 그가 다른 사람이기라도 한 것처럼 자신에 대해 말한다.
③ 그가 불쌍한 어머니를 돌보기 시작해야 할 때이다.
④ 그는 반드시 이 물자들을 즉시 배달해야 한다.

TEST 34

| 01 ② | 02 ② | 03 ② | 04 ④ | 05 ② | 06 ④ | 07 ④ | 08 ④ | 09 ① | 10 ④ |
| 11 ③ | 12 ② | 13 ② | 14 ① | 15 ③ | 16 ② | 17 ① | 18 ② | 19 ④ | 20 ④ |

01 　②

빈칸에는 is의 주어가 와야 하므로 관계부사 where는 부적절하고, of 뒤에 선행사가 없으므로 선행사가 필요한 관계대명사 that, which도 부적절하다. 따라서 빈칸에는 선행사를 포함한 관계대명사인 what이 들어가야 한다.

함무라비(Hammurabi) 법전은 심지어 왕도 기본법을 바꿀 수 없다는 하나의 예로 간주되어왔으며, 오늘날 헌법의 원시적인 형태였다.

02 　②

특정한 범위를 명시하지 않은 채 하나의 장르 외에 '또 하나의' 장르를 만들었다고만 말하고 있으므로 another가 적절하다. one, the other는 대상이 둘로 한정되어 있을 때 쓰이며, the one, the other는 전자, 후자의 개념이다.

그녀의 업적은 대단하다. 그녀는 현대 토크쇼라는 하나의 장르를 만들었고, 리얼리티 TV라는 또 하나의 장르가 탄생하도록 하는 산파역을 맡았다.

03 　②

'used to+동사원형'은 과거의 규칙적인 습관이나 상태를 나타내고, 'be used to+동사원형'은 '~에 사용되다'라는 의미이며, 'be used to ~ing'는 '~에 익숙하다'라는 뜻이다. In the past라는 표현으로 미루어 과거에 어떠했다는 내용이 되어야 하므로 'used to+동사원형'이 적절하다. ②가 정답이다.

과거에는 한 업종이 호황이 되면, 그것이 일정 기간에 걸쳐 여타 업종에까지 파급되었다.

04 　④

빈칸에는 that절의 주어 the drug에 대한 정동사가 필요하다. giving과 given 같은 분사형태 단독으로는 정동사가 될 수 없으므로, ①과 ③이 정답에서 먼저 제외된다. ②의 경우 is giving의 목적어가 없으므로 적절하지 않다. 따라서 정답은 ④이다. 콤마 사이의 문장은 once the drug is approved에서 주어와 동사의 반복을 피하기 위해 the drug is가 생략된 것이다.

약리유전체학은 실험을 보다 저렴하게 만들어주고 성공 가능성을 보다 높여주는데, 일단 승인을 받으면, 그 약으로부터 혜택을 받을 사람들에게만 약이 주어지도록 해준다.

05 　②

첫 번째 빈칸 앞의 had는 사역동사이며, had의 목적어인 the client가 숫자로 된 비밀번호를 고른 행위의 주체이므로 빈칸에는 원형부정사가 와야 한다. 두 번째 빈칸의 practice는 명사만을 목적어로 취하는 동사다. 따라서 ②가 정답이다.

메시지를 녹음한 후에 넬슨(Nelson) 여사는 고객에게 숫자로 된 비밀번호를 고르게 한 다음 그의 사서함에 메시지를 남겼다. 그래서 그는 그것을 연습할 수 있었다.

06 　④

전치사 like의 목적어로는 명사 상당어구가 필요하다. 따라서 절로 이루어진 ①, ②는 정답이 될 수 없다. 관계대명사 what 뒤에는 불완전한 절이 필요한 데 반해, ③의 what 뒤에는 완전한 절이 이어지므로 이 역시 답이 아니다. 정답은 ④이다. the one은 a financial crisis를 가리키며, that 이하는 관계대명사절이 된다.

중앙은행은 1997년 아시아를 휩쓸었던 것과 같은 금융 위기로부터 나라를 보호하려면 한국에 약 900억 달러의 외환보유액이 필요할 것으로 추정하고 있다.

07 　④

접속사 while 뒤에는 절이 와야 하므로, ①과 ③은 빈칸에 들어갈 수 없다. 한편, 전치사 with는 뒤에 절이 올 수 없으므로 ②도 빈칸에 들어갈 수 없다. ④는 '부대상황을 나타내는 분사구문(with+목적어+현재분사)'을 만들므로 빈칸에 적절하다.

그 시인은 등을 기둥에 기댄 채, 그냥 앉아서 명상하기를 원한다.

08 　④

the differences가 주어이므로 동사는 복수형, 즉 were여야 한다. 또한 the differences는 '생각되는 대상'이므로 수동태로 써야 한다. 따라서 정답은 ④이다. ③과 같은 'be thought+that ~' 구문은 주어가 가주어 It인 경우에만 쓸 수 있다.

역사적으로 이 나라에서는 남녀 간의 차이가 뚜렷하다고 여겨졌다.

09 ①

②, ③는 단수로 제시된 a homeowner를 복수 대명사 their로 받았으므로 적절하지 않다. ④의 경우, that절의 주어는 his house and all its contents인데 반해 동사는 is이므로 옳지 않다. 따라서 정답은 ①이다. to find는 원인 용법으로 쓰인 to부정사이고, his house and all its contents는 목적어, 과거분사 destroyed는 목적보어다.

우리들 대부분은 자연 재해로 인해 파괴된 집과 살림살이를 보고 집주인이 느낄 수밖에 없는 슬픔과 공허함을 오로지 상상만 할 수 있다.

10 ④

문장 안에 수적 범위가 '둘'로 한정된 표현이 있을 경우 one은 그중의 특정하지 않은 어떤 하나를, the other는 나머지 하나를 나타낸다. 주어진 문장에서 a couple은 '둘'을 나타내는 표현이므로 another를 the other로 고쳐야 적절한 표현이 된다. ①, ② a couple of는 '두 개의'라는 의미이므로 뒤에 복수의 가산명사가 오며, 주어가 복수이므로 동사는 are가 옳다. 한편, questions 뒤에는 목적격 관계대명사가 생략되어 있다. ③ clear about은 '확신을 가진', '분명히 아는'의 의미다.

여전히 분명치 않은 두 개의 의문점이 내게 남아 있다. 하나는 잠재적 시장이고 다른 하나는 비용이다.

11 ③

콤마 뒤의 taking up은 연속동작의 분사구문을 이루고 있다. 따라서 and로 연결되어 있는 ③ 역시 분사구문이 되어야 한다. to cause를 causing으로 고친다. ① as의 바로 뒤에는 it is가 생략되어 있으며, it은 the Earth's atmosphere를 가리킨다. ② 조동사 would 뒤에 있으므로 '따뜻해지다', '데워지다'라는 뜻의 동사로 쓰인 것이다. ④ cause는 'cause+목적어+to부정사' 구문으로 쓸 수 있으며, rise는 '상승하다'라는 뜻의 자동사다.

만약 지구 대기 온도가 예상대로 높아지면, 바닷물의 온도 역시 올라가게 되고 그 결과 팽창해서 결국 더 많은 공간을 차지하게 되어 해수면이 상승하게 될 것이다.

12 ②

3배수 뒤에는 more than을 쓸 수 있지만 두배수 뒤에는 more than을 쓰지 않고 as ~ as를 사용한다. 따라서 ②를 as many books as로 고쳐야 한다.

나는 나이가 들면서, 생각이 점점 깊어졌는데, 이것은 부분적으로 내가 30대 때 읽었던 것보다 두 배나 많은 책을 지금 읽고 있기 때문이다.

13 ②

take care of와 같이 '타동사+명사+전치사'로 이루어진 타동사구는 하나의 단어로 간주된다. 따라서 수동태로 쓰여, 행위자에 해당하는 표현 앞에 through나 by 등이 오더라도 전치사 of는 생략되지 않는다. taken care through를 taken care of through로 고친다. ① overseas는 부사로 흔히 쓰이나, 주어진 문장에서는 형용사로 쓰였다. ③ home이 명사로 쓰였으며, enter는 타동사이므로 전치사 없이 바로 목적어를 취할 수 있다.

해외여행 보험에 가입하지 않은 여행객들은 당사의 특별 보험 패키지를 통해 자동적으로 보호를 받습니다. 저희 휴양소에 들어오시거나 자동차에 타시는 순간 자동적으로 보험에 가입됩니다.

14 ①

an ability와 동격을 이루는 to부정사 세 개가 병치되고 있다. 따라서 to sort out, to locate처럼 separating도 to separate로 고쳐야 한다. ② separate A from B는 'A를 B에서 분리하다, 뽑아내다'라는 뜻이다. ④ in relation to는 '~에 관해서'라는 뜻의 전치사구다.

공간 능력은 환경에서 다른 요소들을 분류해내는 능력, 한 요소를 그것의 맥락에서 분리하는 능력, 그리고 환경의 측면들과 관련해 스스로의 위치를 정확하게 정하는 능력을 의미한다.

15 ③

부사는 보어의 역할을 할 수 없다. 따라서 부사 unconstitutionally를 형용사 unconstitutional로 고친다. ① as to는 '~에 관하여'의 의미. ② given that은 '~임을 고려하면'의 의미로 that 이하에 절이 이어져야 한다, 주어진 문장의 경우 prior to its creation은 삽입구이며 only 이하가 절을 구성하고 있다. ④ 수사와 명사가 하이픈으로 연결되어 형용사와 같은 역할을 할 때, 그 명사는 단수로 표시한다.

법원은 586개의 법률의 위헌성 여부를 재심리했다. 그 법원이 생기기 전에는 40년 동안 오직 다섯 개만이 위헌으로 판결이 났다는 것을 감안하면, 이는 참으로 경이적인 활동이다.

16 ②

②의 it은 their dog's meal을 가리키는데 두 put 동사의 목적어로 이미 나와 있으므로 다시 사용하지 않는다. 따라서 ②를 to eat으로 고쳐야 한다. Each chef must prepare a dish based on the selected protein for the judges to evaluate.도 같은 예이다. ① people told dog owners to put ~의 수동태다. ③ never ever는 never를 강조한 것이며 be to 용법이다. ④ them은 dog owners인 they를 가리킨다.

예전에 개 주인들은 개밥을 그릇에 담아 개가 먹도록 마룻바닥에 두라는 말을 들었으며, 그들은 더러워지기 때문에 절대로 개 음식을 손으로 주어서는 안 되었다.

17   ①

'북미의 청년들'이 '부메랑 세대라 불리는' 수동의 의미관계이므로 ①을 과거분사를 사용한 Dubbed the boomerang generation으로 고쳐야 한다. ② move in(동사+부사: 이동해서 안으로 들어오다)의 in이며 결과적 상태를 나타내는 '전치사+명사' with their parents이다. ③ 주어가 generational change로 단수이므로 has가 적절하다. ④ 형용사구 available to~가 jobs를 후치 수식한다. ⑤ enter는 타동사다.

대학에 다니러 집을 떠났던 북미의 청년들이 부메랑 세대라 불리는데 이제 도로 집으로 들어와 부모와 함께 사는 일이 늘어나고 있다. 이러한 생활거주 형태의 세대적 변화는 10년간의 세계 경제 격변과 그로 인한, 일하고자 하는 젊은이들이 구할 수 있는 일자리의 부족에 기인한 것이었다.

18   ②

② would bring으로 쓴 것은 종속절의 시제를 주절의 시제인 과거에 맞추었기 때문이다. in detail은 '자세히'라는 의미의 숙어표현이다. ① 전치사 since는 '~이래로'라는 의미로 '현재까지의 상태 혹은 동작의 계속'을 나타내므로 현재완료시제와 함께 쓴다. was moving을 has been moving으로 고친다. ③ 앞 문장의 시제가 과거이므로, but 이하의 시제도 앞 절에 맞춰 과거로 써야 한다. can't를 couldn't로 고친다. ④ 개가 짖은 시점이 과거로 명시되어 있으므로, 주절의 시제 또한 과거가 되어야 한다. are running away를 ran away로 고친다.

① 나의 개는 어젯밤 이후로 천천히 움직여왔다.
② 그는 더 자세히 그 문제를 제기할 것이라고 말했다.
③ 그 공무원들은 승진하기를 희망했지만, 그러지 못했다.
④ 개가 짖자마자 그들은 달아났다.

19   ④

④ prefer A rather than B 구문에서 A 자리에 to부정사가 오는 경우 B 자리에 올 to부정사에서 to를 생략하여 쓸 수 있다. 따라서 ④는 옳은 보기이다. ① '거짓말하다'에 해당하는 표현은 say a lie가 아닌 tell a lie이다. saying을 telling으로 고친다. ② would like 뒤에 that절이 목적어로 올 수 없다. 'would like+목적어+to부정사' 구문을 적용시켜, She would like you to ring her back after five o'clock으로 써야 한다. ③ like는 전치사이므로 목적어로 형용사가 올 수 없다. like를 삭제하여 happy가 불완전자동사 looks의 보어가 되게 한다.

① 나는 그 노파가 거짓말을 하고 있다고 확신했다.
② 그녀는 네가 다섯 시 이후에 다시 전화를 걸어주기를 원한다.
③ 그는 자신이 행복하다고 말하고 있으며 그는 행복해 보인다.
④ 나는 주인 가족과 함께 살기보다는 작은 아파트에 세를 얻고 싶다.

20   ④

④ let의 목적보어로는 원형부정사가 오며, problem이 settle의 대상이므로 수동태로 쓰였다. ① 능동태에서 지각동사, 사역동사의 목적보어인 원형부정사는 수동태가 되면 to부정사로 써야 한다. 따라서 주어진 문장에서 sing을 to sing으로 고쳐야 한다. ② 대명사의 소유격은 다른 한정사와 연속하여 쓰지 않으며, 이러한 경우에는 이중소유격의 형태로 쓴다. another her dress를 another dress of hers로 고친다. ③ 'A하기 보다는 차라리 B하겠다'라는 의미의 would sooner A than B 구문에서, A와 B의 자리에는 동사원형이 온다. 주어진 문장에서 A는 starve to death이고 B는 to steal이 된다. 따라서 to steal을 steal로 고쳐야 올바른 문장이 된다.

① 그녀가 아름답게 노래하는 것을 들었다.
② 그녀는 자신이 가진 다른 드레스를 내게 보여주었다.
③ 나는 도둑질을 하느니 차라리 굶어죽겠다.
④ 우리는 이 문제가 경영진 선에서 처리되도록 해야 한다.

01 ③	**02** ③	**03** ①	**04** ④	**05** ③	**06** ①	**07** ④	**08** ①	**09** ①	**10** ①
11 ②	**12** ③	**13** ②	**14** ③	**15** ④	**16** ①	**17** ④	**18** ②	**19** ③	**20** ④

01   ③

콤마 앞은 분사구문이 와야 하는데, 주절의 주어가 the volunteer organization이므로 '찾다'라는 뜻의 동사 find보다는 '설립하다'라는 뜻의 동사 found를 쓰는 게 적절하다. 한편, organization은 설립되는 대상이므로 수동의 의미를 지닌 과거분사를 써야 한다. ③의 Founded가 정답이다.

2011년에 설립된 그 자원봉사 단체는 몇 개의 작은 자원봉사 활동을 하나의 상부 기구 아래로 통합시켰다.

02   ③

requirement와 같이 요구, 제안, 주장 등의 의미를 지닌 명사와 동격을 이루는 that절의 경우, 그 속의 동사는 '(should) 동사원형'이 되어야 한다. 따라서 빈칸에는 be가 들어가야 한다.

그 자선단체들이 갖추어야 할 유일한 요건은 그들이 비정치적이고 비종교적이어야 한다는 것이었다.

03   ①

주절의 동사 형태가 '조동사의 과거형+동사원형'이므로, 가정법 과거 문장임을 알수 있다. 따라서 if절의 동사는 '과거형 동사' 혹은 were여야 하며, 이때 만약 if를 생략하면 주어와 동사가 도치된다. 따라서 If I were in his shoes(내가 그의 입장이라면)에서 If가 생략되고 주어와 동사가 도치된 ①이 정답이다.

내가 그의 입장이라면 이 회사의 경영 방식을 전부 바꾸어놓을 텐데.

04   ④

society 이하는 think의 목적절이며, think 뒤에는 접속사 that이 생략되어 있다. 빈칸에는 주어 society의 동사가 필요한데, society가 3인칭 단수이므로 동사는 doesn't know여야 한다. 한편, to부정사는 know와 같은 인식류 동사의 목적어로 쓰이지 않으며, '의문사+to부정사' 형식으로 쓰인다. 따라서 ④가 정답이다.

나는 전반적으로 사회가 풍요로움을 제어하는 법을 모른다고 생각하지 않는다.

05   ③

미군이 군인을 찾고 있는 시점보다 납치된 시점이 먼저이므로 완료부정사가 필요하다. 또 군인이 탈레반에 의해 납치된 것이므로 수동태여야 한다. 따라서 ③이 정답이다. 한편, 주어진 문장의 believed는 앞의 명사를 후치 수식하는 과거분사로서, 바로 앞에 '관계대명사+be동사'가 생략되어 있다.

미군은 아프가니스탄에서 탈레반에 의해 납치된 것으로 여겨지는 군인들 중한 명을 찾고 있었다.

06   ①

종속절을 이끄는 however 뒤에 오는 표현은 '형용사/부사+부정관사+명사+동사'의 어순을 따른다. 따라서 빈칸에는 ①의 difficult a situation might be가 들어가야 한다.

영리한 사업가인 그는 상황이 아무리 어려워도 항상 돌파구를 찾는다.

07   ④

콤팩트디스크가 '놓여 있는' 것이므로 자동사 lie의 현재분사인 lying을 써야 하고, '관리자의 책상'은 관리자가 소유하고 있는 것이므로 소유격으로 나타내야 한다. 따라서 ④가 정답이다.

당신은 관리자의 책상 위에 놓여 있는 콤팩트디스크를 발견할 것이다.

08   ①

문두에 장소부사가 올 경우, 의문문형 도치가 아니라 단순도치가 일어난다. 따라서 did two hills stand가 아닌 stood two hills가 빈칸에 와야 하며, stood two hills가 주절이 되므로, 주절 다음에 절이 올 경우 연결사가 와야 하거나 연결사가 포함된 말이 와야 한다. 따라서 ①의 stood two hills, their edges가 빈칸에 적절하며, 이때 their edges 이하는 원래 their edges being에서 being이 생략된 독립분사구문이다.

숲 너머에는 두 개의 언덕이 있었는데, 그 언덕의 가장자리가 여전히 눈으로 덮여 있었다.

09 ①

선행사는 Waiting for Godot이며, 이 작품의 번역가가 Beckett이므로 ①이 정답이 된다. 작품과 번역자가 동격을 이룰 수 없으므로 ②는 정답이 될 수 없으며, 관계대명사 뒤에 완전한 문장이 온 ④도 정답으로 부적절하다.

베케트(Beckett)가 번역한 영어 버전 『고도를 기다리며(Waiting for Godot)』를 지난해 퍼포밍 아츠 센터에서 공연한 새로운 작품에서 선보였다.

10 ①

동사 cost는 4형식 문형을 3형식으로 전환하여 쓸 수 없다. 따라서 thousands of dollars to me를 me thousands of dollars로 고쳐야 한다. thousands of는 '수천의'라는 의미이며, 막연히 많은 수를 나타내므로 thousand에 -s를 붙여 쓴 것이다. cost는 과거와 과거분사의 형태도 cost이며, 주어가 3인칭 단수인데도 -s가 붙지 않은 것으로 보아 과거시제이다. ② but 이하에서 주절의 시제는 will be cut으로 미래이지만, ②가 속한 절은 시간의 부사절이므로 현재시제를 이용해 미래를 나타낸다. charter는 '버스 등을 전세 내다'라는 의미인데, bus가 이 동사의 대상이 되므로 수동 관계이다. 그래서 과거분사를 써서 수식했다. ③ cut의 과거분사다. cut은 동사의 3단 변화 형태가 같다. ④ half는 전치사 by의 목적어로 쓰인 명사다.

그 여행을 가는 데 내게는 수천 달러가 들었지만, 네가 전세버스를 이용한다면 비용이 절반 정도로 줄어들 것이다.

11 ②

proposal은 to부정사만을 동격어구로 취하는 명사다. 따라서 of minimizing을 to minimize로 고쳐야 한다. ① 'believe A to be B' 구문이며, 이때 believe의 목적어는 선행사를 포함하고 있는 관계대명사 what이다. ③ensure는 등위접속사 and를 통해 to minimize와 대등하게 이어지고 있으므로 바로 앞에는 to가 생략되어 있다. ④ as 뒤에는 it is가 생략되어 있으며, 이때 it은 the next season을 가리킨다.

야구 파업의 영향을 최소화하고 예정대로 내년 시즌을 시작할 수 있게 해줄 거라 생각되는 실현 가능한 계획안을 나는 갖고 있다.

12 ③

보어인 so thorny가 문두에 나와 주어와 동사가 도치된 형태로, 인과관계를 나타내는 so ~ that구문이 쓰였다. that절의 주어가 multinationals로 복수이므로, ③을 주어에 대한 동사가 되도록 have formed로 고쳐야 한다.

그 문제가 너무 골치 아파서 3M, P&G, 그리고 제록스 등 다국적기업들은 그 문제를 해결하기 위한 방안을 마련하기 위해 컨소시엄을 결성했다.

13 ②

'hardly+had+주어+p.p, before+주어+과거시제'의 구문으로, '~하자마자 …했다'는 뜻으로 쓰인다. 따라서 before 다음에 온 ②는 과거시제인 stopped로 고쳐야 적절하다.

내가 몇 걸음을 떼자마자, 나는 멈추어버렸다. 이곳에 가득한 깊은 어둠을 감지한 나는 머리카락이 쭈뼛쭈뼛 서게 만드는 공포에 사로잡혔다.

14 ③

'It's (about) time~' 가정법에서 time 다음에 나오는 절의 동사는 '과거형'이어야 한다. 따라서 makes를 made로 고쳐야 한다. ① dream 뒤에 of가 있으므로 동명사(being)를 쓴 것이며, 바로 앞의 American citizens는 being의 의미상 주어다. 의미상 주어가 judge되는 대상이므로 수동 표현이 맞다. ② come true는 '실현되다'라는 의미이며, come은 전체 문장에서 made의 목적보어 역할을 하는 원형동사다. 참고로 첫 문장에서 사역동사 make의 목적어가 매우 길게 제시되어 있다. 목적어는 Martin Luther King's dream ~ their character이고 목적보어는 come이다.

미국 국민들의 인격으로 평가받는 마틴 루터 킹(Martin Luther King)의 꿈을 그가 실현시켰을지는 모르나, (이제는) 그 자신의 비전을 살릴 때다.

15 ④

as if 다음에는 가정법 과거나 가정법 과거완료가 올 수 있다. 문맥상 '마녀들이 맥베스의 영혼의 일부인 것처럼'으로 해석하는 것이 보다 자연스러우므로 they are a part of를 they were a part of로 고쳐야 한다. they는 앞에 언급한 witches이며, a part는 맥베스 영혼의 '일부'라는 뜻으로 쓰였다. ① on one's own은 '자기 스스로'라는 뜻의 부사구다. ② so는 접속사로 쓰였으며, surely는 부사로 쓰였다. ③ 부정사의 형용사적 용법 중 'be to 용법'으로, '비난받아야 한다'라는 뜻으로 쓰였다.

우리는 맥베스(Macbeth)가 자기 스스로 살인하기로 결심한 것을 알기에, 확실히 우리는 그가 비난받아야 한다고 생각하며, 맥베스는 마치 마녀들이 그의 영혼의 일부인 것처럼 마녀들과 특별한 영적인 유대관계를 맺고 있다.

16 ①

① 이하에 완전한 절이 이어지고 있으므로 관계대명사 which의 문법적 역할이 없다. 따라서 선행사인 speed와 함께 쓰는 at, with와 같은 전치사를 관계대명사 앞에 써주어야 한다. ② 관계사절 속의 동사다. 관계사절의 주어가 Eastern European countries이므로 have adapted로 썼다. 동사 adapt가 '순응하다'라는 의미로 쓰일 때에는 뒤에 전치사 to가 온다. ③ 문장의 본동사이며, 주어는 The speed이다. ④ 콤마 사이에 삽입된 삽입절이다.

동유럽 국가들이 자유 시장 경제에 적응한 속도는 많은 경제학자들을 놀라게 했지만, 그들은 장기적인 번영은 오래된 산업을 빨리 현대화할 수 있느냐에 달려 있다고 주장하고 있다.

③ 학교가 1주일 동안 폐쇄될 것이라고 우리는 들었다.
④ 그 위원회는 소규모 집단의 자원봉사자들로 구성되어 있다.

17 ④

1963년에 일어난 먼 과거의 일이므로 기본적으로 과거시제 동사를 쓰고 있다. 따라서 ④도 시제일치를 시켜 '과거에서 본 미래'인 would be로 고쳐야 한다. ① decide 동사는 to부정사를 목적어로 취한다. ② 진주어인 to부정사이며 it은 the old house를 가리킨다. ③ something이 주어이므로 수동태다. ⑤ far도 부사고 out도 부사고 into는 뒤의 명사와 함께 부사구를 이루는 전치사이므로 맞는 어순이다.

나의 할아버지는 65세였던 1963년에 한 가지 무모한 계획을 추진하기로 결심했는데, 새 집을 짓기를 원했던 것이다. 그는 헌 집을 어떻게 해야 할지 몰랐다. 헌 집을 부수는 것은 낭비로 여겨졌지만 새 집이 있게 될 곳에 헌 집이 있었기 때문에 무언가 조치를 취해야 했다. 절약해야 한다는 생각이 든 순간에, 그는 불도저 한 대를 빌려서 헌 집을 멀리 숲속으로까지 밀어내버렸다. 그 헌 집이 지금까지도 거기에 있다.

18 ②

② doubt는 긍정구문에서는 doubt that ~, doubt if ~, doubt whether ~로 쓰고 부정구문에서는 don't doubt that ~으로만 쓴다. 그러므로 주어진 문장을 We do not doubt that they will arrive in time으로 고쳐야 한다. ① 'It takes+사람+시간+to부정사'는 '~가 …을 하는데 ~만큼의 시간이 걸리다'라는 의미. ③ whether 가 이끄는 명사절이 전치사 on의 목적어로서의 역할을 하고 있으며, 부사 enough 는 early를 후치수식 하고 있다. ④ drink가 '마시면 ~한 맛이 나다'라는 의미의 자동사로 쓰였으며, flat은 '(맥주 따위가) 김빠진'이란 뜻으로 쓰인 보어다.

① 그녀가 스키를 타는 법을 배우는 데에는 3일에서 4일이 소요될 것이다.
② 우리는 그들이 제때에 도착할 것을 의심하지 않는다.
③ 그것은 네가 영화를 볼 수 있을 만큼 숙제를 일찍 끝내느냐에 달려 있다.
④ 이 맥주는 김빠진 맛이 난다.

19 ③

mathematics와 같은 학문명은 '-s'가 붙어도 단수취급을 하므로, ③에서 mathematics 다음에 온 were를 was로 고쳐야 한다.

① 연어는 수천 명의 사람들에게 수입원이다.
② 루이스(Lewis)는 그녀의 가족 구성원들이 모두 교사라고 나한테 이미 말했다.
③ 그 학생들은 수학이 남성의 영역이라는 것을 부정했다.
④ 2,000미터 높이의 산은 거대한 성과 같았다.

20 ④

consist와 같이 소유나 상태를 나타내는 자동사는 수동태로 쓸 수 없다. 따라서 ④에서 is consisted of를 consists of로 고쳐야 한다.

① 나는 또한 가난하고 빈털터리라는 것에 신물이 났다.
② 그의 동생들을 그가 잘 돌보아주었다.

TEST **36**

01 ④	02 ①	03 ④	04 ④	05 ④	06 ②	07 ④	08 ①	09 ①	10 ①
11 ①	12 ②	13 ⑤	14 ①	15 ④	16 ⑤	17 ④	18 ①	19 ①	20 ④

01 ④

빈칸 뒤에 완전한 절이 왔고, 그 뒤에 동사 has encountered가 또한 주어져 있다. 빈칸부터 the Internet까지가 문장의 주어가 되어야 할 것이므로 명사절을 이끄는 접속사 That이 정답이다.

정부가 인터넷에서 쇄도하는 부적절한 콘텐츠를 막기 위한 '댐'을 건설하려 한다는 사실은 엄청난 불평과 비판에 부닥쳤다.

02 ①

'부정어+so ~ as A'는 'A만큼 ~한 것도 없다'라는 뜻이다. 보기 가운데 부정어는 ①과 ②인데, ②는 불가산명사에 쓰이며 복수 가산명사 앞에는 ①을 쓴다.

러시아 재건 정책의 역사상 제28차 의회만큼 많은 중요성을 가진 사건은 거의 없었다.

03 ④

information은 불가산명사이므로 복수로 쓸 수 없으며, 수량을 표시하기 위해서는 a piece of와 같은 보조수사를 사용한다.

일생 동안 뇌는 100조 개의 정보를 저장할 수 있다.

04 ④

blame A on B가 'A(사고나 죄)의 책임을 B(사람이나 단체)에게 씌우다'는 표현인데 목적어인 A에 해당하는 an attack을 수식하려면 빈칸부터가 수동태 관계절 which was blamed on Boko Haram jihadists가 되어야 하며 여기서 which was가 생략될 수 있으므로 빈칸에는 ④가 적절하다. blame A on B와 같은 의미를 blame B for A로도 나타낼 수 있는데 그러면 an attack for which Boko Haram jihadists were blamed가 된다.

자살폭탄 테러범이 보코 하람 지하디스트들의 테러 공격에 가담하여 나이지리아의 한 이슬람 사원에서 자폭했을 때 적어도 50명이 사망했다.

05 ④

타동사 enjoy는 동명사를 목적어로 취하며, 운동 경기의 이름 앞에는 관사를 붙이지 않는다. 이 조건을 만족하는 것은 ④이다.

12세기 초 영국에서, 남자 아이들은 축구 경기를 즐겼다.

06 ②

부정어가 있는 내용에 대해 동의의 뜻을 나타낼 때에는, neither를 사용해서 'neither+do/be동사+주어' 형태로 쓴다. 따라서 ②가 정답이다. ①의 경우 too를 either로 고쳐야 한다. ④는 부정어가 중복되므로 옳지 않다.

대부분의 외국인 학생들은 아메리칸 커피를 좋아하지 않는다. 나도 그렇다.

07 ④

which 이하는 관계사절이므로, 주어진 문장에는 주어는 있으나 동사는 없는 상황이다. the concepts가 주어이므로 단수동사 is가 쓰인 ②, ③은 정답에서 먼저 제외된다. ①의 경우, basic이 the 앞에 위치하게 되므로 적절하지 않다. 따라서 ④가 정답이다.

차원이라는 개념을 구성하는 크기와 방향 개념들이 그 이론에 있어 기초가 된다.

08 ①

의문사가 문두에 오는 동사로는 think, guess, suppose, believe, imagine 등이 있다. 따라서 know 동사가 제시되어 있는 ③, ④가 정답에서 먼저 제외된다. 간접의문문의 어순은 '주어+동사'이므로 ①이 정답이다.

당신은 그가 몇 시에 돌아올 거라고 생각하십니까?

09 ①

guess 동사의 목적어 역할을 하는 간접의문절 어순을 묻는 문제다. 'how+형용사+a+명사+주어+동사'의 어순이므로 ①이 적절하다.

그는 자신의 금전적인 문제를 너무나 잘 숨겨서 그가 얼마나 많은 재산을 갖고 있는지 추측할 수 있는 사람이 거의 없다.

10 ①

since가 전치사로 쓰여 뒤에 시점을 나타내는 표현이 오면, 동사는 현재완료시제로 쓴다. 주어진 문장의 경우 본동사인 established가 과거시제이므로 since를 쓸 수 없다. 따라서 Since를 연도 앞에 붙는 전치사 In으로 고쳐야 한다. ③ a girls' school을 선행사로 하는 관계대명사이며, 자신이 이끄는 절 안에서 목적어 역할을 하고 있다. ④ 관계대명사절 속의 동사다. 이를 과거완료 혹은 현재완료로 고쳐야 한다고 생각해서 directed를 정답으로 선택했을 텐데, 사실은 그렇지 않다. for 12 years처럼 기간의 표현을 보자마자 '완료'를 떠올리는 경우가 많은데, 주어진 문장의 경우 1859년부터 12년간 학교를 맡아 운영했다는 것이므로 과거시제를 쓰는 것이 맞다.

1859년에 캐서린 웨이트(Catherine Waite)는 the Hyde Park Seminary라는 학교를 설립했는데, 그녀는 그 여학교를 12년 동안 관리 운영했다.

11 ①

remind는 '~에게 생각나게 하다, 상기시키다'의 뜻으로, 'remind+목적어+that절'의 형식으로 사용한다. remember는 '~을 기억하다, 명심하다'의 뜻이므로 'remember+that절' 형식이 가능하다. 따라서 remind that을 remember that으로 고친다. ② '수사와 명사'가 하이픈으로 연결되어 형용사 역할을 하고 있으며, 명사는 단수로 쓰였다. ③ 주어는 your visa이며, renew되는 대상이므로 수동태가 옳다. ④ that절속의 전체 문장이 주어가 되는 분사구문이다.

당신의 비자는 유효기간이 3년인데 4년간 갱신될 수 있어서 유효기간이 총 7년이 된다는 점을 명심하십시오.

12 ②

'~하는 것이 낫다'는 뜻인 조동사 had better의 부정형은 had better not이므로, ②를 had better not으로 고쳐야 한다.

만일 당신이 그 국가에서 정상적인 생활을 할 계획이라면, 당신은 공산당에 관한 어떠한 논란이 되는 것도 말해서는 안 되며, 특히 당의 지도자에 대해서는 더더욱 그렇다.

13 ⑤

①과 ③ 사이에 as절이 삽입되었고 It occurs to ... that ~(…에게 ~라는 생각이 떠오르다) 구문의 문장이다. that절에서는 주어가 주격 관계대명사절인 that절의 수식을 받는 단수 명사 the one issue이므로 ⑤를 is로 고쳐야 한다. ④ '항의'라는 뜻의 명사이다.

내가 이 편지를 쓰려고 앉았을 때 너무나 많은 우리 독자들에게, 그리고 사실은 나 자신에게도, 가장 큰 항의의 외침을 불러일으키는 한 가지 문제가 몰상식한 동물 학대라는 생각이 들었다.

14 ①

'유리창을 올린(올려 닫은) 채로 운전하다'는 말은 자동사 drive 다음에 'with+명사+보어' 형태의 분사구문으로 나타내므로 ①을 the windows up으로 고쳐야 한다. up이 보어다. ② drive, turn과 병치를 이루는 원형동사다. ③ 앞의 in a garage와 병치를 이루는 where 부사절이다. ④ 부사는 be와 과거분사 사이에 위치하는 것이 일반적이다. ⑤ pollen은 불가산 명사이고 land는 목적보어인 원형동사이고 it은 the car를 가리킨다.

당신은 운전 중에 유리창을 올리고 차의 에어컨을 '재순환불가' 설정으로 바꾸고 차고나 다소 차를 가리는 것이 있어서 차 위에 꽃가루가 내려앉을 가능성이 적은 곳에 주차하라고 권고 받을지도 모른다.

15 ④

direct는 타동사로 direct A at B(A로 하여금 B를 향하게 하다)의 구문으로 쓰이므로 'A가 B를 향하다/향해 있다'는 A is directed at B라는 수동태로 표현된다. 따라서 '~를 향한(directed at~)'이 되게 ④를 과거분사인 directed로 고쳐야 한다. ① 타동사 combat의 현재분사다. ② Several people이 주어이므로 were이며 수동태가 맞다. ③ 뒤의 명사 anger를 수식하는 현재분사다. ⑤ its는 the UN's peacemaking mission을 가리키고 disability는 '신체장애, 불구'의 뜻이지만 inability는 '무능력'의 뜻이므로 inability가 맞다.

민간인들을 이슬람 반군들로부터 보호하지 못하는 것에 대해 유엔 평화유지군을 향한 대중들의 분노가 끓어오르는 가운데 콩고민주공화국에서 벌어진 시위에서 에볼라 바이러스와 싸우는 의료종사자들을 포함한 여러 명이 목숨을 잃었다.

16 ⑤

원유는 수출하는 행위의 '대상'이므로 수동으로 표현하는 것이 타당하다. ⑤ will export를 will be exported로 고쳐야 한다.

Abqaiq와 Khurais에 있는 중요한 사우디의 오일 설비 시설에 대한 보복적인 공격은 이란 대통령 하산 로하니(Hassan Rouhani)가 제기한 경고를 반향하고 있는데, 그 경고는 미국의 '최대 압박' 작전이 성공해서 이란이 원유를 수출할 수 없게 될 경우 페르시아 만을 통해서 그 어떤 원유도 수출하게 될 수 없을 것이라는 메시지를 담고 있었다.

17 ④

둘째 문장에서 주절의 동사가 ruled로 과거시제인데 that절의 내용(서초구청이 권한을 남용하여 토지를 임대해주고 교회 지하층 확장을 허용한 것)은 그 보다 먼저 일어난 일이므로 ④를 과거완료인 had abused로 고쳐야 한다.

바로 길모퉁이를 돌면 한국의 대법원이 있는데, 대법원은 그 교회에 이 공간 중의 많은 부분에 대한 법적인 권리가 없다고 말한다. 대법원은 그 교회가 위치하고 있는 서초구의 정부가 토지를 임대해주어 교회가 지하층을 확장하도록 허용함으로써 그 권한을 남용했다고 지난달에 판결했다.

18 ①

① move가 '제안하다'라는 의미로 쓰였으므로, that절의 동사로 'should+동사원형'이 쓰였다. Mr. chairman은 '의장', '사회자'라는 의미. ② 접속사 없이 두 개의 문장이 나열된 형태이므로 옳지 않다. 대명사 that을 관계대명사 which로 바꿔야 한다. that's를 which was로 고친다. 이때 which는 앞 문장 전체를 선행사로 한다. ③ 두 개의 명사에 연결되는 전치사가 다른 경우에는 두 개의 전치사를 모두 명시해야 한다. 주어진 문장에서, admiration 뒤에는 전치사 for를 쓰지만 interest 뒤에는 전치사 in을 쓰므로 in을 생략해서는 안 된다. interest를 interest in으로 고친다. ④ '기도하다'라는 의미의 표현을 할 때 prayer 앞에는 do가 아니라, say, give, tell 등의 동사를 쓴다.

① 의장님, 저는 그 돈을 도서관의 책을 구입하는 데 쓸 것을 제안합니다.
② 나는 그 소식에 매우 흥분했는데, 식료품을 바닥에 떨어뜨린 것도 그 때문이었다.
③ 나는 항상 그 선생님의 중요한 연구에 대해 진심으로 흥미와 존경심을 갖고 있었다.
④ 나는 잠자기 전에 기도를 한다.

19 ①

① 동일인의 비교에서는 형용사의 음절수에 관계없이 more ~ than을 쓴다. 이때 more 자리에 rather를 쓰는 것도 가능하다. ② 비교 대상을 둘로 한정하는 of the two와 같은 표현이 있을 경우에는 비교급 앞에 정관사 the를 붙인다. more interesting을 the more interesting으로 고친다. ③ 'in case (that) S+V'는 '만약 ~이면', '~할 경우에 대비하여'의 뜻으로 주로 미래에 일어날 수 있는 일을 상정하여 말하는 것이므로, 가정법을 따르지 않고 조건의 if절에서처럼 미래의 뜻을 직설법 현재시제로 나타낸다. won't be able to find를 don't find나 can't find로 고친다. ④ preferable 뒤에는 than을 쓰지 않고 to를 쓴다.

① 그는 정직하다기보다는 오히려 똑똑하다.
② 두 권 중에서 이 책이 더 재미있다.
③ 우리가 식사할 적당한 장소를 찾지 못할 경우를 대비하여 나는 샌드위치 몇 개를 싸 갈 것이다.
④ 가난이 병(病)보다 낫다.

20 ④

④ '~하면 할수록, 더욱 …하다'라는 의미의 'the+비교급, the+비교급' 구문이 쓰인 문장이며, 대명사 it은 a lens를 가리킨다. ① one of 뒤에는 복수명사가 와야 한다. class를 classes로 고친다. ② 대명사 it이 가리키는 것은 bread slices이므로, 복수 대명사 them으로 받아야 한다. ③ '해마다'를 뜻하는 표현은 from year to year이다. a를 삭제한다. 한편 annual은 '일년생 식물'이라는 의미의 명사로 쓰였다.

① 지방, 단백질과 함께 탄수화물은 3대 주된 영양소 가운데 하나이다.
② 대부분의 전기 토스트기는 빵조각을 구울 뿐만 아니라 준비가 끝나면 그 빵조각을 펑하고 위로 올려낸다.
③ 바랭이라는 잡초는 뿌리줄기를 통해 퍼져나가지만, 일년생 식물이어서 해마다 씨앗을 뿌려 생존한다.
④ 렌즈의 면적이 넓을수록, 더 많은 빛을 모아 한 점에 집중시킨다.

TEST 37

01 ④

빈칸 이하에는 a labor dispute를 수식할 수 있는 관계대명사절이 와야 하겠는데, 빈칸 뒤에 완전한 절이 왔으므로 빈칸에는 '전치사+관계대명사'가 와야 하며, 여기서 선행사 a labor dispute는 have no interest in ~에서 in의 목적어이므로 전치사 in이 쓰인 ④의 in which가 정답이다.

노동자들의 실직이 그들이 전혀 관심이 없던 노사분규에 기인한 것이라면 노동자들은 각종 수당을 박탈당하지 않을 것이다.

02 ③

빈칸 뒤에 동사원형이 있다는 점에서는 ①, ③, ④ 모두 문제가 되지 않으나, the earth 다음에 as가 이어지는 것으로 보아 'B하느니 차라리 A하는 편이 더 낫다'라는 뜻의 might as well A as B 구문으로 파악해야 한다. 따라서 ③이 정답이다.

우리는 산업의 발전을 되돌리려 하느니 차라리 지구의 자전을 되돌리려 하는 편이 낫다.

03 ②

빈칸 뒤에 '전치사구+that절'이 이어져 있고, 문장을 구성할 주어와 동사가 없는 상황이다. ③, ④에는 주어와 동사가 없으므로 가장 먼저 정답에서 제외된다. ①의 경우 주어가 없으므로 역시 답이 될 수 없고, ②가 정답이다. ②가 들어가면 It ~ that 강조 구문이 된다.

한국이 가장 우수하고 영민한 젊은이들이 필요한 시기는 바로 지금 이 고된 기간이다.

04 ③

빈칸 뒤의 that은 '결과'를 나타내므로, 빈칸에는 so나 such가 포함된 어구가 들어가야 한다. so, as, too, how 뒤에는 '형용사/부사+관사+명사'가, such 뒤에는 '관사+형용사+명사'가 이어진다. 따라서 ③이 정답이다.

날씨가 너무 좋아 나는 소풍을 가고 싶다.

05 ④

It ~ that 구문에 strange, surprising, amazing, important 등의 감성적 판단의 형용사가 있는 경우 that절 동사에 '(should) 동사원형'을 쓰며, 주절보다 한 시제 앞선 것을 나타낼 때에는 'should have p.p'를 쓴다. 한편, learn은 to부정사를 목적어로 취한다. 따라서 정답은 ④이다.

그녀가 그의 요청을 거부한 것은 당연하다. 그리고 또한 그는 화를 참는 법을 배우는 것이 중요하다.

06 ③

콤마 사이에 분사구문이 삽입되어 있으므로, 빈칸에는 동사가 와야 한다. ①은 과거 분사만 있으므로 부적절하며, ②는 주어 The emergence, 동사 disapproved of, 목적어 the first generation of statesmen으로 문법상으로는 문제가 없으나 의미상 적절하지 않다. 자동사와 전치사가 결합된 disapprove of는 타동사로 취급하며, 수동태로 표현할 때는 전치사 by를 쓴다. 따라서 ③이 정답이다.

보통 '파벌'이라고 일컬어졌던 정당의 출현을 1세대 정치인들은 대체로 찬성하지 않았다.

07 ④

now는 주어와 동사를 도치되게 하는 부사가 아니므로 ①과 ③은 빈칸에 들어갈 수 없다. may가 기원문에 쓰일 때는 'may+주어+동사'의 어순으로 쓰이므로, ④가 정답이다.

그 선구자가 지금 모든 다문화가정을 동등하게 그리고 귀중하게 여기기 시작하도록 하옵소서.

08 ③

동사 forget은 명사, that절, to부정사, 동명사를 목적어로 취한다. 문맥의 시제는 과거이지만 의미상 '(미리) 확인하라고 지시하는 것을 잊었다'라는 뜻이므로 to부정사가 와야 한다. 동명사는 '(과거에) ~했던 것을 잊다'라는 뜻이므로 적절하지 않다. 한편, order는 to부정사를 목적보어로 취한다. 따라서 정답은 ③이다.

선생님은 너무나 흥분한 나머지 그 학생에게 사진기가 제대로 작동하는지 확인하라고 지시하는 것을 잊어버렸다.

09 ④

빈칸 앞까지 분사구문이므로, 빈칸에는 주절이 필요하다. 따라서 종속절인 ③이 정답에서 제일 먼저 제외된다. 분사구문의 주어는 주절의 주어와 같을 때 생략되므로, 빈칸에 들어갈 주절의 주어는 be developed ~의 주어가 될 수 있는 것이어야 한다. 그러므로 ①은 부적절하다. ②와 ④ 중 자동사인 occur를 수동태로 쓴 ②가 정답에서 마지막으로 제외된다. 따라서 ④가 정답이다.

공중파가 만족스럽지 못한 지역에서의 수신율을 향상시키기 위해 1949년에 개발된 케이블 TV는 1970년대에 미국 전역에서 최초로 널리 받아들여졌다.

10 ①

'the 비교급, the 비교급' 구문이 쓰인 문장이다. 2형식 동사 become의 보어는 형용사이므로 internationally를 international로 고쳐야 한다. ② extend는 자동사와 타동사로 모두 쓰인다. 주어진 문장에서는 뒤에 목적어가 없으므로, '확대되다', '뻗다'라는 의미의 자동사로 쓰였음을 알 수 있다. ③, ④ the nationalist reaction is likely to be strong이 'the 비교급' 문장을 형성하게 되어 likely가 the more 뒤에 위치하게 된 형태다.

전 세계가 점점 더 국제화되고 세계화가 확대되면 될수록, 민족주의적인 반발은 더욱 거세질 것이다.

11 ④

'내가 다른 사람의 말을 경청한다.'는 I listen to others.이고, '다른 사람이 내 말을 경청한다.(Others listen to me.)'의 수동태는 I am listened to by others.이다. 여기서 to others와 by others는 '전치사+명사구'로서 생략될 수 있으므로 ③ 다음의 가주어 it에 대한 진주어인 to부정사구는 to listen (to others) and to be listened to (by others)이다. 따라서 ④를 to be listened to로 고쳐야 한다. ① appreciate는 동명사를 목적어로 취하며 your는 동명사의 의미상 주어다. ② not just/only A but (also) B의 but이다. ③ 동명사로 표현된 동사 teach의 직접목적어인 간접의문절을 이끄는 의문사 what이며 like의 목적어다. ⑤ '집중된' 방식이므로 과거분사가 맞다.

상대방의 말을 집중해서 듣고 상대방도 내 말을 집중해서 듣는다는 것이 어떻게 느껴지는지를 당신이 말 뿐 아니라 행동으로도 나에게 가르쳐준 것을 나는 고맙게 생각한다.

12 ②

beware of(~에 대해 조심하다)의 표현인 beware와 of 사이에 in particular(특별히)가 온 것인데, 전치사 of의 목적어로 명사절이 와야 하며 관계절의 동사 has called 다음에 목적어가 비어 있으므로 목적격 관계대명사 what이어야 한다. 따라서 ②의 of which를 of what으로 고쳐야 한다. ③ 5형식 동사 call이며 뒤의 명사는 목적보어다. ④ 뒤에 완전한 절이 왔으므로 관계부사 where가 맞다. ⑤ lurk(숨어있다)가 자동사이므로 능동태가 맞다.

우리는 미국심장협회가 다량의 나트륨(염분)이 들어있을지도 모르는 "염분이 많은 여섯 가지" 보통 음식이라 부른 것에 대해 특별히 조심해야 한다.

13 ③

콤마를 전후해 접속사 없이 두 개의 완전한 절이 나열되어 있으므로 옳지 않은 문장이다. many of those에서 those는 문맥상 changes를 나타내므로, those 대신 명사를 대신하고 접속사 역할도 할 수 있는 관계대명사 which를 사용하면 결함 없는 문장으로 만들 수 있다. 따라서 ③ many of those를 many of which로 고친다. ① committed to ~는 '~에 전념하다'라는 의미이며, committed는 remains의 보어다. ② started는 관계사절의 동사이며, the President 앞에는 목적격 관계대명사 that이 생략되어 있다. ④ 뒤에 위치한 since then은 '그때 이래로'라는 뜻으로, 동작이 과거 특정 시점부터 현재에까지 미치고 있음을 의미하는 현재완료 문장을 썼다.

행정부는 대통령이 취임했을 당시 시작했던 변화들에 여전히 전념하고 있는데, 그런 변화들 중 많은 것들은 경제 위기로 인해 연기되었고, 그 이후 저지되었다.

14 ②

전체적으로 such ~ that 구문을 이루고 있다. 접속사 that 뒤에는 절이 이어져야 하므로, ②를 문장에서 정동사 역할을 할 수 있는 표현으로 고쳐야 한다. 'every+명사'의 뒤에는 단수동사가 와야 하므로 given을 is given으로 고치면 된다. ① 'such+a(n)+형용사+명사+that' 구문이며, that은 접속사다. ③ to feel은 reason을 수식하는 부정사구이며, that은 feel의 목적절을 이끄는 접속사다. 대명사 it은 every country를 받는다. ④ comparable은 앞의 명사를 수식하고 있다. '필적하는'이라는 뜻이며, 관용적으로 그 뒤에 전치사 to가 온다.

그 계획은 너무나 정교한 방식으로 배출 목표치를 할당해서, 모든 국가는 다른 국가들이 해왔던 것들에 필적하는, 공평하게 배정된 몫을 하고 있을 뿐이라고 생각하게 된다.

15 ⑤

'남매'라는 긴밀한 관계의 두 명사를 and로 연결할 때 관사를 쓰지 않으므로 ⑤를 brother and sister로 고쳐야 한다. ① remind A of B가 'A에게 B에 대해 생각나게 하다'이다. last year는 a story를 수식할 뿐이므로 reminds가 현재시제일 수 있다. ② 이야기의 '출처'를 말하는 from이다. ③ decide동사는 to부정사를 목적어로 취한다. ④ then 다음에 강조구문의 that이 생략된 것이다.

이 기사는 작년 미국에서의 이야기를 생각나게 한다. 한 커플이 결혼하기로 결심하고 필요한 서류절차와 혈액검사를 거쳤다. 바로 그때 그들은 자신들이 남매라는 사실을 알게 되었다.

16   ②

speak는 자동사로, '~와 이야기하다'란 뜻으로 쓰일 경우에는 전치사 to가 반드시 필요하다. 따라서 I spoke를 I spoke to로 고쳐야 한다. the executives와 I spoke to 사이에 목적격 관계대명사 whom이 생략되었다. ① the ability는 뒤에 to부정사를 취해 동격의 형태를 이루므로 to manage가 쓰였다. ③, ④ welcome ~ with open arms는 '~을 대환영하다'의 뜻이다.

정부가 프로그램을 적절하게 관리할 수 있는 능력에 대해 일부 회의적인 반응이 있긴 하지만, 나와 이야기했던 중역들은 대체로 경기부양책에 대해 열광했으며 정부가 시장에 개입하는 것을 크게 환영했다.

17   ③

신체 일부에 가하는 행위는 '행위동사(pat)+신체전부(him)+전치사(on)+the+신체일부(back)'의 구문으로 표현하므로 ③을 on the back으로 고쳐야 한다. ① As soon as나 When절을 대신한 분사구문이다. ② shake his hand는 shake hands with him과 같다. ④ 보어로 쓰인 직함 명사여서 무관사다. ⑤ 형용사 bashful이 look의 보어이고 부사 a little이 형용사 bashful을 수식한다.

바쉬르 아흐메드 하쉬는 지프에서 내려 지그지가 교도소 정문을 향해 뛰어간다. 교도소 안마당에 들어선 그 감독관은 우렁찬 환호의 인사를 받는다. 쉽게 흥분하는 재소자들이 밀치듯이 달려들어 그와 악수하고 그의 등을 두드린다. "지금 우리는 하루 24시간 행복합니다."라고 한 재소자는 말한다. 바쉬르는 동 에티오피아 소말리 주의 교도소장으로 임명된 지 1년도 채 안 되었는데 약간 수줍은 표정을 짓는다. "나는 여기서 인기가 좋습니다."라고 그는 설명한다.

18   ④

④ wish의 목적절에는 가정법 표현이 오고 hope의 목적절에는 직설법 표현이 온다. 주어진 문장의 he 이하는 직설법 문장이므로 wish를 hope로 고친다. ① as it was 는 분사구문을 강조하는 표현이다. 분사구문을 강조하는 경우, '현재분사+as+주어 +do' 또는 '과거분사+as+주어+be'의 형태로 쓴다. ② stop은 동명사를 목적어로 취하며, standing in or built over water는 buildings를 수식하고 있다. ③ regard A as B 구문을 수동태로 만든 문장이다. one of 뒤에 복수명사 epitomes가 왔다.

① 갈대와 뒤덮인 이끼에 의해 가려져 있기 때문에, 낯선 사람은 그것을 찾기가 어려울 것이다.
② 그 주(州)의 보험 회사는 물속에 있거나 물 위에 세워져 있는 건물에 대한 보험 증권 발행을 중단할 것이다.
③ 로빈 후드(Robin Hood)는 자유를 향한 인간의 끝없는 투쟁을 보여주는 가장 주목할 만한 전형(典型) 중의 한 사람으로 여겨진다.
④ 나는 그가 수비의 약점을 공격하는 데 집중하기를 바란다.

19   ④

과거의 습관적 행동에는 would(불규칙적)와 used to(규칙적) 모두 쓸 수 있지만, '과거에는 그랬지만 지금은 그렇지 않은 사실'에는 used to만을 쓸 수 있으므로 ④의 would stand를 used to stand로 고쳐야 한다. ① wish to와 같은 would이다. ② '과거의 의지, 고집'의 would이다. ③ I wish that과 같은 Would that이다. ⑤ 과거의 불규칙적인 습관적 행동의 would이다.

① 나는 당신에게 결정을 재고해달라고 부탁하고 싶다.
② 그는 돈이 어디에 숨겨져 있는지를 우리에게 말해주지 않으려 했다.
③ 내가 너만큼 영어를 유창하게 할 수 있으면 좋으련만.
④ 내가 어린아이였을 때 여기에 높은 빌딩이 하나 있었더랬다.
⑤ 학창시절에 나는 친구들과 캠핑을 가곤 했다.

20   ①

① 문장의 형태로 보아, is의 보어로 세 개의 형용사가 A, B, and C 형태로 나열되어 병치를 이루는 구조로 써야 함을 알 수 있다. 따라서 he has intelligence를 형용사 intelligent로 고친다. ② 전치사 as 뒤에 위치한 such는 대명사로 쓰인 것이며, a child를 대신하고 있다. ③ split은 과거형 역시 split이며, crash는 '추락하다'라는 의미의 자동사로 쓰였다. ④ 주절의 주어인 the film은 연출하는 행위의 대상이므로, 분사구문에 수동을 나타내는 과거분사 Directed를 썼다.

① 에드워드(Edward)는 젊고, 열정적이며, 영리하다.
② 그는 어린아이이며, 그렇게 다뤄져야 한다.
③ 비행기가 공항에서 이륙하려다가 활주로 끝부분에서 추락하여 둘로 분리됐다.
④ 로랑 캉테(Laurent Cantet)가 연출한 그 영화는 한 프랑스 교사의 생활 가운데 1년을 지켜보는 내용이다.

TEST 38

| 01 ① | 02 ④ | 03 ② | 04 ② | 05 ① | 06 ② | 07 ③ | 08 ② | 09 ① | 10 ① |
| 11 ② | 12 ⑤ | 13 ④ | 14 ③ | 15 ③ | 16 ④ | 17 ⑤ | 18 ② | 19 ② | 20 ④ |

01 ①

correspond to는 '~에 해당[상당]하다'라는 뜻이고, correspond with는 '~과 일치[조화]하다'라는 뜻이다. 한편, '~과 일치하다'라는 의미로 be consistent with라고도 쓴다. 주어진 문장에서 두 빈칸은 모두 '일치하다'라는 뜻이 되어야 하므로 전치사 with가 들어가야 한다.

제왕절개 수술을 통한 분만 비율이 높다는 것이 분만 전후의 결과가 더 좋다는 것과 반드시 일치하는 것은 아니다. 이러한 결과는 몇몇 연구의 결과들과 일치한다.

02 ④

빈칸 이하에는 동사가 제시되어 있고, 콤마 이하에는 완전한 절이 있다. 따라서 빈칸에는 주어 역할을 할 수 있는 표현과 함께 접속사가 있어야 한다. 종속접속사 Even though와 대명사 they가 있는 ④가 정답이다.

하이브리드 차량들은 전기 모터에 전적으로 의존하지는 않지만, 배출 물질을 매우 적게 방출한다.

03 ②

빈칸 앞이 완전한 문장이므로, 그 뒷부분은 부사구나 종속절 등이 와야 한다. 빈칸 뒤에 전치사 to가 있으므로 ②가 정답이다. with a view to는 '~할 목적으로'라는 뜻이며, 뒤에 명사나 동명사가 이어진다. in order to 뒤에는 동사원형이 와야 하므로 ①은 적절하지 않다.

새로운 군복을 만들고자, 과학자들은 색깔을 바꾸고 위장할 수 있는 카멜레온의 능력을 연구 중에 있다.

04 ②

'~때까지'라는 뜻의 By the time 뒤에 과거시제의 문장 they realized가 왔으므로, 주절의 시제는 과거완료여야 한다. 따라서 ②가 정답이다.

야구를 전문적으로 할 수 없음을 깨달을 때까지 그들은 야구 선수로서의 성공을 꿈꾸고 있었다.

05 ①

처음부터 빈칸 앞까지가 동명사구로서 주어이므로 단수 동사 makes가 와야 하며, make동사의 목적보어로 현재분사는 올 수 없고 원형동사가 오며, 3형식 문장에서 목적어로 that절이 아니라 명사가 올 때는 인식 동사 think가 아니라 행위동사인 think of가 사용된다. 따라서 빈칸에는 ①이 적절하다.

이 동물들이 어떻게 주인의 생명을 구했는지에 대한 글을 읽는 것은 우리로 하여금 주인과 애완동물 사이의 무조건적인 사랑에 대해 생각해보게 만든다.

06 ②

부정의 부사구가 문두로 나가면, 주절의 주어와 동사는 도치된다. 이때 동사가 일반동사일 경우 '조동사+주어+동사원형'의 어순이 된다. 따라서 ②가 가장 적절한 표현이다.

1895년이 되어서야 코넬(Cornell) 대학에서는 비로소 조류학 학위를 수여하기 시작했다.

07 ③

동사 please는 수동태로 쓰일 때 be pleased with의 형태로 쓰인다. 그리고 nothing과 같은 부정주어가 들어있는 구문을 수동태로 할 때, 전치사 with 다음에 부정주어를 쓸 수 없다. 따라서 수동태에서 with 다음에 오는 부정주어를 'no=not+any'라는 사실을 이용해, with nothing을 not ~ with anything으로 고쳐야 한다. 따라서 nothing이 온 ①과 ④는 빈칸에 부적절하다. neither는 부사로 접속사와 함께 쓰여야 하는 반면, nor는 그 자체로 접속사로 절과 절을 연결할 수 있다. 따라서 ③이 정답이며, nor가 와서 주어와 동사는 도치되었다.

그 요리사는 어떤 것에도 기뻐하지 않았으며, 제공받았던 어떤 도움에도 기뻐하지 않았다.

08 ②

explain은 수여동사로 착각하기 쉬운 3형식 동사다. 따라서 ①, ③은 정답이 될 수 없다. ④의 경우, that절에서 동사 do의 목적어가 없으므로 정답이 되지 못한다. 정답은 ②이다. 원칙적으로는 타동사와 목적어 사이에 부사구를 둘 수 없지만, 목적어가 절인 경우에는 가능하다.

교실에서 학부모에게 우리가 하려는 것을 설명할 때, 우리는 학부모들의 눈이 빛나는 것을 본다.

09 ①

주어진 보기에 분사구문의 주어를 명시해놓지 않았으므로, 분사구문의 생략된 주어는 주절의 주어인 the recommendation이 된다. 동사 find와 주어는 수동 관계이므로 과거분사를 써야 하며, '~의 가치가 있다'는 'be worthy of 동명사' 또는 'be worth while to+동사원형'으로 표현하므로 정답은 ①이다. 이때 접속사 When은 분사구문의 부사적 의미를 보다 명확하게 하기 위해 생략하지 않고 남겨둔 것이다.

받아들일 만한 가치가 있는 것으로 드러나면, 그 추천서는 행정부에 제출될 것이다.

10 ①

upon ~ing는 '~하자마자'라는 뜻으로, 전치사 upon 다음에 동명사가 맞게 왔지만, 동사 look 뒤에 신체의 일부분을 표시할 경우, 'look+someone+in the 신체부위' 구문을 취하므로, ①을 Upon looking으로 고쳐야 한다.

그 가엾은 고아의 얼굴을 보자마자, 나는 창백해졌다. 나는 그에게 6펜스짜리 은화를 주었는데, 이 은화는 우리 돈으로 1실링 정도의 가치가 있는 영국 동전이다.

11 ②

Now that(= since) 절의 주어가 단수인 food wastage이므로, 동사의 수도 단수에 맞춰 have doubled를 has doubled로 고쳐야 한다. ① Now that은 접속사로 쓰이며, '~이므로'의 뜻이다. ③ begin은 동명사와 부정사 모두를 목적어로 취할 수 있다. ④ 바로 앞의 they는 diners who pile their plates too high를 가리키며, 이것은 벌금을 받는 대상이므로 수동태로 표현하는 것이 옳다. 참고로 주절에서 동사 warn은 두 개의 목적어를 취하는 4형식 동사이며, diners who pile their plates too high가 간접목적어, that they will be fined가 직접목적어이다.

홍콩의 식당에서 음식 쓰레기가 배로 늘어났기 때문에, 일부 식당에서는 접시에 음식물을 너무 높이 담는 손님에게 벌금을 물릴 것이라는 경고를 하기 시작하고 있다.

12 ⑤

손은 둘임이 분명하므로 '다른 한 손'을 나타내는 ⑤는 the other로 고쳐야 한다. ① when 절과 같은 의미의 'in 동명사'이다. ② run은 '경영하다'라는 뜻의 타동사다. ③ 주어의 핵심명사가 단수인 the state여서 맞다. ④ double the price(그 가격의 두배)와 같은 '배수+명사'의 표현이다.

복권을 장려할 때, 복권을 운영하는 국가는 한 손으로는 도박으로 돈을 거두어들이고 다른 한 손으로는 그 돈의 두 배가 되는 돈을 사회복지 서비스로 지출한다.

13 ④

앞에서 two roads라고 했으므로, 비교 대상이 두 개인 셈이다. 두 개의 대상을 서로 비교할 경우 최상급이 아닌 비교급을 쓰므로 the one least를 the one lesser로 고쳐야 한다. ② ages and ages는 '아주 오랫동안'이라는 의미로, 앞에 전치사 for가 생략되어 있다. hence는 '그러므로', '지금부터'라는 뜻의 부사다. ③ 흔히 '숲'은 woods로 나타내나, 영국식 영어로는 wood라고 쓰기도 한다.

훗날 나는 어디선가 한숨을 쉬며 이렇게 이야기할 것입니다. 숲 속에 두 갈래 길이 있었다고, 나는 사람이 더 적게 간 길을 택했다고, 그것으로 인해 모든 것이 달라졌더라고.

14 ③

do a person good[harm]은 '~에게 이익[손해]을 주다'라는 뜻으로, do는 4형식 동사로 쓰인 것이다. any goods를 any good으로 고쳐야 한다. ① '의문사+to부정사' 구조이며, whom I should believe의 뜻이다. 의문사가 타동사 believe의 목적어이므로 목적격 whom으로 쓴 것이다. ② waste A on B는 'B에 대해 A를 낭비하다'라는 의미다. ④ 동명사 getting이 주어이며, 동명사 주어는 단수로 취급한다.

나에게 아무런 도움이 되지 않는 안테나를 구입하는 데 130달러를 낭비하고 싶지 않지만, 이 모든 상충되는 정보를 취합하는 것은 전혀 도움이 되지 않기 때문에 나는 누구를 믿어야 할지 확신이 서지 않는다.

15 ③

commitment는 전치사 to를 써서 목적어를 받는 데 반해 interest 뒤에는 전치사 in이 온다. 함께 쓰이는 전치사가 다르므로 각기 표시해야 한다. an interest를 an interest in으로 고친다. ① which brings the network를 선행사로 하는 관계대명사절이다. 타동사 bring의 목적어는 over 이하 전체. ② over 3,000 senior decision-makers를 선행사로 하는 관계대명사다. ④ '~에 대한 헌신'을 표현할 때 commitment 뒤에는 전치사 to를 쓰며, 전치사 뒤에는 동명사가 오므로 creating을 쓴 것이다.

참가자들은 지속 가능한 미래를 창조하는 데 관심과 헌신을 공유하는 3,000명 이상의 전 세계 고위 의사결정자들을 결합시켜주는 네트워크에 동참하도록 초대받는다.

16 ④

④ 앞의 주어인 which의 선행사는 앞의 that절 전체이며 makes의 목적어 itself는 it(=this app)을 가리켜서 서로 다르므로 재귀대명사가 아닌 인칭대명사 it이어야 한다. 따라서 ④를 makes it으로 고친다.

이 앱을 다른 전화 앱들과 구별지어주는 것은 그것(이 앱)이 휴대전화 데이터가 아니라 인터넷 연결을 이용한다는 점인데, 이런 점으로 인해 그것은 국제전화를 걸기에 더 용이한 방법이 된다.

17

⑤

⑤ they agreed to nothing at the meetings에서 nothing을 주어로 하여 수동태가 되었으므로 ⑤는 was agreed to at이어야 한다. ① 명사 government를 수식하므로 형용사 embattled(전투태세를 갖춘)가 맞다. ② '~에 대한 간섭/개입'은 interference in 이지만, 여기서는 '~에 대한'이라는 말은 나오지 않고 날짜 앞에 on이 쓰였으므로 맞다. ③ 미국을 비난한 시점이 과거인 9월 9일이고 that절의 보도 내용은 보도되기 이전에 있었으므로 과거완료가 맞다. ④ discuss는 전치사 없이 목적어를 바로 취하는 타동사이므로 동명사 overthrowing이 맞다.

전투태세를 갖춘 베네수엘라의 권위주의 정부는 트럼프 행정부 관리들이 니콜라스 마두로 대통령을 타도하는 것을 논의하기 위해 베네수엘라 군 장교들과 모임을 가졌다고 뉴욕타임스가 보도한 후인 9월 9일, 미국에 대해 "용납할 수 없고 부당한" 간섭이라고 비난을 퍼부었다. 그 모임에서 합의된 사항은 아무 것도 없다고 보도는 말했지만, 그럼에도 불구하고 마두로 정권은 미국이 개입할 것이라는 소문에 힘을 얻을 수 있었다.

18

②

② until now에 맞춰 현재완료시제를 쓴 것이며, '목적어가 ~하는 것을 막다', '방지하다'라는 뜻의 'prevent+목적어+from+ing' 구문이 쓰였다. ① as if 뒤에는 가정법 동사가 온다. 주어진 문장의 경우, 주절의 과거시제를 기준으로 그 이전의 상태 혹은 행위의 반대를 가정해야 하므로 가정법 과거완료의 표현이 와야 한다. he never sees를 he had never seen으로 고친다. ③ Neither와 no가 함께 쓰인 이중부정의 문장이므로 옳지 않다. no를 any로 고친다. ④ every 뒤에 단수 명사가 오므로 problems를 problem으로 고친다.

① 고등학교 동창이 이전에 본 적이 없는 것처럼 나를 대했을 때 당황스러웠다.
② 이란이 핵무기를 손에 넣지 못하도록 하는 데 있어 지금껏 미국은 충분한 일을 하지 않았다.
③ 불가항력적인 원인들로 인해 하지 못한 것에 대해서는 우리 둘 다 그 어떤 책임도 지지 않을 것이다.
④ 이것들은 처음에 언급된 모든 문제가 실제로 발생하는 경우들이다.

19

②

② 전체 문장의 주어는 The misperception이고 동사는 must be corrected이다. that torturing drug addicts is acceptable은 주어와 동격을 이루는 명사절이다. ① await는 타동사이므로 뒤에 전치사 없이 바로 목적어가 온다. 따라서 await for에서 for를 삭제한다. await는 wait for와 동일한 의미이므로 await for를 wait for로 고치는 것도 가능하다. ③ rely는 자동사이며, 목적어를 취할 경우에는 rely on과 같은 형태로 쓴다. 따라서 which China relies를 on which China relies로 고쳐서, 관계대명사 which가 전치사 on의 목적어가 되도록 해야 한다. ④ only가 포함된 부사어가 문두에 오는 경우, 그 부사어 다음에 위치한 주어와 동사는 도치된다. I saw를 did I see로 고친다. live는 '실황으로'라는 의미로 쓰인 부사이다.

① 8명의 사망자 중에서 가장 최근의 2명은 여전히 가족의 최종 확인을 받기 위해 기다리고 있다.
② 마약 중독자를 고문하는 것이 용납될 수 있다는 잘못된 생각을 반드시 바로 잡아야 한다.

③ 공기의 질이 나빠지게 하는 주범은 석탄인데, 중국은 에너지 수요의 3분의 2를 석탄에 의존하고 있다.
④ 나는 마이클 잭슨(Michael Jackson)이 라이브 공연하는 모습을 단 한 번 보았다.

20

④

④ because절에서 made의 진목적어는 to부정사구이며 it은 가목적어, impossible은 목적보어이다. ① who 이하 전체가 주어를 수식하는 관계대명사절이므로, 동사가 없는 문장이다. who를 삭제하여 became과 encouraged가 문장의 동사가 되게끔 해줘야 한다. ② mammals는 가산명사이므로 many of the world's mammals로 써야 한다. ③ 동사는 was invented이므로, depended를 현재분사 depending으로 고쳐 주어를 후치수식 하게 해야 한다.

① 아르헨티나의 의사인 체 게바라(Che Guevara)는 쿠바혁명의 지도자들 중 한 사람이 되었고 라틴 아메리카 전역의 혁명을 자극했다.
② 인슐린은 사람과 세상의 많은 포유동물들의 췌장선(腺)에서 만들어지는 물질이다.
③ 전자기를 바탕으로 하는 최초의 사용 가능한 전화기는 1876년 알렉산더 벨(Alexander Bell)에 의해 발명되었다.
④ 라듐의 발견자인 마리 퀴리(Marie Curie)는 1891년에 파리에 왔는데, 그녀의 혁명적인 견해들로 인해 자신의 조국인 폴란드에 머무르는 것이 불가능했기 때문이다.

| 01 ④ | 02 ③ | 03 ③ | 04 ① | 05 ① | 06 ④ | 07 ④ | 08 ① | 09 ② | 10 ① |
| 11 ④ | 12 ③ | 13 ① | 14 ④ | 15 ④ | 16 ① | 17 ② | 18 ④ | 19 ④ | 20 ① |

01 ④

The reason ~ is prevalent가 주어가 되므로, 빈칸에는 주어에 대한 동사가 와야 한다. 따라서 동사 is가 빠진 ①과 ②는 빈칸에 들어갈 수 없으며, is 다음에 또 완전한 절이 왔으므로, 빈칸 뒤의 절을 is의 보어로 받을 수 있는 연결사가 와야 한다. 보어로 받을 수 있는 것은 부사절을 이끄는 접속사 because가 아니라 명사절을 이끄는 접속사 that이므로, ④의 is that이 빈칸에 들어가야 적절하다.

가난이 널리 퍼져 있는 이유는 결국, 가난이라는 문제가 부유함이라는 문제보다 우선순위에서 언제나 밀리기 때문이다.

02 ③

빈칸 앞은 완전한 문장이고, 빈칸 뒤에는 동사가 이어지고 있다. 따라서 빈칸에는 '접속사와 주어'가 필요하다. ②에는 접속사가 없으므로 답이 될 수 없으며, ④의 경우 콤마 이하에 명사절이 남는 구조가 되어 역시 부적절하다. ①은 관계대명사를 포함하고 있긴 하나, 빈칸 뒤에 주어진 단수동사 has에 근거해 보면 선행사가 the human body가 되므로, 의미상 어색하다. 따라서 정답은 ③이다.

인체에는 600개가 넘는 골격 근육이 있는데, 각각의 골격 근육은 몇몇의 구성단위에서 동일한 기본 구조를 가지고 있다.

03 ③

주절의 주어가 '꿀벌'이어서 의미상 주어가 일치하는 동명사구인 ③이 빈칸에 적절하다. ② 꿀벌에 관한 일반적 사실을 기술한 문장이므로 주절과 마찬가지로 현재시제 find여야 한다. ④ 주어의 일치에도 어긋나고 suitable places와 수식하는 to forage가 이어지지 않아 부적절하다.

식량징발(꿀 채집)하기에 적절한 장소를 발견한 후 꿀벌들은 벌집으로 돌아와 정교한 춤을 춘다.

04 ①

두 개의 문장을 접속사를 이용해 연결해야 한다. 이유를 나타내는 접속사 Now that을 쓰면, 콤마 앞부분이 부사절이 되어 옳은 문장이 된다.

그들은 서구의 회사들에 닥치는 대로 달려들기 시작했기 때문에, 그들이 다른 회사들의 실수를 귀감으로 해서 많은 것을 배우지 못했다는 사실이 드러난 셈이다.

05 ①

빈칸 앞에 완벽한 절이 왔으므로 콤마 다음에는 접속사와 함께 새로운 절이 이어지거나 이를 대체할 수 있는 표현이 와야 한다. ②의 경우 all of them are 앞에 접속사가 없으므로 정답이 될 수 없으며, ③, ④의 경우 동사가 없으므로 역시 정답으로 부적절하다. 따라서 정답은 ①이다. ~, and all of them are sugar-free and loaded with calcium이 분사구문, 즉 ~, all of them being sugar-free and loaded with calcium가 된 후 being이 생략된 문장이다.

조사해보면 전 세계에 다양하고 엄선된 치즈에 놀라게 될 것인데, 그 치즈 모두가 무설탕이며 칼슘이 가득하다.

06 ④

배수 비교는 '배수+as ~ as'와 '배수+more ~ than'의 어순을 취하므로, 배수(twice)가 앞에 나와 있지 않은 ②와 ③은 빈칸에 부적절하다. 그리고 twice 뒤에는 비교급이 아닌 원급 표현만 가능하므로 ④의 twice as much as가 빈칸에 적절하다.

지난 3년 동안, 영업사원 A는 영업사원 B보다 두 배나 더 많이 벌었다.

07 ④

전치사 to의 목적어가 필요하다. ②의 that절은 전치사 뒤에 올 수 없으므로 적절하지 않고, ③은 leave의 과거분사는 leaved가 아닌 left이므로 정답이 될 수 없다. ①은 장소의 개념인데 반해, 하이픈(-) 이하에서 부연설명하고 있는 표현은 장소 이외의 것도 언급하고 있으므로 역시 정답으로 부적절하다. 따라서 선행사를 포함한 관계대명사 what이 와서 '그들에게 남겨진 것들'이라는 의미를 만드는 ④가 정답이 된다.

발칸(Balkan)반도에서 브롱크스(Bronx)까지 흩어져 있는 알바니아인들은 그들에게 남겨진 것들, 즉 가난에 찌든 동유럽의 고국과 깊은 민족적 자긍심에 매달리고 있다.

08   ①

동사 keep은 '~가 …을 하지 못하게 하다'의 의미를 나타낼 때 'keep+목적어+from+동명사' 형태를 취한다. 따라서 ①이 정답이다. 한편, from 뒤에 수동의 동명사구가 온 것은 the wound가 infect되는 대상, 즉 의미상 수동 관계이기 때문이다.

당신은 그 상처가 세균에 감염되는 것을 막기 위해서 항생제를 복용할 필요가 있을지도 모른다.

09   ②

homeless people은 셀 수 있는 대상이므로, 양(量)을 나타내는 amount가 아니라 수(數)를 나타내는 number를 써서 표현해야 한다. ①, ③이 먼저 정답에서 제외된다. 한편, ④의 경우 a number of 다음에 복수 명사가 오고, 뒤에 복수 동사 have가 온 것은 의미상 어색하므로 정답이 될 수 없다. 세 배로 늘어난 것은 '많은 사람들'이 아니라 '사람의 수'여야 하기 때문이다. 따라서 ②가 정답이 된다.

시장의 조사단이 최근에 시행한 연구에 따르면, 이 도시의 노숙자들의 수가 지난 10년 동안 세 배가 되었다.

10   ①

breed는 '종류', '품종'이란 의미로, kind, sort, type과 같이 of 다음에는 무관사명사가 온다. 따라서 of a scholar에서 a를 삭제한다. ② arrive는 자동사다. '(사건ㆍ이야기 등의) 현장, 무대'라는 의미로 쓰인 scene앞에는 흔히 전치사 on을 쓴다. ④ 주어진 문장에서 insist는 '강조하다', '역설하다'라는 뜻이므로 직설법 동사가 왔다.

무대에 등장한 새로운 부류의 학자는 미래를 이해하려는 데 따르는 어려움을 분명히 인식하고 있으나, 미래는 이해될 수 있고 또 이해되어야만 함을 역설하고 있다.

11   ④

희망이 궁전을 복원하는 것이 아니므로 현재분사인 ④로 hopes를 수식할 수는 없다. ④는 희망의 내용을 가리키므로 동격의 of와 명사로 된 of restoring으로 고쳐야 한다. ① 'the 비교급, the 비교급' 구문이다. ② hungry도 eager처럼 'be hungry to부정사(열렬히 ~하고 싶어 하다)' 구문으로 쓰인다. ③ 타동사로 목적어를 바로 취한다.

그는 러시아에 대해 많이 알게 될수록 그의 꿈을 누군가에게 털어놓고 싶은 열망이 더 강해졌으며, 그래서 어느 날 그는 그의 초등학교 선생님에게 다가가 그 궁전을 복원하기를 바라는 그의 모든 희망에 대해 말씀드렸다.

12   ③

so 다음의 두 번째 절에서 주어는 the discovery부터 cancer까지인데 'the discovery by 사람 of 물질'의 구조여야 한다. 따라서 ③을 of a substance로 고쳐야 한다.

나는 어머니와 할머니를 난소암으로 잃었는데, 그래서 오스트레일리아 연구자들에 의한 90퍼센트 난소암 환자 여성의 혈액 속의 어떤 물질의 발견은 내가 기대하는 미래이다.

13   ①

'항상(always)'이 time을 단수형태로 사용한 all the time이듯이 '대개(usually)'라는 표현도 time을 단수형태로 사용하므로 ①을 most of the time으로 고쳐야 한다.

다행스럽게도, 화학요법으로 인한 탈모는 대개 일시적이어서, 비록 당신의 모발 색깔이나 머릿결이 일시적으로 달라질지도 모르지만, 치료가 끝나고 3개월 내지 6개월 후에는 모발이 다시 자라기를 기대할 수 있다.

14   ④

① 양보 부사절 whether it is of scale or not에서 주어 it과 be 동사 및 or not이 생략된 형태라고 볼 수 있다. 이때 it은 an extraordinary seriousness를 가리킨다. ② 복합관계부사 however가 be동사의 보어 difficult를 수식하고 있다. ③ 이유를 나타내는 등위접속사 for가 절을 이끌고 있다. 그 이하의 절은 it be ~ that의 강조구문인데, 강조되는 어구가 사물이므로 that 대신에 which를 쓴 것이며, event 뒤의 that은 선행사 event를 수식하는 주격 관계대명사이다. 밑줄 친 세 부분이 모두 문법적으로 옳으므로 ④가 정답이다.

잔학 행위는 그것이 규모에 관한 것이건 아니건 간에, 그것의 계량화가 아무리 어렵다 할지라도, 어떤 비범한 심각성 또는 예외적인 비정상성을 의미한다. 일상적인 잔인성을 잔혹함으로 바꾸는 특정 사건에 대한 관찰자의 주의를 끄는 것은 바로 이 기이함이기 때문이다.

15   ④

'크고 어려운'의 반대는 '작고 쉬운'일 것이고 쉬운 것은 다루기 쉬울 것이므로 ④를 to the small and manageable로 고쳐야 한다. ① 'so ~ that절' 구문이다.

미국의 일부 학자들은 근대화라는 전체 개념의 광대함과 모호함에 너무나 당혹해져서 크고 어려운 것에서 작고 다룰 수 없는(×: → 다루기 쉬운)것으로 일반적으로 후퇴했다. 간단히 말해, 그들은 그들의 다양한 작고 특수한 관심사항으로 후퇴한 것이다.

16 ①

육아가 부모에게 스트레스를 준다는 내용인데 ①처럼 하면 부모가 아닌 육아가 스트레스를 받는다는 의미가 된다. 따라서 ①을 stressful로 고친다.

육아 역시 스트레스가 더 많아졌다. 미국 부모들은 이전 세대들보다 더 많은 돈과 시간을 자녀들에게 쓰고, 많은 사람들은 자녀들을 끊임없이 가르치고, 심화반에 등록시키고, 자녀들에게 그들의 끊임없는 관심을 주어야 한다는 엄청난 압박감을 느낀다. 이것은 집중적인 육아라고 알려져 있고, 예전에는 중상위층에게 국한된 현상이었지만, 지금은 모든 사회 계층에서 빠르게 증가하고 있다.

17 ②

②는 앞의 prepared와 unprepared 모두에 공통으로 연결되는데 prepared와 unprepared는 thinks의 목적보어인 과거분사로 'be prepared/ unprepared to 부정사(~할 준비가 되어있다/되어있지 않다)'의 구문으로 쓰이므로 ②를 to부정사를 사용하여 to exercise the control which로 고쳐야 한다. ⑤ contribute는 뒤에 'to 명사/동명사'로 이어지는 것이 일반적이지만 이렇게 to부정사로 이어지기도 한다.

민주주의의 발전과 관련하여, 이성적인 사람이 취할 수 있는 두 가지 서로 다른 입장이 있는데, 이 두 입장은 그가 대중들이 그들의 운명에 대해 획득하고 있는 통제력을 지금의 방식보다 더 나아진 방식으로 발휘할 준비가 되어있다고 생각하느냐 아니면 준비가 되어있지 않다고 생각하느냐에 따라 달라진다. 만일 그가 대중들이 준비가 되어있다고 생각하면 그는 민주주의 운동을 도울 것이고 혹은 그가 민주주의 운동이 그 없이 충분히 신속히 진행될 것으로 생각하면 그는 여하튼간에 민주주의 운동에 저항하지 않을 것이다. 이와 반대로 만일 그가 대중들이 준비가 되어있지 않다고 생각하면 그는 대중들을 준비시키기 위해 기여하는 데 있어 최선의 노력을 기울일 것이다.

18 ④

④ help 뒤에 동명사가 목적어로 오는 것은 avoid의 뜻으로 사용된 경우에만 국한된다. 주어진 문장에서는 문맥상 '돕다'라는 의미여야 하므로 to부정사 혹은 원형부정사가 목적어로 와야 한다. keeping을 keep 혹은 to keep으로 고친다. ① predict의 목적어로 쓰인 간접의문문에서 how는 형용사 bad를 수식하고 있으며, 'how+형용사[부사]+주어+동사'의 어순을 취하고 있다. ② 간접의문문에서 believe, guess, imagine, suppose, think 등의 동사가 쓰인 경우에는 의문사가 문두로 가는데, how의 경우에는 이것이 수식하는 표현과 함께 문두로 간다. ③ endow A with B는 'A에게 B를 주다'는 의미의 표현인데, 주어진 문장의 endowed with는 이 표현이 수동태로 쓰인 것이며, 바로 앞에는 who was가 생략되어 있는 것으로 보면 된다. 전치사 with의 목적어에는 both A and B 구문이 적용되어 있다.

① 이번 독감 철이 얼마나 나빠질지 아무도 예상할 수 없다.
② 그 일을 끝내는 데 얼마나 오래 걸릴 것이라고 생각하십니까?
③ 존 F. 케네디 주니어는 명성과 유산 둘 다를 가진 젊은이였다.
④ 그 유익함에 있어서, 적포도주가 심장을 튼튼하게 한다는 사실에는 반론의 여지가 없다.

19 ④

④ '결석하다'라는 의미의 표현은 형용사 absent를 써서 be absent from으로 하거나 타동사 absent를 써서 absent oneself from으로 한다. 따라서 주어진 문장은 He deliberately absented himself from the trial 혹은 He was deliberately absent from the trial로 고쳐야 한다. ① Have you ever p.p는 경험을 나타내는 현재완료 구문이며, why 이하는 wondered의 목적어가 되는 의문사절이다. ② whether 뒤에는 to부정사가 올 수 있으며, or not과 같은 표현도 함께 쓸 수 있다. ③ 'many a+단수명사'는 단수로 취급한다.

① 왜 스타벅스 커피가 더 쓴 맛이 나는지 궁금해 한 적이 있는가?
② 내가 개인적으로 그녀를 좋아하는지 모르겠다.
③ 많은 학생들은 그 경험을 오래 끌어가기 위해 최선을 다해왔다.
④ 그는 의도적으로 그 재판에 불참했다.

20 ①

① 접속사 that 뒤에는 완전한 문장이 와야 하는 데 반해, 주어진 문장의 that 이하에는 to be 이하에 보어가 없는 상태다. 따라서 that을 선행사를 포함한 관계대명사 what으로 고쳐야 한다. ② 문장의 주어는 Those이고 동사는 did not appear이다. expected는 주어인 Those를 수식하고 있는 과거분사로, 앞에 '관계대명사+be동사'가 생략되어 있는 것으로 파악해도 무방하다. appear는 '나타나다'라는 의미의 완전자동사로 쓰였다. ③ 주어에 조건절의 의미가 내포된 형식의 문장이며, 동사의 형태로 미루어 보아 가정법 과거완료의 문장임을 알 수 있다. ④ be on one's best behavior는 '근신하고 있다', '얌전하게 있다'라는 의미의 관용표현이다.

① 평판이란 당분간 우리가 그러할 것이라고 세상 사람들이 믿고 있는 바이다.
② 기대했던 것들이 모습을 드러내지 않았다.
③ 조금만 조심했더라면 그 화재를 예방할 수 있었을 것이다.
④ 내가 없는 동안 얌전하게 있도록 해라.

TEST **40**

| 01 ① | 02 ③ | 03 ② | 04 ④ | 05 ④ | 06 ③ | 07 ① | 08 ③ | 09 ② | 10 ② |
| 11 ③ | 12 ③ | 13 ④ | 14 ④ | 15 ④ | 16 ② | 17 ⑤ | 18 ② | 19 ③ | 20 ② |

01   ①

'전자', '후자'는 각각 the one(that, the former), the other(this, the latter)로 표현한다.

형은 변호사와 다투고 있었다. 형은 차분했지만, 변호사는 신경질적이었다.

02   ③

접속사 but 뒤에 주어인 The Endangered Species Act of 1973이 생략되어 있다. 따라서 빈칸에는 동사가 이어져야 한다. 주어가 단수이므로 정답은 ③이 된다.

1973년의 멸종동물보호법은 오늘날 미국에서 적용되는 기본적인 규정을 설명하고 있지만, 대형 사냥감을 잡게 해주는 여행 상품을 판매하는 여행사에 대한 규제책은 이 법에 포함되어 있지 않았다.

03   ②

this year가 5형식동사 make의 목적어이므로 빈칸에는 a year를 대신한 대명사 one을 to remember가 수식하여 '기억할만한 해'가 되는 ②가 목적보어로 적절하다. ③은 앞에 a가 있어야 '기억되는 해'라는 표현으로 적절해진다.

그는 그의 목표를 반드시 달성하여 올해를 기억할만한 해로 만들겠다는 결의에 차 있다.

04   ④

미래의 특정 시점이 기준이 되고 있으므로, 그때까지의 완료, 결과, 경험, 계속 등을 나타내는 미래완료시제가 와야 한다.

다음 달 이 시간쯤이면 우리는 시험 결과를 받았을 것이다.

05   ④

빈칸에는 자동사가 와야 하므로 ①, ②가 먼저 정답에서 제외된다. ③, ④ 중에서 ④가 정답인데, in which 뒤에 완전한 문장이 이어지므로 옳은 문장이 된다. 이때 which의 선행사는 the future이다. 한편 빈칸 뒤에는 not A but B 구문이 쓰였으며, lie in은 consist in과 같은 의미로 '~에 있다'라는 뜻이다.

미래에는 폭탄 공격이 아니라 테러리즘에 위험이 놓여 있다는 것을 이 책이 어떻게 예언했는가를 발견하는 것은 통탄할 일이다.

06   ③

분사구문의 주어는 주절의 주어와 같을 때 생략한다. 따라서 주어진 문장에서 분사구문의 주어는 주절의 주어인 seemingly irrational tendencies가 된다. 이것과 동사의 의미상 관계를 고려하면 수동의 의미를 지닌 과거분사가 적절하며, 보어 또한 '억제되지 않은'이라는 뜻의 unchecked를 써야 한다.

그냥 내버려두면, 불합리해 보이는 성향들이 심지어 가장 현명한 사람들조차도 큰 대가가 따르는 실수를 하도록 만들 수 있다.

07   ①

빈칸은 분사구문이 되어야 한다. 주절의 주어 an overwhelming 52 percent를 감안하면, 52퍼센트의 사람들이 질문을 '받는' 것이므로 과거분사 asked가 되어야 한다. 그러므로 ③, ④는 정답이 될 수 없다. 의문사 what이 perceive의 목적어이므로 능동 표현이 필요하다. 따라서 정답은 ①이며, 이때 what ~ successful telecommuting은 의문사절이다.

성공적인 재택근무의 비결을 무엇이라고 보는지 질문을 받았을 때, 압도적으로 많은 52퍼센트가 고용인과 직원 사이의 명확한 지침의 결합이라고 답했다.

08   ③

빈칸부터 accident까지가 문장의 주어가 되어야 한다. 따라서 '주어+동사' 구조로 되어 있는 ①, ②, ④ 모두 부적절하다. 주어 역할을 하는 동명사와 이것의 의미상 주어가 제시되어 있는 ③이 정답이다.

목격자가 경찰에 사고 당일날 밤에 일어난 일에 대해 정확하게 설명해주었기 때문에, 경찰은 자백을 더 쉽게 받아냈다.

09 ②

very few 이하가 주절이므로, 그 앞에는 주절과 연결될 수 있는 구나 절이 와야 한다. 따라서 연결사가 없는 ①, ③, ④는 빈칸에 들어갈 수 없으며, '~중에서'라는 뜻의 of가 쓰인 ② Of the billions of people who celebrate가 정답이다.

어떤 방식으로든 크리스마스를 축하하는 수십억 명 가운데, 극소수만이 크리스마스의 진정한 목적을 실제로 이해하고 또 고맙게 생각한다.

10 ②

critics allege는 삽입절이며, 주격 관계대명사 who에 대한 동사가 되도록 lurking을 lurk로 고쳐야 한다. ③ 앞의 using은 관계사절 속에서 연속동작의 분사구문을 이루며, to assert는 부사적 용법으로 쓰인 부정사다. ④ all the clients와 all clients 둘 다 가능한 표현이다.

비평가들의 주장에 따르면, 그들은 법의 애매한 영역에서 남의 눈에 띄지 않는 신체 건강한 사람들이며, 모든 고객들의 뜻을 주장하기 위해 협박을 사용한다고 한다.

11 ③

정해지지 않은 다수에서 '~하는 사람도 있고, …하는 사람도 있다'는 각각 부정대명사 some과 others로 표현한다. 따라서 other criticizing을 others criticizing으로 고쳐야 한다. 이때 criticizing은 후치 수식을 하는 현재분사. ① '뒤섞여 있는', '잡다한'이란 의미의 형용사다. ④ criticize A for B는 'B에 대해 A를 비난하다'라는 의미이며, 전치사 for의 목적어로 동명사 outlawing이 왔다. 준동사를 부정하는 경우 부정어는 준동사의 바로 앞에 위치하므로 not이 outlawing 앞에 왔다.

이것은 한국의 개고기 식용 전통을 찬성하는 사람과 그런 '야만적인' 습관을 불법으로 정하지 않는 정부를 비난하는 사람들로 이루어진 엇갈린 반응을 불러일으켰다.

12 ③

deem은 5형식 동사로, 'deem+목적어+(to be)+목적격 보어'의 어순을 취하며, 이 5형식을 수동태로 고칠 경우, 'be deemed (to be) 목적격 보어'가 된다. 따라서 ③을 that is deemed to be frivolous로 고치거나, '주격관계대명사+be동사'를 생략한 형태인 deemed frivolous로 고쳐야 한다. ① that의 선행사는 a ferry sinking이며 likely는 부사로 쓰였다. ② them과 high 사이에는 분사구문의 being이 생략돼 있다. ④ is의 주어는 anything이며, '~에 눈살을 찌푸리다', '~을 못마땅해 하다'는 의미의 frown upon은 '자동사+전치사' 형태의 구동사로, 수동태가 가능하다.

대부분이 고등학생인 300명 이상의 목숨을 앗아간 4월 16일의 여객선 침몰사고를 대한민국이 슬퍼함에 따라, 경솔한 것이라 여겨지는 것은 어떤 것이든 간에 눈살이 찌푸려진다.

13 ④

시간은 불가산명사이므로 가산명사를 꾸며주는 few는 적절하지 않다. 따라서 too few time을 too little time으로 고쳐야 한다. ① 보어절을 이끌고 있는 접속사다. ② wanting to please Western donors는 삽입된 분사구문이며, which want to please Western donors의 의미다. ③ that절속의 동사이며, 주어 organizations가 복수여서 are로 쓰였다.

많은 국제개발기구들이 서방 측 증여국가들의 마음에 들길 원해 확장에 지나치게 치중하며 수혜국의 목소리를 듣는 데에는 거의 시간을 쓰지 않는다고 나는 굳게 생각한다.

14 ④

두 개의 절이 결합하고 있으므로 접속사가 필요하거나, 접속사의 역할을 대신하는 관계대명사가 필요하다. ④의 them은 two cities를 가리키는데, 'and(접속사)+them(대명사)'의 역할을 할 수 있도록 the smaller of which로 바꾼다.

각 SMSA는 최소한 50,000명 이상의 주민을 가진 하나의 중심도시, 또는 공통 경계선을 가지면서 일반 경제적, 사회적 목적을 위해서 하나의 지역사회를 구성하고 둘이 합쳐서 최소한 50,000명의 인구를 가지는 두 도시(그런데 그중 작은 도시가 최소 15,000명의 인구를 가지는)를 포함했다.

15 ④

앞에서 지미와 플로렌스가 가정법 표현으로 말을 하고 나서 '그리고 마찬가지로'라고 하며 존스도 대답을 가정법 표현으로 하고 있는데 but 이하가 현재와 미래이므로 가정법 과거가 적절하다. 따라서 ④를 would be nice로 고쳐야 한다. ① 앞의 that(=a new red roadster)이 주어이며 가정법 과거가 맞다.

지붕 없는 빨간색 신형 자동차가 지나가자 지미는 "와, 저게 내 꺼라면 좋을 텐데."라고 탄성을 지른다. 플로렌스는 보석상 진열장 안의 반지와 관련하여 이와 똑같은 생각을 표현한다. 그리고 마찬가지로 불쌍한 노인 존스는 일요일 산책을 하다가 아내에게 이렇게 대답한다. "그래, 여보, 저런 집을 가지면 참 좋을 거야. 하지만 그건 불가능해. 우린 셋방살이를 계속해야 할 거야."

16 ②

랄프 본 윌리엄스(Ralph Vaughan Williams)는 국가적 영웅으로 '떠받들어졌던 대상'이므로, ②의 Lionizing을 Lionized로 고쳐야 한다.

랄프 본 윌리엄스(Ralph Vaughan Williams)만큼 명성이 오르락내리락했던 작곡가도 드물 것이다. 한때는 영어권 전체에서, 인생의 후반부까지도 존경받는 국가적 영웅으로 떠받들어졌던 그는, 1958년에 사망하고 10년도 채 지나지 않아 역사적 주석 자리로, 그러니까 슈포어(Spohr)나 텔레만(Telemann)같이 유명무실한 작곡가로 밀려날 위험에 처해 있는 것으로 보였다.

17 ⑤

⑤에서 as는 유사관계대명사로 such principles와도 연결되고 such form과도 연결된다. 이 둘을 선행사로 한 주격의 유사관계대명사이므로 as절에서 it을 삭제해야 한다. to them은 'seem ~ to them(그들에게 ~하게 여겨지다)'의 to them이다. ① When 접속사 다음에서 주어 it보다 '전치사+명사'구가 먼저 온 것이다. ② another는 another people이다. ③ entitle them to ~ station이 '그들에게 ~한 지위를 가질 자격/권리를 주다'라는 뜻이다. ④ organizing과 병치된 분사구문이다.

인류 역사의 과정에서 한 국민이 그들을 다른 국민과 연결 지어온 정치적 유대를 끊어버리고 세계열강들 가운데에서 자연법과 자연의 신이 그들에게 부여해 주는 분리되고 평등한 지위를 취해야 할 필요가 있게 될 때, 인류의 의견을 상당히 존중함에 따라 그들은 분리하지 않을 수 없는 대의명분을 선언해야 한다. 우리는 다음의 진리들을 자명하다고 주장한다. .... 즉, 어떤 형태의 정부든 이러한 목적들을 파괴하게 될 때는 언제나 그 정부를 변혁하거나 폐지하고, 국민의 안전과 행복을 가져다줄 가능성이 가장 클 것으로 국민에게 여겨지는 그런 원칙에 기초를 두고 또 그런 형태로 권력을 조직하는 새로운 정부를 수립하는 것은 국민의 권리이다.

18 ②

② 사역동사 have의 목적어와 목적보어의 관계, 즉 hat과 동사 blow의 관계가 수동이므로 과거분사 blown을 썼다. ① 관계대명사 which가 앞 문장 전체를 선행사로 받고 있다. 문장을 선행사로 하는 경우 which는 단수로 취급한다. make를 makes로 고친다. ③ 대명사 it이 가리키는 대상은 앞의 복수명사 things이므로 복수 대명사 them으로 고쳐야 한다. ④ pleasant는 사람을 주어로 사용할 수 없는 형용사이므로 pleased로 고쳐야 한다. 또한, 지각동사 see의 목적보어로 쓴 devote는 타동사이므로 뒤에 목적어가 있어야 한다. devote를 devote themselves로 고친다.

① 그는 종종 계란을 팔지 못하는데, 이 사실은 그의 주인을 화나게 만든다.
② 내 모자가 바람에 날아갔다.
③ 아이들은 단지 다른 사람들이 좋아한다고 말하기 때문에 좋아하지도 않는 것을 그렇다고 말해서는 안 된다.
④ 학생들이 공부에 전념하는 것을 보니 우리는 기쁘다.

19 ③

③ Whatever는 복합관계형용사로 쓰였으며, what is desirable은 전치사 of의 목적어로 쓰인 의문사절이다. ① 요구, 명령, 제안 등의 의미를 가진 명사와 동격을 이루는 that절의 경우, 그 절 속의 동사는 '(should) 동사원형'이어야 한다. were를 should be 혹은 be로 고친다. ② that절의 주어 two very different pictures는 보여지는 대상이므로 수동태로 나타내야 한다. can see를 can be seen으로 고친다. ④ 서술적 형용사 aware 뒤에는 'of+명사' 혹은 that절이 이어진다. aware 뒤에 of를 추가하여 were not only aware of로 고쳐야 하며, 이때 전치사 of의 목적어는 뒤에 있는 the misreporting of scores이다.

① 그는 죄수들을 잘 돌보라는 명령을 내렸다.
② 그 광고는 당신이 어떻게 보는지에 따라 두 가지 매우 다른 그림으로 보이도록 인쇄된다.
③ 역사가 어떤 길을 택하든, 무엇이 바람직한가 하는 질문은 아무런 영향을 받지 않는다.

④ 그 직원들은 점수가 잘못 보고된 것을 알고 있었을 뿐만 아니라 사실상 점수 조작을 조장했다.

20 ②

② there is no ~ing는 동명사의 관용표현으로 '~하는 것은 불가능하다'라는 의미이며, 의문사절의 어순은 '의문사+주어+동사'로 쓴다. 따라서 ②는 옳은 문장이다. ① A is not so ~ as B 구문은 원급비교로 'A는 B만큼 ~하지 않다'는 뜻이다. 여기서 비교 대상인 B에 해당하는 것이 something else이며 이것을 수식하려면 else 이하는 관계사절이나 분사가 되어야 한다. happens를 that happens나 happening으로 고친다. ③ 주어는 복수명사인 The professors이다. 따라서 동사 tends를 tend로 고친다. teaching 이하는 부대상황의 분사구문을 이루고 있다. ④ 동사 wish는 'wish+that절', 'wish+to부정사', 'wish+목적어+to부정사'의 형태로 쓴다. 주어진 문장에서 people or things we find amusing이 목적어이므로, being을 to be로 고쳐야 옳은 문장이 된다.

① 어떤 즐거운 일이 일어나면, 다른 누군가에게 일어난 그 어떤 다른 일이 그것보다 더 즐거울 거라고 생각하지 않고 그것을 최대한으로 즐겨야 한다.
② 미래에 무슨 일이 일어날 것인지를 아는 것은 불가능하다.
③ 우리 학술 기관의 철학 교수들은 보통 전문가들인데, 그들은 철학의 일부 분야를 가르치며 모든 분야를 가르치는 일은 거의 없다.
④ 우리는 우리가 재미있다고 생각하는 사람이나 사물들이 실제와 다른 어떤 것들이 되길 원하지 않는다. 왜냐하면 우리는 그것들을 변화시키기를 원하지 않기 때문이다.

TEST 41

| 01 ③ | 02 ④ | 03 ② | 04 ④ | 05 ④ | 06 ① | 07 ① | 08 ③ | 09 ③ | 10 ③ |
| 11 ④ | 12 ③ | 13 ② | 14 ③ | 15 ③ | 16 ② | 17 ⑤ | 18 ⑤ | 19 ③ | 20 ② |

01 ③

앞에 전치사 to가 있으므로 빈칸 이하는 to의 목적어가 되어야 하는데, 빈칸 뒤에 동사 gets가 있으므로 명사절을 이끌 수 있는 표현이 와야 한다. 따라서 선행사를 포함하고 있는 복합관계대명사 whoever가 답이 된다.

A: 누구에게 상을 줄지 어떻게 결정할까? B: 누구든 점수가 가장 높은 사람에게 상을 줘야지.

02 ④

It ~ that 강조구문에서, that 대신에 who, which를 쓸 수 있다. 주어진 문장에서는 주어인 I를 강조하고 있으므로 ④ I who developed가 정답이 된다. 한편, the plan 뒤에 위치한 that은 강조구문에 쓰인 that이 아니라 the plan을 선행사로 하는 관계대명사임에 유의한다.

채택된 계획을 입안한 사람은 바로 저였습니다.

03 ②

하나의 명사 앞에는 하나의 한정사만 쓸 수 있다. 따라서 명사 friend 앞에 a her나 her a와 같이 두 개의 한정사가 동시에 하나의 명사를 수식할 수 없다. 이때는 소유격이 아닌 한정사를 앞에 두고 소유격 한정사는 뒤로 보내어 'of+소유대명사' 형태의 이중소유격으로 나타내야 하므로, ②의 a friend of hers가 빈칸에 적절하다.

마침내, 그 아가씨는 그녀의 친구에게 비밀을 털어놓겠다고 제안했다.

04 ④

hear의 목적어는 my secret and cherished feelings about my own mother인데, 이것은 express되는 대상이므로 수동 관계다. 따라서 첫 번째 빈칸에는 목적보어로 과거분사 expressed가 적절하다. 두 번째 빈칸의 경우, she 앞에 접속사가 없으므로 분사구문이 되어야 한다. 따라서 having died가 적절하다.

내 어머니에 대한 나의 비밀스럽고 소중한 감정이, 어릴 적에 어머니가 돌아가셔서 어머니라는 존재는 결코 알지 못한 한 친구에 의해 나에게 표현되는 것을 듣고 보니 참으로 놀라웠다.

05 ④

문두에 장소의 부사구인 On the table이 왔으므로, 도치가 일어난다. 이때 도치는 의문문형 도치가 아니라 단순도치가 일어나므로, ④의 stood a frying-pan이 빈칸에 적절하다.

식탁에는 남은 계란 프라이가 들어있는 프라이팬, 반쯤 먹다 만 빵, 그리고 바닥에 조금만 남아 있는(술이 거의 빈) 보드카 한 병이 놓여 있었다.

06 ①

I thought는 구문에 영향을 미치지 않는 삽입절이므로, 삽입절을 제거하고 보면, 빈칸 앞의 that이 주격관계대명사로 쓰였음을 알 수 있다. 따라서 빈칸에는 주격관계대명사 that에 대한 시제를 가진 동사가 와야 하므로, 시제를 가진 동사가 오지 않은 ②와 ④는 빈칸에 부적절하다. 또한 빈칸 뒤에 목적어가 있으므로, 수동태가 온 ③ 역시 빈칸에 부적절하다. 반면, ①은 would give가 주격관계대명사 that과 호응하고, give가 빈칸 뒤에 온 두 개의 목적어를 받으므로 정답이다.

내가 사회복지사가 되는 것을 처음 생각해 봤을 때, 위탁 가정에서 자랐던 것은 내가 생각하기에 나에게 다른 사회복지사들보다 우위를 주는 것이었다.

07 ①

include의 목적어로 '형용사+명사(구)'가 나열되고 있다. 따라서 병치 구조가 되도록 등위접속사 and 이하 빈칸에는 ①이 들어가야 한다.

아이다호(Idaho) 주(州)의 천연자원에는 비옥한 토양, 풍부한 광물 매장물, 울창한 삼림, 풍부한 수자원이 포함된다.

08 ③

'사람이 시간을 보내면서 경험한 당시 시점으로부터 멀어진다'라는 의미가 되어야 하므로, 주어는 사람(one)이 되어야 하고 from 뒤에는 period를 가리키는 대명사 it이 와야 한다. 따라서 정답은 ③이다.

대개, 어느 시기에 대한 우리의 기억은 우리가 그 시기로부터 멀어짐에 따라 필연적으로 약해지기 마련이다. 우리는 끊임없이 새로운 것을 배우고 있다. 그래서 옛것들은 새로운 것들에 길을 내어주기 위해 떨어져 나가야 한다.

09 ③

so ~ that 형태로 쓰므로 ①, ④는 적절하지 않으며, ②의 경우 전치사 with의 목적어가 없으므로 정답이 될 수 없다. 따라서 too ~ to 구문으로 쓴 ③이 정답이며, 이때 to get along with의 목적어는 주어 the girl이다.

중학교 학창시절을 보내는 동안, 그 소녀는 같이 어울리기에 너무 힘이 들었지만, 내가 거의 16살이 되었을 때, 우리는 동년배로 어울리기 시작했다.

10 ③

'A라기보다는 차라리 B'라는 의미의 not so much A as B 구문이 쓰였으므로, but out of를 as out of로 고쳐야 한다. from curiosity ~ and strange가 A이고, out of a kind of snobbery가 B에 해당한다. ② for fun은 '재미 삼아' '장난삼아'라는 의미다. ④ kind를 단수로 썼으므로 of 뒤에 단수명사가 온 것이다.

사람들이 어려움이나 비용을 감수하고서라도 여행을 간다면, 그것은 호기심이나 재미 혹은 그들이 아름답고 낯선 것을 보고 싶어서라기보다는 오히려 일종의 속물근성 때문에 가는 것이다.

11 ④

bring about은 '초래하다'라는 뜻으로 타동사 bring과 부사 about이 결합된 것이다. 목적어가 명사인 경우 목적어가 bring 뒤에 올 수도 있고 about 뒤에도 올 수 있으나, 대명사인 경우 반드시 부사 앞에 와야 한다. 대명사 them은 동사와 부사 사이에 와야 하므로 bring about them을 bring them about으로 고친다. ① help 동사의 목적어로 to부정사와 원형부정사 모두 가능하다. ② 단수명사가 or로 연결되어 있으므로, 동사는 단수가 된다. ③ 명사 changes를 수식하고 있으므로, what은 의문형용사로 쓰인 것이다.

이런 극단적인 상황들이 사회 변화를 일으키는 동기부여를 유발하는 데 도움이 될 것이지만, 그 어느 개인이나 조직도 어떤 변화들이 필요하며, 어떻게 그 변화들을 초래할 것인지는 제시하지 않았다.

12 ③

lest(~하지 않도록)는 접속사의 관용표현으로 'lest+주어+should+동사원형'의 어순을 취하는데, 이때 lest ~ should는 자체적으로 부정의 의미를 가지고 있으므로, should 다음에 not이 올 수 없다. 따라서 ③을 cross로 고쳐야 한다.

뉴욕시 마라톤 대회에는 감시원들이 있는데, 이들의 유일한 목적은 비공식적으로 뛰는 사람들을 잡아서 그들을 마라톤 코스에서 내쫓는 것으로, 그들이 결승선을 통과해 안 그래도 어려운 경기 기록 처리 과정을 더욱 번거롭게 만들지 않도록 하기 위함이다.

13 ②

'양보'의 뜻으로 쓰이는 however 구문을 알고 있는지 묻고 있다. however 구문은 'however+형용사+주어+동사'의 어순을 취하므로, ②를 However poor people were로 고쳐야 한다.

스코틀랜드의 보통 교육은 교회가 담당했다. 아무리 사람들이 가난하더라도, 그들의 자녀들이 교육을 받도록 했다. 스코틀랜드 국회는 모든 교구에 아이들을 위한 학교를 반드시 두고 있도록 명령했고, 그렇게 하는 책임은 영주와 부유한 지주에게 주어졌다.

14 ③

목적격 관계대명사는 생략할 수 있지만 주격 관계대명사는 생략할 수 없으므로 ③을 insights that were나 insights which were로 고쳐야 한다.

레오나르도는 배우는 데에 만족을 몰랐다. 그는 물의 흐름, 연기가 공중으로 올라가는 방식, 딱따구리가 혀를 사용하는 방법 등, 눈에 보이는 모든 것을 연구했다. 그리고 그는 시대에 앞선 통찰력을 갖고 있었다. 그는 어떤 심장 판막의 작동에 대한 이론을 전개했는데, 학자들은 그 이론의 타당성을 불과 몇십 년 전에야 입증했다.

15 ③

in case 뒤에는 절이 오고 in case of 뒤에는 명사상당어구가 온다. ③의 뒤에 명사상당어구가 주어져 있으므로 ③은 in case of여야 한다. ④에 쓰인 well은 '꽤', '상당히'라는 의미로 쓰였다.

허리케인 시즌에 폭풍이 잦은 지역을 여행할까 생각중인 사람들은 비행기표 예약을 마무리 짓기 전에 여행의 위험성에 대해 신중히 생각해야 한다. 여행을 결정한 이들은 큰 폭풍에 대비해 비상 계획들을 준비해야 한다. 해안 지대에서 상당히 떨어진 내륙 지역에서조차 파괴적인 돌풍과 토네이도, 열대 폭풍과 허리케인에 의한 홍수를 겪을 수 있다.

16 ②

②에 쓰인 관계대명사 which 뒤에 완전한 문장이 이어지고 있으므로 옳지 않다. 따라서 관계대명사 앞에 전치사가 있어야 하겠는데, 문맥상 장소의 전치사가 필요하므로 ②는 the orbit of the state in which여야 한다. ④와 ⑤에 쓰인 will은 조동사가 아니라 명사로 쓰인 것임에 유의한다.

여론이라는 개념은 민주 정부 이론의 중심이었다. 민중의 정부는 독재적인 (정권) 탈취와 민간 이익집단의 침해에 취약하기 때문에, 국사가 운영되는 곳 밖에서 공공의 목표가 수립되고, 문제가 논의되며, 권력의 행사가 비판받을 수 있는 영역이 반드시 필요하다. 민주주의는 대중의 의지가 형성되고 표현되기 위한 통로뿐 아니라, 그 의지를 지도자에 대한 효과적인 견제로 전환하기 위한 메커니즘도 역시 필요로 했다.

17 ⑤

get은 사역동사가 아니어서 목적어 다음의 목적격 보어로는 동사원형이 아닌 to부정사가 온다. ⑤를 to cancel his or her로 고친다.

작년에 나는 런던의 "이코노미스트"에서 잠시 동안 일했다. 그곳 사람들이 보여준 태도는 의외의 것이었다. 그들은 자신들의 일에 자부심을 가지고 있고, 그것에 대해 여느 미국 언론인들만큼 강한 자만심을 가질 수도 있을 것이다. 하지만 그들은 또한 매년 5주의 휴가를 내고, 여기에 사무실이 문을 닫는 부활절에 거의 1주, 크리스마스에 거의 2주, 그리고 일반적인 휴일이 더해진다. 그리고 이코노미스트 편집자가 자신의 여름 "휴가"를 취소하게 하려면 어딘가에서 단순한 전쟁 이상의 것이 일어나야 할 것이다.

18 ⑤

don't doubt(의심하지 않는다)는 확신을 나타내므로 ⑤의 whether를 that으로 고쳐야 한다. ① 확신하지 못함의 not sure이므로 whether와 같은 의미의 if이다. ② don't care(상관하지 않는다)에 어울리는 '~이든 아니든'의 if이다. ③ 의심이나 궁금함을 나타내는 wonder이므로 whether이며 whether or not은 가능하다. ④ know 다음에는 that과 whether 모두 가능하다. that절은 확정된 사실을 나타내고 whether절은 '~인지 아닌지'의 사실 여부를 나타낸다.

① 나는 내가 그 취업 요건을 충족하는지 모르겠다.
② 나는 당신이 재택근무를 선택하든 말든 상관하지 않는다.
③ 나는 그의 결정이 현명한 것인지 아닌지 궁금하다.
④ 당신은 그 두 당사자가 합의를 했는지 어떤지 아는가?
⑤ 나는 존이 우리와 협력할 것이라는 것을 의심하지 않는다.

19 ③

③ 관계대명사절 속에서, will be changed 뒤에 목적어 the way가 주어져 있으므로 수동태 표현은 적절하지 않다. will be changed를 능동태인 will change로 고쳐야 한다. ① 'A와 B의 관계는 C와 D의 관계와 같다'라는 의미의 A is to B what C is to D 구문이 쓰인 문장이다. ② and 뒤에 happiness depends가 생략되어 있는 것으로 파악할 수 있으며, depend on과 depend upon 둘 다 가능하다. ④ is의 보어를 이루는 표현에 not A but B 구문이 쓰였으며, A와 B에 해당하는 곳에 모두 명사상당어구가 왔으므로 옳은 표현이다.

① 은행과 국가의 관계는 심장과 신체의 관계와 같다.
② 행복이란 일부는 외부 상황에, 일부는 자기 자신에게 달려 있다.
③ 우리는 사람들이 일하고, 놀고, 여행하고, 심지어 생각하는 방식까지도 영원히 변화시킬 컴퓨터 시대에 살고 있다.
④ 이 직책에 필요한 주된 요건은 전문화된 지식이 아니라, 사람들을 솜씨 있게 다룰 수 있는 능력이다.

20 ②

② between을 among으로 고쳐야 '~에 해당한다' '속한다'라는 의미가 될 수 있다. ① begin은 to부정사와 동명사를 모두 목적어로 취할 수 있다. in which 이하에 완전한 문장이 주어져 있으며, using false identities는 동시동작을 나타내는 분사구문이다. ③ and 이하에서, 주어인 products는 동사 are에 이어지며, bearing은 products를 수식하는 현재분사이다. be most sought after는 '가장 수요가 많다' '가장 인기가 있다'라는 의미이다. ④ It은 가주어, that절이 진주어이다. have an effect on은 '~에 영향을 미치다' '효과를 나타내다'라는 의미이다.

① 죄수들이 신분 위조를 이용해 탈옥한 최근 두 번의 사건 이후 경찰은 첨단 기기를 사용하기 시작했다.
② 지구 온난화와 빙산이 녹는 것은 오늘날 우리가 직면한 기후 변화의 영향에 해당한다.
③ 자신의 성공으로 그는 엄청난 팬을 얻었고, 그의 이름이 들어간 제품들은 매우 인기가 있다.
④ 호흡은 인간의 신체 기능에 지대한 영향을 준다고 여겨지고 있다.

TEST 42

01 ④	02 ②	03 ②	04 ③	05 ④	06 ③	07 ④	08 ④	09 ④	10 ①
11 ①	12 ③	13 ①	14 ④	15 ③	16 ④	17 ③	18 ①	19 ②	20 ①

01   ④

① each 다음에 being이 생략된 구조로 파악할 수 있으며 의미상 부적절하다. ② each with여야 한다. ③ which의 선행사가 six different categories로 복수이므로 which each have여야 한다. 그래도 빈칸 다음의 its가 수일치 하지 않는다. ④ each of which has도 가능하고 of which each has도 가능하다.

이 책은 연극의 연출 방식을 서로 다른 여섯 가지 범주로 나누는데, 각각의 범주는 그 자체의 목표와 기준을 갖고 있다.

02   ②

콤마 앞에 이미 완전한 문장이 있으므로, 빈칸에는 뒤에 제시된 문장의 주어와 두 문장을 이어줄 접속사가 필요하다. 따라서 접속사 for와 대명사 it이 포함된 ②가 정답이다.

켄터키(Kentucky)에 머물렀던 짧은 기간이 작가 메리 홈스(Mary Holmes)에게는 매우 중요했는데, 왜냐하면 그것이 그녀가 쓴 몇 편의 소설의 배경을 제공해주었기 때문이다.

03   ②

염좌는 알리려는 '주체'가 아니라 알려지는 '객체'이므로, 현재분사가 쓰인 ①과 ③은 빈칸에 부적절하고, ④의 경우 과거분사인 being known이 a torn ligament를 목적어로 취할 수 없어서 빈칸에 역시 부적절하다. 따라서 ②의 also known as가 빈칸에 적절한데, also known as는 원래 which is also known as에서 which is가 생략된 형태이며, also known as는 '~로도 알려진'이라는 뜻으로 관용적으로도 많이 쓰이는 표현이다.

인대파열로 또한 알려져 있는 염좌(捻挫)는 관절 내부의 인대가 늘어나거나 찢어진 상태를 말하며, 갑자기 관절을 억지로 그 기능적인 운동범위이상으로 움직이는 부상이 원인이다.

04   ③

접속사 and 앞에 완전한 절이 왔다. and 다음에는 구도 올 수 있겠지만, 문맥상 "다른 학생들은 선생님들이 동행했다"라는 말이 되어야 하므로 and 다음에도 절이 와야 한다. 빈칸에는 others were accompanied by teachers가 들어가야 하는데, were accompanied가 중복되므로 생략할 수 있다. 따라서 were accompanied가 생략된 ③ others by teachers가 정답이다.

일부 학생들은 우리 교장선생님이 동행했고, 다른 학생들은 선생님들이 동행했다.

05   ④

빈칸 앞에 완전한 절이 왔으므로, 빈칸 이하는 이 절을 꾸며주는 말이 되어야 한다. ①이 올 경우 연결사 and가 many of them were 앞에 있어야 한다. 원래대로 and가 뒤에 있으면 with를 had로 고쳐 세 개의 절이 콤마와 and로 연결되어야 한다. many of whom은 and many of them과 같다. 따라서 many of whom 다음에는 정동사인 were가 와야 하므로, ②와 ③ 역시 빈칸에 부적절하다. ④의 many of them은 원래 독립분사구문인 many of them being에서 being이 생략된 형태로, 앞의 절과 자연스럽게 연결되므로, ④가 정답이다.

그 빈민가는 아이들로 우글거렸는데, 아이들 대부분이 고아였고, 집도 없이 거리에 살았다. 얼마나 많은 아이들이 그 빈민가에 사는지는 아무도 확실히 알지 못했다.

06   ③

ask가 4형식과 3형식으로 쓰일 때의 용법을 묻고 있다. ask는 4형식에 쓰일 때는 'ask+간접목적어+직접목적어'의 어순을 취하는 반면, 3형식에 쓰일 때는 'ask+직접목적어+of+간접목적어'의 어순을 취하므로, 3형식으로 적절히 쓰인 ③이 정답이다.

마크(Mark)가 레이먼드(Raymond)에게 질문을 하나 했을 때, 직원들과 나는 점심 테이블에 둘러앉아있었다.

07 ④

병치되는 구나 절은 그 문법적인 구조나 역할이 동일해야 한다. 따라서 빈칸에 들어갈 표현도 앞의 Graying hair, weight gain처럼 명사구여야 한다. 보기 중 명사구는 ④뿐이다.

머리가 희어가고, 체중이 불며, 육체 활동에서의 회복이 더 어려워진다는 것은 늙어간다는 것을 보여주는 생리적인 징후일 수 있다.

08 ④

'~와 같이 …도'라는 뜻을 나타낼 때는 'as~, so…' 구문을 사용하므로, 빈칸에는 원래 so the risk for accidents has risen too가 와야 하는데, 반복되는 risen을 생략하고, 주어(the risk for accidents)와 조동사 has를 도치한 형태인 ④의 so too has the risk for accidents가 빈칸에 적절하다. ①과 ②는 완전한 절이 온 것으로 보이지만, has risen을 대동사로 받기 위해서는 does가 아니라 has가 되어야 하며, ③의 have는 주어인 the risk와 수일치가 되지 않으므로, 역시 부적절하다.

성형수술의 횟수가 증가함에 따라, 의료사고의 위험성도 증가했다.

09 ④

주어 The official에 대한 동사가 필요하다. ③의 being은 정동사 역할을 할 수 없으므로 답에서 제외되며, ②는 accuses의 목적어가 없으므로 부적절하다. ①의 경우, 시제를 가진 동사가 단독으로 삽입된 형태가 되어 옳지 않다. is accused 앞부분이 관계사절이나 분사구문이 되어야 하므로 정답은 ④이다.

지난주 그 위원회에서 사임한 그 관리는 3천만 원어치의 다이아몬드를 받은 혐의를 받고 있다.

10 ①

consider가 타동사이므로 the greatest of the United States Secretaries of state를 목적어로 볼 수도 있으나, 이 경우 뒤에 남은 'by 행위자' 구문이 어색해진다. 따라서 considering을 과거분사 considered로 고쳐 수동태 문장으로 만드는 것이 적절하다. 'A를 B로 간주하다'를 표현할 때 'consider A as B' 또는 'consider A B' 문형 모두 가능하며, 후자의 문장이 수동태가 되면 주어진 문제에서와 같이 'A is considered B' 형태가 된다. ②, ③ 'the+최상급+of (all) 복수명사' 형태로 쓰므로 옳은 표현이다. ④ most는 '대부분의'라는 뜻의 형용사로 쓰였기 때문에 관사를 붙이지 않았다.

존 퀸시 아담스(John Quincy Adams)는 대부분의 외교학과 학생들에 의해 미국 국무장관들 중에서 가장 뛰어났던 것으로 여겨지고 있다.

11 ①

all은 전치한정사로 한정사인 her보다 앞에 오므로 ①을 all her children으로 고쳐야 한다. ③ 전치사 instead of 다음이므로 명사이며, ④ them은 things를 가리킨다.

그녀는 자신의 모든 자녀들이 가서 가진 것을 나눠줄 것이고 물건을 소유하는 대신 공유할 수 있을 것으로 예견한다.

12 ③

최상급 표현 앞에는 일반적으로 정관사가 붙지만, '부사의 최상급' '동일한 대상 안에서의 성질 비교' '형용사의 최상급이 서술적으로 쓰인 경우'에는 정관사를 생략한다. 주어진 문장에서 최상급이 보어로 쓰였으므로 the hardest에서 the를 삭제한다. ② '내용'이라는 뜻의 명사로 쓰였다. ④ deal with ~는 '~을 다루다, 처리하다'라는 뜻이다. 참고로 because 이하는 it ~ that 강조구문으로 되어 있다. writers find style rather than organization or content hardest to deal with라는 문장에서 style rather than organization or content를 강조하고 있는 구조다.

이 책은 글을 쓰는 데 있어 문체에 역점을 둔다. 왜냐하면 작가가 가장 다루기 힘든 것은 바로 구조나 내용이 아니라 문체이기 때문이다.

13 ①

관계대명사 뒤에 완전한 문장이 주어져 있으므로, which의 문법적 역할이 전혀 없는 상태다. '~로 가장 알려져 있다'라는 의미의 be best known for 구문을 써서 work which로 work for which로 고치면, 관계대명사가 전치사 for의 목적어가 되므로 옳은 문장이 된다. ② 과거분사 known을 수식하고 있으므로 부사임을 알 수 있다. well의 최상급이다. ③ 앞의 명사를 선행사로 하는 관계대명사절이며, 선행사가 inscribe된 대상이므로 수동태로 썼다.

시인 에마 라자러스(Emma Lazarus)의 가장 유명한 작품은 『새로운 거상(The New Colossus)』인데, 이것은 자유의 여신상을 받치고 있는 주춧돌 위에 새겨져 있다.

14 ④

④는 의미상 having과 병치되는 것이 아니라 worry와 병치되어야 하므로 balance로 고쳐야 한다. ① 전치사 다음의 동명사이며 it은 주절 전체를 가리킨다. ② us와 humans는 동격이다. ③ have가 소유가 아니라 행위의 의미이므로 진행시제가 가능하다.

우리 인간들 대부분은 모르는 가운데 대단히 상호 의존적이다. 우리는 파트너나 친구가 즐거운 시간을 보내고 있는지 염려하며 의사결정을 내릴 때 언제나 그들의 필요들 사이에 균형을 맞춘다.

15
③

sunlight는 셀 수 있는 것이 아니므로 amount와 함께 쓰인다. 따라서 in the number of를 in the amount of로 고쳐야 한다. ① 타동사 convince는 두 개의 목적어를 취할 수 있으며, them이 간접목적어, 그 뒤에 이어지는 that절이 직접목적어다. ② calculations를 후치 수식하고 있으며, 능동 관계이므로 현재분사를 썼다. ④ sunlight를 후치 수식하는 현재분사이며, reach가 타동사이므로 전치사 없이 목적어가 바로 뒤에 왔다.

궤도 변화가 그 원인이라는 것을 그들에게 확신시켜주기 위해, 한 수학자는 북쪽 위도에 도달하는 일조량의 계절적 변화의 시간적 순서를 설명해주는 정교한 계산을 해 보였다.

16
④

advise(조언하다) 다음의 that절은 조언의 내용으로 마땅히 해야 할 당위성을 가지므로 동사를 'should 원형동사'나 '원형동사'로 나타내야 한다. 따라서 ④를 should resend나 resend로 고쳐야 한다. ① -ly 형태가 아닌 down, up, out, in, over 같은 부사는 보어로 쓰일 수 있다. ② 특정한 날짜 앞에는 on이다. ③ while이라는 시간 부사절에서 미래를 대신한 현재시제이다. ⑤ 요일 앞에는 on이다.

네바다 대학의 이메일 서비스가 6월 10일 오전 6시부터 오후 6시까지 중단될 것이며 그동안 교직원들이 시스템의 소프트웨어를 업데이트할 것이다. (그 시간에) 이메일을 보내는 사람들은 일요일 오후 6시 이후에 메일을 다시 보내라는 조언을 하는 답신을 받을 것이다.

17
③

③에서 what 다음에 완전한 절이 와서 틀렸다. ③ 앞에 'it is+부사구'가 나오고 ③ 뒤에 완전한 절이 나온 것을 통해 'it ~ that 강조구문'이 쓰였음을 알 수 있다. 따라서 ③을 that Halloween lost로 고쳐서 because of these efforts를 강조해주는 강조구문으로 고쳐야 한다.

핼러윈이 오늘날 우리가 아는 모습으로 진화하기 시작한 것은 1800년대 후반이었다. 지역사회 지도자들은 사람들이 핼러윈을 보다 지역친화적인 행사로 만들도록 장려했으며, 핼러윈이 아이들에게 보다 친숙한 행사로 만들기 위해 핼러윈의 기괴하고 무서운 부분들을 사람들이 없애도록 장려했다. 핼러윈에서 미신적인 믿음이 사라지고 현재의 위치로 자리 잡을 수 있었던 것은 바로 이러한 노력 때문이다.

18
①

① only를 포함하는 부사어가 문두에 위치할 경우 주절의 주어와 동사는 도치되므로 is와 there가 도치된 형태의 문장이다. ② 전치사 of의 목적어로 which가 이끄는 절이 왔는데, which를 의문대명사로 보면 '어느 것'이 되어 의미가 어색하고 관계대명사로 보는 경우에는 앞에 선행사가 없어서 부적절하다. 따라서 which를 what으로 고친다. ③ 관계대명사 which 이하에는 불완전한 절이 와야 하는데, 완전한 절이 주어져 있으므로 옳지 않은 표현이다. which를 소유격 관계대명사 whose로 고치

면 and its의 의미가 되어 올바른 문장이 된다. ④ careful은 형용사이므로 과거분사 prepared를 수식하기에 적절하지 않다. 부사 carefully로 고친다. 한편 조동사 will은 '경향'이나 '습성'을 의미하는 용법으로 쓰였으며, develop은 자동사로 쓰였다.

① 빨간 불이 들어와 있을 때에만 직원들에게 무슨 위험이 있는 것이다.
② 많은 사람들이 글쓰기의 본질에 대해 공상적인 생각을 가지고 있다.
③ 천식은 그 주요 증상이 호흡 곤란인 만성 질환이다.
④ 매우 꼼꼼하게 준비한 여행에서도 문제는 가끔 발생하게 마련이다.

19
②

② 장소의 선행사 the house를 받는 관계부사 where 이하의 절이 완전하므로 올바른 문장이다. ① 관계대명사 that의 선행사인 a series of indicators가 help의 주체인데 도움을 받는 대상은 문맥상 Researchers이므로, 주어의 동작이 자신에게 미치는 경우에 해당하지 않는다. 따라서 재귀대명사를 쓸 수 없다. themselves를 them으로 고쳐야 한다. ③ 'A가 B가 아닌 것은 C가 D가 아닌 것과 같다'는 의미의 A is no more B than C is D 구문에서, than 이하에는 긍정문이 와야 한다. 따라서 astronomy is not about telescopes를 astronomy is about telescopes로 고쳐야 한다. ④ 부정어 few가 있으므로, much more를 much less 혹은 still less로 고쳐야 한다. 해석은 '하물며[더군다나] ~아니다'로 한다.

① 그 대학교의 연구원들은 그들이 지진을 예측하는 데 도움이 될 수 있는 일련의 지표들을 연구하고 있다.
② 그는 자신이 성장했던 집의 사진 한 장을 갖고 있다.
③ 컴퓨터 과학이 컴퓨터에 관한 것이 아닌 것과 마찬가지로 천문학은 망원경에 관한 것이 아니다.
④ 이 해변은 겨울은 말할 것도 없고 여름에도 찾는 이가 거의 없다.

20
①

① 선행사에 more가 있으므로 유사관계대명사 than을 썼으며, seat는 '자리를 만들다' '수용하다'라는 의미의 타동사로 쓰였다. ② '~에 대해 불평하다'라는 표현을 하는 경우 complain 뒤에 전치사 of 혹은 about을 써야 한다. 주어진 문장은 의문대명사 What을 강조하여 쓴 it ~ that 강조구문이다. ③ 'Socotra를 제외한 다른 곳에서는 찾아볼 수 없다'는 의미가 되어야 하므로 nowhere를 nowhere else로 고쳐야 한다. percent는 항상 단수로 쓰므로 37 뒤의 percent에 -s를 쓰지 않았다. 한편 부분을 나타내는 표현이 주어에 있는 경우 of 뒤의 명사에 수를 일치시키는데, species는 단수와 복수의 형태가 같으며, 주어진 문장의 문맥에 따라 파악해야 한다. 문장에 are가 쓰였으므로 복수로 쓰였음을 알 수 있다. ④ 주어 His business scheme과 동사 postpone의 관계가 수동이므로 has postponed를 has been postponed로 고친다.

① 강당에 수용할 수 있는 사람보다 더 많은 사람들이 왔다.
② 너는 도대체 왜 항상 음식에 대해 불평을 하니?
③ 소코트라(Socotra)의 식물 종(種) 가운데 37퍼센트는 지구상의 다른 곳에서는 찾을 수 없다.
④ 그의 사업 계획은 고금리로 인해 무기한 연기되었다.

01 ①	02 ④	03 ④	04 ①	05 ④	06 ④	07 ③	08 ③	09 ④	10 ①
11 ③	12 ①	13 ①	14 ③	15 ④	16 ③	17 ③	18 ①	19 ②	20 ①

01 ①

빈칸 뒤에 가정법 과거완료의 주절이 이어지므로, 빈칸에는 if절이나 이것을 대신할 수 있는 어구가 들어가야 한다. 따라서 otherwise가 정답이 된다. ②, ④의 경우 뒤에 절이 와야 하며, ③은 전치사의 목적어가 없으므로 정답이 될 수 없다.

그는 열심히 공부했다. 만약 그렇지 않았더라면, 시험에서 낙제했을 것이다.

02 ④

빈칸 이하의 내용은 '그에게 전화해서 알려주지 못했다'는 것이다. 따라서 빈칸에는 과거 행위에 대한 강한 후회나 유감을 나타내는 표현이 들어가야 한다. should have p.p가 이러한 뜻을 지니므로 정답은 ④이다. 이때 ④의 have 뒤에는 앞 문장에 쓰인 동사의 과거분사(called)가 생략되어 있다.

A: 너는 그에게 전화해서 모임이 취소되었다는 걸 말했니? B: 그렇게 했어야 했는데, 잊어버리고 말았어.

03 ④

비교 대상은 꿀벌의 사회체계와 호박벌의 사회체계이므로, ②에서처럼 honeybees와 비교하면 안 된다. 따라서 정답은 ④이며, 여기서 that은 social system을 가리킨다. ①은 비교급이므로 답이 될 수 없고, ③은 어형이 맞지 않다.

호박벌의 사회체계는 꿀벌의 그것만큼 복잡하지 않다.

04 ①

빈칸 앞에는 완전한 문장이 주어져 있다. ②의 경우 접속사도 없고 어순도 옳지 않으며, ③은 의미상 어색한 문장을 만든다. ④의 경우 관계사절의 동사가 없다. 정답은 ①이다. 이때 콤마 이하는 the White House와 동격을 이룬다.

1800년 이래로 이어져온 대통령 관저인 백악관을 돌아보는 것은 워싱턴 방문객들에게 필수적인 것이다.

05 ④

whereas 이하가 종속절이므로, 콤마 앞부분은 주절이 되어야 한다. ①, ②, ③에는 종속절을 이끄는 접속사가 포함되어 있으므로 모두 주절을 만들지 못한다. 따라서 정답은 ④이다.

여름철의 나뭇가지 치기가 대체로 꽃과 과실의 생산을 촉진시키는 반면, 겨울철의 나뭇가지 치기는 잎사귀와 가지의 생성을 증진시킨다.

06 ④

want는 'that절'을 목적어로 취하지 않으므로 ①은 적절치 않다. 또한 suggest와 demand 뒤에는 '목적어+to부정사' 형식이 올 수 없으며 'that절'을 목적어로 취한다. 따라서 정답은 ④이다.

저 대학교의 경우, 수학과와 생물학과에서는 학생들의 석사 과정을 졸업하기 위해 논문을 쓸 필요가 없다.

07 ③

빈칸 앞에 완전한 절이 있으므로, 연결사 없이 동사 is가 온 ②와 ④는 빈칸에 부적절하며, is의 보어가 될 수 있는 것은 부사가 아니라 형용사이므로, 형용사적 의미인 of importance(중요한)가 쓰인 ③의 that is of importance가 정답이며, 이때 that은 'it ~ that 강조구문'으로 쓰였다.

중요한 것은 혈액형이지, 당신이 어떤 인종인지, 어떤 민족인지가 아니다.

08 ③

빈칸까지가 주절 앞에 온 부사구인데, 전치사 in 다음에 동명사(founding)구가 이어졌으므로 빈칸에는 이 동명사구와 병치를 이루는 또 하나의 동명사구인 ③이 적절하다.

국제적십자를 창설하고 제네바 협약을 창시하는 것에서의 역할로, 앙리 뒤낭은 1901년에 초대 노벨 평화상을 받았다.

09
④

나라는 나라와, 인구는 인구와 비교해야 한다. '많은 인구'는 many population이 아니라 a large population이고, as 다음에는 '형용사+a(n)+명사' 순서로 문장성분이 이어진다. 이상의 조건을 모두 만족시키는 것은 ④이다.

그 나라는 인구가 미국에 비해 채 반도 안 되는 것으로 추산된다.

10
①

양보의 부사절을 이끄는 접속어 no matter how에서 how는 부사이다. 부사는 자신이 수식하는 어구 가까이에 위치하므로 형용사 safe가 how 바로 다음에 이어져야 한다. 따라서 ①을 safe a driver로 고쳐야 하며, 참고로 'no matter how+형용사+관사+명사+주어+동사'는 '아무리 ~해도'라는 뜻의 양보의 부사절이다.

당신이 아무리 안전한 운전자라 할지라도, 교통사고를 피하는 것은 당신이 통제할 수 없는 부분이다. 그리고 만일 다른 운전자들이 어떤 사고에 대해 당신에게 책임을 묻는다면, 당신은 곤란에 처할 수 있다.

11
③

앞 절이 '보어 as 주어 be 동사'의 양보절을 이루고 있으므로 그 다음은 주절이 바로 시작되면 된다. 따라서 ③을 삭제해야 한다.

부모가 치매에 무너지는 모습을 보는 것은 어렵고 좌절감을 주며 피할 수 없는 일이지만, 우리는 사랑하는 사람들을 보살피는 것이 명예로운 일이며 인생의 일부라는 것을 기억해야 한다.

12
①

diabetes는 질병의 명칭으로, 형태는 복수이나 단수로 취급한다. 따라서 were를 was로 고쳐야 한다. ② refer to A as B는 'A를 B로 부르다, 칭하다'라는 뜻이며, 수동태가 되면 A is referred to as B' 형태가 된다. ③ stem from ~은 '~에서 유래하다'라는 의미이며, 주어진 문장의 stemming은 difficulties를 후치 수식하는 현재분사다.

제2형 당뇨병은 그 질병의 속성에서 기인하는 어려움과 유전 분석에 이용할 수 있는 방법들 때문에 한때 '유전학자의 악몽'으로 불렸다.

13
①

whether절 뒤에는 단정적인 사실을 언급하는 내용이 올 수 없다. 주어진 문장에서 ① 이하에 단정적 내용이 이어지고 있는데, 이러한 내용은 접속사 that이 이끌어야 한다. whether or not을 that으로 고친다. ② allergic은 people을 후치 수식하고 있다. 앞에 '관계대명사+be동사', 즉 who were가 생략되어 있다. ③ grow는

불완전자동사로도 쓰이고 완전타동사로도 쓰이는데, 주어진 문장에서 grown은 타동사의 과거분사로 쓰인 것이며 앞의 명사를 후치 수식하고 있다. ④ suggest가 '제안하다'가 아니라 '암시하다'라는 의미로 쓰였으므로, that절 속에 동사가 '(should) 동사원형'일 필요가 없다.

한때는 일반적으로 계란 알레르기가 있는 사람들에게는 홍역 백신처럼 닭의 배아에서 만들어진 백신을 투여할 수 없다고 여겨졌으나, 다수의 연구는 그것이 잘못된 믿음임을 시사하고 있다.

14
③

히스패닉 이민자와 아시아 이민자의 비교 대상은 유럽인들이며, 유럽인들보다 그들의 신체적 특징을 더 '고려한다(consider)'는 것이므로 are를 consider를 대신할 대동사 do로 고쳐야 한다. ① 주어인 Hispanic and Asian immigrants의 동작이 주어 자신에게 미친 것이므로 재귀대명사를 쓴 것이다. ② 바로 뒤에 by가 있어서 정답으로 오인하기 쉽다. identifiable은 consider의 목적보어로 쓰인 형용사이며, by는 판단의 기준을 나타내는 전치사다. 수동태에서 행위자를 나타내는 by가 아니라는 것에 유의한다.

최근에 미국으로 이주한 히스패닉 및 아시아 이민자들은 자신들이 유럽인들보다 신체적 특징으로 더 구별될 수 있다고 여기고 있으며, 그래서 성(姓)을 바꿀 가능성이 낮다.

15
④

explain은 3형식 동사로 목적어를 하나만 취할 수 있다. 따라서 explain은 'explain A(사물) to B(사람)'의 형식으로 쓰일 수 있는데, 이 문제에서는 A에 해당하는 것이 what절 이하인데, 목적어가 길 경우 'explain to B A'의 형태로 쓰일 수 있다. 따라서 explain과 them사이에는 전치사 to가 필요하므로 ④를 explain to them으로 고친다.

어떻게 하면 우리 아이들이 어머니의 죽음을 극복할 수 있도록 도울 수 있을까? 일반적으로 아이들에 대한 우리의 태도는 동정적이어야 하며, 무엇보다도 그들의 나이에 맞추어야 한다. 우리가 더 어린아이들을 대한다면, 아이에게 엄마에게 무슨 일이 일어났는지 그들이 이해할 수 있는 간단하면서도 진실된 말로 설명하는 것이 매우 중요할 것이다.

16
③

소유격 his와 지시형용사 this는 모두 한정사로 명사 앞에서 나란히 쓸 수 없다. 따라서 다른 한정사를 소유격과 같이 사용해야 할 때는 이중 소유격으로 써야 하므로, ③에서 His this book을 This book of his로 고쳐야 한다.

십대일 때 미국 남북전쟁에서 싸웠던 나의 증조부는 그의 이야기를 기록으로 남길 필요성을 깨달았다. 그는 1920년대 후반에 그의 농장에 있는 평판에다가 이야기를 적었다. 1935년 그가 사망한 이후, 증조부의 글을 바이런 애버내시(Byron Abernathy)에게 넘긴 사람은 바로 그의 딸이었는데, 바이런 애버내시는 증조부의 글을 편집하고 발행한 사람이었다. 그의 이 책은 이후 미국 남북전쟁에 참전한 한 젊은 군인의 업적을 다룬 중요한 역사기록이 되었다.

17 ③

③에 쓰인 flatter는 that절을 바로 목적어로 취하지 않으며, '~라고 마음 편하게 생각하다'라는 의미로 사용하는 경우 'flatter oneself that ~'의 형태로 쓴다. ③을 flatter himself that he invented로 고친다.

우리는 끊임없이 되풀이되는 "무언가를 공짜로 얻는다"라는 말을, 마치 그것이 사회를 혼란스럽게 만드는 사람들의 특이하고 비뚤어진 야망인 것처럼, 의아하게 생각할 수밖에 없다. 우리의 동물 의상을 제외하면, 우리가 가진 모든 것은 공짜로 우리에게 건네진다. 아무리 안일한 반동주의자라고 해도 과연 자신이 글쓰기나 인쇄술을 발명했다거나, 종교적, 경제적, 도덕적 신념, 또는 자신에게 고기와 옷을 공급해 주는 장치, 혹은 문학이나 미술에서 얻을지도 모르는 그러한 즐거움의 원천을 자기 자신이 발견했다고 마음 편하게 생각할 수 있을까?

18 ①

일반적으로 주격 관계대명사의 동사는 선행사와 일치시키는데, 'the only one of+한정사+복수명사' 다음에는 선행사인 the only one에 맞춰 단수동사를 써야한다. 따라서 ①에서 are를 is로 고쳐야 한다.

① 그녀는 학생들 중에서 오늘 참석한 유일한 학생이다.
② 물리학은 실험과학이자 이론과학이다.
③ 내게 필요한 것은 주어진 문제를 해결할 수 있는 사람이다.
④ 책 한 세트가 고등학교 도서관에 기부되었다.

19 ②

4형식 문장에서 ①처럼 직접목적어는 강조될 수 있으나 ②처럼 간접목적어는 강조될 수 없다. me를 to me로 고쳐야 한다. ③ carelessly와 같은 ly형 부사는 강조될 수 없으나 'with 추상명사'인 with care는 강조될 수 있다. ④ 강조요소가 사람일 때 that 대신 who를 쓸 수 있다. ⑤ 강조요소가 사물일 때 that 대신 which를 쓸 수 있다.

① 선생님이 나에게 주신 것은 그 책이었다.
② 선생님이 그 책을 주신 것은 나에게였다.
③ 그녀가 상자를 옮긴 것은 조심을 다해서였다.
④ 그 남자에게 계란을 던진 것은 나의 아저씨였다.
⑤ 시위를 불러일으킨 것은 그의 죽음이었다.

20 ①

① dissuade는 '~를 설득해서 단념시키다'라는 뜻으로, '목적어+from ~ing' 형태가 뒤따른다. to take를 from taking으로 고친다. stop, keep, prevent 등의 동사도 같은 용법으로 쓰인다. ② the number of 뒤에는 '복수명사+단수동사'가 오고, a number of 뒤에는 '복수명사+복수동사'가 온다. ③ measles는 '홍역'이라는 의미의 명사로, 형태는 복수이지만 단수로 취급한다. affect는 '(병, 고통이 사람을) 침범하다, 걸리다'라는 의미의 동사로 썼다. ④ gave의 직접목적어는 a winning smile이고 간접목적어는 whoever came to the door이다. 복합관계대명사의 격은 자신이 이끄는 절에서의 역할에 의해 결정되는데, came의 주어 역할을 하고 있으므로 주격 whoever를 쓴 것은 올바르다.

① 아버지는 내가 다른 도시에서 일자리를 구하려는 것을 단념시키셨다.
② 침수된 전체 가구의 수는 1,500가구에 이른다.
③ 홍역은 주로 아이들이 걸리는 매우 흔한 질병이다.
④ 그는 집을 방문하는 누구에게든 매력적인 미소를 보였다.

TEST 44

01 ①	02 ②	03 ③	04 ①	05 ④	06 ②	07 ②	08 ④	09 ②	10 ④
11 ②	12 ①	13 ③	14 ②	15 ⑤	16 ②	17 ④	18 ①	19 ②	20 ④

01   ①

빈칸 앞 문장이 완전하므로 ③, ④처럼 시제를 지닌 동사가 다시 와서는 안 되며, class를 수식하거나 부연설명하는 어구가 들어가야 한다. '다각형이라고 불리는 부류'라는 뜻이 되어야 하므로 과거분사 called가 적절하며, 이때 called 앞에는 '관계대명사+be동사', 즉 which is가 생략되어 있다. ②의 경우 class가 call하는 주체가 아니므로 의미상 부적절하다.

정사각형이나 정삼각형과 같은 폐쇄 평면 도형은 다각형이라는 부류에 들어갈 수 있다.

02   ②

수사와 명사가 결합할 때, 순서의 개념이 있는 경우에는 'the+서수+명사' 혹은 '명사+기수'로 표현한다. 연극의 제1막, 제2막 등 순서를 표현할 때는 act one, act two 또는 the first act, the second act 등으로 써야 한다. 따라서 ②가 정답이다.

연극 『상복(喪服)이 어울리는 엘렉트라(Mourning Becomes Electra)』의 제1막에서는 등장인물의 배역을 소개하고 줄거리를 암시한다.

03   ③

'가정법+but+직설법' 구문이다. 주절에 would have grown이 왔으므로 가정법 과거완료. 가정법 과거완료는 과거 사실의 반대를 가정하는 것이므로, but 이하에는 직설법 과거 표현이 와야 한다. 따라서 정답은 ③이다.

그녀가 엉뚱한 곳에 심지만 않았더라면 그 나무는 잘 자랐을 텐데.

04   ①

주어와 부사구가 있으므로 동사가 필요하다. ②의 경우 which 이하 전체가 관계사절이 되어 동사가 없는 문장이 되며, ③에는 동사가 없으므로 정답이 아니다. ④의 경우 주어가 중복된다. 따라서 ①이 정답이다.

19세기 후반에 미국에서 열차 강도 사건은 세계 다른 어떤 나라들보다 빈번했다.

05   ④

only by ~ altogether와 같이 only를 포함하는 부사가 문두에 강조되었을 때는 'only포함 부사구+조동사+주어+동사원형'의 형태를 취한다. 따라서 도치가 되지 않은 ①과 ③은 빈칸에 들어갈 수 없으며, 빈칸 앞에서 핵무기를 언급했으므로, 빈칸 다음에는 '무기' 경쟁이 되어야 적절하다. '무기'라는 뜻으로는 arm이 아니라 arms가 쓰이므로, ④의 can we stop the arms가 빈칸에 적절하다.

핵무기를 완전히 금지함으로써만, 우리는 무기 경쟁을 완전히 멈출 수 있다.

06   ②

개와 고양이를 비교하고 있다. 빈칸 앞에 나온 these는 cats를 받은 지시대명사이므로, 빈칸에는 dogs를 받는 지시대명사인 those가 나와야 한다. 따라서 them이 온 ①은 빈칸에 들어갈 수 없으며, 빈칸 앞에 완전한 절이 왔으므로, 완전한 절과 이어지기 위해서는 접속사가 필요하다. 따라서 접속사 and가 없는 ③ 역시 빈칸에 부적절하다. ④ 개가 사람이라는 의미가 되어 문맥상 부적절하다. 따라서 ②가 정답인데, 원래 and those attach themselves to persons(개는 사람에 애착을 갖는다)에서 반복되는 attach themselves가 생략된 형태이다.

개는 고양이보다 충직한 동물이다. 고양이는 장소에 애착을 갖고, 개는 사람에 애착을 갖는다.

07   ②

빈칸 이하는 ask의 목적어가 되어야 하는데 빈칸 다음이 완전한 절이 되어 있으므로 ①, ④는 부적절하고, ③은 ask의 목적어로 바로 authority가 와서 부적절하고 about the authority로 되어야 한다. ②는 의문형용사(what)를 포함한 '전치사+명사'구로 뒤의 완전한 절과 잘 연결된 간접의문절을 형성하여 적절하다.

오늘날 대부분의 사람들은 사전을 사용하는 법을 모르며 사전이나 문법책의 저자들이 그들이 하는 말을 무슨 권위로 말하는지 묻는 사람이 거의 없다.

08   ④

nearly는 '거의'라는 뜻의 부사이고 nearby는 '인근의'라는 뜻의 형용사이며, 주유소는 화재의 영향을 받는 것이므로 동명사를 수동태로 표현한 ④가 적절하다.

화재 원인에 대한 수사가 진행 중이지만 소방관들은 자신들이 제때에 조치를 취하여 인근의 주유소가 영향받지 않게(주유소로 불이 옮겨붙지 않게) 할 수 있었다고 말한다.

---

09 ②

문두에 부정어구 never가 있으므로 주어와 동사는 도치되어야 한다. 또 knew의 목적어가 될 수 있는 목적격 관계대명사가 필요하다. 따라서 ②가 정답이다.

하나님이 직접 대면해서 알고 있었던 모세와 같은 예언자가 이스라엘에서 다시는 나타나지 않았다.

---

10 ④

dare와 need는 의문문과 부정문에서는 조동사로 쓰여 뒤에 동사원형이 오며, 긍정문에서는 본동사로 쓰여 뒤에 to부정사가 온다. 주어진 문장에는 부정어 not이 있으므로 조동사로 쓰인 것이며, 따라서 dares not을 dare not으로 고쳐야 한다. ①, ② take it for granted that ~은 '~을 당연한 것으로 여기다'라는 의미이며, it은 가목적어이고 that절이 진목적어이다. ③ once는 부사로도 쓰이나, 주어진 문장에서는 that절 안에서 종속절을 이끌고 있으므로 접속사로 쓰인 것이다.

일단 식민지가 건설되고 나면 행정부가 그것들을 감히 무너뜨리지 못한다는 사실을 그들은 당연시한다.

---

11 ②

I wish가 이끄는 that절 속에는 가정법 동사가 온다. 현재 사실의 반대를 가정하고 있으므로 가정법 과거동사를 써야 한다. is를 were로 고친다. ① wish의 목적절을 이끄는 접속사이며, 생략이 가능하다. ③ 뒤에 절이 이어지고 있으므로 옳은 표현이다. ④ 앞에 more limited라는 비교급 표현이 있으므로 than이 왔으며, 소유대명사 hers는 her facilities의 뜻이다.

나는 종종 내가 다니는 대학이 그녀가 다니는 대학만큼 컸으면 한다. 왜냐하면 우리 대학의 시설이 그녀의 대학보다 제한되어 있기 때문이다.

---

12 ①

유의해야 할 '전치사+동명사' 구문을 묻는 문제이다. '거의 ~할 뻔하다'는 뜻의 come close to에서 to는 to부정사가 아니라 '전치사'이므로, ①을 costing me로 고쳐야 한다. 참고로 cost는 4형식으로만 쓰이는 동사이므로, cost 다음에 me와 my life가 자연스럽게 왔다. ④는 ③의 깨어나서 느낀 것보다 한 시제 앞서므로 가정법 과거완료이다.

거의 목숨을 잃을 뻔했던 응급수술이 끝난 이후, 내가 의식을 회복했을 때, 나는 마치 나락으로 떨어졌었던 것처럼 느끼며 깨어났다.

---

13 ③

빈도부사의 위치를 물어보고 있다. 빈도부사 usually는 일반동사 앞에 와야 하므로, ③을 usually remains로 고쳐야 한다. ① 주어가 include의 대상이므로 수동태가 맞다. ② '~와 같은'이라는 뜻으로 such as를 썼다. ④ a labor-intensive industry는 불완전자동사 remains의 보어이다.

업무를 보다 용이한 것으로 만들기 위해, 자동 우편번호 판독 및 분류 기계와 같은 여러 개선책들이 포함되었지만, 그럼에도 불구하고 대체로 우편서비스는 여전히 노동집약산업으로 남아 있다.

---

14 ②

처음부터 the school day까지가 If 절이고 you should 이하가 주절이며 If 절에서는 네 개의 동사 seems, faked, winds, refuses가 or로 연결된 병치구조이다. 따라서 ②를 fakes로 고쳐야 한다. ① seems의 보어로 주어가 사람이므로 과거분사이다. ③ 동사 winds를 수식하는 부사이다. ④ refuse동사는 to부정사를 목적어로 취한다. ⑤ '관심을 갖다'는 뜻으로 수동태이다.

만일 당신의 아이가 우울하거나 학교수업에 대해 불안해하는 것 같거나, 집에 그냥 있으려고 꾀병을 부리거나, 결국 양호실이나 교장실로 가는 일이 되풀이되거나, 그날 학교수업 대부분에 대해 이야기하기를 거부하면, 당신은 관심을 가져야 한다.

---

15 ⑤

defeat는 '패배시키다'는 뜻의 타동사이므로 패배당할 수 없다는 뜻이 되게 ⑤를 수동태인 be defeated로 고쳐야 한다. ① 여러 바둑 선수권대회 우승자들 중 하나이므로 부정관사 a이다. ② '유명한'이라는 뜻의 과거분사형 형용사이다. ③ Lee Sedol을 주어로 한 문장의 본동사이다. ④ '일류(최고)'(=the highest ranking person)라는 뜻인데 보어로 쓰여 무관사일 수 있다.

2016년에 인공지능 프로그램 알파고와의 유명한 시합에서 패배했던 바둑 선수권 보유자 이세돌이 은퇴를 공표했다. 이세돌은 깊이 생각하며 이렇게 말했다. "내가 최고의 기사가 된다 해도 패배당할 수 없는(나도 이길 수 없는) 존재가 있습니다."

---

16 ②

be susceptible to ~가 '~에 취약하다'는 뜻의 표현이므로 ②를 to which로 고쳐야 한다. ① problems이므로 occur이다. ③ note가 본동사이다. ④ 미각이 '변화된' 것이므로 과거분사 altered이다.

그 결과, 치아부실, 치아상실, 치주질환 같은 문제가 일어나는데, 여성은 폐경기 후에 이런 것에 더 취약하다. 게다가 많은 폐경 후 여성들은 짜거나 맵거나 신 음식에 대한 미각이 변한 것뿐 아니라 입안이 마르고 잇몸 조직이 아프거나 화끈거리는 것도 알아차린다.

17   ④

something과 같이 '-thing'으로 끝나는 말을 수식하는 형용사는 뒤에서 수식하므로, ④를 something enormous로 고쳐야 한다.

그는 어둠 속에서 무너진 대들보와 벽의 무게에 꼼짝 못하고 있었다. 그의 심장은 갑작스러운 공포로 빨리 뛰었다. "무슨 일이 있었는가? 여기가 어디인가?" 그는 배를 깔고 엎드린 채로 무엇을 할 수 있을지 헤아려보았다. 왼쪽 다리는 뒤틀리고 앞으로 내밀어져 있어서 발이 뺨 가까이에 와있었다. 왼쪽 팔은 움직일 수 있었지만 오른쪽 팔과 다리는 무언가 엄청난 것 아래에 짓눌려 있었다. 그는 온 사방이 어두워지기 전의 순간들을 기억해내려고 했다.

18   ①

① ones는 shirts를 가리키는 대명사이다. ② because가 이끄는 절 속에 쓰인 take는 타동사이므로 목적어가 필요하다. the responsibility를 받는 대명사를 써서 take를 take it으로 고친다. ③ 목적보어로는 부사가 아닌 형용사가 와야 하므로 illegally를 illegal로 고친다. to date는 '현재까지'라는 의미이다. ④ be able to 뒤에는 수동의 표현이 올 수 없다. they are unable to를 they cannot으로 고친다.

① 그는 파란색 셔츠를 좋아하지 않았다. 그래서 나는 그에게 노란색 셔츠를 보여주었다.
② 그가 거부했기 때문에 그의 어머니가 그들을 대표하여 책임을 맡고 있다.
③ 캘리포니아(California)는 현재까지 인간 복제를 불법으로 하는 법을 제정한 유일한 주(州)이다.
④ 기후 변화는 대단히 점진적이어서 처음에는 일반적인 날씨 변화로부터 구별하는 것이 불가능하다.

19   ②

② his는 Each one of us 가운데 Each one을 받은 것이므로 옳은 표현이다. ① two의 수식을 받으므로 businesses가 되어야 하며, 주어가 One이므로 동사는 fails로 써야 한다. ③ his가 가리키는 것은 Doctors이므로 수를 일치시켜 their로 써야 한다. ④ Jordan and I는 전치사 to의 목적어이므로 목적격 대명사로 써야 한다. I를 me로 고친다.

① 두 개의 새로운 기업 가운데 하나는 2년 안에 파산한다.
② 우리들 각자는 자신이 맡은 부분을 살펴보았지만, 아직 함께 리허설을 하진 못했다.
③ 많은 사람들이 생각하는 것처럼 의사들은 항상 환자들이 필요로 하는 것에 무신경하지는 않다.
④ 그 실험은 세부적인 사항에 진지하게 주의를 기울이면 좋은 결과를 얻을 수 있다는 사실을 조던(Jordan)과 나에게 입증해주었다.

20   ④

④ '가주어-진주어' 구문으로, 부정사구가 문장의 진주어이다. let의 목적보어로 동사원형 enter가 왔으며, enter는 타동사이므로 뒤에 전치사가 필요하지 않다. ① some과 대비해서 others와 the others를 모두 쓸 수 있지만, the other는 one과 상관적으로 쓰이며 '둘 중 나머지 하나'를 의미하는 것으로 some과는 어울리지 않는다. The other를 Others로 고친다. 참고로 others와 the others의 의미 차이를 살펴보면, some ~, others …는 '일부, 또 다른 일부'란 뜻이고 some ~, the others …는 '일부, 나머지 전부'를 의미한다. ② keep의 목적보어로는 형용사, 현재분사, 과거분사 등이 쓰이며 to부정사는 쓰지 않는다. to go를 현재분사 going으로 고친다. things 뒤에는 목적격 관계대명사가 생략되어 있다. ③ want는 목적보어로 to부정사를 수반한다. enjoying을 to enjoy로 고친다.

① 어떤 사람들은 도박을 해를 끼치지 않는 오락의 한 형태로 본다. 다른 사람들은 도박을 가난한 사람들로부터 돈을 빼앗는 사악한 계획이라고 생각한다.
② 사업이 잘 돌아가게 하기 위해 당신이 할 수 있는 많은 일들이 있다.
③ 당신이 가족들과 추수감사절 휴일을 즐기길 원합니다.
④ 밤에는 문을 잠그고, 신분을 밝히지 않으면 아무도 집에 들어오지 못하게 하는 것이 중요하다.

TEST 45

01 ①	02 ③	03 ②	04 ④	05 ③	06 ④	07 ④	08 ④	09 ②	10 ④
11 ③	12 ②	13 ④	14 ②	15 ①	16 ④	17 ①	18 ③	19 ③	20 ②

01   ①

문장의 주어는 One이며, that present-day investigators can point to는 관계대명사절이다. 따라서 빈칸에는 단수동사가 들어가야 하며, 문맥상 시제는 현재여야 한다. ①이 정답이다.

오늘날의 학자들이 지적하는 것으로서, 과거의 생활수준을 가장 잘 보여주는 지표 중 하나가 바로 신장(身長)이다.

02   ③

보어가 필요하다. to부정사는 보어로 쓰일 수 있으나, ①의 경우 동사 have의 목적어가 두 개가 되어 적절하지 않으며, 접속사 that 뒤에는 절이 이어져야 하므로 ②도 답이 될 수 없다. 따라서 명사절을 이끌 수 있는 접속사 that이 쓰인 ③이 정답이 된다.

광고주들에게 라디오의 가장 큰 매력 중 하나는 하루 종일 청취자를 보유하고 있다는 사실이다.

03   ②

등위접속사 and 앞뒤로 두 개의 절이 이어져 있다. 따라서 빈칸에는 주어와 동사가 와야 하는데, 부정의 의미를 가진 부사가 앞에 있으므로 '조동사+주어+동사원형'의 어순으로 도치되어야 한다. 정답은 ②이다

1812년에 발발한 전쟁의 영웅이었지만, 앤드류 잭슨(Andrew Jackson)은 평화를 사랑하는 사람이었으며 대통령이 된 후에는 총을 소지하는 법이 거의 없었다.

04   ④

John Stuart Mill이 주어, answered가 동사, the man ~ history가 주어에 대한 동격으로 각각 쓰였으므로, the greatest liberal thinker of modern history가 the man을 수식해 주는 말이 되어야 한다. 따라서 빈칸에 시제를 가진 동사가 오면 안 되므로, 동사가 쓰인 ①, ②, ③은 모두 부적절하다. 반면 ④의 widely considered는 who was widely considered에서 who was가 생략된 형태로, 5형식 동사의 수동태(be considered+(to be)+목적격 보어)가 쓰인 형태이므로, 빈칸에 적절하다.

현대사에서 가장 위대한 진보사상가인 존 스튜어트 밀(John Stuart Mill)이 매우 솔직하게 그 질문에 대답했다.

05   ③

not only 다음이므로 주어와 동사가 도치되어야 하고, bee는 생물이므로 소유격으로 the bee's가 적절하다. 따라서 ③이 정답이다. ④ bee는 가산명사이므로 of로 나타낸다 해도 the eyes of the bee여야 한다.

더 자세히 살펴본 그는 그 벌의 눈 빛깔이 좋지 않을 뿐만 아니라 눈의 크기도 비정상적으로 크다는 것을 깨달았다.

06   ④

전치사 of의 목적어가 필요하다. 선행사를 포함한 관계대명사 what이 명사절을 이끌게 하는 ④가 정답이다. ①의 경우 관계사절의 주어인 what과 주어 it이 중복되어 적절하지 않다. 또한 that절은 전치사의 목적어가 될 수 없으므로 ②와 ③ 역시 부적절하다.

이론이란 사실이라고 생각되는 것에 대한 추상적이고 상징적인 표현이다.

07   ④

①의 경우 전후 문장의 의미가 어색하게 연결된다. ②의 경우, 관계사절의 선행사를 특정하기 어려울 뿐 아니라 시제도 적절하지 않다. ③ 역시 expected의 수식을 받는 어구가 government aides and party supporters가 되어, 부자연스러운 문장을 만들게 된다. 따라서 ④가 정답이다.

대통령의 사임이 정부의 보좌관들과 당의 지지자들에게는 충격적인 일이었지만, 그의 지병에 대해 알고 있던 부통령으로서는 예상할 수 있었던 일이었다.

08   ④

빈칸 뒤에 as가 이끄는 부사절이 왔으므로, 빈칸에는 주절이 와야 한다. ①, ③은 하나의 절에 연결사 없이 두 개의 동사가 있으므로 정답이 될 수 없다. ②의 경우,

명사절을 이끄는 접속사 that이 주어가 되는 것은 옳으나, became이 불완전자동사이므로 보어로 형용사가 와야 한다. 따라서 ④가 정답이다.

그녀가 오판했다는 사실은 분명한데, 왜냐하면 국가사회주의가 모더니즘의 모든 잔재를 없애버리지는 못했기 때문이다.

---

09 ②

주절과 시간의 접속사가 이끄는 절의 주어가 같은 경우, 접속사가 이끄는 절의 주어와 be동사는 생략 가능하다. 주어진 문장에서, When절의 주어가 없다는 것은 종속절과 주절의 주어가 같다는 것을 의미한다. When절에 쓰인 a quarterback은 경기에서 맡게 되는 포지션이므로, 주어가 '사람'이어야 함을 알 수 있다. 따라서 주어가 사물인 ①, ③은 정답이 될 수 없다. ④의 경우, lasted의 주어는 he인데, last가 '지속하다' '존속하다'의 뜻이므로 문장의 의미가 어색해진다. 따라서 가장 적절한 것은 ②이다. that 이하는 the records를 수식하는 관계대명사절이다.

마이애미 돌핀스(Miami Dolphins) 팀에서 쿼터백이었을 때, 그는 10년간 깨지지 않는 기록들을 세웠다.

---

10 ④

목적어의 신체 일부분을 표현할 때 소유격 대명사 대신 정관사를 쓴다. ④ by my hand를 by the hand로 고쳐야 한다. 한편 catch, take 등과 같이 '잡다'라는 뜻의 동사가 쓰이면 전치사 by를, strike와 같이 '접촉'이라는 뜻의 동사가 쓰이면 전치사 on을, look, gaze와 같이 '보다'라는 뜻의 동사가 쓰이면 전치사 in을 쓴다는 점을 알아두자. ① 부정관사의 수식을 받고 있으므로 명사로 쓰였다. ② open은 door의 상태를 나타내므로 보어로 쓰였다. ③ '전치사+추상명사'는 부사의 의미가 된다. 'to one's 추상명사'는 '~하게도'라는 뜻이다.

나는 계단에서 (누가) 빨리 뛰어오는 소리를 들었으며, 문이 당겨져 열렸고, 매우 놀랍게도, 딕(Dick)이 내 손을 잡았다.

---

11 ③

rarely는 are의 보어가 되어야 하는데 강조를 위해 문두에 나갔고, 이로 인해 주어(they)와 동사(are)가 도치되었다. 부사가 아니라 형용사가 보어로 와야 한다. 따라서 rarely를 rare로 고쳐야 한다. ① 계속적 용법의 관계부사절을 이끌고 있다. ② listen은 자동사이며, 듣는 대상 앞에는 전치사 to를 쓴다. ④ 앞 절에 are가 있으므로 the sound 앞에 be동사 is를 생략했다.

나는 일본에 갔는데, 그곳에서는 도시인들이 귀뚜라미 소리를 듣기 위해 실제로 사찰에 간다. 그것은 너무 보기 드물어서 듣기가 어렵고 그 소리는 매우 아름답다고 여겨진다.

---

12 ②

②는 뒤에 나오는 명사 children을 수식하는 형용사적 용법으로 쓰였다. dozen, hundred, thousand와 같은 수사가 형용사적으로 쓰일 때에는 단수형으로 쓴다. two dozens를 two dozen으로 고친다. ① 앞에 쓰인 명사 host는 '주인' '주인 노릇'이란 의미로 쓰였으며, 그 대상 앞에 전치사 to를 쓴 것이다. ③ '장애가 있는'이란 뜻의 형용사다. ④ 수사와 명사가 하이픈으로 연결되어 일종의 형용사 같은 역할을 하는 경우, 이 명사는 단수로 취급된다. 따라서 옳은 표현이다.

그리스만 피크(Grisman Peak) 스키장에서는 '손 내밀기' 자선 캠페인의 일환으로 토요일에 24명 정도의 10세 장애 아동들을 초청했다.

---

13 ④

isolating은 '남을 격리시키는', isolated는 '격리된, 소외된, 고립된'의 뜻이다. 개체군(populations)이 '고립시키는' 것이 아니라 '고립되는' 것이므로 isolated가 맞다. ① '명사 – 현재분사' 형태의 복합분사의 표현에서, 의미상 명사는 현재분사의 목적어가 된다. '선인장을 먹는'이므로 옳은 형태의 표현이다. ② across는 전치사로 쓰였으며, of 이하에 단수명사 terrain이 왔으므로 much는 옳은 표현이다. ③ they는 iguanas를 가리키며, survive는 '살아남다'라는 의미로 쓰인 자동사다.

선인장을 먹고 사는 도마뱀인 이구아나(iguana)는 한 세기 전에는 갈라파고스(Galapagos) 제도의 거친 땅에 가득 차 있었으나, 요즘은 적은 숫자만이 고립되어 살고 있다.

---

14 ②

주어진 문장을 살펴보면, 조건절은 가정법 과거완료 형태이나 주절에 현재시점을 나타내는 today가 있으므로 혼합가정법으로 써야 한다. 이때 주절의 형태는 가정법 과거가 되어야 하므로 will not을 would not으로 고쳐야 한다. ① 전치사이며, 뒤에 절이 아닌 구가 주어져 있으므로 옳은 표현이다. ③ 문맥상 과거에 취해진 조치를 말하므로 가정법 과거완료에 해당하는 if절(if it had not been for ~)이 적절한데, if절에 조동사 had, should, were가 쓰인 경우 if를 생략하고 조동사와 주어를 도치할 수 있으므로 옳은 형태다. ④ taken은 앞의 명사를 수식하는 과거분사로 수동의 의미를 지니고 있다. by는 수동태 표현에서 행위자 앞에 쓰는 전치사다. taken 앞에 '관계대명사+be동사'가 생략되어 있다.

일부 부작용에도 불구하고, 정부가 경기 부양을 위해 취했던 과감한 조치가 없었더라면 경제가 오늘날의 모습은 아닐 것이라는 사실을 인정해야 한다.

---

15 ①

It ~ that 강조구문이 적용된 문장은 It is와 that을 생략해도 완전한 문장을 이룬다. 주어진 문장에서 강조구문을 만드는 It is와 that을 빼면 curiosity I attended the Press Screening at the Cameo and sat with my cup of coffee가 남는데, 이때 curiosity 이하 전체가 완전한 문장이므로 curiosity의 문법적 역할을 설명할 수 없게 된다. 따라서 curiosity 앞에 전치사를 두어 curiosity가 이 전치사의 목적어가 되게 하면 앞서 언급한 문제가 해결된다. curiosity 앞에 이유를 의미하는 전치사

with를 써서 with curiosity로 고치는 것이 가장 적절하다. ② 때를 나타내는 접속사다. ④ 명사절을 이끄는 접속사다.

조명이 어두워지고 영화가 시작되었을 때 내가 카메오(Cameo) 극장에서 열린 시사회에 참석해서 커피 한 잔을 마시며 앉아 있게 된 것은 순전히 호기심 때문이었는데, 꽤 긴 시간 동안 나는 내가 영화를 즐기고 있는지 확신이 서지 않았다.

16   ④

④ 주격 관계대명사 which 관계절이 the performance를 수식하는 구조로 보면 앞의 명사 jobs까지와 연결되지 않는다. 선행사를 jobs로 보고 the performance of jobs의 jobs가 관계사로 바뀌는 것이므로 ④를 of which requires로 고쳐야 한다. ① 법 규정의 조동사 shall이다.

어느 고용주도 피고용자들에게 업무수행에 동등한 기술과 노력과 책임이 요구되는 일자리에서 동등한 일을 한 데 대해 반대 성(性)의 피고용자들에게 지급하는 임금의 비율보다 더 낮은 비율의 임금을 지급함으로써 피고용자들 사이에 성(性)차별을 해서는 안 된다.

17   ①

'서수+기수'의 순서이므로 ①을 first nine으로 고쳐야 한다. ② 부사의 최상급이라서 the가 없다. ③ 자동사 dream은 전치사 of와 함께 하여 목적어를 취한다. ④ 'not A but B' 구문에서 접속사 but 다음에 부사 instead나 rather가 추가될 수도 있다. ⑤ society는 company처럼 사람의 집합체여서 's 소유격이 가능하며 ill은 명사이다.

팬데믹이 시작되고 첫 9개월의 경제적 곤경은 저소득과 중간소득 가정에 가장 혹독하게 닥쳤다. 부유층이 온라인 쇼핑을 하고 연기된 휴가에 대해 상상하는 동안에 미국 전역은 훨씬 더 절망적인 상태로 빠져들고 있었다. 팬데믹은 불편한 것이 아니라 오히려 삶을 바꾸는 경험이었고, 만사의 질서를 재정립하는 것이었고, 질병 뿐 아니라 사회 병폐로 인한 더 많은 고통으로 가는 길이었다.

18   ③

③ few나 little 다음에는 if any가 오고, hardly, scarcely, seldom, rarely 다음에는 if ever를 쓴다. 주어진 문장에서 if ever를 if any로 고쳐야 한다. ① ahead of는 '~에 앞서서'라는 의미이며, 공간적, 시간적 맥락 모두에서 사용이 가능하다. ② strange처럼 감정을 나타내는 형용사의 경우 that절에 조동사 should를 쓴다. 현재의 일을 나타낼 경우에는 'should+동사원형'을, 과거의 일을 나타낼 경우 should have p.p를 쓴다. ④ suggest가 '제안하다'라는 의미로 쓰인 경우에는 that절의 동사로 '(should) 동사원형'을 쓰지만, '암시하다'라는 의미인 경우엔 직설법 동사를 쓴다.

① 우리 회사가 2/4분기 수익에서 경쟁사들을 앞섰다.
② 그녀가 그런 남자와 결혼한 것은 이상한 일이다.
③ 그 두 품목 사이에는 차이가 있다 하더라도 거의 없다.
④ 나스닥 지수의 강력한 상승세는 경기가 조만간 회복될 것임을 암시하고 있다.

19   ③

③ 장소표시 부사어가 문두에 와서 도치가 일어난 문장이다. 주어가 a place of medieval mystery이므로, are를 is로 고쳐야 한다. ① 'a total of+복수명사+단수동사' 형태로 쓰는 원칙에 의해 올바르게 쓰인 문장이다. It이 가주어이며 that 이하가 진주어이다. ② 동명사가 주어일 때, 원칙적으로 동사는 단수형을 쓴다. ④ none of 뒤에 복수명사가 왔을 경우, 동사는 단수, 복수 둘 다 가능하다. 참고로 none of 뒤에 단수명사가 왔을 경우에는 단수형만 가능하다.

① 총 열두 권의 책은 한 달 동안 읽기에 좋다고 말해도 무방하다.
② 당신의 적을 아는 것이 당신이 그를 잡는 것을 보장해주지는 않는다.
③ 그 호수와 숲 너머에 중세의 신비를 간직한 장소가 있다.
④ 그 책들 중 어느 것도 도서관 선반에 놓여 있지 않았다.

20   ②

② interest는 '~에게 흥미를 일으키다'라는 의미의 타동사이므로 목적어를 바로 취한다. 따라서 you 앞에 있는 전치사 to를 삭제해야 한다. nothing less than은 '적어도 ~이상' '꼭 ~만큼' '바로 ~이다'로 해석하며, interests 앞에 있는 that은 주격 관계대명사이다. ① 'the moment+주어+동사'는 'as soon as+주어+동사'와 같은 의미이며, 시간의 부사절을 이끌므로 현재시제를 이용해 미래를 나타낸다. ③ recommend는 동명사를 목적어로 취할 수 있으며, let의 목적보어로는 동사원형이 온다. ④ never ~ without …ing는 '~할 때면 언제나 …하다'라는 의미의 관용어구이다.

① 그가 도착하자마자 나는 그를 내 사무실에서 보기를 원한다.
② 나는 당신이 당신의 관심을 불러일으키는 주제(학과)에 대한 완전한 진리에만 만족하기를 바란다.
③ 일부 조련사들은 강아지가 짖게 놔두는 것을 권한다.
④ 그녀를 볼 때마다 죽은 여동생이 생각난다.

TEST 46

01 ①	02 ③	03 ①	04 ④	05 ④	06 ②	07 ④	08 ④	09 ③	10 ④
11 ③	12 ②	13 ②	14 ③	15 ④	16 ①	17 ③	18 ①	19 ②	20 ③

01 ①

주절의 동사 형태가 '조동사 과거+have p.p'이므로 가정법 과거완료 문장임을 알수 있다. 따라서 조건절은 'If+주어+had p.p'여야 하며, 이때 if를 생략하면 주어와 조동사의 도치가 일어나서 'Had+주어+p.p' 형태가 된다. ①이 정답이다.

그가 실제로 어떤 사람이었는지를 알았더라면, 나는 그와 결혼하지 않았을 것이다.

02 ③

빈칸 뒤에 동사 is가 있으므로 빈칸에는 주어가 들어가야 한다. ②에는 동사가 포함되어 있으므로 적절하지 않으며, 접속사인 ④는 주어가 될 수 없으므로 이 또한 정답이될 수 없다. 특히 ①의 경우, 대명사로 쓰인 both는 주어 역할을 할 수 있기는 하지만복수로 취급되므로 동사 is와 호응하지 않는다. 따라서 정답은 ③이다. 전체 문장은It ~ that 강조구문이 된다.

박테리아와 기타 유기체에서, 유전 정보를 제공하는 것은 핵산인 DNA다.

03 ①

빈칸 앞까지 완전한 절을 이루고 있으며, 네 개의 선택지는 모두 접속사다. 접속사뒤에 주어와 be동사가 생략되었다고 본다면, 전체 문장의 의미상 unless가 가장적절하다. Either party may terminate the contract by reason of serious default by the other party at any time unless (it is) otherwise agreed라는문장이 된다.

별도로 합의된 사항이 없으면, 각 당사자는 상대방이 저지른 심각한 채무불이행을 이유로 계약을 언제라도 종료할 수 있다.

04 ④

주절의 주어는 the chance, 동사는 is이다. 전치사 of 뒤에는 동명사가 목적어로와야 하는데, 동명사의 의미상 주어인 HIV는 '전염되는' 것이므로 수동태로 표현해야 하며, 그 질병이 옮겨지는 대상 앞에는 전치사 to를 쓴다. 따라서 ④가 정답이다.

최선의 치료와 이유식으로 인해 이제는 아기가 HIV에 걸릴 확률은 2퍼센트이하도 안 된다.

05 ④

① 빈칸은 목적격 관계대명사 that이 이끄는 절의 동사가 들어갈 자리이므로, can다음에 동사원형이 와야 하는데 taking이 와서 부적절하다. ② take가 선행사인easy steps를 목적어로 받지만, being ensured가 빈칸 뒤에 온 명사구를 목적어로받을 수 없으므로, 역시 부적절하다. ③ 수동태 be taken으로는 easy steps를 목적어로 취할 수 없고 뒤에 연결사 없이 온 ensure와도 호응이 되지 않는다. 반면 ④에서that절의 동사로 온 능동태 take는 선행사인 easy steps를 목적어로 받으며, toensure가 빈칸 뒤의 말과 함께 쓰여 자연스럽게 부사구를 이루므로, ④가 정답이다.

커피와 각종 비품 재고가 잘 구비된 휴게실을 제공하는 것은 직원들의 행복과 생산성을 보장하기 위해 기업이 취할 수 있는 손쉬운 조치들이다.

06 ②

have 동사의 목적어를 수식하는 to부정사는 목적어(사실)의 입장에서는 수동관계(언급될)여도 능동태로 표현하며, the plight가 to mention의 목적어가 아니라facts가 목적어이므로 전치사 about이 the plight 앞에 필요하다. 따라서 ②가 적절하다.

그는 소수집단들 전체의 곤경에 대해 언급할 부인할 수 없는 몇 가지 사실을갖고 있었다.

07 ④

in the past decade는 현재완료와 함께 쓰이는 기간 부사구다. ①, ②, ③은 과거시제이므로 적절하지 않으며, 수동태 형식의 ③은 begin의 목적어가 되는 to부정사가뒤에 있으므로 부적절하다. 따라서 정답은 ④이다. only의 수식을 받는 부사구가문두로 나감으로써 도치되었다.

지난 10년 동안에서야 기상학자들은 대기와 바다가 열과 가스를 교환할 때하나의 유체로서의 역할을 한다는 것을 이해하기 시작했다.

08 ④

분사구문의 주어는 주절의 주어와 같을 때 생략한다. 그러므로 주어진 문장에서 주절의 주어는 '단체를 대표하도록 선출될 수 있는' 주체여야 한다. 그런 맥락에서 the members, the committee, a speech는 주절의 주어로 모두 적절하지 않다. 따라서 사람이 주어인 ④가 정답이 된다.

국제회의에서 미국엔지니어협회의 대표로 선출된 후, 그는 짧막한 수락 연설을 했다.

09 ③

부사구만 있으므로 빈칸에는 완전한 문장이 와야 한다. 보기 중 문장 형태를 갖추고 있으되, 앞의 부사구와 의미상 호응하는 것은 ③이다.

납은 아주 소량이라 해도 신경계통에 해로운 영향을 준다.

10 ④

would rather A than B에서 A와 B는 동사원형이 되어야 하므로 not doing을 not do로 고친다. ① information은 불가산명사이며, no는 '어떠한[조금도] ~도 없는'의 뜻으로 쓰인 형용사다.

나는 어떻게 해도 정보를 얻을 방법이 없다. 하지만 나는 그것을 하지 않는 것보다 하는 것이 더 낫다고 생각한다.

11 ③

owe A to B는 'A는 B의 덕분이다'라는 의미이다. 따라서 fame of를 fame to로 고쳐야 한다. ① lay out은 '(세밀하게) 계획하다, 설계하다'라는 의미이다. Dodge city는 설계되는 대상이므로 수동의 의미를 갖는 과거분사로 썼다. ②, ④ its는 Dodge city를 가리킨다.

1872년에 설계된 다지(Dodge) 시(市)가 번성하고 유명해진 것은 초창기 시절의 들소 덕분이었다.

12 ②

주어인 The Arab Spring에 대한 동사가 없으므로 ②를 toppled, put으로 고쳐야 하며, 이때 toppled는 5형식으로 쓰인 동사 saw의 목적격 보어로 쓰인 과거분사이다. 참고로 put into relief the gap between ~ values는 put the gap between ~ values into relief에서 목적어인 the gap between ~ values가 너무 길어서 문미로 보낸 형태이며, put[throw] ~ into relief는 '~을 눈에 띄게 하다, 돋보이게 하다'는 뜻이다.

미국이 지지했던 수많은 정권들이 붕괴되는 것을 목격한 아랍의 봄은 미국의 실제 이익과 미국의 가치관이라고 알려진 것의 차이를 눈에 띄게 해주었다.

13 ②

by which ~ into being이 수식해주는 the process가 문장의 주어이므로, ②의 being are를 being is로 고쳐야 하며, 이때 come into being은 '생기다', '태어나다'는 의미의 동사로 쓰였다. ① 그 과정(the process)에 의해 신선하고 독창적인 시나 드라마가 생기는 것이므로, which 앞에 수단을 나타내는 전치사 by가 왔다. ③ 전치사 to 뒤에 위치한 명사 that은 the process를 대신하고 있다. ④ so-called는 '소위(所謂)' '이른바'라는 뜻이다.

신선하고 독창적인 시나 드라마의 존재를 가능케 한 과정은 의심할 바 없이 이른바 과학적 발견을 가능케 하고 완성하는 과정과 흡사하다.

14 ③

주어는 The novel이고, 콤마 사이에는 관계대명사절이 삽입되어 있다. 문장의 본동사인 have won을 주어와 수를 일치시켜 has won으로 고쳐야 한다. ① 전치사 in의 목적어인 관계대명사 which의 선행사는 The novel이다. in which 뒤에 a woman tries to untie her family's tangled past라는 완전한 문장이 왔음을 확인할 수 있다. ② home은 '자택으로' '고국으로'라는 뜻의 부사로 쓰였다.

한 여인이 남동생의 시신을 아일랜드(Ireland)에 묻기 위해 고국으로 가지고 오면서 가족의 얽혀 있는 과거를 풀고자 하는 모습을 담은 그 소설은, 그 작가의 소설이 일반적으로 그러하듯, 대단한 호평을 받았다.

15 ④

a link with her father가 represent의 목적어이고 to many of the voters는 이 동작에 대한 대상을 나타내는 부사구를 이루고 있다. 따라서 ④이하는 연결되는 곳이 없어 의미상 어색하다. ④에서 to를 삭제하면, 콤마 이하가 her father와 동격을 이루게 되므로 앞서 언급한 문제가 해결된다.

비록 아웅산 수지(Aung San Suu Kyi) 여사가 정치계에서 스스로의 길을 개척해왔지만, 그녀를 작년에 국회의원으로 만들어 주었던 많은 유권자들에게 그녀는 전설적인 독립운동가인 그녀의 아버지와의 연결성을 상징한다.

16 ①

'recommend 목적어 to부정사'가 '~에게 …하도록 권유하다'는 표현인데, 첫 절은 이것이 수동태로 된 것이므로 ①을 to join their team으로 고쳐야 한다.

나는 렌조(Renzo)와 줄리아(Julia)에게서 그들의 팀에 들어오라는 권유를 받았는데, 내가 제조업 기술자여서 그들이 나에게 접근해왔던 것이다. 우리는 곧 신뢰와 우정의 유대관계를 형성했으며 이로 인해 우리는 연구과정 내내 대단히 귀중한 것으로 판명될 가치 있고 공정한 팀워크를 갖게 되었다.

17   ③

첫 문장의 주절에서 I feel very uncomfortable이 관계절로 a statement를 수식하는데 '~에 불편을 느끼다'는 'feel uncomfortable with ~'이므로 ③을 very uncomfortable with로 고쳐야 한다.

지난 몇 주의 분쟁에 대한 책임이 전적으로 이스라엘에게 있다고 말하는 것은 사리에 맞지 않겠지만, "이스라엘은 보복할 수밖에 없었다"는 말은 내가 대단히 불편하게 느끼는 말이다. 세 명의 이스라엘 십대들을 살해한 것은 흉악한 범죄였지만, 이스라엘은 그렇게 반응하지 말았어야 했다. 침공은 정당화될 수 없으며 더 많은 증오를 불러일으킬 뿐일 것이다.

18   ①

① '가정법+but[except, save]+직설법' 구문이 쓰인 문장이다. 앞 문장의 '조동사의 과거형+동사원형'의 구조를 통해 가정법 과거의 문장임을 알 수 있는데, 이것은 현재 사실의 반대를 가정하는 것이므로 이어지는 접속사 but 다음의 문장에는 직설법 현재시제가 온 것이다. ② 동사 agreed와 목적어 to exchange their findings 사이에 at principle이 삽입되어 있다. '원칙적으로'라는 의미를 나타낼 경우 principle은 전치사 in과 함께 쓰인다. 따라서 at principle을 in principle로 고친다. ③ 소유대명사 ours는 our method를 의미하므로 대동사 do는 단수형 does가 되어야 한다. ④ glad가 한정적 용법의 형용사로 쓰일 경우 사람을 수식할 수 없다. 따라서 한정적 용법이 가능한 happy나 bright 등의 형용사로 바꾸어야 한다. hang out with는 '~와 친하게 지내다'라는 의미의 숙어표현이다.

① 켄(Ken)은 매우 매력적인 사람이 될 수도 있지만, 그는 옷에 신경을 쓰지 않는다.
② 연구원들은 그들의 연구 결과를 교환하는 데 원칙적으로 합의했다.
③ 우리의 방법이 너희에게 이상하게 보이는 만큼 너희의 방법도 우리에게 이상하게 보인다.
④ 그녀는 명랑한 소녀였고 학급 친구들과 어울리는 것을 좋아했다.

19   ②

② 동사 have가 '소유하다'라는 의미일 경우 수동태로 나타낼 수 없지만, '얻다' '입수하다'라는 의미일 경우 수동형이 가능하므로 rich pickings를 수식하는 to be had는 옳은 용법이다. pickings는 '(특정 상황에서 손쉽게 얻을 수 있는) 벌이[수익]'를 뜻한다. ① 동사 know 다음에는 목적어로 to부정사 대신 '의문사+to부정사'의 형태가 와야 한다. 이때 의문대명사 what이 쓰이면 to부정사의 목적어 자리는 비어 있어야 하는데, a news article이라는 목적어가 있으므로 옳지 않은 문장이다. what을 의미상 적절한 how로 고친다. ③ 접속사 if 다음에는 to부정사나 or not이 올 수 없다. if는 whether가 되어야 한다. ④ the girl and her horse처럼 '사람+동물'의 표현이 선행사인 경우, 관계대명사는 who나 which가 아닌 that을 써야 한다.

① 그녀는 비판적인 눈으로 신문 기사를 쓰는 방법을 알지 못했다.
② 이런 종류의 회사에 투자함으로써 얻을 수 있는 수익이 아주 크다.
③ 그는 그것이 여전히 타당한 것인지 아닌지 고려할 가치가 있다고 믿고 있다.
④ 나는 이쪽으로 오고 있는 소녀와 그녀의 말(馬)을 보고 있다.

20   ③

③ imperative와 같은 이성적 판단 형용사 뒤에 절이 올 경우, 그 절의 동사는 '(should) 동사원형'이어야 한다. ① 조동사 may as well의 부정은 may not as well이 아니라, may as well not이다. ② convince는 that절을 직접목적어로 취하지 않으며, 'convince+목적어+that절'의 4형식 문형으로 나타낼 수 있다. convinced that을 convinced himself that으로 고친다. 수동태 문장으로 써서 was convinced that으로 표현하는 것도 가능하다. ④ want는 that절을 목적어로 취하지 않는다. I want that we change를 I want us to change로 고친다.

① 인터넷에 문제가 있을 때에는, 그 게임을 다운로드하지 않는 것이 좋다.
② 테베즈(Tevez)는 자신이 옳다고 확신했다.
③ 최적의 건강 상태를 유지하기 위해서는 음식을 알맞게 조절해야 한다.
④ 나는 우리가 이 계약서에서 몇 가지 것들을 바꾸길 원한다.

TEST 47

01 ①	02 ②	03 ④	04 ③	05 ①	06 ①	07 ④	08 ②	09 ③	10 ④
11 ①	12 ③	13 ②	14 ①	15 ②	16 ②	17 ⑤	18 ③	19 ④	20 ①

01 ①

take ~ for granted는 '~을 당연하게 여기다'라는 의미의 관용표현이다. 따라서 정답은 ①이다. 주어진 문장에서는 Good home lighting이 당연한 것으로 여겨지는 대상이므로 수동태 문장으로 쓴 것이다.

오늘날, 전등은 도시 지역에서 보편화되어 있다. 오늘날 훌륭한 전등이 가정에서는 대개 당연시되고 있다. 사람들이 그 유용성을 깨닫게 되는 유일한 순간은 그것이 부족할 때다.

02 ②

bullying은 '(약한 사람을) 괴롭히다'라는 뜻의 동사 bully의 동명사 형태이며, 주어 역할을 하고 있다. needs는 동사로 쓰였으므로, ③과 같은 관계사절이 올 수 없으며, 동사 need는 that절을 목적어로 취하지 않으므로 ④도 답이 될 수 없다. 사물이 주어일 때, need 뒤에 동명사나 to be p.p 형태가 오면 수동의 의미를 지닌다. 따라서 정답은 ②이다.

아무리 경미하다 하더라도, 친구를 괴롭히는 행동은 처음부터 적극적으로 다루어야 한다.

03 ④

혼합가정법 문장이다. If절은 '만약 아들이 죽지 않았더라면'의 의미가 되어야 하며, 이것은 과거 사실의 반대를 가정하는 것이므로 가정법 과거완료로 써야 한다. 가정법 과거완료의 조건절은 'if+주어+had p.p' 형태가 되어야 하므로, ④가 정답이다.

그녀는 아들이 죽은 후로 불면증에 시달리고 있다. 그녀의 아들이 죽지 않았더라면 지금은 스무 살이 되었을 것이다.

04 ③

소유격 관계대명사는 'whose+무관사+명사'로 나타내며, 선행사가 사물일 경우 'of which the+명사', 'the+명사+of which'의 형태로 쓸 수 있다. 선행사가 사람이므로, ③의 whose hearing이 정답이다.

음악가로 왕성하게 활동하는 도중에 귀가 멀기 시작한 베토벤(Ludwig van Beethoven)은, 그럼에도 불구하고 자신의 가장 위대한 작품들 가운데 상당수를 이러한 장애를 가진 채 작곡했다.

05 ①

'~하자마자 …하다'는 뜻으로 쓰이는 no sooner ~ than 구문이 쓰였다. 이 구문은 no sooner 다음에는 '의문문형 도치(had+주어+p.p.)'의 어순이 오지만, than 다음에는 도치가 일어나지 않고, '주어+과거시제 동사'가 오는 것이 특징이다. 따라서 이 조건을 만족시키는 ①의 the ceiling crashed가 빈칸에 적절하다.

그들이 저녁을 먹자마자, 천장이 식탁으로 무너져 내렸다.

06 ①

'public(대중)이 attend하는(참석하는) ' 능동의 의미관계이므로 현재분사 attending이고, 주어 the impact가 단수명사이므로 was이다. 따라서 ①이 빈칸에 적절하다.

그녀의 강연에 뒤이은 토론의 질과 강도로 볼 때, 그녀의 사상이 참석한 대중들에게 미친 영향이 대단히 컸다는 것을 누구나 알 수 있다.

07 ④

hesitate는 to부정사를 목적어로 하는 동사이므로, calling이 온 ①과 ③은 빈칸에 부적절하다. call은 5형식으로 쓰일 때 call A B(A를 B라고 부르다)의 형태로 쓰이므로, ④의 to call climate change가 정답이다.

기후 완화정책 분야에서의 야심 찬 계획에도 불구하고, 우리는 기후변화를 뮌헨(Munich)의 도시 정치의 최우선 사항이라고 부르는 것에 망설인다.

08 ②

병치되고 있는 구는 문법적인 구조나 역할이 동일해야 함을 잊지 말자. 빈칸에도 앞의 originality와 breadth of knowledge처럼 명사 상당어구가 들어가야 한다. 명사구인 ②가 가장 적절하다.

천문학자 허블(Hubble)은 독창성, 폭넓은 지식, 감탄할 만한 수학적 정확성을 보여주었다.

현대물리학의 성과가 일궈낸 변화 가운데 가장 중요한 것은 19세기의 관념이라는 이러한 고정된 틀이 해체된 데 있다고 말하는 사람도 있을 것이다.

09　　③

문장의 주어인 Each는 단수 대명사이므로 동사는 shakes가 되어야 한다. 복합관계대명사의 격은 자신이 이끄는 절 안에서의 역할에 따라 결정되는데, 주어진 문장에서는 meet의 목적어 역할을 하므로 목적격이어야 한다. 따라서 ③ shakes the hand of whomever he meets가 정답이다.

각각의 후보자들은 만나는 사람이면 누구와도 악수를 한다.

10　　④

④에 쓰인 대명사 it은 the weeks of summer training을 가리킨다. 따라서 it is를 they are로 고쳐야 한다. ① 주어는 summer training이 아니라 The weeks이므로 복수동사 are가 맞고, 빈도부사 often은 be동사 뒤에 위치한다. ②, ③ as ~ as 구문이며, for는 대상 앞에 쓴 전치사다.

하계 훈련을 받는 몇 주간의 기간은 종종 축구 선수와 코치들만큼이나 스포츠 기자들에게도 긴장되는 기간이다.

11　　①

scarcely는 부정어와 함께 쓰일 수 없다. 이중부정을 막기 위해 can't scarcely를 can scarcely로 고쳐야 한다. ② '~에 관해서'라는 의미다. ③ obtained는 the material을 수식하는 과거분사이며, so는 '그렇게'라는 의미로 쓰인 부사다. ④ 접속사 unless가 이끄는 절 속의 동사다.

그렇게 획득한 자료가 조심스럽게 그리고 여러 차례 점검되지 않는다면, 우리는 이러한 방식의 건전성에 관해 그의 의견에 거의 동의할 수 없다.

12　　③

'~과 같다'라는 표현은 be equal to다. 따라서 equal as에서 전치사 as를 to로 고쳐야 한다. ① theorem은 '정리(定理)' '공리(公理)'라는 의미다. ② 수식어구가 많지만 뒤에서부터 순차적으로 해석하면 된다. a right triangle은 '직각삼각형', square는 '제곱'이라는 의미다.

피타고라스(Pythagoras)의 정리에 의하면, 직각삼각형의 두 변의 제곱의 합은 빗변의 제곱과 같다.

13　　②

that절 속에서 주어는 the most important change이고 동사는 consists in이다. 따라서 ②는 주어를 후치 수식하도록 분사로 바꿔주어야 한다. 행위자를 나타내는 by 이하 구문이 있으므로 과거분사로 써야 한다. brings about을 brought about으로 고친다. ① important의 최상급은 the most important이다. ③ in은 앞의 consist와 함께 '~에 있다'라는 의미를 지닌다.

14　　①

①은 지금 이대로 보면 "작성할 유언장을 가지고 있다"는 의미가 된다. 하지만 다음 문장은 1년 후에 문서를 수정하기로 결정한다는 의미이므로, ①을 "유언장을 이미 작성했다"는 의미로 만들어 주어야 한다. 다음 문장들에서도 볼 수 있듯이 유언장은 변호사를 통해 작성하는 것이 일반적이므로, 'have+사람+동사원형', 'have+사물+pp' 구문을 사용한다. 따라서 ①은 drafted로 고쳐야 한다.

어떤 사람이 유언을 작성하고, 일 년이 지난 후 자신의 도자기 개구리 컬렉션을 우연히 빼먹은 사촌에게 남기기로 결심한다면, 그 사람은 완전히 새로운 유언장을 써야 할 필요가 없다. 변호사를 시켜 추가된 사항을 세부적으로 명시하는 유언 보충서를 쓰게 만들면 된다.

15　　②

'blame+사람+for+이유', 'blame+이유+on+사람'의 형태로 쓴다. 주어진 문장에서 ② 이하는 이유에 해당하므로 전치사 on을 for로 고쳐야 한다. ① 긍정문에서는 '어쨌든', 부정문에서는 '조금도 ~아니다'라는 뜻이다. ③ not은 부정문을 만드는 부사이며, that은 명사절을 이끄는 접속사다. ④ the real issue 이하는 문맥상 not A but B 구문이다. but을 찾아 헤맬 필요는 없다. it's that 앞에 있는 세미콜론(;)이 but의 역할을 하고 있기 때문이다.

어쨌든 당신이 맥도널드에 갈 때, 애플 슬라이스 대신 프렌치프라이를 구입하는 것에 대해 아무도 당신을 비난할 수 없다. 정말 중요한 문제는 사람들이 잘못된 패스트푸드 메뉴를 선택하고 있다는 것이 아니라, 가장 먼저 패스트푸드점에 가고 있다는 점이다.

16　　②

'With+목적어+목적보어' 구문으로, 목적어와 목적보어가 능동의 관계이고 목적보어로 쓰인 claim 동사의 목적어가 뒤에 나오기 때문에 현재분사의 형태가 올바르다. 따라서 ② claimed를 claiming으로 바꾼다.

4천만 명의 주민이 사는 캘리포니아와 2천9백만 명의 주민이 사는 텍사스는 가장 많은 인구를 보유한 주들로서 미국인들 가운데 다섯 명 중 한 명이 두 주를 고향이라고 공언한다. 그들은 또한 가장 큰 경제도 가지고 있다. 만약 그들이 국가라면, 각각의 국내총생산은 대략 3조 달러와 1.8조 달러로 세계에서 다섯 번째와 열 번째의 경제대국이 될 것이다.

17　　⑤

⑤ 앞의 its discovery는 to regard의 또 하나의 목적어인데, '발견이 혁명을 구성하는' 능동관계이므로 현재분사 constituting이어야 한다. ⑤를 as constituting으로 고친다.

명확하고 결정적인 과정의 영역에 있는 것이라고 간주되던 것들도 원자 이하의 수준에서는 그 행동이 모호하고 변덕스러운 것으로 밝혀졌다. 이 혁명적인 변화에 비하면, 특수상대성과 일반상대성 이론이라는 위대한 발견도 고전적인 주제에 대한 흥미로운 변주에 불과한 것으로 보였다. 양자이론을 20세기의 가장 뛰어난 지적 업적 중 하나로, 그리고 양자이론의 발견을 물리적 과정에 대한 우리의 이해에서 진정한 혁명을 이룬 것으로 간주하는 것도 과장이 아니다.

---

18 ③

③ 전치사 with는 부대상황의 분사구문을 만들 수 있다. 목적어 the road는 동사 block의 대상이므로 서로 수동관계이다. 따라서 현재분사 blocking을 과거분사 blocked로 고쳐야 한다. ① where she was born은 the city를 선행사로 하는 관계부사절이며, 전체 문장의 동사는 has이다. ② 복수명사 words를 수식하므로 less가 아닌 fewer가 쓰였으며, '비교급+than+any other+단수명사'는 비교급을 이용한 최상급 표현이다. ④ 주어진 문장에서 move는 '제안하다'라는 의미로 쓰였으며, 제안, 요구, 주장, 명령 등의 동사가 목적어로 취하는 that절의 동사 형태는 '(should) 동사원형'이어야 한다.

① 그녀가 태어난 도시는 공장이 많다.
② 영어는 다른 그 어떤 언어보다 어휘수가 적다.
③ 교통사고로 도로가 막혔기 때문에 그들은 우회해야 했다.
④ 그 선생님은 자신의 학생들에게 멸종된 종(種)에 대한 수필을 한 편씩 쓸 것을 제안했다.

---

19 ④

④ 폭풍에 부상을 당한 것은 과거의 일이다. 주절의 시제인 현재보다 앞선 일이므로, 완료부정사를 써서 to be injured를 to have been injured로 써야 한다. ① whether가 이끄는 절은 문장의 주어가 될 수 있다. 명사절로 쓰인 것이므로 미래시제를 현재시제로 대신하여 쓰지 않음에 유의한다. ② deny는 4형식 문형으로 쓸 수 있으며, deny A B의 경우, 'A에게 B를 허락하지 않다'라는 의미이다. 주어진 문장은 이러한 문형의 문장을 수동태로 써서 A is denied B 형태로 쓴 것이다. ③ resistance to ~는 '~에 대한 저항력'이란 의미이며, 이 표현 속의 to는 전치사이므로 뒤에 동명사구 being scratched가 왔다.

① 그가 그 경기에서 이길 것인지 아닌지는 알 수 없다.
② 역사를 통틀어 그들은 동등한 권리를 거부당해 왔다.
③ 경도는 어떤 광물의 긁힘에 대한 저항력이다.
④ 여섯 명의 사람들이 지난달의 폭풍으로 인해 부상을 당한 것으로 여겨지고 있다.

---

20 ①

① 보어인 blessed를 강조하기 위해서 주어와 동사의 위치가 바뀐 구문이다. 이 문장의 주어는 the peacemakers로 동사 is는 are가 되어야 한다. ② Writing은 주어로 쓰인 동명사이며, 동사는 is이고, daily는 부사로 쓰였다. as ~ as … 구문 앞에 부정어가 있는 경우엔 so ~ as …로 쓸 수 있다. ③ remember 뒤에 동명사가 오는 경우, '주절의 시제를 기준으로 과거에 있었던 일을 기억한다'는 의미가 된다. 주어진 문장의 someone은 동명사 opening의 의미상 주어이다. ④ 주어는 Failure이고 동사는 constituted이다. constitute는 타동사이므로 전치사 없이 바로 목적어를 취할 수 있다.

① 평화유지군은 축복받은 사람들이며, 그들은 존경받을 것이다.
② 매일 글 쓰는 것은 당신이 생각하는 만큼 어렵지 않다.
③ 그들은 누군가가 비상 창문을 연 것을 기억했다.
④ 잠재적인 갈등을 해결하지 못한 것이 위법 행위를 만들었다.

TEST 48

| 01 ① | 02 ③ | 03 ① | 04 ② | 05 ④ | 06 ① | 07 ② | 08 ④ | 09 ④ | 10 ③ |
| 11 ③ | 12 ④ | 13 ① | 14 ③ | 15 ② | 16 ④ | 17 ① | 18 ③ | 19 ④ | 20 ③ |

01
①

'혹 있다 하더라도'의 뜻으로 few나 little 다음에는 if any를, rarely나 seldom 다음에는 if ever를 쓴다.

나는 이 도자기 세트를 죽은 사람의 물건을 판매하는 경매에서 발견했는데, 그것은 사용된 적이 혹 있다 하더라도 거의 없어 보인다.

02
③

보기에 make 동사가 있고, 빈칸 뒤에 명사 두 개가 제시되어 있으므로, the world를 목적어, a better place를 목적보어로 하는 구문을 생각해야 한다. 목적어가 the world이어야 하므로 빈칸에 ②, ④가 들어가면 관계대명사 what의 문법적 역할을 설명할 수 없게 된다. 따라서 정답은 ③이다. He does what he can (do) to make the world a better place 문장에서 to부정사는 목적의 용법으로 쓰인 것이다.

국가적, 국제적인 역경에 처해서도, 그는 자신을 완전히 무능하다고 생각지 않는다. 그는 세상을 더 좋은 곳으로 만들기 위해서 자기가 할 수 있는 것을 하고 있다.

03
①

'…도 역시 ~하다'는 'so+동사+주어'로 표현할 수 있다. 문맥상 의미는 "닭과 마찬가지로 집에서 기르는 고양이 또한 도시에 많이 있었다"인데, 앞 문장에 be동사가 쓰였으므로 ①이 정답이다. 한편, 콤마 사이의 문장은 수식어구이므로 전체 문장의 긍정 혹은 부정 여부에 영향을 주지 않는다. seldom이 있다고 해서 neither가 들어간 ②나 ④를 정답으로 골라서는 안 된다.

작은 마을에서는 거의 볼 수 없었던 가축용 닭은 도시에 꽤 많았으며 고양이도 그러했다.

04
②

형용사 likely 다음에는 to부정사가 이어지므로 ③, ④를 먼저 정답에서 제외할 수 있다. 또한 more likely라는 형태의 비교급 표현이 있으므로 뒤에는 as가 아닌 than이 와야 한다. 따라서 정답은 ②이다. than 이하 문장은 older individuals are likely ~에서 likely ~가 생략되고 도치된 것이다.

청년들이 하나의 집단으로서 자살을 시도할 가능성이 노인 개개인들이 그렇게 할 가능성보다 더 높다.

05
④

간접의문문이 think, guess, suppose, believe, imagine 등의 목적어인 경우, 의문사가 문두로 간다. 따라서 ①과 ②가 정답에서 먼저 제외된다. 한편, who others는 '의문대명사+대명사' 구조이므로 적절하지 않다. else는 something, someone 등을 뒤에서 수식하는 형용사로서, who를 수식할 수 있으므로 ④가 정답이다.

당신은 그 외 다른 누가 내일 파티에 올 거라고 생각하십니까?

06
①

정신과 의사가 '평가하는' 것이므로 when 다음은 현재분사가 와야 한다. keep ~ in mind는 '~을 명심하다'라는 뜻인데, 주어진 문장에서 keep의 목적어는 principles를 선행사로 하는 목적격 관계대명사 that이므로 keep의 목적어를 따로 표시해서는 안 된다. 따라서 정답은 ①이다.

그는 또한 정신과 의사들이 환자의 능력을 평가할 때 유념해야 할 몇 가지 주요 원칙들을 내놓았다.

07
②

소유격 관계대명사의 용법을 묻고 있다. whose 다음에는 '무관사+명사'가 오고, whose 대용으로 쓰이는 of which는 선행사가 사물일 때만 쓸 수 있으므로 이 문장에서는 부적절하고, ②의 whose royal standard가 빈칸에 적절하다.

왕기(王旗)에 붉은 용이 그려져 있던 영국의 왕 헨리(Henry) 7세는 1486년에 있었던 그의 결혼식에 불꽃놀이를 포함시켰는데, 이는 국가적인 축하행사에서 사용된 최초의 불꽃놀이로 알려져 있다.

08 ④

접속사 though가 있으므로 절이 쓰여야 한다. ①, ②는 절의 형태가 아니므로 먼저 제외할 수 있다. ③의 경우 they(=the hyena and dog)가 주격보어 different skulls와 동일물이 되는 문장을 만들게 되므로 의미상 부적절하다.

해부학적으로는 두개골이 서로 다르지만, 사람들은 하이에나와 개를 종종 잘못 혼동한다.

09 ④

문두에 부정의 부사구가 왔으므로 다음에 나오는 주어와 동사는 도치되어야 하는데, 조동사가 있을 경우 '조동사+주어+본동사'의 어순이 되므로 ④가 정답이다.

어떤 일이 있더라도 16~18세의 미성년자는 정규 수업 예정일 하루 전날 새벽 3시 이후 또는 오전 6시 이전에는 일을 할 수 없다.

10 ③

동사 cure는 분리[제거] 표시의 전치사인 of와 함께 쓰여 cure A of B의 구문으로 쓴다. 따라서 from을 of로 고쳐야 한다. ① 관계대명사절의 동사이며, she 앞에는 목적격 관계대명사가 생략되어 있다. 약을 복용하는 경우엔 흔히 동사 take를 써서 표현한다. ④ suffer from은 '앓다, 병들다'라는 의미이며, 주어진 문장에서 from의 목적어는 cough 뒤에 생략되어 있는 목적격 관계대명사다.

그녀가 복용했던 그 약은 그녀가 앓아왔던 지독한 기침하는 병을 낫게 해주었다.

11 ③

regret 뒤에 동명사가 오면 지나간 일을 나타내고, to부정사가 오면 미래의 일을 나타낸다. 문맥상 15퍼센트 이상 할인해줄 수 없음을 알리게 되어 유감이라는 뜻이므로, to부정사를 써야 한다. saying을 to say로 고친다. ① in response to는 '~에 응해서', '~에 답해서'라는 의미. ② '~에 대한 요청'을 표현할 때 request 뒤에는 전치사 for를 쓴다.

귀하의 이 제품들에 대한 20퍼센트 할인 요청에 답해서, 우리는 15퍼센트 이상 할인해줄 수 없음을 알리게 되어 유감입니다.

12 ④

관계대명사 which 뒤에 완전한 절이 이어지므로, which의 문법적인 역할이 없는 상태다. grateful은 '~에 대해 감사히 생각하다'라는 의미의 be grateful for로 쓰므로, which를 for which로 고쳐 which가 전치사 for의 목적어가 되게끔 하면 앞서 언급한 문제가 해결된다. ② 과거분사 written 앞에 '관계대명사+be동사'가 생략되

어 있다. ③ wherein은 관계사로 쓰였으며 in which의 의미로 보면 된다. posts의 목적어가 a list of things이므로, 결국 wherein 뒤에 완전한 문장이 왔다.

어느 날 나는 여러 블로그를 둘러보고 있던 중에 솔로몬 브로드(Solomon Broad)가 쓴 블로그를 우연히 발견했는데, 그는 그곳에 자신이 고맙게 여기는 것들의 목록을 매일 게시한다.

13 ①

consider 다음에 목적보어인 as our duty가 나왔으므로 consider는 5형식 동사로 쓰였다. consider가 쓰인 문장에서 진목적어가 부정사구이면, 이 진목적어 대신 가목적어 it을 사용해서 표현하므로, ① as our duty를 it as our duty로 고쳐야 한다. ② do의 목적어인 복합 관계대명사절이다. ③ breath는 '호흡'이라는 뜻이므로 불가산명사이며, to end는 형용사적 용법으로 쓰인 부정사구다. ④ ability, effort, attempt 등의 명사는 동격 혹은 수식 어구로 to부정사를 취한다.

인권을 회복하려는 노력의 상징인 지도자들의 구금을 종식시키기 위해, 우리에게 목숨이 있는 한 우리는 우리가 할 수 있는 것이라면 무엇이든 하는 것을 우리의 의무라고 여길 것이다.

14 ③

phenomena는 phenomenon의 복수형으로 가산명사다. much는 불가산명사를 수식하는 형용사이므로 ③에는 가산명사를 수식하는 many를 써야 한다. datum의 복수형인 data에 관해 동일한 유형의 문제가 출제되기도 한다. ② 주어인 Advances에 대해 동사의 수일치가 이뤄져 있으며, led 뒤에 전치사 to가 왔으므로 자동사로 쓰였음을 알 수 있다. ④ otherwise는 부사로 쓰였으며, '만약 그렇지 않다면'의 의미다. 따라서 '만약 그렇지 않다면 이해할 수 없었을'이라고 해석하면 된다.

수학의 발전은 전통적으로 물리학 내에서 획기적인 발전을 이끌었다. 뉴턴(Newton)과 라이프니츠(Leibniz)가 미적분학을 발전시켰을 때 우리는 마침내 그들이 아니었다면 이해할 수 없었을 많은 현상들을 설명할 수 있었다.

15 ②

부사 much는 부사의 원급을 수식해주지 못하고 부사의 비교급이나 too(너무)를 수식해주므로, 부사의 원급으로 쓰인 philosophically 앞에 온 much는 부적절하다. 따라서 ②를 much too로 고쳐야 하는데, much too 뒤에는 부사인 philosophically가 올 수 있다.

그가 볼 때 그의 아이들은 뉴스를 너무 철학적으로 받아들이는 것 같았고, 아이들의 유일한 관심사는 마을에서 그들이 사고 싶어 할지도 모르는 어떠한 음식이든 간에 그 비용을 그가 충분히 줄 수 있는지 확실히 하는 것 같았다.

16 ④

두 번째 문장에서 in which가 왔으므로, in which 다음에는 완전한 절이 와야 한다. 따라서 관계절의 주어인 molecules에 대한 동사가 와야 하므로, ④의 escaping을 escape로 고쳐야 한다.

액체는 증발작용이라는 과정을 통해 끓는점 이하의 온도에서 기체로 바뀔 수도 있다. 증발작용은 액체의 가장자리 근처에 위치한 분자들이 충분한 액체 압력으로 억제되지 않아 증기(기체)로서 주변으로 달아나는 표면현상이다.

17 ①

공통 관계에 관한 문제다. 'have a talent for+명사'와 달리 'have an interest for+명사'는 불가능하다. interest 뒤에는 전치사 in을 써야 하기 때문이다. 뒤에 오는 전치사가 달라서 공통적으로 사용할 수 없는 경우에는 전치사를 각각 명시해야 하므로 ①의 interest 뒤에 in을 붙인다. ② be exposed to는 '~에 대해 노출되다' '~을 접하게 되다'라는 의미다. ③ and 이하는 첫 문장의 주어에 이어진다. as a result는 '결과적으로'라는 뜻이다. ④ that은 지시형용사로 쓰였으며, 전치사 to는 흥미를 추구하는 방향을 나타낸다.

고등 수학에 흥미와 재능을 가진 것으로 드러나는 사람들은 어린 나이에 수학의 전 범위를 접하게 될 것이며, 그 결과 궁극적으로 자신과 사회 전반 모두에 도움이 되는 쪽으로 그러한 관심을 추구할 기회를 갖게 될 것이다.

18 ③

③ the number of 뒤에는 '복수명사+단수동사'가 오고, a number of 뒤에는 '복수명사+복수동사'가 온다. 주어진 문장을 살펴보면 The number of 다음에 복수명사 candidates가 왔으며 who ~ election은 삽입된 주격 관계대명사절이고, is가 본동사가 된다. 따라서 옳은 문장이다. ① in order to 뒤에는 동사원형이 오고, in order for 뒤에는 명사가 온다. 그러므로 in order for seeing을 in order to see로 고쳐야 한다. ② give up 뒤에는 목적어로 동명사가 와야 한다. to learn을 learning으로 고친다. ④ 두 개의 절이 접속사 없이 나열된 상태이므로 옳지 않다. 콤마 앞부분을 분사구문으로 바꿔 There being no bus service로 고치면 옳은 문장이 된다.

① 그는 더 선명하게 보기 위해 안경을 닦았다.
② 나는 무서웠기 때문에 수영하는 법을 배우기를 포기했다.
③ 선거에 출마할 후보자들의 수는 놀랄 만하다.
④ 버스 편이 없었기 때문에, 나는 집으로 돌아오는 내내 걸어야 했다.

19 ④

④ given은 '~이라고 가정하면, ~이 주어지면'이라는 뜻의 전치사적 형용사로 쓰였으므로, 뒤에 목적어를 취할 수 있다. 따라서 Given 뒤에 his age가 온 것이며, 부사 remarkably는 형용사 active를 수식하고 있다. ① 5형식 문형에 쓰인 인식동사는 뒤에 '목적어+(to be)+형용사보어' 혹은 '목적어+to be+명사보어' 형태가 온다. 주어진 문장의 경우, 목적보어로 명사 engineer가 왔으므로 to be를 생략할 수 없다. Smith 뒤에 to be를 첨가한다. 한편 고유명사를 복수로 쓰고 그 앞에 정관사를 쓰면 '가문이나 부부'를 나타낸다. 그러므로 The Simpsons는 '심슨 가족'이라는

의미가 된다. ② 가정법 문장의 조건절에서 if를 생략하면 주어와 동사가 도치되나, 이때 Hadn't 혹은 Weren't와 같은 축약형으로 쓰지는 않는다. Had I not seen으로 고친다. ③ 주절이 과거시제이므로 종속절에 현재완료시제가 올 수 없다. have been을 had been으로 고친다.

① 심슨(Simpson) 가족은 스미스(Smith) 씨를 훌륭한 기술자라고 생각했다.
② 내가 직접 눈으로 그것을 보지 않았다면 거의 그것을 믿지 않았을 것이다.
③ 허버트(Herbert) 씨는 연회장에 있는 사람들에게 그와 로지(Rosie)가 이집트에 가본 적이 있다고 말했다.
④ 에머슨(Emerson) 씨의 나이를 고려하면, 그는 매우 활동적이다.

20 ③

③ hit(때리다)처럼 적극적 의지를 가진 행위동사의 경우에는 대동사 do/does와 '동사 do/does+대용형(pro-form) 부사 so' 둘 모두가 가능하므로 ③이 정답이다. ①, ②, ④ 의지가 없는 think, remember, like 같은 상태 동사의 경우에는 so를 쓰지 못하고 대동사 do/does만 가능하다. 각각 we do, Bill does, I always have done으로 고친다. ⑤ as 절에서도 so를 쓰지 못하고 대동사 do/does만 가능하므로 he always did로 고친다. ①의 경우 we think so, too도 가능하다.

① 그들은 탐(Tom)이 미쳤다고 생각하고 우리도 그렇게 생각한다.
② 존(John)은 그 사고를 기억하고 빌(Bill)도 기억한다.
③ 존은 매리를 때렸고 빌도 그렇게 했다.
④ 나는 기타를 좋아하고 언제나 그래왔다.
⑤ 그는 언제나 그랬던 것처럼 일찍 일어났다.

TEST 49

01 ④	02 ④	03 ②	04 ②	05 ④	06 ③	07 ④	08 ③	09 ③	10 ②
11 ①	12 ②	13 ④	14 ③	15 ④	16 ⑤	17 ③	18 ②	19 ③	20 ①

01 ④

that절에서 still ~ in the world는 주어인 Japan과 동격이다. 따라서 that절에 동사가 필요하다. ④ is가 정답이다.

상황이 너무나 심각해서, 여전히 세계에서 가장 번영한 선진국들 중 하나인 일본은 지금 점점 과소평가되고 있다.

02 ④

compare A with B(A를 B와 비교하다)이므로 전치사는 with이고 자신의 노력을 앨 고어의 노력과 비교하는 것이므로 Al Gore's이다. 따라서 ④가 적절하다.

그는 또한 자신의 탄소 생산량을 보고하고 지구온난화를 억제하기 위한 자신의 노력을 앨 고어의 노력과 비교할 수 있었다.

03 ②

peasantry는 집합명사로, 앞에 항상 정관사 the를 붙이고 복수로 취급한다. 따라서 빈칸에는 ② the peasantry don't가 들어가야 한다.

역사는 소작농 계급이 독립된 정치적 역할을 맡지 않는다는 것을 보여준다.

04 ②

'A no more … than B(B가 ~ 아니듯이 A도 … 아니다' 구문이므로 빈칸에는 than 이 먼저 오고, '아니듯이'라고 해석되어도 than이하는 긍정문이어야 하므로 ②가 적절하다.

따라서 프랑스의 국왕은 의회와 대등한 지위에 있는데, 국왕이 의회 없이 조치를 취할 수 없듯이 의회도 국왕 없이는 조치를 취할 수 없다.

05 ④

but 이하가 직설법 과거로 되어있기 때문에 but 앞의 절은 가정법 과거완료의 주절 형태여야 한다. 따라서 빈칸에는 'would have 과거분사'인 ④가 적절하다.

그녀는 잊고 두고 온 물건을 가지러 집으로 돌아가야 했기 때문에 지체되었는데, 그렇지 않았더라면 그 길모퉁이를 좀 더 일찍 지나갔을 텐데.

06 ③

what으로 시작하는 간접의문절 안에서 독일의 마약중독 사망자가 줄어든 것과 우리의 사망자가 증가하는 것이 서로 상반되게 접속사 while로 연결되어 있다. 따라서 ours(=our deaths from drug addiction)를 주어로 하여 절로 나타낸 ③이 빈칸에 들어가기에 적절하다. ① while이 접속사이므로 명사는 부적절하다. ② we를 주어로 하면 의미가 부적절해진다. ④ continuing의 의미상 주어가 독일인이 되어 부적절하다.

우리는 독일인들이 우리의 마약중독 사망자는 계속 증가하는데도 (그들의) 마약중독 사망자를 줄어들게 하기 위해 어떤 일을 해왔는지 알아야 한다.
'

07 ④

빈칸에 ①이 들어가면 전치사 in의 목적어는 changes가 되는 데 반해, 전치사 to의 목적어는 비어 있게 되므로 정답이 될 수 없다. ②는 전치사 in의 목적어로 관계부사가 왔기 때문에 부적절하며, ③은 관계대명사 뒤에 완전한 문장이 온 형태가 되므로 역시 옳지 않다. 따라서 정답은 ④이다. 이때 '전치사+관계대명사' 뒤에 완전한 문장이 온 형태가 된다.

통제할 수 없었던 변화들에 순응해야 했던 상황에 대해 말해보시오.

08 ③

media를 수식하는 표현이 필요하다. 뒤에 the actions라는 목적어가 있으므로 현재분사 distorting과 misinterpreting이 와야 한다. 따라서 정답은 ③이다. ②에 쓰인 부정사는 미래나 예정의 의미이므로 문맥상 적절하지 않다.

한국의 대통령은 '오보(誤報)에 대한 전쟁'을 선포했고, 자신의 행정부의 활동을 왜곡하거나 의도적으로 곡해하는 언론을 '적(敵)'으로 간주했다.

09 ③

콤마 앞까지 분사구문이므로, 빈칸에는 주절이 들어가야 한다. 분사구문의 주어는 주절의 주어와 같을 때 생략 가능하다는 점을 기억하자. 현재분사 traveling의 주어는 사람이므로, 주절의 주어도 사람이어야 한다. ①과 ②가 답에서 먼저 제외된다. ④의 경우 주어가 사람이기는 하나 의미상 어색하므로 적절하지 않다.

블루리지(Blue Ridge) 산맥을 가로질러 여행하는 동안에, 여행자들은 놀랄 만한 경치에 경외감을 느꼈다.

10 ②

what은 선행사를 포함한 관계대명사다. 주어진 문장에서 관계대명사의 선행사로 the property가 제시되어 있으므로 what을 써서는 안 된다. what을 which나 that으로 고친다. ③ 동사 bring의 경우, 4형식 문장을 3형식으로 바꿀 때 간접목적어 앞에 전치사 to를 붙인다. ④ call이 5형식으로 쓰인 것으로, call의 목적어 the property가 주어로 앞에 나가 수동태가 된 것이다.

특히 북미 지역의 식민지 시대에, 신부가 결혼할 때 가지고 온 재산을 지참금이라고 불렀다.

11 ①

Franklin은 특정인을 가리키는 고유명사이지만 여기서는 '프랭클린 같은 사람'이라는 보통명사의 뜻이므로 ①을 보통명사로 전용하여 복수형인 Franklins로 고쳐야 한다. ④ disappoint가 '(계획이나 희망을) 좌절시키다'는 뜻이므로 수동태가 맞다.

"얘야, 우리 모두가 프랭클린 같은 사람이 될 수는 없단다,"라고 월튼 씨 부인은 아들이 결국 좌절될지 모르는 높은 희망을 갖지 않기를 바라면서 말했다.

12 ②

세미콜론(;) 앞 문장의 시제가 과거임에 유의한다. otherwise 앞에 직설법 과거 문장이 오면, otherwise 뒤에는 가정법 과거완료의 표현이 와야 한다. 가정법 과거완료의 귀결절 형태는 '주어+조동사의 과거+have p.p'다. 따라서 fulfill을 have fulfilled로 고쳐야 한다. ① 'It is 형용사 that ~'구문에 쓰인 형용사가 advisable, essential, imperative, important, natural, necessary, urgent 등이면, that절 속의 동사 형태는 '(should) 동사원형'이어야 한다. ③ 기준 시제인 과거보다 먼저 있었던 일에 대한 진술이므로 과거완료시제를 썼다. ④ 전치사로 쓰였으며, about의 뜻으로 사용되었다.

따라서 아버지는 적당히 그의 아들을 버리고 그의 아들을 적들에게 맡겨야 했다. 만일 그렇지 않았다면, 그에 관해 예언되어 왔던 것을 결코 실현시키지 못했을 것이다.

13 ④

farther는 거리, further는 정도에 쓰인다. 주어진 문장에서 ④는 '추가적인'이란 의미이므로 정도의 개념이다. 따라서 farther를 further로 고쳐야 한다. ② 명사를 수식하는 어구들은 '서수+기수'의 어순으로 쓴다. ③ When절의 주어는 the turnover figures이므로 have를 쓴 것이 맞다. have 바로 앞의 수식어구에 현혹되지 않도록 주의한다.

그 기간의 첫 5년에 대한 연도별 매출액 수치가 그 기간 말까지 최종적으로 마무리되지 못할 경우, 임차인은 추가적인 통지서를 제출해야 한다.

14 ③

설득하는 대상은 앞의 millions다. 따라서 이를 받는 대명사는 복수여야 한다. 대명사 one을 them으로 고쳐야 한다. 'persuade+목적어+to부정사' 구문이 쓰였다. ① speaking은 전치사 by의 목적어로 쓰인 동명사이며, to는 대상 앞에 붙는 전치사다. ④ endurance는 앞의 speed와 함께 build의 목적어로 쓰였다.

수백만 명의 사람들에게 심장병의 높은 발병률에 관해 이야기하면서, 스탠리 런어바웃(Stanley Runabout)은 그들에게 스피드와 지구력을 점진적으로 키우고 경과를 꾸준히 체크하길 권하고 있다.

15 ④

동사 found 다음에 목적어로 that절이 왔으며, that절 안에서 at which 관계절의 수식을 받은 the average age가 주어, was 22가 술부다. 따라서 보기 ④의 경우, 관계사절의 동사로 achieved를 제시해놓은 상황이다. achieved의 목적어가 제시되어 있지 않은 점, the top performance가 achieve 동사의 대상인 점 등을 고려하면 수동태 문장이 되어야 함을 알 수 있다. achieved was를 was achieved was로 고쳐야 한다. ①, ② 주어를 수식하는 표현들이며, 주어와 수동 관계에 있으므로 과거분사로 쓴 것이다. ③ found는 전체 문장의 동사이며, that은 found의 목적절을 이끄는 접속사다. 참고로 문장의 주어는 The research, 동사는 found이며 that절이 목적어다. led by ~ Neurobiology of Aging은 모두 삽입된 표현들로, 주어를 수식하는 역할을 한다. 이 문장의 경우 삽입된 표현이 두 개이므로 분석에 유의해야 한다.

솔트하우스(Salthouse) 교수가 주도한 것으로, 『노화의 신경생물학(Neurobiology of Aging)』이라는 학회지에 발표된 이번 연구에서, 12가지 실험 가운데 9가지 실험에서 최고 성취도가 달성된 평균 나이는 22세라는 것을 발견했다.

16 ⑤

provide와 달리 수여동사 give의 간접목적어 the rest of the world 다음은 직접목적어가 되도록 ⑤를 전치사 with가 없는 명사 one more reason으로 고쳐야 한다. ① 주격보어인 형용사이다. ② by a law이하가 if절을 대신한 가정법으로 3형식동사 give의 수동태이다. ③ 5형식동사 force의 목적보어인 to부정사이다. ④ 앞 절을 선행사로 한 which관계절이다.

미국 수정헌법 제2조를 개정하는 것은 가망 없어 보이지만, 미국 시민 각자에게 공공장소에서의 방탄조끼 착용을 강제하는 법을 만든다면 피해가 상당히 경감될 수 있을 텐데, 이것은 또한 다른 나라 사람들에게 미국의 위대함에 대해 웃을 이유를 하나 더 제공할 것이다.

---

17 ③

③에서 stand는 '어떤 상태이다'라는 뜻의 2형식 동사이므로 뒤에는 보어로 형용사가 와야 한다. 따라서 부사 raptly를 형용사 rapt(넋을 잃은, 정신이 팔린)로 고쳐서 ③을 stand rapt in awe로 고쳐야 한다. ① the mysterious(the 형용사 = 추상명사)를 선행사로 한 관계절이다. ② be a stranger to~가 '~에게 생소하다'이므로 whom 앞에 to가 있다. ④ be의 보어인 coupled가 양보의 though 접속사 앞으로 온 구조로 be와 is 모두 가능하다. ⑤ 1형식 동사 exists로 끝난 완결된 절 다음에 이어진 분사구문이다. itself는 주어인 what is impenetrable to us를 가리킨다.

우리가 경험할 수 있는 가장 아름다운 것은 경이감인데, 이것은 모든 진정한 예술과 과학의 원천이다. 이 감정이 생소한 사람은, 더 이상 잠시 멈추고 경이로워하고 경외감에 넋을 잃을 수 없는 사람은, 죽은 사람이나 다름없다. 그의 눈이 감겨있는 것이다. 생명의 경이에 대한 이러한 통찰은 두려움과 결부되어 있지만 종교를 발생시키기도 했다. 우리에게 불가해한 것이 실제로 존재하고 우리의 둔한 능력으로는 가장 원시적인 형태로만 이해할 수밖에 없는 가장 높은 지혜와 가장 밝은 아름다움으로 나타난다는 것을 아는 것, 바로 이 지식, 이 감정이 진정한 종교적 경건의 중심부에 있다.

---

18 ②

such 다음에는 'a/an 형용사 명사'의 순으로 so 다음에는 '형용사 a/an 명사'의 순으로 오는데 detail은 불가산 명사이므로 단수인데도 관사가 없다. 이럴 경우에는 such를 쓰므로 ②의 so를 such로 고쳐야 한다. ① enough는 수식받는 형용사(great) 다음에 온다. 물론 명사 fortune 뒤에 올 수도 있다. ③ 장소부사어가 문두에 와서 주어와 동사가 도치된 어순이다. ④ 서로 상반된 의미로 대구를 이루는 형용사들은 명사를 후치 수식할 수 있다.

① 그는 새 저택을 구입할 만큼 큰돈을 벌었다.
② 그가 그것을 너무나 상세히 설명해서 나는 그것을 이해할 수 있었다.
③ 강둑에는 미지의 야생화들이 많이 피어있었다.
④ 좋고 나쁜, 크고 작은, 모든 상황에서 기회는 생겨난다.

---

19 ③

③ in no time은 soon과 같은 부사이고 deal은 타동사가 아니므로 그 다음에 with가 있어야 한다. ① which의 선행사는 형용사 rich and famous이다. ② and in that case에서 and가 삭제되고 that이 관계형용사 which로 바뀐 것이다. ④ which의 선행사는 a flower이고 관계절에서 are의 주어는 the petals이다.

① 그것은 그가 부유하고 유명하기 때문은 아닌데, 그는 분명 부유하고 유명하다.
② 버터는 종종 구할 수 없는데, 그 경우에 우리는 마가린을 사용할 것이다.
③ 우리에게 몇 가지 문제가 있고, 그 문제들 중 모두를 우리는 곧 다룰 것이다.
④ 벌들이 꽃 주위를 날고 있는데, 그 꽃의 꽃잎들은 지금 다 떨어지고 있다.

---

20 ①

① 'The+비교급, the+비교급' 구문이 쓰였는데, 불가산명사 money를 수식해야 하므로 the fewer를 the less로 고쳐야 한다. ② 부정어가 있는 부사구가 문두에 왔기 때문에, 주절은 '조동사+주어+동사원형'의 어순으로 도치되었다. ③ provided that은 if의 대용어구이며, 조건절을 이끌기 때문에 현재시제로 미래를 나타낸다. ④ how the decision will affect the country는 전치사 of의 목적어가 되는 의문사절로, '의문사+주어+동사'의 어순을 바르게 취하고 있다.

① 음식을 적게 먹으면 먹을수록 음식에 더 적은 돈을 쓴다.
② 그때가 되어서야 짐(Jim)의 결심이 무너지기 시작했다.
③ 건조한 날씨가 지속되면, 충분한 곡식을 구매해서 저장할 것이다.
④ 그 결정이 그 나라에 어떻게 영향을 줄 것인가를 어떤 사람들은 수치스러워하고 다른 사람들은 두려워한다.

TEST 50

01 ④	**02** ①	**03** ②	**04** ④	**05** ①	**06** ③	**07** ④	**08** ④	**09** ④	**10** ③
11 ③	**12** ③	**13** ④	**14** ②	**15** ③	**16** ④	**17** ④	**18** ①	**19** ②	**20** ③

01   ④

strange와 같이 주관적 판단이나 강한 감정 표현 뒤에 오는 that절의 동사는 'should+동사원형'이 와야 한다. 따라서 ④의 should omit가 빈칸에 적절하다.

캐롤라인 글릭(Caroline Glick)이 높이 평가받는 이스라엘의 인구통계학자와 지리학자에 대한 언급을 생략하다니 이상한 일이다.

02   ①

빈칸 앞에 선행사가 없으므로 복합관계대명사를 쓸 수 있다. 관계대명사의 격은 문장에서의 역할에 의해 결정되는데, 주어진 문장에서 관계대명사는 동사 will listen에 대한 주어 역할을 해야 하므로 주격인 ① whoever가 정답이 된다.

그는 듣고자 하는 사람 누구에게든 똑같은 얘기를 한다.

03   ②

'a sort of+단수명사+단수동사', 'sorts of+복수명사+복수동사' 형태로 쓴다. 이것은 '종류' 혹은 '유형'의 의미를 갖는 명사 kind, type 등에도 동일하게 적용된다. 주어진 문장의 동사가 are이므로 sorts of rumors 형태로 쓰는 것이 옳다. ②가 정답이다.

사무실 주변에는 온통 그와 그의 비서에 대한 소문이 무성하다.

04   ④

'~를 능가하다, ~보다 높다/크다/많다'는 뜻으로 tower는 자동사여서 뒤에 over가 있어야 하고 앞의 The number of에 해당하는 that of가 있어야 하므로 빈칸에는 ④가 적절하다.

총기를 소유한 미국인 남성의 수가 총기를 소유한 미국인 여성의 수보다 거의 3배 더 많다.

05   ①

빈칸 앞에 no가 있으므로, have no interest in(~에 대해 관심이 전혀 없다)과 have no sympathy for(~에 대한 호감이 전혀 없다)가 쓰였음을 알 수 있으며, 두 동사구가 utopian or futuristic fiction이라는 공통의 목적어를 받고 있는 형태이다. 공통의 목적어를 받을 때, 두 동사구의 전치사가 각기 다를 경우, 생략하지 않고 동사구마다 전치사를 그대로 써줘야 하므로, ①이 정답이다.

1929년까지만 해도, 올더스 헉슬리(Aldous Huxley)는 이상주의적인 소설이나 미래의 모습을 그린 소설에 어떠한 관심이나 호감이 전혀 없었다.

06   ③

'전치한정사(all, both, half, double, twice)+한정사(관사, 지시사, 소유격, 부정형용사)+서수+기수+형용사'가 기본 어순이다. 또한 '~의 (개)수'는 the number of라고 표현하는데, '권장하는 (개)수'이므로 the recommended number of라고 써야 한다. ③이 정답이다.

절약해야 한다는 이유로, 그 여자는 요리법에서 권하는 달걀 개수의 절반만 사용했다.

07   ④

간접의문문인 의문사절을 목적어로 취하는 동사가 suppose와 같이 인식류 동사일 경우, 의문사를 문두로 보낸다. 따라서 의문사가 없는 ①과 ③은 빈칸에 부적절하고 ②는 의문문의 형식을 취하고 있지 않다. 따라서 do you suppose who invented에서 suppose가 쓰여서 who를 문두로 보낸 ④의 Who do you suppose invented가 정답이다.

좌절은 누가 만들었다고 생각하는가? 그리고 당신은 내가 경험할 수 없는 어떤 것을 당신이 경험할 수 있다고 생각하는가?

08   ④

빈칸 앞이 분사구문이므로, 빈칸에는 주절에 해당하는 표현이 들어가야 한다. 따라서 절의 구성요소를 올바르게 갖추고 있는 ④가 정답이다. ②의 경우 '인정하다'의 의미로 쓰인 동사 recognize의 목적어가 없으므로 부적절하다.

처음에 사실주의적인 초상화로 호평을 받았던 존 싱어 사전트(John Singer Sargent)는 이후에는 인상주의적인 수채화로 인정을 받았다.

---

09 ④

①과 ③의 경우, that microorganisms 부분을 문법적으로 설명할 수 없게 된다. 따라서 It ~ that 강조구문으로 파악해야 하며, 이와 같은 강조구문에서는 It was와 that을 생략해도 문장이 성립하므로, shortly after microscopes were introduced at the beginning of the seventeenth century를 강조하는 문장인 ④가 정답이 된다.

미생물들이 실제로 관찰된 것은 17세기 초 현미경이 도입된 직후였다.

---

10 ③

in which 뒤에는 완전한 절이 오며, secrete가 타동사이므로, 목적어가 필요한데, 목적어가 없다. 따라서 독은 분비되는 대상이므로, ③을 수동태인 is secreted로 고쳐야 한다.

독이 있는 뱀들은 독 분비선에 연결된 변형된 이빨이 있는데, 이들 분비선에 독이 분비되고 저장된다.

---

11 ③

동명사의 관용구문을 묻고 있다. '거의 ~할 뻔하다'는 표현인 come close to에서 to는 to부정사가 아니라 전치사이므로, to 다음에는 명사나 동명사가 와야 하는데, ③의 intersect가 원형동사로 쓰였으므로, ③을 동명사 형태인 intersecting으로 고쳐주어야 한다.

명왕성의 궤도와 해왕성의 궤도가 충돌이나 근접 조우가 가능하도록 실제로 거의 만날뻔하는 일은 결코 있을 수 없으며, 이제까지 그런 적은 한 번도 없었다.

---

12 ③

1.3km는 거리의 단위개념에 해당하는데, 이 경우 단수취급을 하므로, ③을 is로 고쳐야 한다.

우리는 우물 속에 있는 플루토늄이 핵실험에서 나온 것이었음을 알고 깜짝 놀랐는데, 왜냐하면 1.3킬로미터는 플루토늄이 이동하기에는 먼 거리이기 때문이다.

---

13 ④

①은 The other day에 비추어 과거시제인 것이 맞고 따라서 주절도 과거시제여야 하므로 ④를 didn't tip으로 고치며, 여기서 tip one's hand는 '생각을 밝히다'라는 의미이다. ① 수동태가 맞고 뒤의 who절이 ask동사의 직접목적어이다. ② think동사의 경우 의문사 who가 will take 앞이 아니라 he thinks 앞으로 온다. ③ 시간 부사절에서 미래 대신에 쓴 현재시제이다.

자신이 은퇴하면 누가 세상에서 가장 빠른 사람으로서의 자리를 차지할 것이라고 생각하느냐는 질문을 일전에 런던에서 어느 기자로부터 다시 받았을 때 그는 속내를 털어놓지 않았다.

---

14 ②

but for는 '~이 없다면/없었다면'의 뜻으로, 현재 또는 과거 사실의 반대를 가정할 때 쓰이며 주절에는 가정법 과거 또는 가정법 과거완료가 쓰인다. but instead 이후에 현재시제가 쓰였으므로 '현재' 사실의 반대를 가정하고 있음을 알 수 있다. 따라서 주절에는 가정법 과거의 표현이 와야 한다. 가정법 과거의 문장에서 귀결절의 동사형태는 '조동사의 과거형+동사원형'이므로 certainly will be를 certainly would be로 고쳐야 한다. ① Without, If it were not for, Were it not for로 대신할 수 있는 표현이다. ④ 동격의 of이며, being needed는 of의 목적어이다. 다른 사람이 나를 필요로 하는 것이므로 수동의 명사구를 쓴 것이다.

보조공학이 없다면, 나는 틀림없이 완전히 무능할 것이다. 그러나 실제로는 책임감 있게 내 처지를 꾸려가고, 자신감을 유지하며, 내가 필요한 사람이라는 만족감을 즐기고 있다.

---

15 ③

supply A with B = supply B to(for) A(A에게 B를 제공하다): 문맥상 심장을 혈액에 공급하는 것이 아니라 혈액을 심장에 공급해야 하므로, ③을 with로 고쳐야 한다.

관상동맥질환은 가장 흔한 심장 질환인데 이 병은 심장에 산소가 풍부한 혈액을 공급해주는 동맥이 수축하거나 좁아지는 것에 의하여 특징지어지는 병이다. 심장마비를 동반하거나 동반하지 않는 관상동맥질환이 심차단의 원인 중 하나이다.

---

16 ④

question이 whether절을 동격으로 받은 구조로 whether절의 주어는 the findings from trials이고 carried out부터 coronary interventions까지가 주어를 꾸며주는 말이 된다. 따라서 이 주어의 동사는 sufficing이 되므로, ④를 주어에 맞게 자동사인 suffice로 고쳐야 한다.

특히 베타수용체 차단약(협심증, 고혈압, 부정맥 치료제)과 관련해서, ACE 억제제(고혈압 치료제), 스타틴(혈관 내 콜레스테롤 억제제), 혈전용해술, 그리고 경피적 관상동맥 중재술이 나오기 이전 시기인 20~30년 전에 실시한 실험결과가 심근경색이 발생한 이후 1년 이상 베타수용체 차단약을 투여하는 것을 정당화하는 데 있어 여전히 충분한지 여부에 관해서는 의문이 남아 있다.

17 ④

④ which의 선행사는 the disputed Himalayan territory인데 이 분쟁지대를 놓고 전쟁을 치른 것이므로 which 앞에 전치사 over가 있어야 한다. ④를 and over which로 고친다. ① knows는 말하는 8월 6일의 일이고 delivered는 8월 5일의 일이다. ② 앞에서 could를 썼다고 반드시 could를 써야 하는 것은 아니다. ③ 여기서 part는 '중요한 한 부분'의 의미로 대개 무관사로 쓴다. ⑤ 주어는 능동태 leave동사의 목적어였고 with 이하는 상태를 나타내는 목적보어였다.

구름 한 점 없이 화창한 날 아침에 이마드 타리크가 카슈미르에서 태어났을 때 그의 가족 식구 대부분이 몰랐다. "아내가 아들을 낳았다는 것을 지금 아무도 모릅니다. 우리는 가족에게 알릴 수 없었고 또한 누구도 지금 여기로 연락해올 수 없습니다."라고 하루가 지난 8월 6일에 타리크 아마드 셰이크는 병원에서 말한다. 8월 5일 이른 시간에 인도 정부는 카슈미르 지역에 지상선과 휴대폰 연결망뿐 아니라 인터넷도 차단했는데, 이는 파키스탄과 인도 양국 모두가 자기 영토라고 주장하고 지금까지 세 차례 전쟁을 치른 그 히말라야 분쟁지대(카슈미르)에 대한 지배력을 높이기 위한 전례 없는 시도의 일환이었다. 인도 정부가 학교도 폐쇄하고 대중 집회도 금하고 마을 간의 통행도 차단했기 때문에 약 700만 명의 그 지역 주민들은 외부 세계와 연락할 방법이 없게 되었다.

18 ①

① 'A가 B가 아닌 것은 C가 D가 아닌 것과 같다'는 의미의 A is no more B than C is D(= A is not B any more than C is D) 구문에서, B와 공통인 경우에는 D를 생략할 수 있다. 주어진 문장에서 be evaded가 B와 D에 해당한다. than 이하의 주어가 명사인 경우엔 도치가 가능하므로 can gravitation으로 쓴 것이다. ② 버스가 도착한 시점을 기준으로 그 이전 한 시간 동안 기다린 것이므로, 과거완료로 써야 한다. were kept를 had been kept로 고친다. ③ 호주머니에서 지갑을 찾으려 한 행동을 한 것은 과거이므로, 두 번째 문장은 과거의 추측을 의미하는 might have p.p로 써야 한다. might lose를 might have lost로 고친다. ④ comprise는 타동사이므로 뒤에 전치사가 필요하지 않다. of를 삭제한다. comprise와 같은 의미를 갖는 표현으로는 consist of, be composed of, be made up of 등이 있다.

① 경제 법칙을 피할 수 없는 것은 중력을 피할 수 없는 것과 마찬가지이다.
② 버스가 너무나도 많이 지연되어서 마침내 버스가 도착했을 땐 우리가 이미 한 시간을 기다린 상태였다.
③ 지갑을 찾아 호주머니를 만져보았지만 찾을 수 없었다. 지갑을 잃어버렸는지도 모른다.
④ 그 책은 5장(障)으로 구성되어 있었다.

19 ②

② 관계대명사의 수는 선행사에 일치시킨다. that의 선행사가 pairs of sensory and motor nerve bundles이므로 동사를 복수형 emerge로 쓴 것이다. ① 주어에 해당하는 네 가지 항목이 열거되어 있다. 열거되는 마지막 대상 앞에는 for가 아니라 and를 써야 한다. ③ bring은 화자의 방향으로 오는 개념이고 take는 화자에게서 멀어지는 개념이다. 주어진 문장은 스티븐슨 부부에게 갖다 주는 것이므로, 화자에게서 멀어지는 개념이다. 따라서 bring을 take로 고쳐야 한다. ④ 'be believed+to부정사'는 '~하는 것으로 믿어지다'라는 의미의 표현이다. to occurring을 to occur로 고친다.

① 그 도서관들에는 많은 책, 원고, 잡지, 그 밖의 기록 정보를 얻을 수 있는 자료들이 있다.
② 척수 신경은 척수에서 나오는 감각 신경과 운동 신경의 짝이다.
③ 내일 스티븐슨(Stevenson) 부부를 방문할 때, 그들에게 이 케이크 조리법들을 갖다 주세요.
④ 화산은 지각이 가라앉거나 솟아오르는 지역에 생기는 것으로 여겨지고 있다.

20 ③

③ but 다음의 it은 주어인 Her dress를 가리키며, kind of 뒤에는 관사가 오지 않는다. which 이하는 가정법 과거완료의 주절 형태를 취하고 있다. ① 'A에게 B에 대한 혐의를 두다'라는 의미의 표현은 suspect A of B이다. being 앞의 전치사 for를 of로 고친다. ② the majority of가 주어로 쓰일 때, 동사는 of 뒤에 위치한 명사의 수를 따른다. 뒤에 복수 대명사 them이 왔으므로, 동사 is를 are로 고친다. law-abiding은 '법을 지키는'이라는 의미의 형용사이다. ④ information은 불가산 명사로 복수로 나타낼 수 없다. 따라서 informations를 information으로 고쳐야 한다.

① 우리 미국의 이웃 국가들이 우리가 첩보 활동에 가담하고 있는 것으로 의심하고 있는가?
② 그들 중 대다수는 법률을 준수하는 생산적인 사회 구성원들이다.
③ 그녀의 옷은 얼룩 한 점 없이 깨끗했으나, 그것은 가난한 사람의 딸이 입었을 법한 종류의 옷이었다.
④ 소문에 의하면 그가 핵탄두 기술에 관한 정보를 누설했다고 한다.

MEMO